应用型人才培养实用教材
普通高等院校"十三五"规划教材
华东交通大学教材基金资助项目

标准化工程

于影霞　尹春建　编著

西南交通大学出版社
·成都·

内容提要

本书按照标准化工程知识体系要求，依据企业标准化活动运作的逻辑关系对各篇章作了精心安排，使各篇章之间环环相扣，构成一个整体，以帮助读者更好地将标准化的基本理论和方法应用于企业实践，为解决企业标准化管理中的一些现实问题提供有效的思路及方案。全书分 3 篇共 13 章：

第 1 篇为标准化基础，包括绪论、标准化与标准概述、标准化理论与方法。主要介绍了标准化的发展、标准化的主要作用、标准与标准化相关概念、标准的分类及编号、标准化原理、标准化形式与方法。这些概念和理论是学习和理解企业标准化体系的基础。

第 2 篇为企业标准体系，包括企业标准体系系列标准，企业标准体系从策划设计、文件编制（包括标准编写）到试运行以及评价与改进的过程与方法。

第 3 篇为标准化应用与实践，以标准在企业质量管理中的应用——质量管理体系标准及其认证、产品强制性认证为例，说明在企业实践中如何根据国际标准或国家标准建立企业各类专业管理体系，并使其有效运行，以及如何贯彻产品强制性标准，如何准备强制性产品认证。以现场作业与现场管理为切入点，介绍如何将标准的理念和方法应用于企业实践。

图书在版编目（CIP）数据

标准化工程 / 于影霞，尹春建编著. —成都：西南交通大学出版社，2019.6

应用型人才培养实用教材　普通高等院校"十三五"规划教材

ISBN 978-7-5643-6901-9

Ⅰ. ①标… Ⅱ. ①于… ②尹… Ⅲ. ①标准化管理 – 高等学校 – 教材　Ⅳ. ①C931.2

中国版本图书馆 CIP 数据核字（2019）第 104845 号

应用型人才培养实用教材
普通高等院校"十三五"规划教材

标准化工程

于影霞　尹春建 / 编　著

责任编辑 / 罗在伟
封面设计 / 何东琳设计工作室

西南交通大学出版社出版发行
（四川省成都市金牛区二环路北一段 111 号西南交通大学创新大厦 21 楼　610031）
发行部电话：028-87600564　028-87600533
网址：http://www.xnjdcbs.com
印刷：成都蓉军广告印务有限责任公司

成品尺寸	185 mm × 260 mm
印张	20.75　字数　543 千
版次	2019 年 6 月第 1 版　印次　2019 年 6 月第 1 次
书号	ISBN 978-7-5643-6901-9
定价	49.80 元

课件咨询电话：028-87600533
图书如有印装质量问题　本社负责退换
版权所有　盗版必究　举报电话：028-87600562

前　言

正如习近平致第 39 届国际标准化组织大会的贺信所说，标准是人类文明进步的成果。从中国古代的"车同轨、书同文"，到现代工业规模化生产，都是标准化的生动实践。伴随着经济全球化深入发展，标准化在便利经贸往来、支撑产业发展、促进科技进步、规范社会治理中的作用日益凸显。标准已成为世界"通用语言"。世界需要标准协同发展，标准促进世界互联互通。

作为国家振兴和社会经济可持续发展的战略因素，标准化的作用比以往任何历史时期都显得重要，以标准引领可持续发展，则有赖于人才的支撑。

"标准化工程"作为 2013 年教育部专业培养计划修订后，IE 专业新开设的一门课程，涉及内容较多，包括标准化的基本原理与基本方法、企业标准体系及标准、企业专业管理体系标准及认证、生产作业标准化、现场管理标准化等。

据调查，目前国内 IE 专业的"标准化工程"课程教学计划都在 40 学时左右，在有限的 40 学时内将整个标准化理论、体系与方法介绍清楚，并兼顾课程体系的完整性与教学内容的深度具有很大难度。有限的学时限制了课程的理论联系实际和讲授的深入。其结果是，学生要么因为知识点多，失去对课程的兴趣，要么因为缺乏系统学习，根本不知在实际中如何运用。教材的重点究竟应该放在哪里？内容的取舍标准是什么？如何提高学生的实际工作能力？这些成为教材编写的关键所在。

由于企业标准化的全面性、全过程性和全员性，决定了无论什么岗位、什么职业、什么职位，都毫无例外地牵涉标准化的问题，但不同工作岗位、不同工作、不同职业，对标准化知识的要求有很大差别。因此，教材如何兼顾各种职业与岗位也是编写过程中不得不考虑的一个重要问题。

本教材由华东交通大学于影霞教授、尹春建副教授共同编著，研究生柳依帆完成了 11.1.4 和 1.4 小节的撰写。

在教材的编写过程中我们参考了国内外大量的文献资料。一些资料来自互联网和部分非正式出版物，无法全部罗列于书后的参考文献中，敬请作者见谅！同时也欢迎与我们联系，以便在再版时予以补充。尽管我们付出了极大的努力，但限于时间、学识水平、实践经验有限，书中纰漏和不妥之处在所难免，还望读者不吝指正。

著　者

2019 年 1 月于华东交通大学

目 录

第1篇 标准化基础

第1章 绪论 ··· 3
1.1 标准化的发展 ·· 3
1.2 我国标准化的发展 ·· 9
1.3 我国标准化的法律法规体系 ··· 12
1.4 标准化的主要作用 ·· 13

第2章 标准化与标准概述 ·· 18
2.1 标准化相关术语 ··· 18
2.2 标准化 ·· 25
2.3 标 准 ·· 27
2.4 标准的分类及编号 ·· 30

第3章 标准化理论与方法 ·· 45
3.1 标准化原理 ··· 45
3.2 标准的价值理论 ··· 46
3.3 标准化的方法（形式） ·· 48

第2篇 企业标准体系

第4章 企业标准体系构建 ·· 63
4.1 企业标准化概论 ··· 63
4.2 企业标准体系要求 ·· 70
4.3 基于GB/T15496—2003标准的企业标准体系构建 ···································· 80

第5章 标准的编写 ··· 99
5.1 相关概念 ·· 99
5.2 标准的编写要求 ··· 100
5.3 标准的组成及结构 ·· 104
5.4 条款内容的表述形式 ··· 110
5.5 标准要素的编写 ··· 115

第6章 企业标准体系的评价与改进 ································ 133
6.1 企业标准体系评价概述 ···································· 133
6.2 企业标准体系的自我评价 ·································· 137
6.3 企业标准体系的改进 ······································ 148

第3篇 标准化应用与实践

第7章 合格评定与标准 ·· 153
7.1 相关术语 ·· 153
7.2 合格评定的功能活动 ······································ 157
7.3 合格评定与标准 ·· 158
7.4 认证类型 ·· 162

第8章 质量管理体系标准化 ·· 165
8.1 ISO9000系列标准介绍 ····································· 165
8.2 质量管理体系标准要求 ···································· 171
8.3 基于ISO9001标准的质量管理体系建立 ······················· 185

第9章 质量管理体系审核与认证 ···································· 199
9.1 与审核/认证有关的概念 ··································· 199
9.2 质量审核的分类 ·· 201
9.3 质量管理体系审核的特点与基本要求 ························ 205
9.4 质量管理体系内部审核实施 ································ 207

第10章 产品质量认证 ··· 228
10.1 产品质量认证类型 ······································· 228
10.2 产品质量认证模式 ······································· 232
10.3 强制性产品认证制度的基本内容 ··························· 234
10.4 强制性产品认证程序 ····································· 237
10.5 工厂质量保证能力要求 ··································· 239

第11章 企业标准体系与质量管理体系等的整合 ······················· 248
11.1 各类专业管理体系标准关注焦点和范围 ····················· 248
11.2 企业标准体系与专业管理体系的关系 ······················· 257
11.3 质量管理体系"文件"与企业标准体系"标准" ············· 259
11.4 企业标准体系与其他专业管理体系的文件整合 ··············· 260

第12章 标准化作业 ··· 266
12.1 标准化作业概述 ··· 266

  12.2　方法研究 ··· 267
  12.3　作业测定 ··· 285
第 13 章　现场管理的标准化 ·· 297
  13.1　现场管理概述 ·· 297
  13.2　现场管理的标准化 ·· 299
  13.3　5S 管理 ·· 300
  13.4　目视管理 ··· 313
  13.5　定置管理 ··· 316

参考文献 ·· 323

第1篇　标准化基础

第1篇包括"绪论""标准化与标准概述""标准化理论与方法"共3章。这些概念和理论是学习和理解企业标准化体系的基础。

"绪论"主要介绍了标准化的发展及标准化的主要作用。标准化是人类实践的产物，它是社会发展到一定阶段的必然。经济的发展，科学技术的进步，是标准化发展的动力。在促进科技发展和社会进步的同时，标准化自身也在不断地发展和完善。标准及标准化作用的发挥是与它所处的环境和人们对它的认识相联系的，并且标准的作用会随着科技的发展和社会的进步而发展。

"标准化与标准概述"主要介绍了标准与标准化的相关概念、标准的分类及编号。其中包含标准化相关术语11组，共109个。这些基本概念是学习和理解标准化工程理论及标准化体系的基础。

"标准化理论与方法"主要介绍标准化原理以及标准化的形式与方法。目前，人们在标准化活动中更多关注的是应用性的实践，没有形成系统的理论体系。

标准化的形式是由标准化的内容决定的，是标准化内容的存在方式，也是标准化过程的表现形态。主要的标准化形式有：简化、统一化、通用化、系列化、组合化、模块化。了解各种标准化形式及其特点，可以在实际工作中根据不同的标准化任务，选择和运用适当的标准化形式，达到既定的目标。

第 1 章 绪 论

1.1 标准化的发展

恩格斯说:"任何一门学科的兴起和发展,是由生产所决定的。"标准化也不例外,它是人类实践的产物,是社会发展到一定阶段的必然结果,并随着生产的发展而发展;它既受生产力的制约,又为生产力发展创造条件、开辟道路。经济与科学文化的发展,是标准化发展的动力。

标准化是指为了在既定范围内获得最佳秩序,促进共同效益,对现实问题或潜在问题确立共同使用和重复使用的条款以及编制、发布应用文件的活动。人类开始认识自然、改造自然、学会使用工具、从事生产活动以来,为了协调个人行为与社会有组织活动的一致性,不断提高人类活动的有效性和效率,就需要对各类活动所涉及的事物和行为提出标准化的要求。标准化是一门学科,同时又是一项管理技术,其应用范围几乎涵盖了人类活动的一切领域。

标准化产生和发展的历程,大体经历了以下几个重要阶段:

1.1.1 远古时代标准化思想

当人类尚处于茹毛饮血的时代,他们的生活方式同周围其他动物相差无几,然而由于长期同大自然搏斗、进行群居生活和智力的不断开发,人类学会了使用木棒、石块等作为狩猎和防御的工具。同时,人类的吼叫声也逐渐发展成为清晰易懂的语言,成为交流思想感情和传达信息的重要手段。在这种原始语言的基础上,又创造了符号、记号、象形文字,经过漫长的岁月才发展成今天的文字形式。当时这种语言文字"标准化",虽然尚处于萌芽状态,但它的确是人类一次伟大的标准化创举。

距今已 170 万年的云南元谋人,他们打制的石器同蓝田猿人、北京猿人用的石器很相似,比较典型的是砍砸器、刮削器、尖状器等。史前时代早期标准化的最明显例证就是不论从欧洲、非洲还是亚洲出土的石器,其样式和形状都极其相似。到了新石器时代,又出现了磨制石器,它与打制石器相比,具有比例更加准确合理、形状用途趋向单一、刃口锋利等特征。这是人类工具发展史上的一次突破,也是工具标准化最早的雏形。

人类的祖先在不同的地区、不同的自然环境中生活和劳动,使用的器物虽然各具特色,但在长期实践过程中通过相互交流、融合,不断摸索和改进,从多种多样的器物中选出最适用的一种或几种来,使其形状、大小逐渐趋于一致。这种统一化了的器物,常常作为"标准"互相模仿,世代相传,成为例规。这便是人类最初的、朴素的标准化。通过这种方式流传至今的习俗、规则、器物比比皆是。

人们在生产实践活动中对工具、器物的性能和形状提出相似和统一的要求,以便利于加工、制造和操作,从而推动了建立在手工生产基础上的产品和工艺标准化。

1.1.2 古代标准化

人类有意识地制定标准,是社会分工的结果。在古代历史上,人类社会进行了两次大分工:第一次是农业和畜牧业的分离;第二次是手工业从农业中分离出来。经过两次大分工后,社会上出现了专门的农业、畜牧业和手工业。

我国春秋战国时期伯乐编撰的《相马论》,北魏贾思勰编撰的《齐民要术》,唐朝陆羽编撰的《茶经》,元代刊行的《农桑辑要》,明代刊行的《救荒本草》,明朝杨时乔编撰的《新刻马书》,清代方观承编撰的《棉花图》以及陈琮编撰的《烟草谱》等,都是我国古代农牧业的标准化经典集要。

随着生产的发展和手工业技术的进步,手工业内部的细密分工和手工业技术的规范化,成了这一时期手工业发展的突出特点。春秋末期由齐国人著的《考工记》,就是一部手工业生产技术规范的总汇,书中记述了30余项手工业生产的技术规范、制造工艺等,对手工业生产具有一定的规范和指导意义,是手工业生产发展到一定阶段的产物。

人类的劳动是从制造工具开始的。到了手工业时代,劳动工具已经由石器逐渐过渡到青铜器,甚至出现了最初的铁器。我国商周时期的青铜器,无论其冶炼技术还是产品加工的精美程度,都可以作为这一时期科学技术和标准化发展水平的标志。

社会分工的直接结果是生产的发展和产品的交换。例如用粮食去交换兽皮,或者用工具去交换粮食。不管最初的交换方式多么简单,它一开始就遵循一条客观法则,即等价交换。为了体现交换过程中的等价原则,就必须对交换物的轻重、多少、长短、大小等进行定量,计量器具一开始是被用作交换和分配社会产品,它从本质上起着标准的作用。这就是最初的计量器具度、量、衡产生的社会经济原因。虽然最初人们建立的"标准"比较粗略,在不同时期还用麦粒、黍粒、竹筒、手指、脚、前腕、两臂等做过计量单位,但是随着生产的发展,人们总是一次又一次地对计量单位进行改革和统一,这便是计量器具和计量单位的标准化。同时,由于商品交易的需要,还出现了货币。

秦统一六国以后,用政令对计量器具、文字、货币、道路、兵器等进行了全国范围的统一,同时还颁布了各种律令,开创了中国古代标准化的先河,其范围之广,内容之多,堪称古代世界史中推行标准化的典范。如《工律》中规定:"与器同物者,其大小长短必等。"很显然,这是要求同类器物其外形尺寸应一致。《金布律》规定了布匹的尺寸标准,《田律》规定了农业和种子的耕作使用规范。

以货币为例,当时各国的铜币主要分为布币、刀币、圆钱、铜贝四类(见图1.1)。布币的形状类似金属农具(布),主要在赵、魏、韩等国使用。刀币的形状像刀,主要在齐、燕、赵国流通。圆钱有方孔和圆孔两种,主要在秦、赵以及魏国黄河沿岸等地区使用。铜贝,形状类似海贝,俗称"蚁鼻钱",主要在楚国使用。

统一文字典型的例子是"马"字,在齐国有三种写法,在楚、燕国有另外两种写法,在韩、赵、魏还有两种不同的写法(见图1.2)。秦始皇接受李斯的建议,于公元前221年发布"书同文"的诏令,规定以秦国小篆为统一书体,与小篆不同者全都废掉。

"秦始皇兵马俑"是国际公认迄今发现保存最好、最完整的标准化作品。实地考察证明,每个陶俑都不是单独设计、单个制造的,也不是一体化结构。它们是用陶俑身体各部分不同类型的模块组装而成的。整个地下军团基本上是由3种足踏板、3种鞋、4种靴、2种腿、8

种躯干、2种铠甲和8种头型,通过丰富多变的模块组合而成。德国著名汉学家雷德侯对此评论道:"只有应用了模块系统,才有可能完成这一非凡壮举,造就数量惊人又姿态万千的兵马俑大军。只有建立了这个模块系统,才有可能合理地安排生产,以现有的材料,在规定的期限内,实现秦始皇的愿望:创建一支神奇的大军,保卫他的陵寝直至千秋万代。"这种做法同如今开始盛行的以模块化为基础的大规模制造,无论在原理或方法上都没有太大的差异。

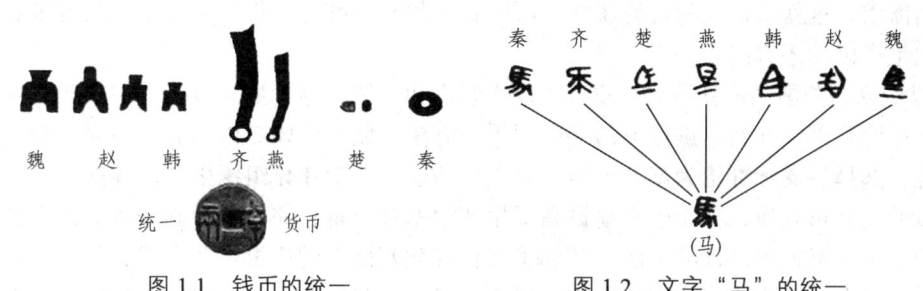

图1.1 钱币的统一　　　　　图1.2 文字"马"的统一

湖北鄂州是楚国的旧地,考古人员在这里发现了一把细长的秦剑,与当年楚国的青铜剑完全不同。但是,它的造型跟陕西兵马俑坑中的秦剑却完全相同。历史上强大的秦军得益于标准化工作。秦人将制造兵器的技术标准固定,国家再通过法令将技术标准发放到所有的兵工厂。秦三棱箭头的三个弧面几乎完全相同,接近完美的流线型箭头,箭头底边宽度的平均误差只有±0.83 mm,它们的金属配比基本相同,按照相同的技术标准铸造出来。秦军使用的弩机,由于按标准制作,它的部件可以互换。在战场上,秦军士兵可以把损坏的弩机中仍旧完好的部件重新进行拼装使用。

北宋毕昇在1041—1048年提出的"活字印刷术"被称为"标准化发展的里程碑",他成功地运用了标准单元、分解组合、重复利用以及互换性等标准化原则和方法。绍圣四年(1097年)由李诫编撰的《营造法式》是中国古代最早、内容最丰富、由官方向全国发行的建筑学著作,全书共36卷、357篇、3 555条,其中第二部分为"不同工种技术规范和操作规程",第三部分为"各工种的用工及用料定额标准"。宋代由官方编写的110卷《军器法式》中有47卷是关于军器制造规范及技术标准。

明朝李时珍所著的《本草纲目》,不仅记载了药物的种类、特性,还记述了药物的制备方法、方剂等,是药剂方面的标准化文献。宋应星著的《天工开物》,可谓我国古代生产技术成就的集大成者,是中国历史上一部伟大的科学技术专著,它全面系统地记述了中国古代农业和手工业的生产技术和经验,包括谷类和棉麻栽培、养蚕、缫丝、染料、食品加工、制盐、制糖,以及砖瓦、陶瓷、钢铁器具制造、舟车建造、榨油、制烛、造纸、五金开采和冶炼、兵器、火药、朱墨、颜料的制造等,对原料的品种、用量、产地、工具构造和生产加工的操作过程等都有很详细的记载,其中有很多做法或规定起着类似标准的作用,蕴藏着标准化的理念。

较之远古时代,古代标准化发生了以下变化:

(1)标准从靠摸索和模仿形式产生变为有意识地制定。

(2)标准化活动的涉及范围扩大,从农业、畜牧业发展到手工业,而且标准化活动中的政治和军事因素有所增加。

然而,此时的标准化仍没有理论指导,还不是一项有组织的活动。

1.1.3 近代标准化

工业化大生产是近代标准化工作的"孵化器"和"推进器"。首先，只有按统一的规格尺寸等技术要求生产出来的产品才能最大限度地发挥工业化的优势，才能降低成本和提高劳动生产率，这就是标准的生产属性。其次，社会分工和专业化生产促使市场产生了对产品的通用性和互换性的需求，这就是标准的贸易属性。所以真正的"标准化工作"从历史的角度来看，是在工业化大生产以后才有的。

18世纪末，美国刚成立不久，政府急需大量军火，便与惠特尼签订了一项两年之内生产一万支来福枪的合同。开始，惠特尼的工厂用手工方法，使得合同难以完成。后来，他运用互换性的原理，选择一支标准枪为基准模型，分零件仿造，按专业化组织生产，这些零件在每支枪上都可以使用并可互换，从而极大地提高了生产效率和质量，完成了合同任务。由于在批量生产中采用了可以互换零部件的方法，开创了在标准化基础上的成批生产方式，引发了企业生产组织形式的革命，并为现代化大批量流水线生产奠定了基础。因此，惠特尼被誉为"美国标准化之父"。

19世纪是近现代标准化的雏形时期。例如，惠特沃恩发明了量具测准机和标准规，解决了零部件的测量问题，确立了英制螺纹标准（惠氏螺纹）的基础。

工业化的初期，因市场狭小，当时的工业标准只是对当地用户和有关工厂生产能力的反映，适用范围有限。后来随着运输业的发展，导致市场和交换范围的扩大，由于不同地区生产的同一用途的材料和零件互不统一，买主不得不经过修整以后才能使用，这就促使在更大范围内开展标准化。

20世纪是近现代标准化的确立、发展和成熟期。1901年，英国建立了工程标准委员会（1931年改为英国标准学会BSI），这是世界上第一个标准化组织，标志着标准化从此步入一个新的发展阶段。1906年，英国颁布了国家公差标准BS27。此后，螺纹、各种零件和材料等也先后实现了标准化。

1911年，美国著名管理大师泰勒的《科学管理原理》为管理标准化和以标准化为基础的科学管理奠定了基础。科学管理理论开创了作业标准和作业标准化的时代，形成了促进工业大发展的产品标准化和作业标准化的潮流和趋势。1914—1920年，福特一世根据泰勒理论，采用标准化、系列化、通用化的方法设计了T型汽车，简化汽车结构、品种和工序，进行零部件规格化、标准单一化和生产专业化，把生产过程的时间和空间组织统一起来，促进了大规模流水线生产的发展，极大地提高了生产效率，降低了成本。这种流水线的组织形式很快推广到其他领域并传遍世界。

现今世界上已有100多个国家和地区成立了国家标准化组织。人类的标准化活动，由企业规模步入了国家规模，进而扩展为世界规模。随着世界各国之间的科技、文化交流和贸易往来，标准在国际范围内的协调越来越必要。

两次世界大战以及战后的复兴，都对标准化提出迫切的要求。第一次世界大战期间，随着物资奇缺，美国军工局通过严格的标准化，对产品品种规格加以限制，取得了显著成效。第二次世界大战期间，由于军需品的互换性很差，规格不统一，致使盟军的供给异常紧张，许多备件要从美国运往欧洲战场，造成极大浪费。为此，军需部门再度强调标准化并相应地发展了包括运筹学、价值分析、线性规划和统计质量管理等新技术。在战后重建中，产品品种、规格泛滥，许多国家都把制定标准活动和压缩不必要的品种列为重要任务。法、日、苏联和其他一些工业发达国家，也都开始重新重视标准化工作，积极效仿美国的做法。至此，伴随大机器工业产生的标准化，从保障互换性的手段发展成为保障国家资源的合理利用和提高生产力的重要手段。

近代标准化具有以下特征：

（1）标准化的领域和标准的作用范围扩大。军工产品标准化一直引领着整个工业标准化的发展。

（2）标准化的形式开始多样化。标准化对象日趋复杂，配套标准逐渐增多。

（3）标准化逐渐成为一种有组织的活动。

1.1.4　现代标准化

1.1.4.1　现代标准化的发展趋势

20世纪70年代以来，国际标准化发展极其迅速，并呈现出以下趋势：

1. 标准化的作用越来越重要

大量实践证明，随着全球经济一体化进程的不断加快，标准已经冲破国界，成为人类共同的行为准则，只要有人类活动的地方，标准就存在并发挥作用。标准化无论在深度还是广度上，都得到了有史以来最蓬勃的发展。

当今社会是信息世界。一般来说，自动化和信息化程度越高，标准化就越重要，因为在手工操作的情况下，对于一些不符合标准的做法或许还可以经过协商采取一些替代办法加以解决，而对于高度自动化的信息系统来说，一切都按既定程序运行，任何不符合标准的做法，都可能导致系统运行困难甚至瘫痪。

前ISO主席山下勇曾说："国际标准具有整理、加工科技成果并将其提供给全世界的工具作用，在信息社会仍将保持不变，但其工作规则将有所变化，我们将不得不更多地注意国际标准的三项功能，即：作为信息社会技术结构的基础，作为控制信息流动的工具（过量信息的控制功能），作为信息的存储库。"

2. 标准化领域越来越广

21世纪的世界是一个全球化的世界，是一个高科技的世界，是一个产权化的世界，是一个市场化的世界。

近40年来，科学技术的发展，特别是高新技术与产业的迅速兴起，产生了许多与传统技术完全不同的新产品，人类进入了新技术革命时期。与之相适应，国际标准化活动也由侧重于传统工业的标准化向高新技术和高新技术产业的标准化转移，从而使标准化的领域不断扩大，涉及信息技术、生命科学、卫生与医疗保健、环境与安全以及服务5个重要领域。同时，新技术革命拓宽了标准化的时空领域，增强了标准化与经济、技术和社会发展的关系。建立在信息技术基础上的标准化，其形式、内容和工作方法不可能是传统工业标准化的简单复现，而是要按照信息化社会和信息技术的特点重新构筑，加以创新。

3. 标准的国际化趋势越来越明显

近几十年来，随着国际贸易和科技文化交流的不断扩大，特别是贸易全球化和经济区域集团化以及高新技术的迅猛发展，对国际标准的需求日益增长，国际标准化活动空前频繁，采用国际标准已成为全球普遍发展趋势。

于1980年生效实施的《技术性贸易壁垒协定》（GATT／TBT协定）更是促进了这种趋势的发展。协定要求将国际标准作为国家和地区性标准，提高了各国参加国际标准化机构尤其是参加ISO与IEC的责任感。采用国际标准，有助于减少和消除贸易中由于标准与认证制度不同而形成的技术壁垒。

最值得一提的是管理体系标准的国际化。1987年，国际标准化组织（ISO）制定发布了ISO9000质量管理体系系列标准，引起了世界各国的广泛关注与积极采用，并被人们称为"ISO9000现象"。该标准的发布标志着国际标准化活动已从名词术语、试验方法及产品质量三大传统领域，转向了管理体系的标准化与认证领域。1996年，ISO又制定发布了ISO14000环境管理系列标准，同样被各国广泛采用。与此同时，许多行业为了满足本行业的特殊要求，或者在ISO9000和ISO14000的基础上，或者借鉴其管理模式自行开发，制定了各种各样具有行业特色的管理体系标准，并开展了相应的认证活动。于是，全球掀起了如火如荼的质量、环境、安全管理体系标准化与认证热潮，这些国际标准在提高人们的质量意识、安全意识和环境保护意识的同时，也推动了管理体系标准的国际化。

国际海事组织（IMO）过去多进行船舶技术方面的国际规则制定工作，但调查表明，80%左右的海难事故是由人为因素造成的，这就意味着，如果加强安全管理，80%的事故是可以避免的。于是，IMO运用ISO9000的管理与认证模式制定了《国际船舶安全运行与防治污染管理规则》（ISM）。ISM规则的实施已取得了良好的效果。

同时，各国普遍认识到，采用国际标准是使本国产品进入国际市场的有力竞争武器，而国际标准的内容和水平，直接关系到各国的资源状况、生产技术水平和出口竞争能力。多年来，以英、法、德为主的西欧国家和美国，一直将大量精力和时间放在国际和区域标准化活动上，以控制国际标准化的技术大权，并且不遗余力地把本国标准转变成国际标准。

1.1.4.2 现代标准化的特点

正在迅速兴起的世界范围的新技术革命和经济全球化，对人类社会的生产和生活产生了重大影响。从目前世界经济、技术发展的状况来看，现代标准化已表现出以下特点：

1. 系统性

现代社会中，由于生产过程高度现代化、综合化，一项产品的生产或一项工程的施工，往往涉及几十个行业、成百上千个企业和各种科学技术，而且这种联系遍及全球。标准化工作靠制定单个的标准已经远远不够。它要求摆脱传统的方式，不仅要从系统的观点处理问题，而且要建立同技术水平和生产发展规模相适应的标准系统。可以说人类的标准化活动从此进入了系统化的时代，即综合地解决复杂系统问题的时代。

这一时期标准化的特点是从个体水平发展到整体水平，从静态发展到动态，从局部联系上升到复杂系统，这就要求建立起与之相适应的科学方法论——以系统理论为指导，从系统的观点处理标准化问题，以系统的最优化为目标，运用数学方法和计算机技术进行最佳协调，通过建立与经济技术发展水平相适应，与生产规模相适应，与国家的经济系统相协调的标准系统，在包括生产、流通、技术、经济管理和社会生活在内广泛的领域里发挥其功能。

2. 国际性

随着国际经济秩序的建立，使得国际标准化成为现代标准化的主流，采用国际标准成为各国标准化工作的重要方针和政策。

经济发展的国际化趋势不可阻挡。国际贸易的扩大、跨国公司的发展、经济的全球化，都直接影响着世界各国的标准化。目前世界上绝大多数国家都积极参与国际标准化活动，采用国际标准也已成为普遍的现象。这种标准的国际性，不仅是国家间经济贸易交往的必然要求，也是减少或消除贸易壁垒，促进国际经济发展的必要条件。

3. 目标和手段的现代化

进入21世纪，我国制定了《国家中长期科学和技术发展规划纲要（2006—2020）》，确定了重点领域和优先主题，以及生物技术、信息技术、新材料技术、先进制造技术、先进能源技术、海洋技术、激光技术、空天技术等方面的前沿技术。随着我国创新能力的不断提升，在这些领域全面开展标准化也已提上日程。在标准化活动的手段方面，已全面采用计算机技术和网络技术实施标准信息化管理，实现了标准检索查询、信息处理、标准化流程管理的现代化；现代实验设备、先进的检测仪器以及模拟仿真等先进技术在标准的研究、制定与实施过程中已经普遍应用。

4. 科研开发与标准化同步

科技发展和标准化发展更加协调统一乃至同步进行，并且有更多的科研人员参与标准化活动。日本在国家产业技术战略（总体战略）中指出：要充分认识到以标准化为目的的研究开发和试验评价方法研究的重要性。日本内阁会议在其制定的科学基础计划中进一步强调：要加强以标准化为目的的研究开发工作，要把研究开发政策和标准化政策作为车之两轮，要建立一体化推进"标准化政策和产业技术政策"及"支持标准化研究开发的体系"，并增加有关研究经费。

标准化对于科研成果的实用化具有重要作用，因此，在研究开发的计划阶段，研究人员与标准化人员建立密切的合作关系非常重要。日本和美国都规定，要积极支持和鼓励科研人员参与标准化活动，并将科研人员的参与程度和水平作为个人业绩考核的一项指标。高新技术领域的技术开发及其成果的推广，必须在短期内实现，为了尽快占领市场，必须在商品化的同时实现标准化。而在开发过程中建立的计量基准溯源体系，开发的测量方法和评价方法，积累的有关数据等，都可以在标准化活动中得到有效利用。

1.2 我国标准化的发展

1.2.1 中华人民共和国成立前的标准化

20世纪20年代，在国际标准化浪潮的推动下，当时的国民政府实业部于1931年3月草拟了《工业标准委员会简章》，并于12月正式成立工业标准化委员会。1940年改由全国度量衡局兼办标准事宜，正式执行工业标准。1946年9月公布了《标准法》，同年中华民国派代表参加国际标准化组织（ISO）成立大会并成为理事国。1947年成立了中央标准局。截至1947年共编写标准草案1500多项，但由于当时国家半殖民地半封建的社会性质，决定了一些标准很难协同一致，所以经审定正式批准发布的只有79项。

1.2.2 计划经济时期的标准化

中华人民共和国成立以来，我国标准化管理体制大致可以划分为两个阶段：第一阶段由20世纪50年代到80年代中期，即计划经济时期，标准由国家统一制定、统一施行；第二阶段是从20世纪80年代中后期到现在，这个阶段是我国经济体制和经济管理手段的改革转型期，为适应这种转型，标准化工作也发生了快速变化。

中华人民共和国成立后，党和政府非常重视标准化工作，1949年10月成立中央技术管理局，内设标准规格处，当年中央人民政府财经委员会便审批了工程制图标准。

1950年重工业部召开了首届全国重工业标准化会议，1952年颁发了我国第一批钢铁标准。化工、石油、建材、机械等部门也都开始颁发标准。

1955年中央制订了《发展国民经济第一个五年计划》，提出设立国家管理技术标准的机构和逐步制定国家统一的技术标准的要求。1956年国务院科学规划委员会制订的科学技术发展规划中明确指出，"制定和推行国家统一的、先进的技术标准，是迅速发展国民经济、保证实现工业生产计划的必要措施之一"，并指出"国家标准具体体现了国家的技术政策，是社会主义工业建设的先进标志……为了使我国社会主义建设走上先进的生产道路，必须从速制定国家标准，并贯彻实施"。同年，决定成立国家技术委员会（后改为国家科学技术委员会）。1957年在国家技术委员会内设标准局，开始统一管理全国的标准化工作。1958年国家技术委员会颁发了第一个国家标准GB 1—1958《标准幅面与格式、首页、续页与封面要求》。

第一个五年计划期间，各主要工业部门也先后建立了标准化管理机构，加强了标准化工作的领导和管理。这一时期主要是引进苏联标准以解决大规模经济建设的急需，同时也结合我国具体情况制定了大量的标准。

1961年开始执行"调整、巩固、充实、提高"的方针，标准化工作得到加强和发展。1962年国务院发布了《工农业产品和工程建设技术标准管理办法》，这是我国第一个标准化管理法规，对标准化工作的方针、政策、任务及管理体制等都做出了明确的规定。1963年4月召开了第一次全国标准化工作会议，编制了《1963—1972年标准化发展十年规划》，提出要建立一个以国家标准为核心，适应我国资源和自然条件，充分反映国内先进生产技术水平，门类齐全和相互配套的标准体系。1963年9月成立国家科委标准化综合研究所，到1966年已发布国家标准1 000多项。这一时期我国的标准化事业有了较快的发展，并积累了丰富的经验。

计划经济时期的标准化具有政府主导行为。标准是计划指标（质量指标）衡量的尺度，也是计划经济的重要工具，政府对标准化相当重视。但在这一时期，我国的市场经济还很弱小，国际贸易也不发达，适合标准成长的市场环境还没有充分发育起来。加之法制观念的建设与完善尚需一个较长的时期，所以标准化长期没有引起国人、企业、社会的足够重视和特别关注。

1.2.3 改革开放后的标准化

改革开放后，标准化在我国越来越得到重视，这也是坚持中国特色社会主义市场经济的必然选择。根据十一届三中全会确定的全党工作重点转移到社会主义现代化建设上来的方针,国务院加强了对标准化工作的管理,1978年5月成立了国家标准总局,同年发布了《工业企业标准化工作管理办法》。该办法对指导企业标准化工作起到了积极作用。1979年国家标准总局召开第二次全国标准化工作会议,提出了"加强管理,切实整顿,打好基础,积极发展"的方针。同年7月国务院批准颁发了《中华人民共和国标准化管理条例》,对各级和各类标准做了统一规定,从而使标准化在我国经济建设中发挥越来越重要的作用。

1986年,国务院发布了《关于加强工业企业管理若干问题的决定》文件,"决定"要求企业"逐步建立以技术标准为主体,包括工作标准、管理标准在内的企业标准系统(体系)"。

1988年7月,国务院为了加强政府对社会的技术经济监督,将国家标准局、国家计量局和国家经委质量局合并,组建成国家技术监督局(1998年更名为国家质量技术监督局,2001年4月,国家质量技术监督局与国家商品检验检疫局合并,组建国家质量监督检验检疫总局,同时成立国家标准化管理委员会,负责统一协调管理全国标准化工作)。

1988年12月,第七届全国人民代表大会常务委员会第五次会议通过了《中华人民共和国标准化法》。把原来统一推行的标准划分为强制性和推荐性两类,同时引入了认证方式。但从当时的认识出发,对标准仍然强调的是政府集中控制和行政主导,尤其是标准的申报、立项、备案、审批及标准制修订经费的投入等,仍然是由政府主管部门控制。1990年4月,国务院又颁布了《中华人民共和国标准化法实施条例》《企业标准化管理办法》等法规、规章,我国标准化工作从此纳入了法制管理轨道。1991年5月,国务院根据《中华人民共和国标准化法》发布了《中华人民共和国产品质量认证管理条例》。

截至1990年底,我国已有国家标准16 934项,全国各省、市、自治区及地、州、市均建立了标准化管理机构,发布了16万多项地方标准和企业标准。这一时期不仅标准增长速度加快,而且标准化活动领域也在不断拓宽,最突出的是标准化活动扩展到我国的经济管理和行政管理领域,开始制定各类管理标准,在企业挖潜、革新、改造方面,在技术引进与产品出口贸易方面,在节约能源方面,在产品质量管理和科学管理方面,都发挥了重要作用。

1995年4月,国家质量技术监督局发布了GB/T 15496—1995《企业标准化工作指南》、GB/T15497—1995《企业标准体系技术标准体系的构成和要求》、GB/T 15498—1995《企业标准体系管理标准工作标准体系的构成和要求》三项国家标准,以标准的形式对企业的标准化工作进行指导。2003年国家标准委组织修订了上述三项国家标准,并新制订了GB/T19273—2003《企业标准体系评价与改进》,形成了《企业标准体系》系列标准。为贯彻实施该系列标准,国家标准委组织了"标准化良好行为企业"试点活动。

经过十几年发展,我国建立健全了以《中华人民共和国标准化法》为标准化基本法的法律法规体系,包括有《中华人民共和国标准化法实施条例》等法规2项,《国家标准管理办法》《企业标准化管理办法》等在内的规章40项,对加速我国国民经济发展起到了十分重要的作用。

2008年,第十一届全国人民代表大会第一次会议《政府工作报告》要求:"加快产品质量安全标准制定和修订。今年要完成7 700多项食品、药品和其他消费品安全国家标准的制定和修订工作,健全食品、药品和其他消费品安全标准体系;食品、消费品安全性能要求及其检测方法标准,都要采用国际标准。出口产品除符合国际标准外,还要符合进口国标准和技术法规的要求。"

2011年，国家制定并开始实施《标准化事业发展"十二五"规划》，2012年国家标准化管理委员会提出"系统管理、重大突破、整体提升"的工作方针，立足于战略思维，使标准化工作紧贴经济技术发展中的重大关键问题。实施系统管理，倡导系统方法，推行综合标准化试点，我国标准化工作步入了具有历史意义的战略转型期。

2014年7月，为契合世界标准日（10月14日）"标准营造公平竞争环境"主题，国务院发布了《关于促进市场公平竞争维护市场正常秩序的若干意见》，与此同时，国家质检总局国家标准化管理委员会发布《关于在部分省市开展企业产品标准自我声明公开试点工作的通知》，试点地区从上海、浙江、福建、山东、重庆、深圳、成都等省市扩展到全国。同时，国家标准化管理委员会启动了市场化程度高、技术创新活跃、产品类标准较多的中国电子学会等39家社会团体开展团体标准试点。并在试点基础上提出团体标准服务、引导、规范和监督的建议，开展良好行为评价，完善团体标准发展的顶层制度设计，推动营造团体标准发展的良好政策环境，支持经济社会可持续发展。

2015年3月，国务院发布《关于印发深化标准化工作改革方案的通知》，将标准化工作分为三个阶段：第一阶段（2015—2016年），积极推进改革试点工作；第二阶段（2017—2018年），稳妥推进向新型标准体系过渡；第三阶段（2019—2020年），基本建成结构合理、衔接配套、覆盖全面、适应经济社会发展需求的新型标准体系。提出了深化标准化工作改革总体要求，即改革标准体系和标准化管理体制，改进标准制定工作机制，强化标准的实施与监督，更好发挥标准化在推进国家治理体系和治理能力现代化中的基础性、战略性作用，促进经济持续健康发展和社会全面进步。具体的改革措施包括：建立高效权威的标准化统筹协调机制，整合精简强制性标准，优化完善推荐性标准，培育发展团体标准，放开搞活企业标准，提高标准国际化水平。

1.3 我国标准化的法律法规体系

1.3.1 标准化法律

1988年12月，第七届全国人民代表大会常务委员会第五次会议通过了《中华人民共和国标准化法》（以下简称《标准化法》）。《标准化法》是从我国实际出发制定的第一部调整我国标准化工作的基本法，对有关标准化的根本问题做了原则性的规定，共5章26条，是我国标准化法制建设的最高形式，是标准化活动的最高准则。它明确了标准化的宗旨、目的、任务及地位，界定了标准化的范围和对象，规定了我国标准化工作的管理体制，并对标准的制定、实施、以及法律责任进行了要求。

1.3.1.1 标准化的宗旨和目的

发展社会主义商品经济，促进技术进步，改进产品质量，提高社会经济效益，维护国家和人民利益，使标准化工作适应社会主义现代化建设和对外经济关系的需要。

1.3.1.2 标准化的范围和对象

标准化的范围和对象包括：工业产品的品种、规格、质量、等级、卫生要求，工业产品的设计、生产、检验、包装、储存、运输、使用的方法或者生产、储存、运输过程中的安全、卫生要求，有关环境保护的各项技术要求和检验方法，工程建设的设计、施工方法和安全要求等。

1.3.1.3 标准化工作的任务、地位及体制

（1）规定标准化工作的任务是制定标准、组织实施标准和对标准的实施进行监督检查。

（2）明确标准化在国民经济中的地位是重要的技术经济基础，是国民经济的一个组成部分，各级人民政府应将标准化工作纳入国民经济发展计划，应有制定标准的项目，实施标准和对标准的实施进行监督的措施。

（3）规定我国标准化工作的管理体制是国务院标准化行政主管部门统一管理全国标准化工作，国务院有关行政主管部门分工管理本部门、本行业的标准化工作，省、自治区、直辖市人民政府标准化行政主管部门统一管理本行政区域的标准化工作，省、自治区、直辖市有关行政主管部门分工管理本行政区域内本部门、本行业的标准化工作。

1.3.2 标准化法规

1990年4月，国务院颁布了《中华人民共和国标准化法实施条例》（以下简称《实施条例》），从而把标准化工作纳入法制管理的轨道，体现了改革、开放的总方针，确立了我国标准化管理的基本模式，对企业开展标准化工作提出了更高的要求。《实施条例》对《标准化法》做了进一步的补充和细化。《实施条例》比《标准化法》增加了1章18条，共6章44条。

1.3.3 标准化行政规章

为了更好地贯彻实施《标准化法》，国家质检总局先后发布了许多标准化方面的规章。如《国家标准管理办法》《行业标准管理办法》《地方标准管理办法》《企业标准化管理办法》《农业标准化管理办法》《能源标准化管理办法》《标准档案管理办法》《全国专业标准化技术委员会章程》《采用国际标准产品标志管理办法》《采用国际标准产品标志管理办法实施细则》《企业事业单位和社会团体代码管理办法》《标准出版管理办法》《采用国际标准管理办法》《关于进一步加强标准版权保护规范出版发行工作的意见》《关于做好"标准化良好行为"试点确认工作的通知》《关于推进服务标准化试点工作的意见》等。

1.4 标准化的主要作用

标准及标准化作用的发挥是与它所处的环境和人们对它的认识相联系的，并且标准的作用

会随着科技的发展和社会的进步而发展。

1.4.1 标准化在科技创新中的作用

标准化是科研、生产、使用三者之间的桥梁。一项科研成果，一旦纳入相应标准，就能迅速得到推广和应用。因此，标准化可使新技术和新科研成果更便于推广和传承，从而促进技术进步。

1.1.4.1 标准化是技术积累的平台

技术创新是在原有技术积累基础上的变革，是科学技术和经验积累过程中的突变，没有积累就没有创新，标准化过程本身就是科学技术和经验的积累过程。一项标准的产生，要经历许多环节，但最关键的一环就是要把人们在该领域的实践经验和科学成果加以总结和提炼，纳入标准，这就是积累。而在标准的实施过程中又会有新经验和新技术的再创新，这些新经验和新的创新成果随着标准的修订，又被纳入标准，这就是技术的再积累。标准的"制定—实施—修订"过程，恰恰是经验和技术的"创新—普及—再创新"过程。因此，标准化是科技创新的平台，有了这个平台，创新活动才有立足点和坚实的基础。

1.1.4.2 标准化是创新传播的途径

创新成果的传播推广有多种途径，标准化是较好的途径之一，这是因为，标准的科学性已被广泛认同。将科技创新成果标准化，能够使科技成果加快传播的速度。

正是由于标准化对创新传播有如此显著的作用，所以，越来越多的企业将自己的创新成果申请专利保护，另外以此为基础开发标准，并竭力将其向国家标准甚至国际标准渗透，力争成为国家标准和国际标准的原型。这样的标准化策略一旦成功，就会使其创新成果得以广泛、迅速地推广。采用其标准的同时，不可避免地采用其专利技术，企业的创新成果便获得稳定可观的回报。

因此，技术标准及标准化工作在一定程度上可加快技术创新、科技成果转化。以先进的科技成果为支撑的技术标准显现的经济效益和社会效益所产生的示范效应，反过来会刺激科技成果需求的增加，从而带动研发创新活动的进一步发展，促进科技进步。

1.4.2 标准化在产业升级中的作用

工业产品的更新换代和产业升级离不开标准的修订和提高。工业经济结构调整与升级就是要用科学技术尤其是高新技术改造传统产业，这自然需要修订和提高原来落后的技术标准，甚至是重新制定新一代技术标准。

在市场经济体制下，每一个新标准的确立，都意味着潜在市场机会的出现和竞争格局的重新调整。因此，标准的确立不但影响着单个企业的命运，而且可以带动整个产业乃至相关产业的发展，进而表现为群体突破的态势，使整个产业的技术水平提升到一个更高的层次上。具体而言，某一产业或产业环节对新技术标准的采纳，会对处于该产业的上下游产业以及相关产业产生巨大的波及效应。在高标准企业的影响下，处于产业上游的企业必须加快技术创新的速度，提高其配套产品的技术水平。处于产业下游的企业由于应用高标准的产品，其生产技术水平、产品质量与经济效益也会得到相应地提高。

1.4.3 标准化在完善市场经济秩序中的作用

标准是重要的市场规则，在社会生产各组成部分之间进行协调，确立共同遵循的准则，建立稳定的秩序。

市场经济不是一种自发、安全、自由的市场经济，国家对市场宏观调控已成为市场经济体系的有机组成部分，其调控手段主要有国家经济技术政策、经济法规、计划指导和必要的行政管理。其目的是构建一个公开、公平、公正的市场环境，标准化作为市场调控的技术手段，在市场经济中也有它的重要地位。

1.4.3.1 规范市场客体的市场准入条件

市场经济的有效性依赖于公平、公正的市场秩序，而健全的市场竞争秩序要靠市场运行过程中的行为规则和制度规范来建立和维护。标准是契约中的重要组成部分，市场行为的客体主要依靠标准来规范，标准是市场客体（市场上经营和交换的商品与服务）准入的通行证，工业产品要想进入市场，就得符合国际标准、国家标准、行业标准等，特别是要符合安全、卫生等强制性国家标准。标准之所以能成为市场客体准入的通行证，是因为标准体现了产品质量的具体要求，是判定产品是否合格的依据，是企业进行质量管理和国家进行市场管理的基础。

强制性标准是通过法律、行政法规等强制性手段加以实施的标准，具有法律属性。对于标准所规定的技术内容和要求必须执行，不允许以任何理由或方式加以违反、变更。凡是涉及人体健康、人身、财产安全和环境保护的产品，必须符合相应技术法规或强制性标准的要求，否则不得生产和进入市场销售。对违反强制性标准造成恶劣后果和重大损失的单位和个人，要受到经济处罚或承担相应法律责任。

1.4.3.2 规范市场客体合格评定程序和方法

当今市场经济条件下，产品品种规格繁多，结构复杂，科技含量高，其质量技术要求是否符合标准要求，达到合格产品，还是优质产品，不是一般消费者和使用者能直接识别和判断出来的，必须经过供需双方以外的第三方专业监督检验机构、专业技术人员、采用专用测试设备和方法的测试，取得客观、公正、科学的数据，给出书面报告或证书，使用统一认证标志，才能使顾客放心地选择满意的产品。合格评定活动一般包括产品质量认证、产品安全认证和企业质量管理体系认证，也包括诚信企业自我声明和使用方的检验、验证等评价活动。合格评定的技术依据是产品标准、相应的试验方法标准和质量管理标准。

1.4.4 标准化在国际贸易中的作用

标准在消除贸易障碍，促进国际技术交流和贸易发展，提高产品在国际市场上的竞争能力方面具有重大作用。

世界贸易组织（WTO）通过签署技术贸易壁垒协议（TBT协定）等方式，确立了技术标准在国际贸易中的重要地位，其《制定、采用和实施标准的良好行为规范》成为各级标准化机构的行为准则。各成员在制定技术法规和技术标准时不仅需要以相关的国际标准为基础，同时，国际标准还成为签订国际贸易合同和解决国际贸易争端的基本依据。

1.4.4.1 以技术标准构筑的技术壁垒

在国际贸易中，影响最大的不是技术问题而是技术性贸易壁垒。它是商品进口国家或地区通过颁布技术法规、标准等方式，在技术指标、商品包装和标签等方面制定苛刻的规定，最终达到限制他国进口的目的。这种技术性贸易壁垒由于经常以技术面目出现，名义上貌似合理，形式上常常会披上合法的技术外衣，成为当前国际贸易中最为隐蔽、最难对付的壁垒。

例如，欧盟为限制茶叶进口，将农药残留从原标准的29种增加到了新标准的62种，有的含量要求甚至提高了100余倍。曾经美国"能源之星"对电视机的节能性能规定为待机耗能1 W，而我国规定为3 W。如果要达到1 W要求就必须改变供电电路，增加元器件，因而提高成本，势必降低竞争能力。所以待机能耗曾一度成为影响我国电视机、打字机、复印机等产品出口的重要障碍。

1.4.4.2 采用国际标准和国外先进标准，保护贸易利益

国际标准是由国际标准化组织（ISO）、国际电工委员会（IEC）和国际电信联盟（ITU）所制定的标准，以及经国际标准化组织确认的其他国际标准组织制定的标准，例如，国际计量局、食品法典委员会、国际原子能机构、国际民航组织、国际劳工组织、联合国教科文组织、世界卫生组织、世界知识产权组织、世界气象组织等。

国外先进标准是指国际上有权威的国际性组织（包括以上组织）、区域性组织（如欧洲标准化委员会CEN）、经济技术发达国家（如美国、德国、英国、日本、法国、瑞典、意大利、瑞士、俄罗斯等国家标准）、通行的团体（如美国军用标准、英国劳氏船级社标准等）以及国际知名企业（如美国IBM公司、德国西门子公司）所制定的标准。

质量的依据是标准，标准是贸易双方的联系要素。国际标准是国际自由贸易的基础，WTO/TBT在"贸易技术壁垒协议的基本原则"中明确提出"标准协调原则"，为减少各国差异带来的不利影响，"协议鼓励各成员以国际标准作为制定本国技术法规和技术标准的基础，除非这些国际标准因气候、地理因素或基本技术对实现正当目标不适用，一般来说，采用国际标准的技术法规不会对国际贸易产生不必要的技术壁垒。"

加强标准化工作、采用适当有效技术性措施促进出口、抑制不必要的产品进口，是国际性通行的做法。所以我们一方面要积极采用国际标准，提高产品市场竞争力，另一方面也要充分利用标准这个手段，合理地保护我国企业的正当利益。

1.4.5 标准化在组织现代化生产和专业化协作中的作用

随着科学技术的发展，现代产品的功能和结构越来越复杂，技术要求越来越高，生产的社

会化程度越来越高,生产规模越来越大,分工越来越细,生产协作越来越广泛。例如波音飞机有450万个零件,由多个国家的一千多家大企业和一万多家中小企业协作生产共同制造完成。这样的大规模现代化生产必须依靠标准化,才能保证生产活动的高度协调与统一。现代化大生产是建立在高度专业化基础上的,而标准化是进行专业化生产的前提。通过标准化活动,合理简化品种,实现零部件系列化、通用化和互换,可大大提高生产效率。同时,通过制定和使用标准,来保证各生产企业、各生产部门的活动,在技术上保持高度的统一和协调,以使生产正常进行。而且标准化的产品和零件、材料,易于形成较大的需求量,为实现集中专业化生产准备了必要条件。

思考与练习

1. 现代标准化的特点是什么?
2. 标准化的基本作用有哪些?
3. 论述在国际贸易中如何发挥标准的作用。
4. 简述标准对发展市场经济的作用。
5. 简要说明我国标准化的法律法规体系的内容。

第 2 章　标准化与标准概述

2.1　标准化相关术语

GB/T20000.1—2014《标准化工作指南第 1 部分：标准化和相关活动的通用术语》规定了标准化相关术语，11 组，共 109 个（见表 2.1），其中：标准化 11 个、标准化的目的 7 个、规范性文件的种类 14 个、机构 16 个、标准的类别 13 个、标准的协调 9 个、规范文件内容 10 个、规范文件结构 2 个、规范文件制定 13 个、规范文件实施 8 个、在规范文件中引用标准 6 个。这些基本概念是我们学习和理解标准化工程理论、体系的基础。

表 2.1　标准化与相关活动的通用术语一览表

序号	术语类别	术语名称	定　义
1	标准化	标准化	为了在既定范围内获得最佳秩序，促进共同效益，对现实问题或潜在问题确立共同使用和重复使用的条款以及编制、发布和应用文件的活动。 注 1：标准化活动确立的条款，可形成标准化文件，包括标准和其他标准化文件。 注 2：标准化的主要效益在于为了产品、过程或服务的预期目的改进它们的适用性，促进贸易、交流以及技术合作
		标准化对象	需要标准化的主题。 注 1：本部分中使用的"产品、过程或服务"这一表述，旨在从广义上囊括标准化对象，宜等同理解为包括诸如材料、元件、设备、系统、接口、协议、程序、功能、方法或活动。 注 2：标准化可限定在任何对象的特定方面，例如可对鞋子的尺码和耐用性分别标准化
		标准化领域	一组相关的标准化对象。 注：例如工程、运输、农业、量和单位均可视为标准化领域
		最新技术水平	在一定时期内，基于相关科学、技术和经验的综合成果的产品、过程或服务相应技术能力所达到的高度
		公认的技术规则	大多数有代表性的专家承认的能反映最新技术水平的技术条款。 注：针对技术对象的规范性文件，若由各利益相关方通过磋商和协商一致程序合作编制，则在批准时视为公认的技术规则
		标准化层次	标准化所涉及的地理、政治或经济区域的范围。 注：标准化可以在全球、区域或国家层次上，在一个国家的某个地区内，在政府部门、行业协会或企业层次上，以至在车间和业务室等各个不同层次上进行
		国际标准化	所有国家的有关机构均可参与的标准化

续表

序号	术语类别	术语名称	定 义
1	标准化	区域标准化	仅世界某个地理、政治或经济区域内的国家的有关机构可参与的标准化
		国家标准化	在国家层次上进行的标准化
		地方标准化	在国家的某个地区层次上进行的标准化
		协商一致	普遍同意,即有关重要利益相关方对于实质性问题没有坚持反对意见,同时按照程序考虑了有关各方的观点并协调了所有争议。 注:协商一致并不意味着全体一致同意
2	标准化的目的	适用性	产品、过程或服务在具体条件下适合规定用途的能力
		兼容性	诸多产品、过程或服务在特定条件下一起使用时,各自满足相应要求,彼此间不引起不可接受的相互干扰的适应能力
		互换性	某一产品、过程或服务能用来代替另一产品、过程或服务并满足同样要求的能力。 注:功能方面的互换性称为"功能互换性",量度方面的互换性称为"尺寸互换性"
		品种控制	为了满足主导需求,对产品、过程或服务的规格或类型数量的最佳选择
		安全	免除了不可接受的损害风险的状态。 注:标准化考虑产品、过程或服务的安全时,通常是为了获得包括诸如人类行为等非技术因素在内的若干因素的最佳平衡,将伤害到人员和物品的可避免风险消除到可接受的程度
		环境保护	使环境免受产品的使用、过程的操作或服务的提供所造成的不可接受的损害
		产品防护	使产品在使用、运输或储存过程中免受气候或其他不利条件造成的损害
3	规范性文件的种类	规范性文件	为各种活动或其结果提供规则、指南或特性的文件。 注1:"规范性文件"是诸如标准、规范、规程和法规等文件的通称。 注2:"文件"可理解为记录有信息的各种媒介
		标准化文件	通过标准化活动制定的文件。 注:"标准化文件"是诸如标准、技术规范、可公开获得规范、技术报告等文件的通称
		标准	通过标准化活动,按照规定的程序经协商一致制定,为各种活动或其结果提供规则、指南或特性,共同使用的和重复使用的文件
		国际标准	由国际标准化组织或国际标准组织通过并公开发布的标准
		区域标准	由区域标准化组织或区域标准组织通过并公开发布的标准
		国家标准	由国家标准机构通过并公开发布的标准
		行业标准	由行业机构通过并公开发布的标准
		地方标准	在国家的某个地区通过并公开发布的标准

续表

序号	术语类别	术语名称	定义
3	规范性文件的种类	企业标准	由企业通过供该企业使用的标准
		试行标准	标准化机构通过并公开发布的暂行文件,目的是从它的应用中取得必要的经验,再据以建立正式的标准
		规范	规定产品、过程或服务应满足的技术要求的文件。 注1:适宜时,规范宜指明可以判定其要求是否得到满足的程序。 注2:规范可以是标准、标准的一个部分或标准以外的其他标准化文件
		规程	为产品、过程或服务全生命周期的有关阶段推荐惯例或程序的文件。 注:规程可以是标准、标准的一个部分或标准以外的其他标准化文件
		法规	由权力机关通过的有约束力的法律性文件
		技术法规	规定技术要求的法规,它或者直接规定技术要求,或者通过引用标准、规范或规程提供技术要求,或者将标准、规范或规程的内容纳入法规中。 注:技术法规可附带技术指导,列出为了遵守法规要求可采取的某些途径,即视同符合条款
4	机构	机构	负责标准和法规,有特定任务和组成的法定实体或行政实体。 注:机构如:组织、权力机关、公司和基金会等
		组织	以其他机构或个人作为成员组成的,具有既定章程和自身管理部门的机构
		标准化机构	公认的从事标准化活动的机构
		区域标准化组织	成员资格仅向某个地理、政治或经济区域内的各国有关国家机构开放的标准化组织
		国际标准化组织	成员资格向世界各个国家的有关国家机构开放的标准化组织
		标准机构	根据自身章程的规定,以编制、批准或采用公开发布的标准为主要职能,在国家、区域或国际的层次上公认的标准化机构。 注:标准机构也可有其他的主要职能
		国家标准机构	有资格作为相应国际标准组织和区域标准组织的国家成员,在国家层次上公认的标准机构
		区域标准组织	成员资格仅向某个地理、政治或经济区域内的各国有关国家机构开放的标准组织
		国际标准组织	成员资格向世界各国的有关国家机构开放的标准组织
		标准化技术组织	由标准机构或标准化机构设立的负责标准的起草或编制的组织
		技术委员会	在特定专业领域内,从事标准的编制等工作的标准化技术组织
		分技术委员会	在技术委员会内设置的负责某一分支领域标准的编制等工作的标准化技术组织
		工作组	在技术委员会或分技术委员会内设置的负责标准起草的专家组
		权力机关	具有法律上的权力和权利的机构。 注:权力机关可能是区域、国家或地方的
		法规制定机关	负责编制或通过法规的权力机关
		法规执行机关	负责执行法规的权力机关。 注:法规执行机关可以是或不是法规制定机关

续表

序号	术语类别	术语名称	定 义
5	标准的类别	基础标准	指具有广泛的适用范围或包含一个特定领域的通用条款的标准。 注：基础标准可直接应用，也可作为其他标准的基础
		术语标准	界定特定领域或学科中使用的概念的指标及其定义的标准。 注：术语标准通常包含术语及其定义，有时还附有注、图、示例等
		符号标准	界定特定领域或学科中使用的符号的表现形式及其含义或名称的标准
		分类标准	基于诸如来源、构成、性能或用途等相似特性对产品、过程或服务进行有规律的排列或划分的标准。 注：分类标准有时给出或含有分类原则
		试验标准	指在适合指定目的精确度范围内和给定环境下，全面描述试验活动以及得出结论的方式的标准。 注1：试验标准有时附有与测试有关的其他条款，例如取样、统计方法的应用、多个试验的先后顺序等。 注2：适当时，试验标准可说明从事试验活动需要的设备和工具
		规范标准	规定产品、过程或服务需要满足的要求以及用于判定其要求是否得到满足的证实方法的标准
		规程标准	为产品、过程或服务全寿命周期相关阶段推荐良好惯例或程序的标准
		指南标准	指以适当的背景知识给出某主题的一般性、原则性、方向性的信息、指导或建议，而不推荐具体做法的标准
		产品标准	规定产品需要满足的要求以保证其适用性的标准。 注1：产品标准除了包括适用性的要求外，也可直接包括或以引用的方式包括诸如术语、取样、检测、包装和标签等方面的要求，有时还可包括工艺要求。 注2：产品标准根据其规定的是全部的还是部分的必要要求，可区分为完整的标准和非完整的标准。由此，产品标准又可分为其他不同类别的标准，例如尺寸类、材料类和交货技术通则类产品标准。 注3：若标准仅包括分类、试验方法、标志和标签等内容中的一项，则该标准分别属于分类标准、试验标准和标志标准，而不属于产品标准
		过程标准	规定过程需要满足的要求以保证其适用性的标准
		服务标准	规定服务需要满足的要求以保证其适用性的标准。 注：服务标准可以在诸如洗衣、饭店管理、运输、汽车维护、远程通信、保险、银行、贸易等领域内编制
		接口标准	规定产品或系统在其互连部位与兼容性有关的要求的标准
		数据待定标准	指列出产品、过程或服务的特性，而特性的具体值或其他数据需根据产品、过程或服务的具体要求另行指定的标准。 注：典型情况下，一些标准由供方确定数据，另一些标准由需方确定数据

续表

序号	术语类别	术语名称	定 义
6	标准的协调	协调标准	不同标准化机构各自针对同一标准化对象批准的,能作为依据建立产品、过程或服务具有互换性,或者能够提供的试验结果或信息的相互理解的若干标准。 注:符合本定义的协调标准,在表述方面甚至在内容方面都可能有所不同,例如在注、在达到标准要求的指导、在可选项和品种规格的优选等方面都可能有所不同
		一致标准	内容相同,但表达形式不同的协调标准
		等同标准	内容和表达形式都相同的协调标准。 注1:各等同标准的编号可互不相同。 注2:不同语种的等同标准互为准确的译文
		国际协调标准	与国际标准相协调的标准
		区域协调标准	与区域标准相协调的标准
		多边协调标准	两个以上标准化机构之间相协调的标准
		双边协调标准	两个标准化机构之间相协调的标准
		单边调整标准	以满足某一标准为目标调整后形成的标准,以便按照调整后标准提供的产品、过程、服务、试验和信息能够满足目标标准的要求,但反之未必亦然
		可比标准	不同标准化机构各自针对同一产品、过程或服务批准的,对若干相同特性分别规定不同要求,并采用相同方法加以评定,因而可以清晰地比较这些不同要求之间差异性的若干标准。 注:可比标准不是协调标准
7	规范文件内容	条款	规范性文件内容的表述方式,一般采取陈述、指示、推荐或要求的形式。 注:条款的这些形式以其所用的措辞加以区分,例如:指示用祈使句表达,推荐用助动词"宜",要求用助动词"应"
		陈述	表达信息的条款
		指示	表达应执行的行动的条款
		推荐	表达建议或指导的条款
		要求	表达需要满足准则的条款
		必达要求	为了遵守规范性文件而必须履行的要求
		可选要求	为了遵守规范性文件所允许的特定选择而必须满足的要求。 注:可选要求可以是以下任何一种: ① 两个或更多可选择的要求中的一个; ② 仅在适用时满足,而在不适用时则可不予考虑的附加要求
		视同符合条款	指出遵守规范性文件的要求的一种或多种途径的条款
		描述条款	表达有关产品、过程或服务特征的适用性的条款。 注:描述条款通常用尺寸和材料组成表达设计、构造细节等内容
		性能条款	表达有关产品、过程或服务的使用性能或与使用相关性能的适用性的条款

续表

序号	术语类别	术语名称	定 义
8	规范文件结构	主体	在规范性文件中，构成规范性文件实质内容的一组条款。 注1：就标准而言，主体即规范性要素，由标准的规范性一般要素和规范性技术要素组成。 注2：为了方便起见。规范性文件主体的某些部分可以采用附录的形式（规范性附录），但其他附录（资料性）只可以作为附加要素
		附加要素	规范性文件中包含的但不影响其实质内容的信息。 注：就标准而言，附加要素即资料性概述要素和资料性补充要素，可以包括封面、目次、前言、引言、资料性附录、参考文献、索引等
9	规范文件制定	标准工作计划	标准化机构就其当前标准化工作项目所做出的工作日程安排
		标准项目	标准工作计划内的具体工作项目
		标准草案	为了征求意见、投票（审查）或批准而提出的标准文本
		有效期	规范性文件现行的时长，即从该文件的负责机构决定它生效之日起直到它被废止或代替之日为止所经历的时间
		起草	确立条款，搭建文本结构，形成文件草案的活动。 注：标准化活动中起草主要由工作组完成
		编制	起草文件，履行征求意见、技术审查等程序的活动。 注：标准化活动中，编制主要指标准化技术组织从事的活动
		制定	确立条款，编制、发布文件的全过程活动。 注：标准化活动中，制定主要指标准机构或标准化机构从事的活动
		复审	决定规范性文件是否应予确认、更改或废止的审查活动
		勘误	对已出版的规范性文件文本中的印刷、文字错误以及其他类似错误的更正。 注：适合时，勘误的结果可视情况发布单独的勘误页或发布规范性文件的新版本
		修正	对规范性文件内容的特定部分的更改、增加或删除。 注：修正的结果一般是发布单独的规范性文件的修正案
		修订	对规范性文件实质内容和表述的全面必要的更改。 注：修订的结果是发布规范性文件的新版本
		重印版本	不加任何改变的规范性文件的新的印刷品
		新版本	包括了对前一版本的更改内容的规范性文件的新的印刷品。 注：即使仅将现存的勘误或修正案的内容纳入规范性文件的文本中，该文本也构成一个新版本

续表

序号	术语类别	术语名称	定义
10	规范文件实施	规范性文件的采用	某一机构以另一机构的规范性文件为基础编制并说明和标示了两个文件之间差异的规范性文件的发布,或者某一机构将另一机构的规范性文件作为与本机构文件具有同等地位的签署认可行为
		一致性程度	描述采用与被采用关系的两个文件之间差别大小的程度
		等同	某一文件与所采用的另一文件的技术内容和文本结构相同的一致性程度
		修改	某一文件与所采用的另一文件存在已被明确指出并说明原因的技术性差异,和(或)已清晰阐述或比较两个文件之间文本结构变化的一致性程度
		非等效	某一文件与另一文件存在未清晰说明的技术性内容和(或)文本结构的差异,或只保留另一文件中少量或不重要条款的一致性程度
		规范性文件的应用	规范性文件在生产、贸易等方面的使用
		标准的直接应用	无论某标准是否被其他规范性文件采用或引用而对该标准的应用
		标准的间接应用	以另一个采用或引用某标准的规范性文件为媒介而对该标准的应用
11	在规范文件中引用标准	引用标准	提及一个或多个标准,以代替规范性文件中的详细条款。 注1:引用标准可以是注日期引用、不注日期引用或普遍性引用,同时可以是唯一性引用或指示性引用。 注2:涉及最新技术水平或公认的技术规则的更普遍性的法律条款可以引用标准也可以直接规定技术内容
		(对标准的)注日期引用	除非规范性文件被更改,被引用的标准随后的修正和修订均不适用的一种引用标准的方式。 注1:以这种方式引用标准通常标出标准代号、顺序号和发布日期或版次。 注2:法规引用标准时可给出标准名称
		(对标准的)不注日期引用	无需对规范性文件进行更改,被引用的标准随后的修正和修订均适用的一种引用标准的方式。 注1:以这种方式引用的标准通常仅标出标准代号和顺序号。 注2:法规引用标准时可给出标准名称
		(法规对标准的)普遍性引用	指特定机构或具体领域内所有标准(不逐个列举)的一种引用标准的方式
		(法规对标准的)唯一性引用	指遵守所引用的标准是满足技术法规有关要求的唯一途径的一种引用标准的方式
		(法规对标准的)指示性引用	指遵守所引用的标准是满足技术法规有关要求的途径之一的一种引用标准的方式。 注:(法规对标准的)指示性引用是视同符合条款的一种形式

2.2 标准化

标准和我们的生活息息相关，我们的衣、食、住、用、行，吃、喝、玩、乐、购都离不开标准。在人类社会中每天都有许多活动在进行，其中有一种活动就是"标准化"活动。

2.2.1 标准化的定义

2.2.1.1 学者对标准化的概括

日本标准化学者松蒲四郎对标准化有如下解释："标准化活动可以看成是人们创造负熵的努力，就一孤立系统而言，熵总是存在着自发增加的趋势，直到系统达到完全平衡为止，即系统完全处于无序状态为止，为了制止这种熵增加的趋势，必须向系统施以人为的负熵……，标准化活动就是人们从无序状态恢复有序状态所做的努力。"

因此标准化是一项建立规范的活动，其本质也可以说是为了增加标准化对象的有序化程度，防止其向无序化发展，从而获得"最佳秩序"的动态过程。

2.2.1.2 国家标准和国际标准对标准化的定义

GB/T20000.1—2014 对标准化的定义：为了在既定范围内获得最佳秩序，促进共同效益，对现实问题或潜在问题确立共同使用和重复使用的条款以及编制、发布和应用文件的活动。

注1：标准化活动确立的条款，可形成标准化文件，包括标准和其他标准化文件。

注2：标准化的主要效益在于为了产品、过程或服务的预期目的改进它们的适用性，促进贸易、交流以及技术合作。

这个定义也是国际标准化组织（ISO）和国际电工委员会（IEC）ISO/IEC 指南 2：2004《标准化工作指南第 1 部分：标准化与相关活动的通用术语》中对标准化的定义。

其中"既定范围"是指地域范围、专业范围或时间范围。

2.2.2 标准化的特点

从国家标准和国际标准对标准化的定义，我们可以看出：

2.2.2.1 "标准化"是一项有组织的活动

标准化不是孤立的事物，而是一项有组织的活动过程，其内容主要包括制定、发布、实施和修订标准（以便解决实施标准的过程中发现的问题，或者使标准进一步反映技术发展的水平）的过程。这个活动反复循环，螺旋式上升，每完成一次循环，标准将得到进一步的完善，标准化水平也就提高一步。标准化作为一门学科就是标准化学，它主要研究标准化活动过程中的原理、规律和方法。标准化作为一项工作，就是制定标准、组织实施标准和对标准的实施进行监督和检查。

2.2.2.2 "标准化"是有目的的活动

标准化的目的既是标准化活动的出发点，又是标准化过程的归宿。标准化的效果，只有当标准在实践中付诸实施后才能表现出来，绝不是制定一个或一组标准就可以了事的，有再多、再好、水平再高的标准或标准体系，如果没有共同与重复运用，就不会产生效果。对标准化过程的评价与考核，归根到底还是看它是否达到了预定的目的。这个目的是要通过标准的实施来实现的。因此，标准化的全部活动中，实施标准是个十分重要不可忽视的环节，这一环节中断，标准化循环发展过程也就中止，标准化的"化"也就无从谈起。

标准化的一般目的是基于标准化定义，即谋求"在既定范围内获得最佳秩序，促进共同效益"。"共同效益"，就是要发挥出标准的系统效应，产生理想的效果；"最佳秩序"，不是最佳经济效益或最佳社会效益等，而是指通过实施标准使标准化对象的有序化程度提高，减少变化与维持稳定，发挥出最好的功能。

同时，标准化可以有一个或更多特定目的，以使产品、过程或服务适合其用途。这些目的可能包括但不限于品种控制、适用性、兼容性、互换性、安全、环境保护、产品防护等。这些目的可能相互重叠。

1. 品种控制

品种控制是指为了满足主导需求，对产品、过程或服务的规格或类型数量的最佳选择。

品种控制是合理发展品种规格的有效手段，是防止和克服品种规格盲目发展造成混乱的有效途径。通过品种控制使品种规格达到以尽可能少的数目满足尽可能多的需要的目的。

2. 适用性

适用性是产品、过程或服务在具体条件下适合规定用途的能力。

适用性的定义实质是指产品或服务对其预定用途的适合程度。标准化的重要效益之一就是改进物品或服务对其预定用途的适合程度，即适用性。

3. 兼容性

兼容性是指诸多产品、过程或服务在特定条件下一起使用时，各自满足相应要求，彼此间不引起不可接受的相互干扰的适应能力。

兼容性对技术先进而复杂的专业和领域是极为重要的，如电子工业。

4. 互换性

互换性是指某一产品、过程或服务能用来代替另一产品、过程或服务并满足同样要求的能力。

功能方面的互换性称为"功能互换性"，量度方面的互换性称为"尺寸互换性"。

5. 安 全

安全是指免除了不可接受的损害风险的状态。

标准化考虑产品、过程或服务的安全时，通常是为了获得包括诸如人类行为等非技术因素在内的若干因素的最佳平衡，将伤害到人员和物品的可避免风险消除到可接受的程度。

6. 环境保护

环境保护是指使环境免受产品的使用、过程的操作或服务的提供所造成的不可接受的损害。

7. 产品防护

产品防护是指使产品在使用、运输或储存过程中免受气候或其他不利条件造成的损害。

2.2.2.3 "标准化"是建立规范的活动

标准化过程活动的结果是得到一份规范性文件,而这份规范性文件有可能成为标准。

标准化定义中的"条款",即规范性文件——标准内容的表达方式。标准化活动所建立的规范具有共同使用和重复使用的特征。其内容不仅针对当前存在的问题,而且针对潜在的问题。

2.2.3 标准化的任务

《中华人民共和国标准化法》规定:"标准化工作的任务是制定标准、实施标准和对标准的实施进行监督"。其中标准制定是解决标准的有无问题、标准的科学合理性问题以及标准水平的高低问题;实施标准是学习、掌握并落实标准;监督是确保标准的贯彻和准确贯彻执行,其最终目的是取得最佳的社会效益、经济效益和环境效益。

2.3 标 准

2.3.1 标准的定义

对于什么是标准,不同的人可能会有不同的理解,不同的组织也会有不同的定义。而标准概念又常常与规则、法则等相混淆。一般人谈到的标准,往往比专业定义的标准范围要广,可以说是泛"标准"。因此,要想弄清标准的概念,需要从不同的角度进行分析。

2.3.1.1 《辞海》中标准的定义

《辞海》对标准的定义是:衡量事物的准则。

2.3.1.2 学者对标准的定义

1934年,盖拉德在《工业标准化原理与应用》中定义:标准是对计量单位或基准、物体、动作、过程、方式、常用方法、容量、功能、性能、方法、配置、状态、义务、权限、责任、行为、态度、概念或想法的某些特征,给出定义、做出规定和详细说明。它以语言、文件、图样等方式或利用模型、标样及其他具体表现方法,并在一定时期内适用。

这个定义全面而详尽地罗列了涉及需要统一的概念和事物,并表述了表现形式和载体以及标准的时效特性,但概括仍不够全面。

1972年,桑德斯在《标准化的目的和原理》中定义:标准是经公认的权威当局批准的一个标准化成果。它可以采用下述形式:① 文件形式,内容记述一整套必须达到的条件;② 规定基本单位或物理常数,如安培、米等。桑德斯定义补充了标准形成的法定程序和表现形式,明确说明了标准化和标准的关系,标准化是一项活动和过程,活动和过程的结果才形成了标准。

2.3.1.3 世界贸易组织（非标准化组织）对标准的定义

在《WTO／TBT》的附件 1 中，对标准作了如下定义："经公认机构批准的、规定非强制执行的、供通用或重复使用的产品或相关工艺和生产方法的规则、指南或特性的文件。该文件还可包括或专门涉及适用于产品、工艺或生产方法的术语、符号、包装、标志或标签要求。"

2.3.1.4 标准化组织对标准的定义

GB/T20000.1—2014/ISO/IEC 指南 2：2004 对标准的定义：通过标准化活动，按照规定的程序经协商一致制定，为各种活动或其结果提供规则、指南或特性，共同使用的和重复使用的文件。

注 1：标准宜以科学、技术和经验的综合成果为基础。

注 2：规定的程序指制定标准的机构颁布的标准制定程序。

注 3：诸如国际标准、区域标准、国家标准等，由于它们可以公开获得以及必要时通过修正或修订保持与最新技术水平同步，因此它们被视为构成了公认的技术规则。其他层次上通过的标准，诸如专业协（学）会标准、企业标准等。

其中"协商一致"是指普遍同意（并不意味着全体一致同意），即有关重要利益相关方对于实质性问题没有坚持反对意见，同时按照程序考虑了有关各方的观点并协调了所有争议。

2.3.2 标准的特征

从 GB/T20000.1—2014 关于标准化与标准的定义中我们可以认为标准应具备如下一些特征，也就是说只有具备这些特征才能称其为标准。

2.3.2.1 "标准"是一种规范性文件

"规范性文件"是为各种活动或其结果提供规则、指南或特性的文件。因此，"标准"是一种规范性文件。

可以说文件是标准的表现形式，我们可以广义地将文件理解为记录信息的各种媒体。标准必须以文件的形式来表现，无论是纸质的还是电子形式的文件。既然标准是一种规范性文件，其文件的形式也必须规范，并且具有区别于其他文件的特殊文件形式。它有规定的制定流程、统一的格式、统一的编号、统一的文件架构和用语及其他规定。为了统一标准文件的编写和形式，我国发布了国家标准"GB/T 1.1—2009《标准化工作导则 第 1 部分：标准的结构和编写》"。对标准的结构、编写、格式及印刷等内容进行统一，既可保证标准的编写质量，又便于文件的管理，同时又体现了标准文件的严肃性、规范性。

2.3.2.2 标准的对象是"重复性事物"

制定标准的对象是"重复性事物"，它必须具有共同使用和重复使用的性质，所谓"共同使用"是指你用、我用、他也用，大家都用；"重复使用"是指今天用、明天用、后天还用，经常要用。这里，"共同使用"和"重复使用"两个条件必须同时具备，即只有大家共同使用并且要多次反复使用，标准这种文件才有存在的必要。

2.3.2.3 标准的权威性

标准的制定需要有一定的程序，要有协商一致的过程，并且要由公认机构批准发布。国际以及各国的标准化组织都规定了制定各类标准的程序，制定标准时必须严格按照程序进行。为了规范标准的制定程序，我国针对国家标准、行业标准、地方标准和企业标准分别颁布了《国家标准管理办法》《行业标准管理办法》《地方标准管理办法》和《企业标准化管理办法》。标准能否最后通过并发布，要看协商一致的结果。

2.3.2.4 标准的目的性

制定标准的目的是获得"最佳秩序"，"促进共同效益"。这种最佳秩序的获得是有一定范围的。"一定范围"有两层含义，包括适用的人群和相应的事物。所谓"适用的人群"可以是全球范围的、某个区域的、某个国家的、某个地方的、某个行业的、某个企业或集团的等等。具体适用的人群取决于在哪个范围的人群中达到了协商一致。适用的人群不同，其影响的范围也不同；因此，一个标准可以在国际、区域、国家、企业的范围内具有影响力。

"促进共同效益"是指标准不仅要考虑制定与发布者的利益，还必须考虑企业、顾客、社会公众等相关方的利益。

2.3.2.5 标准的公正性

标准要经过有关方面协商。"协商一致"：普遍同意，对于实质性问题有关重要方面没有坚持反对意见，并不意味着没有不同意见；协商一致是对有关各方的观点和争议按程序进行协调的过程（GB/T 20000.1—2002中的2.1.7）。"协商一致制定"体现了标准的民主性和公正性。在兼顾各方利益的基础上，经协商制定的。所以，标准要经过草稿、征求意见稿、送审稿和报批稿。

2.3.2.6 标准的科学性

从标准定义的注释中我们可以看出，标准制定的基础是科学、技术和经验的综合成果。

标准里边的要求和试验方法都是经过很多次试验和严格论证得出的。因为标准起草的一个非常重要的原则是可证实原则，也就是说标准规定的一定是要能在短时间内实现的，其提供的方法一般都是最好的，便于实现的。

总之，标准是标准化活动的成果，是特定的人群针对某些事物，为了获得最佳秩序，经过协商一致形成条款，一组相关的条款就形成规范性文件。如果这些规范性文件符合制定标准的程序，经过公认机构批准发布，就成为标准。

标准之所以被制定并被使用，其动力来源于市场需求与共同的利益。这一动力促使利益各方聚在一起经过协商一致形成各类标准，这一动力同时也促使各方自愿使用标准。标准被自愿使用的程度如何，可以作为标准实施效果好坏的重要指标之一。

2.4 标准的分类及编号

标准从不同角度可以有不同的分类方法，通常有层次分类法、对象分类法、性质分类法等。

2.4.1 按标准性质（约束力）划分

我国根据标准实施约束力的不同，通过立法将标准分为强制性标准和推荐性标准。随着市场经济的不断发展，国家又将强制性标准分为条文强制和全文强制两种形式，并增加了指导性技术文件。

2.4.1.1 强制性标准

强制性标准是：具有法律属性，在一定范围内通过法律、法规等强制性手段加以实施的标准，包括强制性的国家标准、行业标准和地方标准。根据《中华人民共和国标准化法》第七条的规定："国家标准、行业标准分为强制性标准和推荐性标准。保障人体健康，人身、财产安全的标准和法律、行政法规规定强制执行的标准是强制性标准，其他标准是推荐性标准。"第十四条规定："强制性标准必须执行。不符合强制性标准的产品，禁止生产、销售和进口。"对生产、销售、进口不符合强制性标准产品的，由法律、行政法规规定的行政主管部门依法进行处理，没有明确主管部门的，由工商行政管理部门没收产品和违法所得，并处罚款；造成严重后果构成犯罪的，对直接责任人员依法追究刑事责任。

1. 强制性标准的形式

强制标准分为全文强制和条文强制。

对于全文强制形式的标准在"前言"的第一段以黑体字写明："本标准的全部技术内容为强制性。"

对于条文强制形式的标准，一般在"前言"中第一段以黑体字并采用下列方式写明："本标准的第×章、第×条、第×条……为强制性的，其余为推荐性的。"

2. 强制性标准或强制性条文的内容

为使我国强制性标准与 WTO/TBT 规定衔接，我国规定强制性标准的范围严格限制在：国家安全、防治欺诈行为、保护人体健康与安全、保护动植物生命和健康以及保护环境等五方面，即强制性标准或强制性条文的内容应限制在下列范围：

（1）有关国家安全的技术要求。
（2）保护人体健康和人身财产安全的要求。
（3）产品及产品生产、储运和使用中的安全、卫生、环境保护等技术要求。
（4）工程建设的质量、安全、卫生、环境保护要求及国家需要控制的工程建设的其他要求。
（5）污染物排放标准和环境质量要求。
（6）保护动植物生命安全和健康的要求。

（7）防止欺骗、保护消费者利益的要求。

（8）维护国家经济秩序的重要产品的技术要求。

市场经济发达国家通常采用法律法规引用标准的形式强制执行相关的标准，这些标准为遵守法律法规相应要求提供了可操作性，支持了立法目标的实现。

2.4.1.2 推荐性标准

推荐性标准又称建议标准、非强制性标准或自愿性标准。

与强制性标准相对应，推荐性标准是生产、交换、使用等方面，通过经济手段调节而自愿采用的一类标准。在我国，推荐性标准不具有法律约束力，这类标准任何单位都有权决定是否采用，违反这类标准，不承担经济或法律方面的责任。但推荐性标准被强制性标准引用，或纳入指令性文件便具有了约束力。企业明示执行的推荐性标准，在企业内部具有强制性和约束力，并应承担相应的质量责任。

通过下述途径推荐性标准将会得到广泛实施：

1. 市场机制

由于推荐性标准是以科学、技术和经验的综合成果为基础，是在充分协商一致基础上形成的。所以，它符合大多数人的利益，自然会被大多数人所自愿使用。这样，市场上符合标准的产品或服务将占据主要地位，形成主导产品，那些少数没有使用标准的利益方，为了适应这一主流市场，其产品和服务往往不得不使用已通过的标准，以便顺利打开市场。可见，标准首先是靠其形成的机制，靠市场的作用被广泛自愿性使用。

2. 政府引导

《中华人民共和国标准化法》第十四条规定："推荐性标准，国家鼓励企业自愿采用。"国家往往通过一些鼓励企业使用标准的政策，促进企业实施标准；政府还要求，凡政府采购、国家重大工程招标等活动要以相关标准为依据，发挥标准的技术依据和基础支撑作用。

3. 法规引用

在一些法规中，凡涉及技术问题、有技术标准可以作为依据的，采取法规引用标准的方式，使得在法规调整的范围内，推荐性标准的使用成为法规的要求。对于标准中涉及的知识产权问题，国际标准化组织、区域标准化组织和国家标准化机构大多有相应的规定。

2.4.1.3 指导性技术文件

国家标准化行政主管部门于1998年通过《国家标准化指导性技术文件管理规定》，出台了标准化体制改革的一项新举措，即在四级标准之外，又增设了一种"国家标准化指导性技术文件"，作为对四级标准的补充。

注意：国家标准化指导性技术文件不是第五级文件。

指导性技术文件，是为仍处于技术发展过程中（如变化快的技术领域）的标准化工作提供指南或信息，供科研、设计、生产、使用和管理等有关人员参考使用而制定的标准文件。

指导性技术文件不宜由标准引用使其具有强制性或行政约束力。指导性技术文件三年复审，以决定是否继续有效，转化为国家标准或撤销。

符合下列两种情况之一的项目，可制定指导性文件：

（1）技术尚在发展中，需要有相应的标准文件引导其发展或具有标准化价值，尚不能制定为标准的项目。

（2）采用国际标准化组织、国际电工委员会及其他国际组织（包括区域性国际组织）的技术报告的项目。

指导性文件由国务院标准化行政主管部门编制计划和组织草拟，并统一审批、编号和发布。

2.4.2 按标准层次（使用范围）划分

按照标准使用所涉及的地理、政治或经济区范围或审批权限，可以分为：国际标准、区域标准、国家标准、行业标准、地方标准和企业（公司）标准。

2.4.2.1 国际标准

国际标准是由国际标准化组织或国际标准组织通过并公开发布的标准。

当前，国际标准制定者是指"国际标准化组织"（ISO）、"国际电工委员会"（IEC）和"国际电信联盟"（ITU），以及 ISO 确认并公布的其他国际标准组织，如："国际计量局"（BIPM）、"世界卫生组织"（WHO）和"世界气象组织"（WMO）等。

该类标准发布后在世界范围内适用，作为世界各国进行贸易和技术交流的基本准则和统一要求。国际标准对各国来说可以自愿采用，没有强制的含义，但往往因为其集中了一些先进工业国家的技术经验，加之各国考虑国际贸易上的利益，也往往积极采用。

2.4.2.2 区域标准

区域标准是由区域标准化组织或区域标准组织通过并公开发布的标准。

区域组织仅指向世界特定地理、政治或经济范围内的有关国家标准化机构开放的标准化组织，例如："欧洲标准化委员会"（CEN）、"泛美标准委员会"（COPANT）和"太平洋地区标准会议"（PASC）等。

2.4.2.3 国家标准

1. 定　义

国家标准是由国家标准机构通过并公开发布的标准。例如："美国国家标准学会标准"（ANSI）、"日本工业标准"（JIS）等。

中华人民共和国国家标准：是指对我国经济技术发展有重大意义，必须在全国范围内统一的标准。

对需要在全国范围内统一的技术要求，应当制定国家标准。我国国家标准由国务院标准化行政主管部门编制计划和组织草拟，并统一审批、编号和发布。国家标准是一个国家的标准体系的主体和基础，在全国范围内适用，其他各级标准不得与国家标准相抵触。国家标准一经发布，与其重复的行业标准、地方标准相应地被废止，我国国家标准是四级标准体系中的主体。

中国国家标准化管理委员会受国务院委托管理全国的标准化工作。

2. 编　号

我国国家标准的编号由国家标准代号、标准发布顺序号和标准发布年代号组成。国家标准代号由大写汉语拼音构成，强制性国家标准代号为"GB"，推荐性国家标准代号为"GB/T"，国家标准化指导性技术文件代号为"GB/Z"。

如：GB 9969.1—1998《工业产品使用说明书总则》，其中 GB 是标准的代号，代表强制性国家标准，9969 是国家标准的顺序号，1998 是标准发布年代号。

GB/T 19580—2004《卓越绩效评价准则》，其中 GB/T 是标准的代号，代表推荐性国家标准。

GB/Z 19579—2004《卓越绩效评价准则实施指南》，其中 GB/Z 是标准的代号，代表国家标准化指导性技术文件。

2.4.2.4　行业标准

1. 定　义

行业标准是指由行业机构通过并公开发布的标准。

在我国，当没有国家标准而又需在全国某个行业范围内统一的技术要求，可以制定行业标准（含标准样品）。

行业标准由国务院有关行政主管部门或受国家标准委委托的行业协会、学会，负责组织制定和发布，并报国务院标准化行政主管部门备案。在相应的国家标准发布实施后，该项行业标准即行废止。

行业的划分是建立行业标准的基础。我国行业分为 24 大类，又可细分为综合、农业、林业、医药、卫生、劳动保护、矿业、石油、原子能、核技术、化工、冶金、机械、电工、电子基础、计算机与信息处理、通信、广播、仪器、仪表、土木、建筑、建材、公路、水路运输、铁路、车辆、船舶、航空、航天、纺织、食品、轻工、文化与生活用品、环境保护等具体行业。

2. 编　号

行业标准的编号由行业标准代号、标准发布顺序号和标准发布年代号构成。行业标准代号由国务院标准化行政主管部门审查确定并正式公布，由规定的两位大写汉语拼音字母构成，如机械 JB、轻工 QB、化工 HG、石油化工 SH、邮政 YZ、汽车 QC，见表 2.2。

例如：QB 2499—2000，其中 QB 代表强制性轻工行业标准，2499 是轻工标准发布的顺序号，2000 是该标准发布的年代号。

表 2.2 我国的行业标准类别

序号	标准代号	标准类别	序号	标准代号	标准类别
1	AQ	安全生产	35	QB	轻工
2	BB	包装	36	QC	汽车
3	CB	船舶	37	QX	气象
4	CH	测绘	38	SB	国内贸易
5	CJ	城镇建设	39	SC	水产
6	CY	新闻出版	40	SH	石油化工
7	DA	档案	41	SJ	电子
8	DB	地震	42	SL	水利
9	DL	电力	43	SN	出入境检验检疫
10	DZ	地质矿产	44	SW	税务
11	EJ	核工业	45	SY	石油天然气
12	FZ	纺织	46	TB	铁路运输
13	GA	公共安全	47	TD	土地管理
14	GH	供销	48	TY	体育
15	GM	国密	49	WB	物资管理
16	GY	广播电影电视	50	WH	文化
17	HG	化工	51	WJ	兵工民品
18	HJ	环境保护	52	WM	外经贸
19	HY	海洋	53	WS	卫生
20	JB	机械	54	WW	文物保护
21	JC	建材	55	XB	稀土
22	JG	建筑工业	56	YB	黑色冶金
23	JR	金融	57	YC	烟草
24	JT	交通	58	YD	通信
25	JY	教育	59	YS	有色金属
26	LB	旅游	60	YY	医药
27	LD	劳动和劳动安全	61	YZ	邮政
28	LS	粮食	62	HB	航空
29	LY	林业	63	QJ	航天
30	MH	民用航空	64	HS	海关
31	MT	煤炭	65	ZY	中医药
32	MZ	民政	66	SF	司法
33	NB	能源	67	RB	认证认可
34	NY	农业			

2.4.2.5 地方标准

1. 定 义

地方标准是在国家的某个地区通过并公开发布的标准。

根据《标准化法》规定，制定地方标准的对象需要具备以下三个条件：

（1）没有相应的国家标准或行业标准。

（2）需要在省、自治区、直辖市范围内统一的事和物。

（3）工农业产品的安全卫生要求。

除法律、法规另有规定的外，地方标准由省、自治区、直辖市等标准化行政主管部门统一编制计划、组织制定、审批编号和发布，并报国务院标准化行政主管部门和国务院有关行政主管部门备案。地方标准在相应的国家标准或行业标准发布实施后，即行废止。

2. 编 号

地方标准编号由地方标准代号、标准发布顺序号和标准发布年代号组成。地方标准代号由"地方标准"大写拼音字母"DB"加上省、自治区、直辖市等行政区划代码的前两位数组成，如福建的代码为35、北京市11、天津市12、河北省13、广东省44、山东省37等。

例如：DB 44/1234—2004，广东省强制性地方标准1234号，于2004年颁布。

DB3707/T 023—2002，其中37是山东省区划代码前两位，07是潍坊市区划代码，T是推荐性标准，023是标准发布顺序号，2002是标准发布年号。

2.4.2.6 企业标准

1. 定 义

企业标准是指由企业通过供该企业使用的标准。

企业生产的产品没有国家标准、行业标准和地方标准的，应当制定企业标准，作为组织生产的依据。对已有国家标准、行业标准和地方标准的，国家鼓励企业制定严于国家标准、行业标准或地方标准的企业标准，在企业内部使用。

企业标准化是指在企业层次上进行的标准化。它是企业科学管理的重要基础，也是企业新产品开发、组织生产和经营活动的依据，还是国际、区域、国家、行业和地方标准化的落脚点。

企业产品标准由企业制定，由企业法人代表或法人代表授权的主管领导批准、发布，并按省、自治区、直辖市人民政府的规定备案。

2. 编 号

企业产品标准编号由企业标准代号、标准发布顺序号和标准发布年代号组成。企业标准代号由汉字"企"的大写拼音字母"Q"加斜线再加企业代号组成。企业代号可用大写汉语拼音字母或阿拉伯数字或两者兼用组成。按中央所属企业和地方企业分别由国务院有关部门和省、自治区、直辖市政府标准化行政主管部门会同同级有关行政主管部门规定（或企业自定后报相关主管部门备案）。

例如：山东黑豹集团公司生产的低速货车产品，其产品标准编号为：Q/SHB 001—2008

SHB：山东黑豹集团的企业代号，标准顺序号001，标准2008年发布。

再如 Q/IBM 1234—2004，IBM 公司第 1234 号企业标准，于 2004 年颁布。

企业其他标准的编号在产品标准编号方法的基础上，在顺序号前增加一个代码，用以区别技术标准、管理标准和工作标准。一般用 J 或 1 表示技术标准，用 G 或 2 表示管理标准，用 Z 或 3 表示工作标准，并用圆点（·）隔开（详见"4.3.2 企业标准体系文件化阶段"）。

2.4.3 按标准化对象划分

标准化对象是指需要标准化的主题。

在国民经济的各个领域中，凡具有多次重复使用和需要制定标准的具体产品/服务或过程，以及各种定额、规划、要求、方法、概念等，都可称为标准化对象。它分为两类：一类是标准化的具体对象，即需要制定标准的具体事物；另一类是标准化总体对象，即各种具体对象的总和所构成的整体，通过它可以研究各种具体对象的共同属性、本质和普遍规律。

标准化对象就是标准化的主题是什么，也就是说我们可以将哪些事物或概念制定成标准。能够列举出的具体主题包括：材料、元件、器件、设备、系统、接口、协议、程序、性能、方法或活动等等。为了便于提及，2002 年版的国家标准 GB/T20000.1 把标准化对象概括为"产品、过程或服务"。我们保留"过程"，而把"产品、服务"合并为"结果"。因此，标准化对象可以分为"过程"和"结果"两大类。

对"过程"的标准化，将规定如何做，怎么做，是限制"人"的行为的，是针对各类人员的。许许多多的方法标准，如化学分析方法标准，就是典型的过程标准。对"结果"的标准化，将规定需要什么样的东西（包括硬件、软件和服务），是限制"物"的。大多数产品标准是典型的"结果"标准，组织生产的标准，大部分是"过程"标准。

2.4.3.1 产品标准

产品标准是规定产品需要满足的要求以保证其适用性的标准。

注 1：产品标准除了包括适用性的要求外，也可直接包括或以引用的方式包括诸如术语、取样、检测、包装和标签等方面的要求，有时还可包括工艺要求。

注 2：产品标准根据其规定的是全部的还是部分的必要要求，可区分为完整的标准和非完整的标准。由此，产品标准又可分为其他不同类别的标准.例如尺寸类、材料类和交货技术通则类产品标准。

注 3：若标准仅包括分类、试验方法、标志和标签等内容中的一项，则该标准分别属于分类标准、试验标准和标志标准，而不属于产品标准。

1. 完整的产品标准

完整的产品标准是规定产品术语、符号、技术性能、试验方法、检验、包装、储运等全部要求的标准。

2. 非完整的产品标准

（1）只规定品种、规格、形式与尺寸、参数系列等，称为品种标准。

（2）只规定产品质量性能或包括包装、检验、储运等除品种以外的要求时，称为质量标准或产品技术条件。

（3）只对包装做出规定时，称为包装标准。

从广义上讲，产品标准还包括原材料标准和零部件标准等。

按照ISO对标准化对象的划分，产品标准是相对于过程标准和服务标准而言的一大类标准，与产品有关的标准都可以划入这一类别，如接口标准。

接口标准是规定产品或系统在其互连部位与兼容性有关的要求的标准。有的接口标准主要是几何外形的尺寸要求。如鞋子的号型标准，它规定了不同号型鞋子的尺寸，是为了与人的脚形相匹配。而有的接口标准除了几何外形的尺寸要求外，还有性能匹配的要求。

产品标准的主要内容是规定产品应满足的要求，产品要求通常用性能特性来表示，如空调的制冷特性、汽车的制动性能。当规定"性能特性"有困难时，可规定产品的形状、材料、质/重量、成分等具体的特征。此外，为了验证是否满足各项要求，还需要有对应的试验方法，通过试验方法的测试，才能得到用于比较的数据，来判断各项要求是否满足。

不同的人群可能会对同一产品提出许多不同的要求，然而不可能把所有的要求全部集中在一个标准内。一个标准中对于产品适用性要求项目的多少，取决于编写标准的目的。产品标准的完整性是根据编写标准的目的所确定的适用性要求项目的多少来衡量的。有的行业习惯将产品的适用性要求按照通用要求和专用要求，分别制定为通用标准和专用标准。原则上，通用标准和专用标准都属于非完整的产品标准。如果把通用要求和专用要求合并在一个标准中，那么它就是完整的产品标准。

2.4.3.2 过程标准

规定过程需要满足的要求以保证其适用性的标准。

按照ISO对标准化对象的划分，过程标准是相对于产品标准和服务标准而言的一大类标准，与过程有关的标准都可以划入这一类别。

过程标准主要是规定怎么做的标准。人类在社会活动中，大量的活动是过程，标准化活动中制定的标准大部分也是过程标准。组织生产的过程中需要大量的过程标准，如指导产品设计人员进行设计的设计规范，指导工人加工产品的工艺规程，指导试验人员做试验的试验标准，指导安装人员安装设备的安装规程，……，都是过程标准。所谓的管理标准、工作标准实际上也是过程标准，管理标准主要规定管理人员管理过程怎么做，而工作标准主要规定工人的操作过程怎么做，仅仅是适用对象不同而已。

过程标准中的推荐性条款比产品标准中的要多。产品标准以规定要求型条款为主，而过程标准既有规定要求的条款，也有推荐惯例的条款。供具体操作人员使用的操作标准多数是规定要求的过程标准，如工艺规程，是必须要执行的。但是，相当数量的过程标准是推荐惯例或程序的，是向技术人员、管理人员等推荐首选方案的，这类过程标准在实际使用中有选择的余地。

2.4.3.3 服务标准

当今世界正在由工业经济向知识经济过渡，衡量一个国家的经济实力不仅仅取决于它的资源、资本的占有量和规模，更体现在运用知识和科技服务于社会的能力。随着经济的发展，服务业在各国经济结构中所占比重越来越大，发展服务业已成为促进经济增长、优化产业结构、创造就业机会、提高生活质量的重要途径。党的十六届五中全会通过的《中共中央关于制定国民经济和社会发展第十一个五年规划的建议》就指出，要"大力发展金融、保险、物流、信息和法律服务等现代服务业"，现代服务业是知识型（或知识密集型）服务业和新兴服务业的统称。

服务标准是规定服务需要满足的要求以保证其适用性的标准。（注：服务标准可以在诸如饭店管理、运输、汽车维护、远程通信、保险、银行、贸易等领域内编制。）

服务是指为满足顾客的需要，供方和顾客之间接触的活动以及供方内部活动所产生的结果。按照ISO对标准化对象的划分，服务标准是相对于产品标准和过程标准而言的一大类标准，与服务有关的标准都可以划入这一类别。

顾客（消费者）在选择与接受各项服务产品时，总会预先考虑选择一家服务质量好的单位。商家为了达到满足各类顾客的不同层次需求，亦总是在不断开发服务产品的新品种，努力提高自身的服务质量。这些行为，均离不开使用服务标准来规范服务质量，以及用服务标准衡量服务质量的好坏。

服务除了具有与其他产品相同的商品特性外，由于它的生产和交付常常是同时进行的、不可分离的，因此还具有以下特点：

1. 无形性（抽象性）

与制造业提供的有形产品不同，服务及服务的组成要素很多都是无形的，虽然大部分服务也包含有形的成分，比如饭店的菜肴、面点，但对顾客而言，在这些有形载体外所包含的无形服务与效用才是为人们所关注的。

2. 同时性（生产与消费的不可分离性）

在制造业，从产品的设计开发到加工制造，再到运输销售，产品的生产和消费之间存在着明显的中间环节。而服务的提供与顾客消费是同时进行的，服务人员提供服务的同时，也是顾客消费服务的过程。

3. 多变性（差异性）

服务业是以人为主体的行业，由于人存在个性化的差异，服务的构成成分及其质量水平也会不同。这种差异体现在两个方面，一是由于服务人员自身因素的影响，同一服务人员在不同的时间和环境下提供的同一种服务质量可能不同；不同服务人员在同样的环境和条件下提供的同一种服务质量也有差别。另一方面，由于顾客直接参与服务的提供和消费过程，由于不同顾客自身条件的差异，由同一服务人员在同一环境和条件下提供的同一服务，不同消费者感知的质量和效果也不同。

4. 时限性（不可存储性）

由于服务的无形性，以及同时性，服务不具备有形产品的存储性，因此，无法在淡季生产服务存储起来，放到旺季销售，这是显而易见的。

5. 单向性（不可纠正性）

有形产品的不合格品，可以通过返工、返修等手段将其变成合格品或可以使用的产品。但由于服务提供和消费的同时性，因此，就注定了一旦产生不合格的服务，就没有办法将其再变成合格品，既不能返工也不能返修。

服务虽然具有无形性，它的形式可以是完全的劳务即无形产品，如律师服务、股票交易、咨询和培训等；但许多情况下这种无形服务又往往与有形产品的制造和提供结合在一起的，如餐馆提供食物和饮料、汽车租赁和车辆销售、自来水公司的供水服务、出售计算机软件等等。

由于在服务业，服务的合格与否及质量高低是由顾客决定的，而由于人个性的差异，决定了每个顾客的标准各不相同，服务质量有一些很重要的特性，如时间性、礼节性、可靠性、准确性等，顾客对服务质量的感知正是来源于对这些特性的不同感受，很显然，不同顾客在这些特性上的感知程度不太可能完全一致,这也造成了服务标准难以界定和服务质量难以量化计算。

同时，由于服务的无形性、同时性、多变性、时限性的特点，使得服务面对千变万化的对象，因此服务过程出现质量问题的概率更大。正是由于服务的同时性和不可纠正性，一旦出现服务质量问题，对顾客造成的伤害是无法挽回的，再加上服务往往是一些特殊过程，因此服务业的标准化更加重要。

在我国，服务标准按服务业的领域，可划分为如下大类：交通运输、仓储和邮政标准，信息传输、计算机服务和软件标准，批发和零售标准，住宿和餐饮标准，金融标准，房地产标准，租赁和商务服务标准，科学研究、技术服务和地质勘查标准，水利、环境资源和公共设施管理标准，居民服务和相关服务标准，教育标准，卫生、社会保障和社会福利标准，文化、体育和娱乐标准，公共管理和社会组织标准，电力、燃气和水的供应标准，农、林、牧、渔业服务标准，其他服务标准。

服务标准按其性质和作用可分为：服务基础标准，服务质量标准，服务资质标准，服务设施标准，服务信息标准，服务安全与卫生标准，服务环境保护标准，保护消费者权益标准等。

2.4.4 按标准涉及的内容及作用划分

按照标准涉及的内容及在实施过程中的作用，可以分为：基础标准、产品标准、方法标准、安全标准、卫生标准、环境保护标准等。

注：下列术语和定义的目的既不是对标准进行系统的分类，也不是列出全部可能的标准类别，仅仅给出一些常见的标准类别。这些类别相互间并不排斥，例如，一个特定的产品标准，如果不仅规定了对该产品特性的技术要求，还规定了判定该要求是否得到满足的证实方法，也可视为规范标准。

2.4.4.1 基础标准

基础标准是指具有广泛的适用范围或包含一个特定领域的通用条款的标准。

注：基础标准可直接应用，也可作为其他标准的基础。

在某领域中基础标准是覆盖面最大的标准。它是该领域中所有标准的共同基础，如名词、术语、符号、代号、标识、方法、模数、公差与配合、优先数系、基本参数系列、产品系列型号、产品环境条件、可靠性要求等。

2.4.4.2 术语标准

术语标准是界定特定领域或学科中使用的概念的指标及其定义的标准。

注：术语标准通常包含术语及其定义，有时还附有注、图、示例等。

术语标准中的术语，是专业技术用语，供专业技术人员使用。当不给予统一解释就容易产生不同的理解时，就应制定统一的术语标准。术语标准是基础标准的一种。

2.4.4.3 符号标准

符号标准是界定特定领域或学科中使用的符号的表现形式及其含义或名称的标准，也是基础标准的一种。

2.4.4.4 分类标准

分类标准是基于诸如来源、构成、性能或用途等相似特性对产品、过程或服务进行有规律地排列或划分的标准。

注：分类标准有时给出或含有分类原则。

2.4.4.5 试验标准

试验标准是指在适合指定目的精确度范围内和给定环境下，全面描述试验活动以及得出结论的方式的标准。

注1：试验标准有时附有与测试有关的其他条款，例如取样、统计方法的应用、多个试验的先后顺序等。

注2：适当时，试验标准可说明从事试验活动需要的设备和工具。

2.4.4.6 规范标准

规范标准是规定产品、过程或服务需要满足的要求以及用于判定其要求是否得到满足的证实方法的标准。

从定义可以看出，规范也是一种文件，是规定技术要求的文件。可能与活动有关（如：程序文件、过程规范和试验规范）或与产品有关（如：产品规范、性能规范和图样）。它和标准的区别在于，这种文件没有经过制定标准的程序，但它和标准又是有联系的。首先，标准中的一些技术要求可以引用规范，这样的规范或规范中的某些内容就成为标准的一部分。其次，如果规范本身经过了标准制定程序，由一个公认机构批准，则这个规范就可以成为标准了。

ISO 为了满足市场需要，通过降低协商一致水平并简化制定标准程序制定了 ISO|TS（技术规范）及 ISO|PAS（可公开提供的规范）。

2.4.4.7 规程标准

规程标准是为产品、过程或服务全寿命周期相关阶段推荐良好惯例或程序的标准。

从定义不难看出，规程同样是一种文件，这种文件给出的是惯例或程序，而不是技术要求（技术规范给出的是技术要求）。这种惯例或程序给出的是"过程"而不是"结果"，而规范规定的是一种"结果"。另外，规程是"推荐"惯例或程序，而规范为"规定"技术要求。因此，无论从内容还是从性质上来看，规程和规范都存在着明显的差异。

规程与标准的区别与联系：与规范相同，规程这种文件没有经过制定标准的程序。但是，标准中的一些技术要求可以引用规程，这样的规程就成为标准的一部分。其次，如果规程本身经过了标准制定程序，由一个公认机构批准，则这个规程就可以成为标准。

2.4.4.8 指南标准

指南标准是指以适当的背景知识给出某主题的一般性、原则性、方向性的信息、指导或建议，而不推荐具体做法的标准。

如 ISO|IEC 导则，我国的 GB/T20000"标准化工作指南"系列标准等。

2.4.4.9 法 规

法规是指由权力机关通过的有约束力的法律性文件。

根据《中华人民共和国立法法》，我国的法律体系由法律、行政法规、地方性法规、自治条例和单行条例、规章组成。行政法规由国务院常务会议审议，或者由国务院审批，报请总理签署国务院令公布施行。

标准化法律从严格意义上讲，有广义和狭义之分。广义的标准化法律是指调整涉及有关标准化的社会关系和社会秩序的法律规范的总和，它包括《中华人民共和国标准化法》以及与之相配套的各项法规和规章，如《中华人民共和国标准化法实施条例》等；狭义的标准化法律，即是指《中华人民共和国标准化法》，它是我国标准化管理工作的根本法。

法规与标准的主要区别在于：法规是由国家立法机构发布的规范性文件，标准是由公认机构发布的规范性文件。虽然都是规范性文件，但是，法规在其辖区内具有强制性，所涉及的人员有义务执行法规的要求；而标准的发布机构没有立法权，所以大部分标准是自愿性的，供有关人员自愿采用。法规与标准又是有联系的，标准涉及的是技术问题，为了达到保护人类健康、安全等目的，法规中也常常涉及技术问题，通常这类法规叫做技术法规。

技术法规是与标准关系最为密切的法规，它或者直接规定技术要求；或者通过引用标准、技术规范或规程来规定技术要求；或者将标准、技术规范或规程的内容纳入法规中。可见，技术法规与标准、技术规范或规程都有着直接的关系。技术法规是涉及技术要求的法规，它是法规的一种，具有强制性。

目前，国际上倾向于在技术法规中只规定与安全、卫生等有关的基本要求，对于具体技术要求则采用引用其他文件的方式。欧盟的新方法指令可以看作是这类技术法规的典型代表。在新方法指令中只涉及产品在投放市场前所需达到的安全和卫生的"基本要求"，而满足这些基本要求的技术规范则由欧洲标准化组织以"协调标准"的形式制定，也就是说，凡依据协调标准生产出来的产品可被视为符合新方法指令的基本要求。协调标准是自愿采用的，制造商也可不依据协调标准生产，而选用其他标准，但是在这种情况下，制造商则有义务证明其产品符合"指令"的基本要求，产品才能进入欧盟市场。

可见，标准（推荐性标准）和技术法规有它们的共同特点。它们都是规范性文件，两者的推行都是要为经济社会的发展创造良好的外部秩序，即二者所要达到的目标也是基本一致的。但是，标准和技术法规是两类不同性质的文件：

（1）属性不同。标准是"自愿性文件"，而技术法规是"强制性文件"，这是两者的本质区别。

（2）制定的目的不同。制定标准主要为了获得"最佳秩序"，而制定技术法规主要为了"国家安全"等。

（3）制定的主体不同。标准的制定者可以是"政府、社会团体"等，而技术法规的制定者必须是"政府或政府委托的机构"。

（4）制定及批准的程序不同。标准的制定主要考虑"广泛参与和协商一致"，而技术法规的制定"必须通过一定的立法程序"。

（5）约束能力和约束方式不同。标准一般"自愿采用"，而技术法规则"必须执行"。

2.4.5 按照标准的属性划分

2.4.5.1 技术标准

技术标准是指对标准化领域内的需要协调统一的技术事项所制定的标准。

技术标准所表达的内容一般是围绕企业对其生产（服务）过程的结果（"物"）——产品提出的质量要求、实验方法、工艺要求等技术方面的要求。重点在于技术要求一致，没有管理职责内容。

2.4.5.2 管理标准

管理标准是指对企业标准化领域中需要协调统一的管理事项所制定的标准。

管理标准所表达的内容一般是围绕企业对其主要管理过程的（"事"）控制，即对主要事情所建立的办事程序的要求。重点在于强调办事情时职责清楚和程序分明。

2.4.5.3 工作标准

工作标准是指对企业标准化领域中需要协调统一的工作事项所制定的标准。

工作标准所表达的内容一般是围绕企业对其各个岗位的控制，在任职资格、岗位职责、岗位权限、检查考核以及工作主要内容的要求。重点在于"责权利一致、规定做什么、怎么做"。实际上是技术标准和管理标准要求在岗位的具体转化。

2.4.6 按标准信息载体划分

2.4.6.1 标准文件

不同形式的文件。标准文件有不同的形式，包括标准、技术规范、规程、技术报告、指南等。
不同介质的文件。标准文件有纸介质文件和电子介质文件。
标准文件的作用主要是提出要求或作出规定，作为某一领域的共同准则。

2.4.6.2 标准样品

标准样品是具有足够均匀的一种或多种化学的、物理的、生物学的、工程技术的或感官的等性能特征，经过技术鉴定，并附有说明有关性能数据证书的一批样品。

标准样品作为实物形式的标准,按其权威性和适用范围分为内部标准样品和有证标准样品。内部标准样品是在企业内部使用的标准样品,可由企业自行研制,也可以从外部购买。有证标准样品是具有一种或多种性能特征,经过技术鉴定附有说明上述性能特征的证书,并经国家标准化管理机构批准的标准样品。要由经过审核和准许的企业生产和销售,既可用于企业也可用于国际贸易中的质量检验、鉴定,测量设备鉴定、校准以及环境监测等。

标准样品的作用主要是提供实物,作为质量检验、鉴定的对比依据,作为测量设备鉴定、校准的依据,以及作为判断测试数据准确性和精确度的依据。

2.4.7 其他分类法

2.4.7.1 正式标准

正式标准是相对于事实标准而言的。正式标准经公开的征求意见和完整的协商一致程序而制定,由公认的标准机构批准发布。正式标准的制定程序力求做到公正、无歧视和达到广泛的协商一致,它融合了广泛的利益相关方的意见,这些相关方包括消费者、学术界、特殊利益团体、政府和工商业界等,它代表着一个协商一致的现行最好的做法。在国际层面典型的正式标准有 ISO、IEC、ITU 等国际标准化组织的标准,在区域层面有 CEN、CENELEC、ETSI 等区域标准化组织的标准,在国家层面有各国国家标准机构制定的标准(例如:中国国家标准 GB、BSI 制定的英国国家标准、ANSI 制定的美国国家标准)。

2.4.7.2 事实标准

事实标准是由市场驱动且已被市场广泛接受的由一个公司或一组具有共同利益的公司制定的标准。它不是由传统的标准机构制定的标准,它或者表现为某个公司制定的公司标准,例如微软、IBM 的标准;或者表现为一组公司组成的所谓"论坛"、"财团"、"联盟"制定的标准,例如 W3C(World Wide Web Consortium)、DVD 论坛。事实标准的制定周期往往比传统的正式标准的制定周期短,制定程序更加灵活,能及时地适应市场和技术的快速变化,满足市场的需要。但由于较多的事实标准仅代表了主要生产商或服务商的意见,制定过程缺少其他相关方(诸如消费者、政府、特殊利益组织)的参与,而且事实标准往往涉及其内部技术或专利许可,所以事实标准的开放性受到限制。

随着经济全球化,事实标准的应用也有扩大化的需求,因此事实标准特别是论坛标准在保留自身优势的基础上正在吸取传统标准机构的优点,例如吸收更广泛的相关方成员,更公开地征求意见,更加民主地决策,对一些专有技术的公开,特别是加强与传统标准机构的合作与联系,一些论坛标准也已提交传统标准机构作为正式标准的提案。在这一趋势下,事实标准与正式标准正在走向融合。

另一方面,为了在创新技术方面达成广泛的协商一致和防止垄断的形成,正式标准的制定需要相当长的时间,无法适应技术快速发展的需要和市场及用户的需求。一些传统的标准机构正在吸取事实标准特别是论坛标准的优点,采取积极的态度帮助论坛标准发展,特别是在新标准萌芽的时候就开展合作与支持,开辟论坛标准作为正式标准提案的渠道,以利用多方面的资源,避免彼此工作的重复,使正式标准能更及时地制定出来,满足市场和技术的快速发展需要。

2.4.7.3 超前标准

依据预测，对以后将成为最佳的标准化对象，规定出高于目前实际水平的定额和要求，称为超前标准化。促使超前标准化产生的背景是科学技术的进步、生产的发展和经济的繁荣。

2.4.7.4 试行标准

标准化机构通过并公开发布的暂行文件，目的是从它的应用中取得必要的经验，再据此建立正式的标准。

以上分类是从不同角度对同一标准集合所进行的划分，因此，它们之间有相互交叉的关系，如一个标准可以是国家标准、产品标准、技术标准、强制性标准等。

1. 解释以下概念，并说明他们之间的关系。
   标准　标准化　规程　法规　技术法规
2. 什么是强制性标准、推荐性标准和超前标准？
3. 标准有哪几种分类方法？
4. 简单解释我国国家标准、行业标准、地方标准、企业标准的编号方法。

第 3 章 标准化理论与方法

3.1 标准化原理

由于人们在标准化活动中更多关注的是应用性的实践,国际标准化组织以及国内各类标准化机构,其工作重点多侧重于制定标准和发布标准,而对支持和指导标准化工作的理论研究,缺乏必要的人力、物力和财力上的投入。目前已有的标准化原理和方法的论述,也多局限在标准化工作者自身的经验总结。

3.1.1 桑德斯原理与松浦四郎原理

桑德斯曾在 1953—1972 年担任国际标准化组织(ISO)标准化原理委员会主席。1972 年出版了《标准化的目的与原理》一书,他认为:标准化从本质上看,是社会有意识地努力达到简化的行为;制定标准时要慎重地选择对象和时机,并保持相对稳定,不能朝令夕改;在标准中规定产品性能和其他特性时,必须规定测试方法和必要的试验装置;标准是否以法律形式强制实施,应根据标准的性质、社会工业化程度、现行法律和客观情况等慎重地加以考虑。

松浦四郎,1951 年成为 ISO 标准化原理委员会成员,1972 年出版了《工业标准化原理》。松浦四郎对标准化理论的一个重要贡献是把熵的概念引入了标准化,他认为在我们的生活中,知识和事物增加的趋势,同宇宙中熵的增加趋势极为相似。人类为了获得效率更高的生活,就不得不有意识地限制不必要甚至是有害的增长。标准化活动就是这种限制性措施,从而使事物从无序状态恢复到有序化。他认为标准化实际上是人们为创造负熵所做的努力。

(1)标准化本质上是一种简化。简化是社会自觉努力的结果,包括:从复杂到简单,从多样化到统一,从多到少,从无序到有序等等。标准化不仅能简化目前的复杂性,而且还能预防将来产生不必要的复杂性。简化决定于互换。使用简便最重要的一条是"互换性"。互换性不仅适用于物质的东西,而且也适用于抽象概念或思想。标准应尽可能使不同的产品、服务或过程实现互换和兼容,以扩大标准化效益。

(2)标准化是一项社会活动。需要社会各方面相互协作共同推动,还需要克服过去形成的社会习惯,而社会习惯势力是一种不可低估的阻力。

(3)标准化是为了实现最佳的"全面经济"。

对"全面经济"的含意,由于立场的不同会有不同的看法。必须从长远的观点和全球的高度来对待"全面经济",这就需要制定和实施统一的国际标准。

3.1.2 标准系统管理原理

很明显,无论是桑德斯理论还是松浦四郎理论都有一定的局限性,在他们的论述中,标准化实践方法的总结多于原理性指导。而我国的标准化工作者在自己的研究中力图有所突破。

3.1.2.1 系统效应原理

系统是具有特定功能的、相互间具有有机联系的许多要素构成的一个整体。系统具有以下特性：

（1）整体性。系统的构成要素和要素的机能，要素间的相互联系要服从系统整体的目的和功能。

（2）集合性。各要素为集合中的子集。

（3）层次性。系统层次结构表述了不同层次子系统之间的从属关系或相互作用关系。

（4）相关性。相互影响、相互作用、相互制约，牵一发而动全身。

（5）目的性。具有一定的功能，实现特定的目的。

（6）环境适应性。适应环境的变化。

因此，标准系统的效应，不是直接地从每个标准本身而是从组成该系统的互相协同的标准集合中得到的，并且这个效应应超过标准个体效应的总和。

3.1.2.2 结构优化原理

标准系统要素的阶层秩序、时间序列、数量比例及相互关系，依系统目标的要求合理组合并使之稳定，并能产生较好的系统效应。

3.1.2.3 有序发展原理

标准系统只有及时淘汰其中落后的、低功能的和无用的要素（减少系统的熵），补充具有系统激发力的新要素（增加负熵），使系统从较低有序状态向较高的有序状态转化。

标准应依据其所处环境条件的变化按规定的程序适时修订，以保证标准的先进性和适用性。

3.1.2.4 反馈控制原理

标准系统演化、发展以及保持结构稳定性和环境适应性的内在机制是反馈控制，系统发展的状态取决于系统的适应性和对系统的控制能力。

3.2 标准的价值理论

3.2.1 标准是一种产品

谈论标准价值，首先要了解标准是什么。标准是什么和什么是标准是两个完全不同的概念。关于什么是标准，第2章已经介绍了很多。但关于标准是什么，由于思维习惯，人们却很少谈及。

标准种类繁多，数量庞大，体系各异，但是从它们的基本属性上看，它们都是一种产品——技术性产品。但同人类创造出来的其他无以数计的技术产品不同，标准是一种具有特殊形态和特殊用途的特殊技术产品。

随之而来的问题就是，标准是怎么来的？我们既然承认标准是一种产品，那么标准是由专家依据一定的程序和规则"生产"出来的。同样，标准的制定过程也可以看成是这种特殊技术产品的生产过程。

把标准定义为技术性产品和把标准制定过程归结为标准生产过程，这是观念上的更新、探索。无论哪一种标准，最终都表现为由其核心内容加上物质载体所构成的实物形体：一本书、一份公告或者一份光盘等。这些实物形态独立存在，可被多人重复使用，也可被有偿或无偿转让。

3.2.2 标准的使用价值和价值

标准既然是一种产品，就同其他产品一样具有使用价值和价值两种属性。

3.2.2.1 标准的使用价值

按照经济学原理，任何物品，首先要具有能够满足人们某种需要的效用，这种效用就是物品的有用性，即物品的使用价值。标准的使用价值是标准的自然属性，要制定一项标准首先是因为它有用，人们在生产生活过程中要用到它。

标准的使用价值是通过它的适用性表现出来的：如果一项标准的适用性广，可以在多个领域和长时间内被广泛使用，这一类标准就属于基础性标准；反之就属于专业性标准。专业性标准的适用性随其所规范的事或物的重要程度和生命周期的变化而变化。从这个意义上说，标准的适用性如何，可以作为衡量一项标准使用价值大小的客观尺度。一般来说，一项标准应用得越广泛，或者解决的问题越关键，其使用价值也就越大。

3.2.2.2 标准的价值

按照马克思的政治经济学原理，在创造商品过程中不可避免地要耗费人类的各种具体劳动，撇开具体劳动形式，人们就会看到所有的商品生产都离不开人类一般性脑力和体力的支出。标准的价值反映的是在标准的制定过程中，物化在该标准中的一般性人类劳动。价值是交换的基础，也是商品社会属性的根本特征。尽管标准作为一种特殊产品，其价值在商品市场上并不像其他商品的价值那样可以直接转化为商品价格，并通过交换完全实现它，但投入到这项特殊产品中的人类一般劳动是真实存在的，具体表现在以下方面：

（1）标准是对标准对象的抽象。

标准对象可以是一种产品，一种工艺过程，一种检测方法，也可以是一项管理。通过对这些标准对象的反复比较、分析、研究、测试和试验，从中抽象出一些可供重复使用的共性原则特征，并将其用统一的格式规定下来，形成可供大家共同遵守的规范性文件。对标准对象的抽象过程是一种复杂劳动，需要人类的脑力支出。

（2）在对标准对象的抽象过程中，需要物质的投入。

一项产品标准的制定，需要首先生产出若干数量的产品进行对比、测试，由此就会发生所需原材料、工时和费用的投入；一项检验方法标准的制定，需要有检测设备、化学试剂和人工、费用的投入。所有这些物质的投入最终都体现为固化了的人类一般劳动的平行转移。另外，标准的物质载体，无论是出版印刷还是刻录光盘等，都需要相应的物质和人工投入。

上述几个方面的投入构成标准的生产成本。无论这些投入来自何方都是必不可少的，没有这些投入就不能产生标准，这也是把标准定位于技术性产品的客观依据。因此，认识标准的价值和使用价值具有重要意义。

3.2.3 标准化理论的发展

现代标准化从一开始就是为经济服务的，标准化也确实起到了这样的重要作用。在网络经济时代，新经济现象和新经济行为随时随地都在大量产生，原有的经济行为和经济现象也在不断地扩充新的内容，标准和标准化在这样瞬息万变的时代，如何跟踪服务和当好向导，既是理论问题又是实践问题。

20世纪90年代发展起来的Internet，已经给全人类的生活带来了革命性的变革。以电信、IT和互联网为代表的信息通信技术正在取代石油、电力、机械制造为代表的传统产业，成为中国国民经济发展中的龙头产业。当国民经济生活的热点向信息、通信和娱乐业转移的时候，恰恰是互联网把它们之间有机地联系在一起。互联网创造的新模式，已经深刻影响到了人们的信息传播和交流手段。人与人之间的沟通方式和基于对信息对称权益的利用，已经和正在改变着社会的一元结构，向着多元化的方向发展。互联网已经真正融入了我们的工作和生活。

3.3 标准化的方法（形式）

标准化的形式是由标准化的内容决定的，是标准化内容的存在方式，也是标准化过程的表现形态。并随着标准化内容的发展而变化，但标准化的形式又有其相对的独立性和自身的继承性，并反作用于内容，影响内容。

标准化有多种形式，每种标准化形式都表现不同的标准化内容，针对不同的标准化任务，达到不同的目的。从标准化的基本原理中，可以清楚地看到主要的标准化形式有：简化、统一化、通用化、系列化、组合化、模块化。

了解各种标准化形式及其特点，可以在实际工作中根据不同的标准化任务，选择和运用适当的标准化形式，达到既定的目标。

3.3.1 简 化

3.3.1.1 简化的概念

简化是标准化最基本的方法，标准化的本质就是简化。

简化是在一定范围内，精简标准化对象（事物或概念）的类型数目，以合理的数目类型在既定的时间空间范围内满足一般需要的一种标准化形式。也就是说，在不改变对象质的规定性，不降低对象功能的前提下，减少对象的多样性、复杂性。

简化的实质：

（1）使对象的形式、功能或其他技术特征具有一致性。

（2）着眼于一致性，从个性中提炼共性。
（3）消除不必要的多样化而造成的混乱。
（4）为正常活动建立共同遵循的秩序。

使用消费的物品一般具有三种功能：一是基本功能，即用来满足人们对该物品的共同需要的功能；二是附加功能，即用来满足不同的人们对物品的特殊需要的功能；三是条件功能，即使基本功能得以充分发挥的功能。如：挂历的基本功能是显示日历，条件功能是挂，而附加功能是装饰美化环境。由于附加功能和条件功能的存在，使得同一物品具有众多的品种规格。品种的增加在一定的范围内可以满足消费者的需求，但超出一定的范围，盲目地、无限制的增加品种，就会给制造、选购、使用和维修带来很大的不便。因此利用"简化"这一标准化形式和方法，将产品的品种和规格减少到必需的范围内。

3.3.1.2 简化的必要性

（1）对社会产品类型进行自我控制和调节的一种有效形式。

在任何领域，事物的多样性发展都是普遍的。由于科学、技术、竞争和市场的发展，社会的需求趋于多样化，使商品的种类剧增。这种社会商品多样化趋势，是社会生产力发展的表现。但在市场竞争的环境下，就有可能出现多余的、低效率的、低功能的品种类型，这是社会资源和生产力的浪费，既不利于生产的进一步发展，也不利于更好地满足社会需求。对这类产品除了通过市场竞争加以淘汰外，简化也是对社会产品的类型进行有意识的自我控制和调节的一种有效形式。

简化这种标准化形式随处可见。从每个人的日常生活，到科学研究，企业管理等，无处不在应用。但作为一种科学方法最早在生产中大规模应用的则是美国福特汽车公司的创始人福特一世。1903年，福特创建福特汽车公司，采用标准化、系列化、通用化的方法设计了T型汽车，将汽车结构、零件加以简化并制定成标准，实现了零件互换，组织专业化大批量生产，不仅产量高，质量好，而且易于维修和更换配件，劳动生产率大幅提高，成本显著下降，几乎垄断了当时的美国汽车市场，这是工业化初期简化成功的一个典型。世界上许多国家在工业化过程中都曾把简化作为克服产品规格杂乱、扩大生产批量、组织专业化生产的措施。

（2）消除低功能和不必要的类型，为多样化的合理发展提供空间。

简化的直接目的是控制对象类型的盲目膨胀，而不是一般的限制多样化。通过简化，消除功能低、效率低等不必要的类型，使产品系统的结构更加精炼、合理，这不仅可以提高产品系统的功能，还能为新的、更好类型的出现、为多样化的合理发展扫清障碍。

（3）产生经济效果。

首先，从制造环节，在设计阶段，由于品种简化，可以减少设计差错，缩短设计时间，提高设计效率，便于图纸和设计文件的管理。

其次，从流通环节和消费环节，由于品种的简化，便于包装、运输和仓储，大大减少了流通领域的人力物力等的消耗和管理费用，也给消费者的使用和维修带来了方便。

3.3.1.3 简化的原则

简化不是进行任意删减，更不是把对象的类型数目加以缩减就会产生效果。简化是对客观系统的结构加以调整使之优化的一种有目的的标准化活动。因此，必须遵循标准化的原理，尤其是结构优化的原理，以及基于实践的原理。

1. 适度原则

只有在多样化的发展规模超出了必要范围时，才允许简化。简化要适度，既要控制不必要的庞杂，又要避免过分压缩而形成单调。为此，简化方案必须经过比较、论证，并以简化后事物的总体功能是否最佳作为衡量简化是否合理的标准。

2. 时间和空间原则

简化应以确定的时间和空间范围为前提。在时间范围内，既要考虑当前的情况，也要考虑今后一定时期的发展要求，以保证标准化成果的适用性和稳定性；对简化涉及的空间范围以及简化后标准发生作用的空间范围，都必须进行较为详细的估算，衡量全局利益。

3. 消费者需求和利益原则

简化形成的结果必须保证在既定的时间内可满足消费者的一般需要，不能限制和损害消费者的需求和利益。

4. 系列原则与数值分级原则

产品简化要形成系列，其参数组合应符合数值分级制度的基本原则和要求。

3.3.1.4 简化的应用

简化的应用领域极其广泛，可以作为简化对象的事物也很多，如语言（包括计算机语言）、术语、符号、指示图形、编码、程序、管理方法等，都可通过简化防止不必要的重复。

1. 物品种类的简化

就产品而言，从构成产品系列的品种、规格，原材料和零部件的品种、规格，都可作为简化对象。企业从产品到构成产品的零部件、原材料的简化不仅可以提高设计和制造的效率，而且可以减少库存，降低采购与库存成本。

2. 数值简化与工艺装备的简化

不同设计人员在设计过程中，如果设计参数自由取值，就会使统一参数出现多种数值，并使工装卡具等种类增多，既增加了管理的难度，又增加了制造成本。

3. 结构要素简化

许多产品结构要素，如孔径、倒角、螺纹直径等的简化和统一，会产生客观的效益。减少这些要素的种类，就意味着减少工装和加工过程的数量，压缩信息在生产中的不断繁殖，简化管理，降低成本。

4. 作业及作业流程简化

在管理活动中，将作业及作业流程"化繁为简"，减少人为因素的影响，使每一个环节、每一项工作都简单明了、简单易行，提高工作效率。例如，连锁系统整体庞大而复杂，必须将财务、货源供求、物流、信息管理等各个子系统简明化，去掉不必要的环节和内容，以提高效率，使"人人会做、人人能做"。为此，要制定出简明扼要的操作手册，职工按手册操作，各司其职，各尽其责。

3.3.2 统一化

3.3.2.1 统一化的概念

人类的标准化活动就是从统一化开始的。统一的范围越大，统一的程度越高，标准化活动的效果就越好。

统一化是指把同类事物两种以上的表现形态归并为一种或限定在一定范围内的标准化形式。统一化的实质是使对象的形式、功能（效用）或者其他技术特征具有一致性，并把这种一致性通过标准确定下来。统一包括概念和信息的统一，功能、性能、质量、规格和结构的统一。

在古代，度量衡、文字、货币、兵器、历法等都是统一化的典型事例。

统一化与简化一样，都是古老的标准化形式。虽然在实际工作中两种形式常常交叉并用，但它们是出发点完全不同的概念。统一化着眼于取得一致性，即从个性中提炼共性；简化肯定某些个性同时存在，着眼于精练，简化的目的并不是简化为只有一种，而是在简化过程中保存若干合理的种类，以少胜多。

统一化的目的是消除由于不必要的多样化而造成的混乱，为人类的正常活动建立共同遵循的秩序。由于社会生产的日益发展，各环节之间的联系日益复杂，同时经济的全球化，使得需要统一的对象越来越多，统一的范围越来越大。

3.3.2.2 统一的方式

1. 选择统一

在需要统一的对象中选择并确定一个，以此来统一其余对象的方式。它适合于那些相互独立、相互排斥的被统一对象，如交通规则、方向标准等。

2. 融合统一

在被统一对象中博采众长，取长补短，融合成一种新的更好的形式，以代替原来不同形式的方式。适于融合统一的对象都具有互补性。如结构性产品中的手表、闹钟统一结构形式，都是采用融合统一的方法。

3. 创新统一

用完全不同于被统一对象的崭新的形式来统一的方式。适宜采用创新统一的对象，一般来说有两种：一是在发展过程中产生质的飞跃的结果，如以集成电路统一晶体管电路。二是由于某种原因无法使用其他统一方式的情况，如用国际计量单位来统一各国的计量单位，用欧元统一欧洲各国的货币等。

3.3.2.3 统一的类型

1. 绝对统一

绝对统一不允许有灵活性，例如，标志、编码、代号、名称、单位、运动方向（开关的旋转方向，螺纹的旋转方向、交通规则）等。

2. 相对统一

相对统一的出发点或总趋势是统一的，但统一中还有一定的灵活性，根据情况区别对待。如产品质量标准是对特定产品质量要求的统一化，但具体质量指标（包括分级规定、公差范围等）允许具有一定的灵活性。例如，产品装配的精度指标，可以要求上下限、公差范围等，而且允许各企业有自己的特色内容，不能一律强行统一。

3.3.2.4 统一化的原则

1. 同质性原则

实施统一化的对象必须具有相同的质或相同的内容，只是在量的方面或表现形式方面存在着某些差异。

2. 等效性原则

所谓等效是指对标准化对象实施统一后，被确定的对象与原先被统一的对象之间，在功能上必须等效。例如，当从众多的标准化对象中确定一种而淘汰其余时（选择统一），确定的对象所具备的功能应包含被淘汰对象所具备的必要功能。采用融合统一和创新统一方式确定的对象所具备的功能也应包含先前所有被淘汰对象所具备的必要功能。

任何统一化都不可能是任意的，统一是有条件的，首要的条件就是等效性，失去了等效便失去了统一的意义。

3. 适时性原则

统一化是事物发展到一定规模、一定水平时，人为地进行干预的一种标准化形式。干预的时机是否恰当，对事物未来的发展有很大的影响。所谓适时原则，就是把握好统一的时机，过早统一，有可能将尚不完善、不稳定、不成熟的类型以标准的形式固定下来，不利于技术的发展和更优异类型的出现；过迟统一，意味着合适的类型早已出现，但当低效能的类型大量出现并已形成习惯，淘汰低劣类型的过程中必定要付出较大的经济代价，增加统一的难度。

统一过迟的现象较之统一过早更常见，特别是在高新技术领域。对这类对象的统一化，一般而言，不可能继续沿用以往那种待技术成熟、生产稳定后，再通过协商或协调制定统一标准的做法；而是在研发早期阶段即制定对技术或产品发展起先导作用的标准，对与系统起连接作用的部分（如接口），以及通用性、兼容性之类的问题先行统一，防止不必要的多样化和混乱的发生，同时又不妨碍产品的竞争和创新。

4. 适度性原则

统一要适度，所谓"度"，就是在一定质的规定中所具有的一定量的值，也即度是量的数量界限。对客观事物进行的统一化，既要有定性的要求（质的规定），又要有定量的要求。

所谓适度，就是要合理的确定统一化的范围和指标水平。在充分调查研究的基础上，认真分析，明确哪些该绝对统一，哪些该相对统一，哪些方面不做统一，哪些在全局统一，哪些在局部统一，哪些要严格，哪些要灵活。过高要求，会在执行中造成不必要的损失；过低要求，不利于生产和技术水平的提高，不能更好满足市场的需求。尤其是以产品质量、工作质量为对象的统一化常常需要灵活。

5. 先进性原则

统一化的目标不仅仅是为了实现等效替换，还要使建立起来的统一性具有比被淘汰的对象更高的功能，在生产和使用中取得更大的效益。

所谓先进性，是指对标准化对象实施统一后，应有利于促进生产发展和技术进步，有利于更好地满足社会需求。就产品标准来说，就是要促进质量提高。统一化的过程实际上是打破旧平衡、建立新平衡的过程。

3.3.3 通用化

3.3.3.1 通用化的概念

通用化是以互换性为前提的，因此，掌握通用化的概念，必须了解互换性。

所谓互换性，是指产品（或零部件）的本质特性以一定的精确度重复再现，从而保证一个产品（或零部件）可以用另一个产品（或零部件）来替换的特性。或者说在不同时间、地点制造出来的产品（或零部件），在装配、维修时，不必经过修整就能任意替换使用的性能。

互换性概念有两层含义：一是产品的功能可以互换，它要求某些影响产品使用特性的参数按照规定的精确度互相接近，通常称为功能互换性；二是产品的配合参数（一般指产品的线性尺寸和连接部分）按规定的精确度互相接近，通常称为尺寸互换性。尺寸互换性是功能互换性的部分内容，是实现通用化的前提。

通用化是指在互换性的基础上，尽可能地扩大同一对象（包括零件、部件、构件）的使用范围。或者在互相独立的系统中，选择和确定具有功能互换性或尺寸互换性的子系统或功能单元的标准化形式。

通用化的对象有两类：一是物，如产品及其零部件的通用化。二是事，如方法、规程、技术要求等的通用化。产品的通用化，是其结构要素和零件在继承的基础上通用。如把已有的基型产品中结构要素和零件继承，发展到变型产品中，从而扩大通用零件在产品总零件中的比重。通用化可以减少重复设计、重复生产、重复管理等，从而提高经济效益。

3.3.3.2 通用化的方法

通用化的实施应从产品开发设计时开始，这是通用化的一个重要指导思想。通用化设计通常有三种情况：

（1）产品系列开发。

在对产品进行系列开发时，通过分析产品的基本系列及派生系列中零部件的共性与个性，从中找出具有共性的零部件作为通用件，以后根据情况有的还可以发展为标准件，这是系列内通用，是最基本和最常用的环节。如有可能，还可以发展系列间的产品和零部件通用。

（2）单独开发某一产品（非系列产品）。

应尽量采用已有的通用件，而且新设计的零部件，也应充分考虑使其能为以后的新产品所采用，逐步发展成为通用件。

（3）老产品改造。

根据生产、使用、维修过程中暴露出来的问题，对可以实现通用互换的零部件，尽可能通用化，以继续降低生产成本，保证可靠性。

3.3.3.3 成组技术

通用化在生产中同样获得了广泛应用。由于个性化需求的不断增长，工业企业生产越来越倾向于产品品种更加多样，而每种产品的数量减少。传统意义上的生产制造部门，产品（物料、零件）在各个加工单元间产生的搬运成本高（搬运路线长、迂回交叉严重）。因此，整合设计和制造阶段就显得十分必要。

1. 成组技术的含义

成组技术是指利用事物间的相似性，按照一定的准则分类成组，同组事物能够采用同一方法进行处理，以便提高效益的技术。采用成组技术会从根本上影响企业内部的管理体制和工作方式，提高标准化、专业化和自动化程度。

成组技术在发展初期仅作为一项科学的加工工艺，主要应用于机械加工行业中多品种中、小批量生产。目前，成组技术已发展到可以利用计算机自动进行零件分类、分组，不仅应用到产品设计标准化、通用化、系列化及工艺规程的编制过程，而且在生产作业计划和生产组织等方面也有较多的应用。20 世纪 70 年代日本、美国、苏联和联邦德国等许多国家把成组技术与计算机技术、自动化技术结合起来发展成柔性制造系统（FMS），使多品种、中小批量生产实现高度自动化，有效提高了生产柔性，很好地解决了多品种小批生产的问题，具有广阔的应用前景。

2. 成组工艺

成组技术所研究的问题就是如何改善多品种、小批量生产的组织管理，以获得如同大批量生产的经济效果。成组技术的核心是成组工艺，它是把结构形状、材料、工艺过程和加工方法等相近似的零件组成一个零件族（组），然后将生产同一零件族的机器、人员、物料、工具和物料搬运及存储设备分为一组，组成不同的单元生产线。按零件族制定工艺进行加工，经过这样的重新组合可以使不同零件在同一制造单元内，稍加调整就能加工，从而变小批量生产为大批量生产，提高生产效率。

零件的相似性是广义的，在几何形状、尺寸、功能要素、精度、材料等方面的相似性为基本相似性，以基本相似性为基础，在生产、经营、管理等方面所导出的相似性，称为二次相似性或派生相似性。

3. 成组技术的优点

按成组技术具体实施范围的不同，出现了成组设计、成组管理、成组铸造、成组冲压等分支。按照相似性归类成组的信息不同，出现了零件成组、工艺成组、机床成组等方法。采用成组技术可以获得较高的经济效益。20 世纪 70 年代后，成组技术的发展已超出了机械制造工艺的范围，成为一门综合性的科学技术。

从产品设计的角度，成组技术能够使产品设计者避免重复的工作。设计部门可根据零件形状特征把图纸集中分类，通过标准化方法减少零件种类，缩短设计时间。

另外，成组技术促进了设计特征的标准化，使得加工设备和工装夹具标准化程度大大提高。由于根据零件的形状、尺寸、加工技术的相似性进行分类，组成加工组，这使得为每一族设计的夹具可以被该族中的每一个工件使用，减少了工装夹具的数量。

3.3.3.3.4 通用化的目的和作用

通用化虽然不是标准化的典型形式，但由于许多通用的零部件经过生产和使用的考验后可能提升为标准件，所以通用化是标准化的必要阶段。

通用化的本质是统一，通用化的目的是最大限度地扩大同一产品（包括零件、部件、组件、最终产品）的使用范围，从而最大限度地减少产品在设计和制造过程中的重复劳动。在同一类型不同规格产品或不同类型产品中，总会有相当一部分零部件的用途相同、结构相近，经过通用化，使之具有互换性。企业通常的做法是把已确定的通用件编成手册或计算机软件，供设计和生产人员选用。通用件经过多次生产和使用考验后，有的可提升为标准件。另外，以功能互换性为基础的产品通用，越来越引起广泛的重视，如集成电路和大规模集成电路的应用和互换。产品通用化所产生的社会经济效益，是其他标准化形式所无法取代的。其效果体现在简化管理程序，缩短产品设计、试制周期，扩大生产批量，提高专业化生产水平和产品质量，产生规模效益，方便顾客和维修，最终获得各种活劳动和物化劳动的节约。

3.3.4 系列化

3.3.4.1 系列化的概念

系列化通常指产品系列化，它是对同一类产品中的一组产品的结构型式和主要参数规格，按最佳数列科学排列，使产品系统的结构优化、功能最佳，以最少品种满足最广泛需求（解决制造和批量生产矛盾）的标准化形式。

产品系列化最先应用成功的是美国通用汽车公司。美国福特汽车公司通过"简化"对汽车零件进行标准化，实现了"T型福特"汽车的大批量流水线生产，创造了辉煌的业绩，到1921年T型车占据了美国60%的汽车市场。当时美国的第二大汽车厂家通用汽车公司仅占据12%的市场份额。1923年A.P.斯隆就任通用汽车公司总经理后，认为由于消费水平的提高，市场需求将发生变化，过于单调的"T型福特车"将不受欢迎。据此，他做出按价格、分档次、系列化开发的决策，从最低档次的大众车型，到高级车型，连续设计了5种车型，构成能满足各种不同消费水平的系列产品。5年后通用汽车公司便战胜了"T型福特车"，成为世界上最大的汽车厂家。

由于产品系列化符合快速开发新产品的要求，且能用较少数量的规格型号，覆盖较广阔的市场，适应了市场对商品需求日益多样化的发展形势，很快在工业发达国家发展起来。1935年国际标准化组织的前身国际标准化协会（ISA）公布了第11号公告，把优先数系规定为"国际标准建议"，1937年转为国际标准ISO497，为产品系列化奠定理论基础，对此后的产品系列化的发展起了重要的促进作用。

简化是在品种盲目泛滥超过一般需求之后才进行的，而系列化则是为防止这种盲目的品种泛滥而预先做出的科学安排。所以系列化源于简化而高于简化，它不仅能够简化现存的不必要的多样性，而且还能够有效地预防未来不合理的多样性的产生，使同类产品的系统结构保持一个相对稳定的最佳状态。

系列化是标准化的高级形式，是标准化高度发展的产物，是标准化走向成熟的标志。系列化摆脱了标准化初期独立地、逐个地制定单项产品标准的传统方式，开始从全局考虑问题，每制定一类产品的系列标准，就要覆盖该类产品的市场。在这种思想的指导下，企业也从只生产单一品种、个别规格的传统模式，转向多品种经营、系列化开发、尽量扩大产品的市场覆盖率、占有率。

3.3.4.2 产品系列化的内容

产品参数系列化，包括产品的主参数系列化和基本参数系列化。根据需要在一定范围将主参数（直接反映产品特性和功能并决定其他参数的起主导作用的参数）和基本参数（与主参数有密切关系的尺寸、性能等参数）按照一定科学方法（如以优先数和优先数系为基础等）进行排列。产品系列化包括制定产品基本参数系列标准，编制系列型谱和开展系列设计三方面的内容。

1. 制定产品基本参数系列标准

由于产品具有多方面的特性，所以一个产品往往有几个参数。其中用来反映其基本结构和主要性能的一组参数称为基本参数。产品的基本参数是人们用来标志产品的结构特性（如外形尺寸、容积、重量等）和功能特性（如额定电压、输出功率等）的一组量值，是产品基本性能或基本技术特征的标志，是选择或确定产品功能范围的基本依据。

产品的基本参数按其特性可分为性能参数和几何尺寸参数两种。性能参数是表征产品的基本技术特性的参数，如载荷、功率、容量、转速、压力等。几何尺寸参数是表征产品规格的参数。

在基本参数中起主导作用的一两个参数称为主参数，它们反映产品最基本的特性。如家用电冰箱的基本参数有额定电压、输出功率、冷冻室温度、箱内有效容积、净重等，其中箱内有效容积是主要的结构及性能参数，也是顾客选用电冰箱的基本依据，所以是主要参数。

产品的性能参数与几何尺寸参数之间、主参数与其他参数之间，一般都存在某种内在的联系，发现这种联系的规律性，对于实现相似设计具有重要的意义。

所谓产品参数系列，就是对产品主要参数或基本参数的数值分级。确定参数系列的目的就是要对产品的主要参数或基本参数数值进行合理分档，以便于相关产品的配套以及经济合理地发展产品的品种规格。确定产品参数系列是产品系列化的首要环节，也是编制系列型谱、开展系列设计的基础。

确定主要参数系列是确定产品参数系列的主要内容和关键性工作。其步骤是：

（1）确定产品的主参数。

① 主参数应能够反映产品的最主要特性和功能。

② 应是产品中最稳定的参数。

③ 应优先选择性能参数，其次选择几何尺寸参数。

④ 能作为用户选用产品的主要依据。

⑤ 能作为产品设计出发点的参数。

⑥ 主参数的数目一般只选一个，最多选两个。

（2）确定主参数的数值范围。

主参数确定后，就要确定主参数的数值范围，即本系列产品的最大规格和最小规格。数值范围的确定，一般要经过对国内外用户近期和长远的需求情况、生产情况、质量水平、技术发展等多方面的调查研究和周密的分析后才能确定。

（3）确定参数系列。

在调查基础上，在参数数值范围内，运用优先数和优先数系等数值分级方法，进行合理的分档分级，确定整个系列安排多少档，档与档之间选用怎样的公比等。

2. **编制产品系列型谱**

根据用户和市场的需要，依据对国内外同类产品生产状况的分析，对基本参数系列所限定的产品进行型式规划，确定基型与变型，以及参数系列，把基型产品与变型产品的关系以及品种发展的总趋势，用简明的图表反映出来，这样的图表就是系列型谱，主要内容包括：

（1）产品的系列构成。列出基型系列和所有变型系列。

（2）对基型系列和变型系列的结构形式、用途、主要技术性能和部件的相对运动特征进行说明。

（3）产品品种规划表。表中用符号标明各个品种的开发情况。

（4）部件间的通用化关系。

（5）产品参数表。包括主参数、基本参数和一般参数。

基型产品是指该类产品中生产历史最长、结构最典型、应用最普遍的一种结构形式。变型产品是在基型产品基础上改变部分结构，或增减某些零部件，从而获得某些新功能的产品。

系列型谱具有以下作用：

（1）它是该产品的品种发展规划表，是一种指导性技术文件，是指导产品发展方向和制定产品和技术发展规划的重要依据。

（2）可以根据型谱所确定的产品品种，合理安排产品的发展计划以及同类产品企业间的生产分工，充分发挥系列产品通用性很强的优越性，提高生产专业化水平。

（3）企业必须在型谱规定的范围内发展产品品种，而不得随心所欲地设计、生产不合型谱规范的品种。这样就有效地控制了产品品种的盲目泛滥，可以防止各企业盲目设计落后的没有发展前途的产品，而且可以避免不同企业同时平行设计同一形式的产品。

（4）型谱还可以起到整顿现有产品的作用。

3. **产品的系列设计**

（1）在系列内选择基型。系列包括常用的等差数值系列，优先数系（R5、R10、R20、R40和R80系列），E数系（E6、E12和E24系列）和模数（如建筑模数等）。

（2）在充分考虑系列内产品之间，以及与变型产品之间通用化的基础上对基型产品进行总体或详细设计。

（3）纵向扩展，设计变型系列或变型产品。变型与基型要最大限度地通用，尽量做到只增加少数专用件即可发展一个变型产品或变型系列。

（4）横向扩展，设计全系列的各种规格。要充分利用结构典型化和零部件通用化的做法，扩大通用化程度；或对系列内产品的主要零部件确定几种结构形式（称基础零部件），在具体设计时，从基础零部件中选择。

3.3.5 组合化

3.3.5.1 组合化的概念

组合化是按照标准化的原则,用产品(系列)中的通用零部件,加上专用零部件,设计并制造出一系列通用性很强且能多次重复应用的标准单元和通用单元,根据需要拼合成不同用途产品的一种标准化形式。

当通用件的通用性达到一定程度的时候,就可以把这些通用性很强的零部件从具体的产品中分解出来,变成独立的标准组合单元。这种组合单元可以预先设计并成批生产出来。它们本身不是任何一种具体产品,但如果需要生产某种产品,可以根据所要求的产品功能,用一定的组合单元,再加上少量的专门设计制造的专用单元,组装成所需要的产品。这样的产品可按照人们的意愿反复拆装,重新组合,而组合元件则可以多次重复使用。

组合化是一种古老的标准化形式。建筑用的砖、活字印刷都是组合化的典型例子。在市场需求日益多样化的今天,为了在市场竞争中占领一定的市场份额,不断扩大产品的销路,要求企业具有灵活的应变能力,能根据市场动向和顾客的特殊要求及时改变产品性能、产品结构及产品品种。缩短试制周期与生产周期,使产品能够迅速投放市场。

3.3.5.2 组合化理论基础

组合化是建立在系统的分解与组合基础上,即它以系统论的观点为指导,把一个具有一定功能的产品视为一个系统。这个系统又可以分解成若干个功能单元(也称组合元)。分解出来的组合单元具有某种特定的功能,而且与其他系统的某些功能单元可以通用互换,这就是分解。为了满足一定的要求,把事先准备好的标准单元、通用单元、专用单元等组合元,按照新系统的要求进行有机的结合,组成一个具有一定功能的新系统,这就是组合。所以组合化既包括分解,又包括组合是分解组合的统一。

3.3.5.3 组合化的过程和内容

无论是在产品设计、生产还是使用过程中,都可以运用组合化的方法。其过程包括:
(1)确定目标(组合的对象和范围)。
(2)划分组合元(种类、结构形式、尺寸系列)。将组合元按其功能和结构特点,划分不同的类型。
(3)编排组合型谱(可能组成的产品或结构形式)。
(4)检验目标实现的程度(能否完成预定组合)。
(5)设计组合单元(标准单元和通用单元)并制定相应的标准。
(6)制造并存储一定数量的组合元。
(7)根据市场需要拼组各种产品。

3.3.6 模块化

20世纪后期,市场竞争推动产品开发,经济的发展促成了需求的多样化。企业只有不断开发出符合市场需求的新产品，才能生存。同时，新产品也日趋复杂化、多样化，产品的经济寿命不断缩短。模块化就是在这样的客观形势下产生的"以不变应万变"或"以少变求多变"的产品开发策略。

模块化最初是制造业提出来的，组合机床可以说是模块化机床的雏形，后来推广到电器制造、仪器、仪表制造和各种高精度测试设备的设计和制造。集成电路、大规模集成电路、超大规模集成电路是电子工业领域最典型也是最杰出的模块化成果。

3.3.6.1 模块化的概念

模块化是以模块为基础，综合了通用化、系列化、组合化的特点，解决复杂系统类型多样化、功能多变的一种标准化形式。

为了更好地理解模块化的概念，首先需要分析什么是模块。模块通常是由元件或子模块组合而成的、具有独立功能的、可形成系列单独制造的标准化单元，通过不同形式的接口与其他单元组成产品，且可分、可合、可互换。有以下两种类型：

1. 功能模块

功能模块又可分为：基本功能模块、辅助功能模块、特殊功能模块等，而它们又可根据产品的特点进一步细分为功能更具体的模块。

2. 结构模块

依据模块在产品系统中所处的地位和模块之间的关系，可将模块划分为不同等级，称作分级模块。在这个分级体系中通常包括高层模块、分模块（或子模块）、通用模块、专用模块等。高层模块通常是由相应分级系统中低一级的模块组成，最低等级的模块则由元件或分元件组成。

3.3.6.2 模块化类型

模块化通常包括：模块化设计、模块化生产。

1. 模块化设计

模块化设计一般有两种形式：一种是对复杂产品或工程，采用模块组合的方法，根据该产品或工程系统功能要求，选择、设计相应的模块，确立它们的组合方式。另一种是在对各种不同类型、不同用途、不同规格产品进行功能分析的基础上，从中提炼出共性较强的功能，据此设计功能模块，目的不仅仅是满足某种产品的需要，而是要它在更广的范围内通用。

（1）模块化设计的步骤。

① 在市场调查基础上明确目标要求（性能和结构等），确定拟覆盖的产品种类和规格范围（确定参数范围和系列型谱）。

② 进行基型产品设计。确定基型产品的结构和功能，提出对高层模块的要求。

③ 进行分系统设计。确定分系统的结构和功能，对构成分系统的模块提出要求。

④ 模块设计。根据分系统的要求，确定模块的结构和功能，对构成模块的元件提出要求。

⑤ 元件设计。根据模块的要求，设计或选用元器件，按尺寸、性能、精度、材料等形成系列并尽量标准化。

（2）模块化设计的管理。

在基型设计的基础上根据需要发展变型。变型设计虽然可以基型为基础，尽量通用，但仍不能脱离功能分析。完成设计的各级、各类模块要建立编码系统，将其按功能、品种、结构尺寸等特点分类编码，进行管理。

2. 模块化生产

模块化生产是由模块组装成所需产品的过程。有些产品是在工厂里完成装配之后，运送到用户；有些产品或工程由于规模过于庞大无法整体运输，可将各类模块配套之后，运到现场装配，如模块化变电所、模块化居室、模块化锅炉等。

3.3.6.3 模块化的技术经济意义

模块化不仅是产品开发的标准化方法，也是跨越式发展的新思维、新手段。

（1）模块化产品的派生和更新换代以增减模块的方式实现，使复杂系统简化，设计和组装难度降低，这是以少变求多变的产品开发策略。

（2）模块化基础上的产品开发，主要是集中力量研制新模块和变形模块。取代产品中功能落后的模块，这有利于缩短研制周期、降低开发成本、保证产品的性能和可靠性。

（3）模块化设计、制造是以最少的要素组合最多产品的方法。它可最大限度地减少不必要的重复，又能最大限度地重复利用标准化成果。产品维修和更新换代都可通过模块来实现，不仅快捷方便，而且使用户减少损失，节约资源。

（4）模块化产品的可分解性，模块的兼容性、互换性和可回收再利用等，均属绿色产品的特性。

（5）模块化设计和制造是以最少要素组合最多产品的方法，易于实行大规模定制生产。

（6）被市场认可的模块，就是事实上的标准。

思考与练习

1. 简述标准化形式与内容的关系。
2. 简化的本质是什么？试举出 1~2 个生活中需要加以简化的事例。
3. 简述统一化与简化的区别、统一化原则。
4. 举例说明通用化的好处。
5. 简述系列化三个方面之间的区别和联系。
6. 简述组合化的特点和实用意义。
7. 简述模块化的特点及其技术经济意义。

第 2 篇　企业标准体系

第 2 篇包括"企业标准体系构建""标准的编写""企业标准体系的评价与改进"共 3 章，涉及企业标准体系从设计构建、文件编制（包括标准编写）到试运行以及评价与改进的全过程。

企业标准化工作的基本任务是制定企业标准、组织实施标准和对标准的实施进行监督检查。企业标准体系系列标准是建立企业标准体系的依据，它为各种类型、不同规模企业的生产（服务）、技术、经营和管理活动全过程提供了全面、系统的标准化管理指导和要求。运用这些标准，可以帮助企业建立和实施一套适合企业需要、持续有效、协调统一的企业标准体系。

企业标准在企业内部具有强制力，是企业组织生产经营活动的依据。企业标准除引用相关国家标准、行业标准和地方标准外，还有大量的标准需要企业自己编写，尤其是管理标准和作业标准。标准具有特定的组成及结构，编写标准时应遵守制定程序和编写规则，遵守与标准制定有关的基础标准以及相关的保障标准。

企业标准体系评价是企业不断改进和自我完善的有效方法，也是推动企业标准化工作不可缺少的重要一环，它对提高企业管理水平，实现企业标准化方针、目标具有重要意义。评价包括：企业自我评价（内部评价）和经标准化主管部门认可的评价机构的社会确认（外部评价、第三方评价）。通过对标准体系的评价、确认，企业可以发现生产、经营和管理各项活动中存在的不足和缺陷，并通过制定纠正措施和持续改进，进一步完善标准体系。

第 4 章　企业标准体系构建

4.1　企业标准化概论

4.1.1　企业标准化的基本概念

企业是标准化的最基层组织。"企业标准化"是指为在企业生产、经营、管理范围内获得最佳秩序,对实际的或潜在的问题制定共同的和重复使用的规则的活动。

1. 企业标准化工作的对象

企业标准化工作的对象是企业生产、经营、管理等各项活动中的重复性事物和概念,具体包括"物"和"事"两大方面,所谓"物"是指产品、材料、设备和工具等有形的实物;所谓"事"则是指事物的处理方法、工作程序等无形的事物。

2. 企业标准化工作的目的

企业的标准化活动是为了在企业生产、经营、管理活动的全过程保持高度统一行动和高效率的运行,从而实现获得最佳秩序和最佳效益(社会、经济效益)的目的。

3. 企业标准化工作的基本任务及主要内容

根据《中华人民共和国标准化法》和《企业标准化管理办法》的规定,企业标准化工作的基本任务是制定企业标准、组织实施标准和对标准的实施进行监督检查。企业开展标准化活动的主要内容是建立、完善和实施标准体系。具体包括:
(1) 贯彻执行标准化法律法规和方针政策。
(2) 制定、发布企业标准。
(3) 组织实施企业标准体系内的国家标准、行业标准和企业标准。
(4) 建立、实施企业标准体系。
(5) 对标准体系的实施进行监督检查。
(6) 标准体系的评价、分析及改进。

4.1.2　企业标准化工作的地位和作用

企业标准化在企业的生产、经营、管理活动中具有十分重要的作用,是企业的基本管理职能、基本管理手段和基本管理方法,是现代化企业管理的重要组成部分和技术基础。

（1）标准化是企业生产、经营、管理的重要组成部分，是实现科学管理的基础和依据。

企业是从事生产、经营和服务等经济活动的独立经济核算组织，其根本任务，是以尽量少的资源投入，生产出符合顾客需求和期望的产品，并获得最可能多的经济效益。为此，企业必须运用现代技术、经济、管理等手段，科学地组织和利用人、财、物等资源。

标准化工作是企业管理中的一项综合性基础工作，与企业的生产、技术、经营管理等各项工作有着密切的联系。它为企业的生产经营活动建立一定的秩序，使企业的各种活动遵循着共同的准则，使复杂的管理工作系统化、规范化、简单化、程序化，建立起生产、经营的最佳秩序，保证企业生产经营系统能够高效、准确、连续不断地运行。

标准在企业中又是有约束力的技术规范，为企业的各项生产、经营活动，在质和量方面提供了共同遵循和重复使用的准则，保证企业活动"有章可循、有标准可依"，使人们自觉约束行为。因此，标准化不仅在企业组织生产、经营管理中起着重要的协调、纽带和桥梁作用，还是实现依法治厂、加强科学管理的重要基础。

日本一些企业推行的"例外管理"，是指企业的日常管理凡事都有标准可依，该谁管、管什么内容都很明确，不需要请示领导，只要按照以往解决的惯例、案例处理就可。只有碰到以前没有的例外事情，即没有明确标准的事情才需要请示领导。标准体系文件的建立，正是"例外管理"的基础所在。

（2）标准化是企业参与市场竞争的必要条件。

随着我国市场经济秩序的建立，市场竞争逐步体现了公平性原则。标准逐步成为产品进入市场的"通行证"。已有越来越多的企业在积极采用国际标准、国家标准和行业标准的基础上制定了自己的企业标准，使它成为企业管理的法规，成为在激烈的市场竞争中立于不败之地的"秘密武器"。企业想要自己的产品进入国际市场并占有一席之地，首先标准要与国际接轨，只有在统一的标准下，才有条件参与平等的交换与竞争。同时，吸收和采用国际标准及国外先进标准，可以促进企业产品质量的提高。

（3）标准化是稳定和提高产品质量的重要保证。

企业产品质量水平低，原因是多方面的，但标准水平低是首要问题，标准落后，再好的设备、技术和管理，也生产不出高质量的产品。当然，有了先进的产品标准，管理不善，就会造成产品质量稳定性差，表现为产品批次间一致性和同一批次中的均衡性差。同一工厂生产的同一产品时好时坏，有好有坏，生产水平有高有低。也就是说，在技术、装备、材料具备同等条件的情况下，不能保证每一件产品都符合先进的产品标准。应当说，这类质量问题的产生，都不是产品标准不先进，主要是管理不善所致。或是由于管理标准不完善，或是由于不按标准实施，即标准实施过程存在问题。

企业无论是生产、评定还是检验产品，都必须有一定的标准。衡量一个产品质量高低的依据是标准。标准不仅对产品性能做出了一系列规定和要求，而且对产品的原材料、加工工艺、测量检验直到包装、储存运输等都做出了明确规定，通过实施这些标准，把影响质量的各种因素控制在标准所规定的范围内，从而保证稳定的产品质量，满足用户需求。一般情况下，企业的标准化工作推行得越全面，产品质量的提高和产品品种的发展就越有保证。因此，要提高产品质量水平，首先必须提高产品标准水平，同时规范质量管理标准。

（4）标准化是不断提高企业技术水平的重要途径。

标准化可以消除新产品设计、开发、研制过程和产品实现过程中的不必要的重复劳动，避免资源浪费。通过标准化，大量使用标准件、通用件，使用高效率的专用工装，能加快产品设计开发速度，缩短生产周期，提高企业生产效率和经济效益。

改善创新与标准化是企业提升管理水平的两大有效手段。改善创新是使企业管理水平不断提升的驱动力，而标准化则是防止企业管理水平下滑的制动力。没有标准化，企业不可能维持在较高的管理水平，也就不可能有真正意义上的改善创新。

实践证明，标准化工作是企业改造、创新的一个重要途径，先进的技术标准是先进的科学技术和实践经验的结晶，贯彻实施新标准的过程也是应用和推广新技术的过程。同时，又是促进技术改造、设备更新和产品结构调整的有效方法之一，是更新老产品，设计开发新产品，不断提高专业化、规模化水平的过程。因此，把采用国际标准作为企业标准化工作的重要内容，将大大促进企业的技术进步及产品更新换代，促进企业的不断进步和发展。

（5）标准化是保障生产安全、维护职业健康和强化环境管理的重要措施。

随着社会发展，标准已不局限于产品或技术，还涉及安全、职业健康、卫生、环境等多方面，涉及企业的各个部门。

生产安全和职业健康与企业的生产、经营、管理过程直接相关，它直接影响企业的生存和发展，政府、企业和员工都普遍关注企业生产安全和职业健康。《中华人民共和国劳动法》明确规定：必须建立劳动安全卫生制度，严格执行国家劳动卫生规程和标准，防止劳动过程中的事故，减少职业危害。这里所指的标准包括GB/T28001《职业健康安全管理体系　规范》。

环境问题对经济发展和人类生活造成的影响越来越受到全球的关注，国际标准化组织颁布了ISO14000环境管理体系系列标准，我国已等同转化为GB/T24000环境管理体系系列标准，这有利于采用有效的方法，加强环境保护和污染预防，有利于企业在深化改革中，加强科学管理，提高市场竞争能力。

（6）标准化有利于将个人的经验转化为企业的财富，减少工作差异。

把企业内成员所积累的技术、经验，通过文件的方式加以保存并标准化，而不会因为人员的流动，整个技术、经验跟着流失。这样就将个人的经验转化为企业的财富。同时，有了标准，每一项工作即使更换不同的人员来操作，也不会因为操作者的差异，在效率与品质上出现太大的差异。

4.1.3　企业标准化工作依据

企业标准体系系列标准是建立企业标准体系的依据，它为各种类型、不同规模企业的生产（服务）、技术、经营和管理活动全过程提供了全面、系统的标准化管理指导和要求。运用这些标准，可以帮助企业建立和实施一套适合企业需要、持续有效、协调统一的企业标准体系。这些标准主要包括：GB/T 1.1—2009《标准化工作导则　第1部分：标准的结构和编写》；GB/T 1.2—2009《标准化工作导则　第2部分：标准制定程序》，GB/T 13016—2018《标准体系构建原则和要求》，GB/T 13017—2018《企业标准体系表编制指南》，GB/T 15496—2003《企业标准体系　要求》，GB/T 15497—2003《企业标准体系　技术标准体系》，GB/T 15498—2003《企业标准体系　管理标准和工作标准体系》，GB/T 19273—2003《企业标准体系　评价与改进》，GB/T 19001—2016《质量管理体系　要求》，GB/T 24001—2015《环境管理体系　规范及使用指南》，GB/T 28001—2011《职业健康安全管理体系　规范》。

4.1.4 相关概念

4.1.4.1 企业/组织

GB/T 19001 对组织的定义：组织是职责、权限和相互关系得到安排的一组人员及设施。

可见，企业是组织的一部分，是指从事生产、流通或服务等经济活动，为满足社会需要并获得盈利，进行自主经营，独立经济核算，具有法人资格的基本经济组织。按企业的生产经营活动划分，有工业企业、农业企业、商业企业、运输企业、建筑企业、金融企业等。

国家标准 GB/T 18757—2002 对企业定义：企业是指共同承担确定的使命、目标和目的，以提供产品或服务等输出的一个或多个组织。

《企业标准体系》系列标准对标准的适用性进行了说明。GB/T 15496："本标准适用于各种类型和规模的企业、其他类型的单位亦可参照适用"。"本标准规定的要求是通用的，不同企业可根据产品类型和生产特点，适当剪裁"。GB/T 15497 和 GB/T 15498："本标准适用于各种类型和不同规模的企业"。"本标准规定的要求是通用的，不同类型企业可根据产品类型和生产特点，适当剪裁"。

4.1.4.2 企业标准

企业标准是指企业所制定的产品标准以及企业内为协调、统一的技术要求和管理、工作要求所制定的标准。企业标准在企业内部具有强制力，是企业组织生产经营活动的依据。一般分为三类：

1. 技术标准

技术标准是指对标准化领域内需要协调统一的技术事项所制定的标准。技术标准所表达的内容一般是围绕企业对其生产（服务）过程的结果（物）——产品提出的质量要求、实验方法、工艺要求等技术方面的要求。重点在于技术要求一致，没有管理职责内容。通常有以下几类：

（1）基础类标准，是指在一定范围内作为其他标准的基础，具有通用性和指导意义的标准。例如通用技术语言标准，即技术文件、图纸所用术语和符号等；精度和互换性标准，如公差配合、计量标准、技术通则等。重大基础标准的更新，常常会引起大范围的技术改造和知识更新。

（2）产品类标准，是指为保证产品的适用性，对产品必须达到的某些或全部要求所制定的标准。通常包括对产品结构、规格、性能等质量方面的要求；以及对生产过程有关检验、试验、包装、储存、运输等方法的要求。包括工农业生产、信息产业以及服务业终端产品标准；此外，还包括为生产这些终端产品使用的原材料、辅助材料、工具、元器件、标准零部件等。

（3）方法类标准，是以给出方法为特征的一类标准。通常以试验方法、检查方法、抽样方法、统计方法、计算方法、测定方法、作业方法为对象，是为了提高工作效率、保证工作质量对上述方法所做的统一规定。

许多情况下方法标准是作为产品标准的组成部分。通常是在制定产品标准时与产品的技术要求同时拟定，而且要针对技术要求中所规定的质量特性设定与其对应的试验、检测等方法。这类方法标准不是单独标准。

2. 管理标准

管理标准是指对企业标准化领域中需要协调统一的管理事项所制定的标准。在企业的业务活动中，有许多管理工作都是重复进行的，如生产计划的编制、物料的采购保管、过程管理等，这些都是管理标准的对象。"管理事项"主要指在企业管理活动中，所涉及的经营管理、设计开发与创新管理、生产管理、质量管理、设备与基础设施管理、财务管理、人力资源管理、物资供销管理、安全管理、职业健康管理、环境管理、信息管理等与技术标准相关联的重复性事物和概念。

管理标准所表达的内容一般是围绕企业对其主要管理过程的控制，即对主要事情所建立的办事程序（事）的要求。重点在于办事职责清楚、程序分明，主要有以下几类：

（1）管理基础标准，是对管理的共性因素所制定的标准，对制定其他管理标准具有指导作用。如术语标准、符号标准、编码标准、管理通则、文件格式标准等。

（2）技术管理标准，是为了保证各项技术工作有效进行，建立正常的技术工作秩序所制定的管理标准。如技术文件管理标准，产品设计开发管理标准，工艺管理标准，设备维修管理标准，质量管理标准等。

（3）经济管理标准，是为了合理安排各种经济关系，对各项经济活动进行计划、组织、协调、控制而制定的标准。如经济计划标准，人事、工资、奖励等标准，经济核算标准，经济效果评价标准。

（4）生产经营管理标准，是为了正确地进行经营决策，合理地组织生产经营活动所制定的标准。如市场调查标准，作业计划标准，物资采购与验收标准，售后服务标准等。值得一提的是定额标准和期量标准。（详见第12章标准化作业）。

定额标准，是指一定时间、一定条件下，对生产某种产品或进行某项工作消耗的活劳动、物化劳动、成本或费用所规定的数量限额标准，是进行生产管理和经济核算的基础。通常分为劳动定额标准和消耗定额标准。劳动定额标准是在一定生产技术组织条件下，对劳动消耗的数量所规定的限额标准。劳动定额的基本形式是工时定额和产量定额。消耗定额标准是在一定生产技术组织条件下，对生产单位产品或完成某项工作所需要的材料、能源等物资消耗数量所规定的限额标准，如材料定额、辅助材料定额以及电、油、汽消耗定额。

期量标准，是关于期限和数量方面的标准。如流水线节拍、生产周期、生产间隔期、生产提前期等期限标准，以及批量、在制品等数量标准。

（5）管理体系标准，对各类管理体系（质量管理体系、环境管理体系、职业健康安全管理体系、社会责任管理体系、能源管理体系、财务管理体系等）规定要求及其实施、审核的一类标准。

3. 工作标准

工作标准是指对企业标准化领域中需要协调统一的工作事项所制定的标准。"工作事项"主要指在执行相应管理标准和技术标准时与工作岗位的职责、岗位人员基本技能、工作内容、要求与方法、检查与考核等有关的重复性事物和概念。重点在于"责权利一致、规定做什么、怎么做"。工作标准实际上是技术标准和管理标准的要求在特定岗位的具体转化。（详见第12章标准化作业）

4.1.4.3 标准体系与企业标准体系

标准体系是指一定范围内标准按其内在联系形成的科学有机整体（GB/T13016）。

可见：标准是组成标准体系的基本单元，标准体系是标准的集合。应以"系统"的概念来理解和认识标准体系，发挥标准体系的总体功能，使整体系统运行达到最佳秩序和最好的社会经济效益。

企业标准体系是指企业内的标准按其内在联系形成的科学有机整体（GB/T13017）。企业标准体系构成是以技术标准为主体，包括管理标准和工作标准。

（1）技术标准体系。企业范围内的技术标准按其内在联系形成的科学的有机整体，它是企业标准体系的组成部分。

（2）管理标准体系。企业标准体系中的管理标准按其内在联系形成的科学的有机整体。

（3）工作标准体系。企业标准体系中的工作标准按其内在联系形成的科学的有机整体。

技术标准是企业标准体系的核心，是实现产品质量的重要前提，其他标准都要围绕技术标准进行，并为技术标准服务。而建立完善的企业技术标准体系应以产品（包括有形产品和无形产品）标准为中心。管理标准和工作标准是生产经营活动和实现技术标准的重要措施，管理标准应以保证技术标准的实现为基础，工作标准是管理标准的具体化，岗位化，应按工作岗位，在岗位责任制的基础上制定企业工作标准。

4.1.5 企业标准体系的基本特征

既然企业标准体系是一个系统，那么它就具有系统所具有的一切特性，包括目的性、集合性、整体性、层次性、动态性等。

4.1.5.1 目的性

任何系统为实现特定的目的，都必须具有特定的功能。系统的构成要素和要素的机能，要素间的相互联系要服从系统整体的目的和功能。建立企业标准体系必须有明确的目的（目标），企业标准体系的目标是促进企业的标准组成达到科学、完整、有序，提高产品质量、管理水平、生产效率，降低能耗……，提高经济与社会效益。企业标准体系的目标，往往受上级体系如国家、行业或地方标准体系以及企业生产经营体制的制约，同时也受有关标准化法律法规所约束。企业标准体系的目标应是具体的，可测量的，可评价的，为企业的生产、经营提供全面的技术基础和管理依据。

理解和掌握企业标准体系的目的性，有助于在建立企业标准体系时，根据企业实际对体系要素进行合理的删减。

4.1.5.2 集合性

随着生产实现和服务提供的社会化、规模化程度的不断提高，任何一个单独的标准都难以独立发挥其效能，而是以相互关联、相互作用的标准的集成为特征，通过之间的内在联系构成科学的有机整体，来完成一个共同目标。

企业标准体系由多个标准或分体系组成，同一标准可根据需要集合到不同的分体系中，例如质量检验标准既可以集合到质量管理标准体系中，也可集合到采购管理标准体系中，但检验标准的特有功能不变。而系统目标的优化程度以及其实现的可能性又和标准的集成程度和集成水平直接相关。

理解和掌握企业标准体系的集合性，有助于在编制体系表中根据实际情况解决具体问题。

4.1.5.3 整体性

企业标准体系的整体性表现在完整性、相关性和均衡性。

（1）完整性是指组成体系的标准必须完整齐备，否则，就无法达到体系的目标。

（2）相关性包括系统相关性、结构相关性和功能相关性。

① 系统相关性，指在某一标准体系内，构成该系统的各分系统之间及分系统和子系统之间存在着相互依赖又相互制约的联系。依照这种联系可以正确地确定各分系统和各子系统的合理位置。

② 结构相关性，主要指系统结构中上下层之间，同层之间（左右）的联系。上下层联系：在层次结构中，下层标准的共性形成上层标准，上层标准对下层标准有指导、制约关系。左右联系：指标准门类之间的相互协调统一、衔接配套的联系。如企业在制定原材料、半成品、工艺标准时，原材料标准要保证半成品标准的实现，半成品标准要保证成品标准的实现，同样，制定管理标准、工作标准时，必须充分考虑各个管理事项，各个管理部门职责的协调统一。

③ 功能相关性，将功能相同的标准归并在一个子系统内，以发挥标准整体功能的作用。如采购管理标准。将不同功能的标准按其功能安排标准的先后顺序（如原材料-半成品-成品标准等），归纳到不同的子系统中。

（3）均衡性是指体系中各组成标准的技术水平均衡一致，而不是参差不齐（有新有旧，有先进有落后）。

理解和掌握企业标准体系的整体性，有助于我们建立一个质量好的企业标准体系。

4.1.5.4 层次性

企业标准体系是一个典型的复杂体系，由许许多多的单项标准集成，为发挥其系统而有序功能必须把它作为一个复杂的系统分层管理。任何标准体系都可以根据不同的目的分成若干个分体系、子体系直至所组成的标准。系统层次结构表述了不同层次子系统之间的从属关系或相互作用关系。

企业标准体系的结构层次是由系统中各要素之间的相互关系、作用方式以及系统运动规律等因素决定的，一般是高层次对低一级的结构层次有制约作用，而低层次又是高层次的基础。如技术标准体系中技术基础标准和管理标准体系中的管理基础标准都对下一层的技术标准和管理标准有约束作用，而且一般是下层技术标准和管理标准的共同要求。

理解和掌握企业标准体系的层次性，将有助于理解标准体系的结构。

4.1.5.5 动态性

任何一个系统都不可能是静止的、孤立的、封闭的，它总是处于更大的系统环境之内，总是要与外部存在的大系统环境相互作用，进行信息交流，并处于相互消长的运动之中。一个优良的系统必须适应环境的变化。企业标准体系处于行业标准体系、国家标准体系的系统环境中。它与外部环境的信息交流以及外部环境对其的影响作用，会促进其为适应环境而持续改进。同时，企业标准体系客观存在于企业生产经营的大系统中，始终受到企业总的方针目标的制约，方针目标的任何变化都会直接影响企业标准体系的完善和实施。而且，由于系统优化的要求，也要不断淘汰那些不适用的、功能低劣或重复的要素，及时补充新的要素，以保证企业标准体系的持续改进。

理解和掌握企业标准体系的动态性，将有助于对企业标准体系进行动态管理，使其不断改善，持续有效。

4.2 企业标准体系要求

GB/T 15496—2003《企业标准体系 要求》是《企业标准体系》系列标准中的核心标准，是建立企业标准体系的总则。它规定了建立企业标准体系以及开展企业标准化工作的基本要求，并对体系的组成、标准化方针和目标、组织机构和职责、标准化管理和信息、标准的制定、实施和监督检查、采标工作等提出了具体要求。下文 4.2.1～4.2.10 分别列出了 GB/T 15496 中 4～13 章的具体要求，并对有关条款进行了解释。通过表 4.1 对该标准结构的分解，可以表明该标准在整个企业标准体系中的作用。

表 4.1 GB/T15496—2003 标准结构

标准主体	规范性一般要素		名称、1. 范围、2. 规范性引用文件
	规范性技术要素	基本概念	3. 术语和定义
		基础工作与基本要求	4. 企业标准化工作的基本要求 6. 机构、人员和培训 7. 职责 8. 企业标准化管理标准和规划、计划 9. 企业标准化信息
		企业标准体系的策划与要求	5. 企业标准体系（GB/T13016、GB/T13017、GB/T15497、GB/T15498）
		制定、修订标准的程序与要求	10. 企业标准的制定（GB/T1.1） 13. 采用国际标准（GB/T20000.2）
		实施、监督检查、评价改进的程序与要求	11. 标准的实施 12. 标准实施的监督检查（GB/T19273）

4.2.1 企业标准化工作的基本要求

> **4 企业标准化工作的基本要求**
> 4.1 贯彻执行国家和地方有关标准化的法律、法规、方针政策。
> 4.2 建立并实施企业标准体系。
> 4.3 实施国家标准、行业标准和地方标准。
> 4.4 制定和实施企业标准。
> 4.5 对标准的实施进行监督检查。
> 4.6 采用国际标准和国外先进标准。
> 4.7 参加国内、国际有关标准化活动。

上述提出了企业标准化工作的任务、内容及采用国际标准和国外先进标准要求。

4.2.2 企业标准体系要求

> **5 企业标准体系**
> **5.1 建立企业标准体系的总要求**
> 企业应按本标准、GB/T15497 和 GB/T15498 的要求建立企业标准体系，加以实施，并持续评审与改进其有效性。建立企业标准体系应符合以下要求：
> a）企业标准体系应以技术标准体系为主体，以管理标准体系和工作标准体系相配套；
> b）应符合国家有关法律、法规，实施有关国家标准、行业标准和地方标准；
> c）企业标准体系内的标准应能满足企业生产、技术和经营管理的需要；
> d）企业标准体系应在企业标准体系表的框架下制定；
> e）企业标准体系内的标准之间相互协调；
> f）管理标准体系、工作标准体系应能保证技术标准体系的实施；
> g）企业标准体系应与其他管理体系相协调并提供支持。

5.1 条款表述了建立企业标准体系的依据、目的、原则方法，以及企业标准体系内标准之间、管理标准体系、工作标准体系与技术标准体系之间，企业标准体系与其他管理体系之间的关系。并提出了建立企业标准体系的总要求：建立企业标准体系，加以实施，并持续评审与改进其有效性。

评审是指为确定主题事项达到规定目标的适宜性、充分性和有效性所进行的活动（GB/T 19000—2008）。其中适宜性是指适用的程度；充分性是指完善的程度；有效性是指完成策划结果的程度。

5.2 企业标准体系的组成

企业标准体系由本标准、企业标准体系 技术标准体系（GB/T15497）、企业标准体系管理标准和工作标准体系（GB/T15498）和企业标准体系评价与改进（GB/T19273）组成。

企业标准体系是企业其他各管理体系，如：质量管理、生产管理、技术管理、财务成本管理、环境管理、职业健康安全管理体系等的基础，建立企业标准体系，应根据企业的特点充分满足其他管理体系的要求，并促进企业形成一套完整、协调配合、自我完善的管理体系和运行机制。

企业标准体系内的所有标准都要在本企业方针、目标和有关标准化法律、法规的指导下形成，包括企业贯彻、采用的上级标准和本企业制定的标准。企业标准体系组成形式如图1所示。

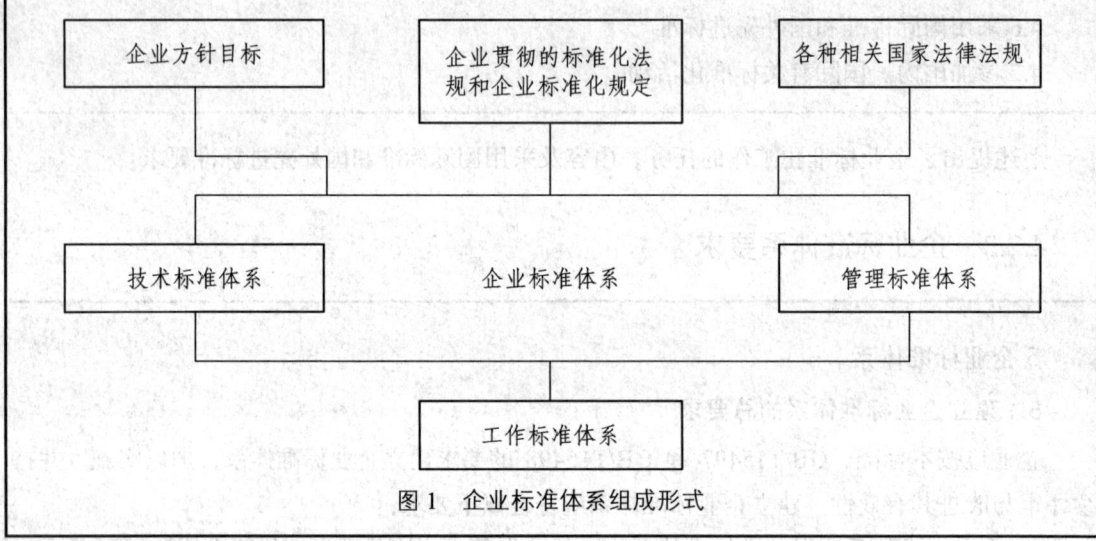

图1 企业标准体系组成形式

企业标准体系，由技术标准体系、管理标准体系和工作标准体系构成。"企业贯彻的标准化法规"和"企业标准化规定"直接关系到企业标准体系的结构和内容。"企业的方针目标"和"企业适用的法律、法规和规章"指导企业标准体系的建立和健全。

各个企业在建立企业标准体系时均应设计本企业的标准体系组成形式图，一般企业也可以采用上表图1的形式。

企业建立标准体系时，应与其他管理体系整合，充分满足其他管理体系的要求，并促进企业形成一套完整、协调配合、自我完善的管理体系和运行机制。

5.3 企业标准体系表

企业标准体系表是企业标准体系的一种表现形式，建立企业标准体系应首先研究和编制企业标准体系表，企业标准体系表的编制应符合GB/T13016和GB/T13017的要求。

5.4 企业标准体系表的结构形式

企业标准体系表可分为层次结构、序列结构，结构形式应符合GB/T13017的要求。

GB/T13016-2018《标准体系构建原则和要求》，GB/T13017-2018《企业标准体系表编制指南》。

4.2.3 标准化机构、人员及标准化培训要求

> **6 机构、人员和培训**
>
> **6.1 总则**
>
> 企业应根据其生产、技术和经营管理活动的需要设置相适应的标准化机构和人员。
>
> 企业应按下列要求设置机构和人员：
>
> a）企业设置专兼职标准化管理机构和人员；
>
> b）企业标准化工作由企业法定代表人或授权的管理者统一管理；
>
> c）企业明确管理日常标准化工作的机构和人员；
>
> d）企业各职能部门和生产单位，确定负责标准化工作的人员。
>
> **6.2 企业标准化人员**
>
> 企业标准化人员应具备的知识和能力：
>
> a）企业标准化管理人员应具备与所从事标准化工作相适应的专业知识、标准化知识和工作技能，经过培训取得标准化管理的上岗资格；
>
> b）熟悉并能执行国家有关标准化法律、法规、方针和政策；
>
> c）熟悉本企业生产、技术、经营及管理现状，具备了一定的企业管理知识；
>
> d）具备一定的组织协调能力、计算机应用及文字表达能力。
>
> **6.3 企业标准化培训**
>
> 企业标准化的培训要求：
>
> a）各级管理者熟悉国家有关标准化的法律、法规、方针和政策；
>
> b）了解标准化的基本知识，熟悉并掌握管辖范围内的各类标准，能贯彻和运用
>
> c）专兼职标准化人员达到本标准 6.2 的要求；
>
> d）各类人员能熟练运用与本职工作有关的技术标准、管理标准和工作标准。

上述内容提出了标准化机构、标准化人员的设置要求，以及对标准化人员的知识能力要求及标准化培训要求。

4.2.4 各阶层标准化职责要求

> **7 职责**
>
> **7.1 企业最高管理者的职责**
>
> 企业最高管理者应确保以下标准化事项得到落实：
>
> a）贯彻国家标准化工作的法律、法规、方针、政策和有关强制性标准；
>
> b）确定与本企业方针、目标相适应的标准化工作任务和目标；
>
> c）确定企业标准化机构、人员及其职责；
>
> d）审批标准化工作规划、计划和标准化活动经费；
>
> e）组织建立企业标准体系，审批企业标准和企业标准体系；

f）鼓励、表彰为企业标准化工作做出贡献的单位和个人，对不认真贯彻执行标准，造成损失的责任者，进行惩戒。

7.2 标准化机构及其人员职责

企业标准化机构及其人员的职责：

a）确定并落实标准化法律、法规、规章以及强制性标准中与本企业相关的要求；
b）组织制定并落实企业标准化工作任务和指标，编制企业标准化规划、计划；
c）建立和实施企业标准体系，编制企业标准体系表；
d）组织制定、修订企业标准，认真做好企业产品标准的备案工作；
e）组织实施有关国家标准、行业标准、地方标准和企业标准；
f）对新产品、改进产品、技术改造和技术引进，提出标准化要求，负责标准化审查；
g）对本企业实施标准情况进行监督检查，组织企业标准复审；
h）组织制定企业标准化管理标准或管理制度；
i）组织标准化培训；
j）统一归口管理各类标准，建立标准档案，搜集国内外标准化信息，并及时提供给使用部门；
k）承担或参加国家、行业和地方委托的有关标准的制定和审定工作，参加国内、国际各类标准化活动。

7.3 各职能部门和生产经营单位的职责

各职能部门和生产单位的标准化职责是：

a）组织实施企业标准化机构下达的标准化工作任务；
b）组织实施与本部门有关的标准；
c）按管理标准和工作标准对员工进行考核、奖惩。

上述内容提出了企业各职能、各阶层人员的标准化职责要求，包括企业最高管理者、标准化机构及其人员、各职能部门和生产单位的标准化职责。

4.2.5 企业标准化管理标准和规划、计划要求

8 企业标准化管理标准和规划、计划

8.1 企业标准化管理标准（或管理制度）

企业应建立标准化管理标准（或管理制度），一般包括以下内容：

a）规定标准化工作体制、组织机构、任务、职责、工作方法与要求等；
b）规定企业标准制定、修订、复审的工作原则、工作程序及具体要求；
c）规定实施标准及对标准实施进行监督检查的原则、方法、要求、程序和分工；
d）规定标准及标准信息的搜集、管理和使用等方面的要求；
e）规定实施各级有关标准的程序和方法；
f）规定标准化规划、计划内容、工作程序和要求；

g）规定标准化培训的任务、目标、方法和程序；
h）规定标准化成果奖励工作程序和要求。

8.2 企业标准化工作的规划和计划

企业应根据生产、技术、经营和管理对标准化工作的需要，有计划地开展标准化活动。一般应制定以下规划、计划：

a）制定、修订企业标准体系和企业标准的规划、计划；
b）采用国际标准的规划、计划；
c）标准化科研的规划、计划；
d）实施标准计划；
e）标准化培训计划；
f）标准文本有效性检查计划。

上述内容提出了企业标准化管理标准（或管理制度）的内容，以及企业标准化工作的规划和计划的制定要求。

4.2.6 企业标准化信息管理要求

9 企业标准化信息

9.1 标准化信息的范围

企业应掌握的标准化信息主要有以下方面：

a）企业生产、经营、科技、贸易等方面有效的各种标准文本；
b）国内外有关标准化期刊、出版物、专著；
c）国家和地方有关标准化的法律、法规、规章和规范性文件；
d）有关的国家标准、行业标准、国际标准、国外先进标准、地区标准、技术法规的中、外文本；
e）其他与本企业有关的标准化信息。

9.2 企业标准化信息管理的基本要求

企业应按以下要求搜集、整理、保管和使用标准化信息：

a）建立广泛而稳定的信息搜集渠道；
b）及时地了解并收集有关的标准发布、修订、更改和废止的信息；
c）对收集到的信息进行整理、分类、登记、编目和借阅，及时传递到使用部门；
d）收藏的标准信息应及时更替、更改，保持良好的时效性；
e）建立标准电子文档信息库；
f）开通标准的网络服务系统。

企业标准化信息管理应按标准的以上规定操作，满足其基本要求，并指定明确的责任机构和人员。

4.2.7 企业标准的制定要求

> **10 企业标准的制定**
>
> **10.1 企业标准的制定范围**
>
> 应对以下方面制定企业标准：
>
> a）产品标准；
>
> b）生产、技术、经营和管理活动所需的技术标准、管理标准和工作标准；
>
> c）设计、采购、工艺、工装、半成品以及服务的技术标准；
>
> d）对已有国家标准、行业标准或地方标准的，鼓励企业制定严于国家标准、行业标准或地方标准要求的企业标准，在企业内部适用。
>
> **10.2 企业标准制定、修订原则**
>
> 制定、修订企业标准应遵守的原则：
>
> a）贯彻执行国家和地方有关的法律、法规、规章和强制性标准；
>
> b）充分考虑顾客和市场需求，保证产品质量，保护消费者利益；
>
> c）积极采用国际标准和国外先进标准；
>
> d）有利于扩大对外经济合作和国际贸易；
>
> e）有利于新技术的发展和推广；
>
> f）企业内的企业标准之间、企业标准与国家标准或行业标准、地方标准之间应协调一致。
>
> **10.3 制定企业标准的一般程序**
>
> **10.3.1 调查研究、收集资料**
>
> 调查研究、收集资料的一般要求：
>
> a）标准化对象的国内外（包括企业）的现状和发展方向；
>
> b）有关最新科技成果；
>
> c）顾客的要求和期望；
>
> d）生产（服务）过程及市场反馈的统计资料、技术数据；
>
> e）国际标准、国外先进标准、技术法规及国内相关标准。
>
> **10.3.2 起草标准草案**
>
> 对收集到的资料进行整理、分析、对比、选优，必要时应进行试验对比和验证，然后编写标准草案。
>
> **10.3.3 形成标准送审稿**
>
> 将标准草案连同"编制说明"发至企业内有关部门，征求意见，对返回意见分析研究，编写出标准送审稿。
>
> **10.3.4 审查标准**
>
> 采取会审或函审。标准审查重点：
>
> a）标准送审稿是否符合或达到预定的目的和要求；
>
> b）与有关法律、法规、强制性标准是否一致；
>
> c）技术内容是否符合国家方针政策和经济技术发展方向，技术指标和性能是否先进、安

全、可行，各项规定是否合理、完整和协调；

　　d）与有关国际标准和国外先进标准是否协调；

　　e）规范性技术要素内容的确定方法是否符合 GB/T 1.2 的规定；

　　f）标准编写格式可参照 GB/T 1.1 的规定。

10.3.5 编制标准报批稿

经审查通过的标准送审稿，起草单位应根据审查意见修改，编写"标准报批稿"及相关文件"标准编制说明"、"审查会议纪要"、"意见汇总处理表"。

10.3.6 批准和发布

企业标准由企业法定代表人或其授权的管理者批准、发布，由企业标准化机构编号、公布。

10.4 企业产品标准备案

企业产品标准应在发布后 30 日内，报当地政府标准化行政主管部门和有关行政主管部门备案。具体备案要求按各省、自治区、直辖市人民政府标准化行政主管部门的规定办理。

10.5 企业标准的复审

企业标准应定期复审，复审周期一般不超过三年。复审工作由企业标准化机构负责组织。复审后的企业产品标准应重新备案。

上述内容给出了企业标准制定的范围、原则和具体程序。

4.2.8 标准的实施要求

---

11 标准的实施

11.1 基本原则

实施标准的基本原则包括：

a）实施标准必须符合国家法律、法规的有关规定；

b）国家标准、行业标准、地方标准中有关强制性标准，企业必须严格执行；

c）不符合强制性标准的产品，禁止出厂、销售和进口；

d）纳入企业标准体系的标准都应严格执行；

e）出口产品的技术要求，依照进口国法律、法规、技术标准或合同约定执行。

11.2 实施标准的程序

11.2.1 制定实施标准计划

应将实施标准的工作列入企业计划，规定有关部门应承担的任务和完成时间。实施标准的计划包括：实施标准的方式、内容、步骤、负责人员、起止时间、应达到的要求。

11.2.2 实施标准的准备

实施标准的准备工作包括：

a）明确相应的机构，负责实施标准的组织协调；

b）向有关人员宣传、讲解标准；

c）进行技术准备，必要时进行技术攻关或技术改造；

d）进行物资准备，为实施标准提供必要的资源。

11.2.3 实施标准

依据技术标准、管理标准、工作标准的不同要求和特点，在做好准备工作的基础上，由各部门分别组织实施有关标准。企业各有关部门应严格实施标准。企业在贯彻实施国家标准、行业标准和地方标准中遇到的问题，应及时与标准批准发布部门或标准起草单位沟通。

上述内容提出了标准的实施的基本原则和具体程序和步骤。

4.2.9 标准实施的监督检查要求

12 标准实施的监督检查

12.1 总则

实施标准的监督检查是指对标准贯彻执行情况进行督促、检查和处理的活动。通过监督检查，可促进标准的有效执行，并发现标准本身存在的问题，以采取改进措施。

12.2 监督检查内容

企业对标准实施进行监督检查的内容包括：

a）已实施标准的执行情况；

b）企业内技术标准、管理标准和工作标准贯彻执行情况；

c）企业研制新产品、改进产品、技术改造、引进技术和设备是否符合有关标准化法律、法规、规章和强制性标准要求。

12.3 监督检查的方式

企业内标准实施监督可采用统一领导、分工负责相结合的管理方式，即由企业标准化机构统一组织、协调、考核，各有关部门按专业分工对有关标准的实施情况进行监督检查。

标准实施的监督检查可按下列方式进行：

a）技术标准、管理标准的实施由相关部门进行监督检查；其中产品标准的实施情况由质检部门按相关标准、试验方法和验收规则进行监督检查和处理；

b）管理部门工作标准实施情况，由企业管理者组织检查考核；

c）各类岗位人员工作标准由所属部门（单位）负责组织考核；

d）企业在研制新产品、改进产品、技术改造、引进技术和设备时应对其符合有关标准化法律、法规、规章和强制性标准的情况进行监督，应在科研、设计、生产以及技术引进、设备引进的各个阶段由企业专兼职标准化人员负责对有关图样和技术文件进行标准化审查。

12.4 监督检查结果的处理

负责监督检查的部门和人员，应确保监督检查的客观性和公正性，检查结果应形成文件以作为改进的依据。

> **12.5 企业标准体系的评价和改进**
>
> 企业应对其建立的标准体系是否符合相关标准的要求以及标准体系运行的有效性和效率进行评审，评审工作应按 GB/T 19273 的要求进行。
>
> 企业标准体系的评价主要由企业组织自我评价，也可向当地标准化管理部门申请社会确认。

上述内容提出了实施标准的监督检查的内容、方式及评价和改进要求。

4.2.10 采用国际标准要求

> **13 采用国际标准**
>
> **13.1 原则**
>
> 采用国际标准应遵循以下原则：
> a）企业应依据国内外市场需要，采用国际标准（包括采用国外先进标准）；
> b）应符合我国有关法律、法规和强制性标准要求；
> c）遵循国际惯例，做到技术先进、经济合理、安全可靠；
> d）在采用产品标准时，应同时采用与其配套的相关标准；
> e）应同企业的技术引进、技术改造、新产品开发相结合；
> f）企业应贯彻实施纳入企业标准体系的有关的采用国际标准的国家标准、行业标准、地方标准以及企业标准。
>
> **13.2 制定标准**
>
> 将确定要采用的国际标准或国外先进标准的内容进行转化并制定为企业标准。
>
> **13.3 标准的实施**
>
> 企业应配备和完善与实施采用国际标准相适应的生产和检测设备，培训人员，组织技术攻关、技术改造和技术引进。
>
> **13.4 检查、验收**
>
> 检查、验收按有关管理办法进行。
>
> 凡符合《采用国际标准产品标志管理办法》的采标产品，企业可使用采标标志。

上述内容提出了采用国际标准的原则以及将国际标准或国外先进标准的内容转化为企业标准的要求。采标有两种形式：等同采用、修改采用。

"采标"时，尽可能"等同采用"（IDT）。在文本结构、技术内容上相同，或有少量编辑性修改。

"修改采用"（MOD），指与国际标准存在技术性差异，并标明差异，在文本结构上还应对应，在不影响比较时可有少许变动。

"非等效"（NEQ）不属于"采标"，只表明二者有对应关系。文本结构不同，且也未标明差异。

4.3 基于 GB/T15496 标准的企业标准体系构建

企业建立标准体系包括四个阶段：标准体系策划准备阶段、标准体系文件化阶段、标准体系实施与监督阶段（运行阶段）、标准体系的评价、确认和改进阶段。本章主要介绍前3个阶段，对于标准体系的评价、确认和改进阶段将在第6章介绍。

4.3.1 企业标准体系策划准备阶段

4.3.1.1 落实组织机构和人员，规定职责

1. 成立领导小组和/或工作小组

企业可以设立专门的标准化管理部门，成立以最高管理者（或管理者代表）为首，各部门负责人参加的领导小组。或建立标准化管理委员会，由企业的最高管理者担任主任，并任命一位管理者为标准化管理者代表；委员会下设专职办事机构，如秘书处或办公室；或将专职落实到某一职能部门。

工作小组是建立、健全企业标准化体系的具体工作机构，一般由企业管理部门牵头，也可以由标准化部门牵头。它的任务是编制工作计划和开展具体的工作，包括：协调企业标准化工作；编制企业标准体系表；编写具体标准，包括各种技术标准、管理标准和工作标准。由于企业的规模不同，基础不同，所以不同企业工作小组的具体工作内容也不完全相同。例如许多企业由各职能部门编写各类标准，工作小组仅做一些协调工作和标准的最后把关。同时，应注意对企业现有机构的协调或调整。比如有些企业由技术部门负责技术标准体系标准；综合管理部门（如总经办、企管办）负责管理标准体系标准；人力资源部门负责工作标准体系标准。

2. 设专兼职人员

企业标准化工作应由企业法定代表人或授权的管理者统一管理。这是因为，第一，国家对标准化实行法制管理，一旦违法，应由企业法人承担责任。第二，企业标准化工作涉及生产、经营、管理各部门，需要协调的工作较多，没有高层次的统一管理，就难以统一指挥和协调。各职能部门和生产单位的主管应是标准化工作的责任人，并设兼职标准化员负责各部门的标准化工作。

企业标准化管理人员应具备与所从事标准化工作相适应的专业知识、标准化知识和工作技能，经过培训取得标准化管理的上岗资格；熟悉本企业生产、技术、经营及管理现状，具有一定的企业管理实践，及一定的组织和协调能力；熟悉并能执行国家有关标准化法律、法规、方针、政策及有关的标准和相关活动程序。

3. 规定职责

企业应对各个部门和各类人员的标准化工作职责进行规定，尤其是最高管理者。包括：
（1）最高管理者的标准化职责；

（2）标准化专兼职机构的标准化职责；
（3）标准化专兼职人员的标准化职责；
（4）各职能部门和生产经营单位的标准化职责。

上述规定可以独立成文，也可以包括在企业标准化管理标准/规定中。其内容应满足GB/T15496—2003标准中7.1、7.2、7.3的要求。

"标准"不只是产品质量标准，还包括安全、卫生、环境……甚至还包括生产（服务）过程等方面的标准。因此，企业标准化工作，不能局限在企业的某个部门，而是在生产、经营、管理的各部门、各岗位都需要开展标准化工作。

4.3.1.2 制定标准化方针和目标

1. 制定依据

企业最高管理者应依据企业总的经营方针和目标，确定与本企业方针、目标相适应的标准化工作任务和目标。

2. 标准化方针

标准化方针是企业标准化发展的方向与蓝图，具有战略性、纲领性，为制定与评审标准化目标提供框架。

3. 标准化目标

标准化目标是实现标准化方针的具体工作与步骤，是方针的体现和具体化，是一定时期可测量的量化指标。

【例4.1】某企业的标准化方针与标准化目标。

××公司发布令

1. 标准化方针

建立健全企业标准体系，实现科学规范管理。

2. 标准化目标

（1）两年内企业标准化达到AAA级水平。
（2）两年内将质量管理和环境管理两体系完全与标准体系融合。
（3）三年内主产品实现等同采用国际标准。

---

4. 目标的展开

要按时间、按任务分解到各部门和各生产单位。

【例4.2】某企业标准化目标的展开实施。

201×年标准化目标展开实施表

公司目标	实施内容与措施	责任部门	参与部门	时间
两年内企业标准化达到AAA级水平	（1）选择咨询机构。 （2）落实机构和人员。 （3）制定标准化方针目标。 （4）组织相关培训。 （5）编制企业标准体系表。 （6）组织标准制修订	企管 主管领导 主管领导 人事 企管 企管	人事 企管 各部门 各部门主管 各部门	7月 7月 7月 另订计划 8月 另订计划
两年内将质量管理和环境管理两体系完全与标准体系融合	（1）质量管理体系文件在本年度内与标准体系进行整合。 （2）环境管理体系文件原文纳入标准体系	质管 行管	相关部门 相关部门	9~10月 9~10月
三年内主产品实现等同采用国际标准	（1）制定采标计划。 （2）收集国际标准。 （3）组织消化国际标准	开发	信息中心	11月 11~12月

4.3.1.3 调查分析

1. 企业需求

调查分析企业产品及生产技术、经营管理情况，研究各方面对标准的需求。必要时要进行专题调查，如新产品开发的标准化需求，推行质量管理体系、环境管理体系、职业健康安全管理体系对标准化调整的需求。

2. 国内外有关标准状况

首先了解本企业已有的企业标准状况及其存在的问题；二是了解掌握与本企业产品和生产过程、经营管理有关的国家标准、行业标准、地方标准；三是了解与本企业产品和生产过程、经营管理有关的国际标准及国外先进标准。特别要注意调查研究有关安全、卫生、环保方面的标准，以及与本企业有关的重要标准的相关信息。

3. 国家和有关行业主管部门法律、法规和规章

研究分析国家和有关行业主管部门发布的安全、卫生、环保等方面的法律、法规和规章及相应的国际通行惯例。这是调查工作中的重中之重。

4. 企业标准化工作现状

分析本企业标准化工作现状，对照标准GB/T15496要求，找出差距，在现有标准化工作的基础上建立完善企业标准体系。

4.3.1.4 确定企业标准体系方案

建立企业标准体系是一项系统工程。因此,研究企业标准体系,首先要对企业标准体系进行分解,即研究企业标准体系应该由哪些子系统组成或者说应该分成几个子系统,各子系统又如何分成若干个更小的系统,直至分解到若干单项标准。

企业生产经营管理需要大量的标准、程序、规范、制度来指导各个环节的活动,它们之间关系如何,怎么归类、协调、统一,是否适用?对已实施的标准心中要有数;对零散的、各自为政的、不够协调的标准要加以改造和整合。理顺标准的关系,应运用系统管理的原理和方法对标准识别,找到在体系中的位置,有助于多种标准的实施和协调。同时,要运用标准化原理(简化、统一、协调、优化),以最少的标准去覆盖最大的范围,减少不必要的重复和多样化。

标准覆盖要全面,即覆盖全过程、全方位、全员。标准体系内应相互兼容、协调、统一。核心是产品标准,其外围是技术标准,配套的是管理标准,保证实施的是工作标准;另外,与其他管理体系相互协调,避免重复。

1. 领导作用

"领导者确立组织统一的宗旨及方向,他们应当创造并保持使员工能充分参与实现组织目标的内部环境。"——ISO9000:2008

领导是具有一定权力、负责指挥和控制企业或下属的人员。在企业标准体系中,领导人员具有最重要的地位。最高管理者是指"在最高层指挥和控制组织的一个人或一组人。

在标准化管理中,领导的作用主要是创造全员参与,实现企业目标的环境。这里的"环境",不是指自然环境,也不仅仅是指一般的工作环境,而主要是指人文环境,是企业内部的情况和条件。

应考虑包括顾客、所有者、员工、供方和社会等所有受益者的需求,了解外部环境条件的变化并对此做出响应。

将标准化方针和目标与企业内部环境统一起来。方针和目标既要适合企业的现状,又要对现状有改进或促进作用。要让全体员工都知道、了解和理解标准化方针和目标,并将其作为自己的工作准则,以形成良好的标准化风气。凡是违背标准化方针、目标的行为,以及不遵守标准的现象,都能受到员工自觉的抵制。

(1)确保获得必要资源。

企业标准体系要建立和运行,都应有必要的资源和相关条件,如人员、设施、工作环境、信息、自然资源以及财务等资源。资源投入不足或资源本身质量欠佳,都难以使体系取得预期的效果。

(2)确保建立、实施和保持一个有效的企业标准化体系以实现标准化目标。

领导的最主要职责是制定标准化方针,确定标准化目标,推动标准化体系的建立和运行。

2. 过程方法

"将活动和相关资源作为过程加以管理,可以更高效地得到期望的结果。"——ISO9000:2008

系统地识别和管理企业所应用的过程,特别是这些过程之间的相互作用,称为"过程方法"。过程是理解过程方法的基础。过程是"一组将输入转化为输出的相互关联或相互作用的活动"。产品是"过程的结果"。任何将所接收的输入转化为输出的活动都可视为过程。过程（活动）输入需要使用资源。资源可以包括人员、设施、工作环境和信息等。

过程具有分合性。任何一个过程，都可以分为若干个更小的过程；而若干个性质相似的过程，又可以组成一个大过程。通常，一个过程的输出会直接成为下一个过程的输入，形成过程链。

以过程为基础的企业标准体系模式如图 4.1 所示。

（1）企业标准体系是以过程为基础组成的体系。应对每一个过程规范其运行准则，并采用 PDCA 方法进行循环管理。

（2）企业通常建立具有职能的组织机构，但传统的管理强调纵向职能的管理，因此，当需要进行跨职能的活动时，就容易出现问题。"过程方法"强调简化和优化主要过程，强调横向管理的协调性，以提高管理水平和运作效率。

（3）顾客和其他相关方的标准化要求是企业整个标准化过程的输入，其中相关方包括政府、社会公众等。没有这种输入或企业在确定输入时对它们的要求识别错误，就会使企业的标准化过程失去意义或出现大问题。因此，识别这种输入对企业来说至关重要。

（4）企业的输出结果的接受者是顾客和其他相关方。企业应对顾客和相关方的满意程度进行监视，以便评价和确认他们的要求是否得到满足。如果满足不够，则应进行改进。

（5）企业内部四大"板块"过程。"管理职责"从顾客和其他相关方那里获得"需求和期望"，根据这些"需求和期望"制定标准化方针，确定标准化目标，进行策划，建立组织机构，明确职责权限。"管理职责"的输出是"资源管理"，包括人员、设施、工作环境、信息和财务等。各种资源经过相互作用形成"标准化过程"，"标准化过程"的结果一方面输出到顾客和其他相关方，另一方面又输出到"评价和改进"。通过"评价和改进"的输出，改进"标准化过程"过程。这样，标准化体系就能获得不断完善。

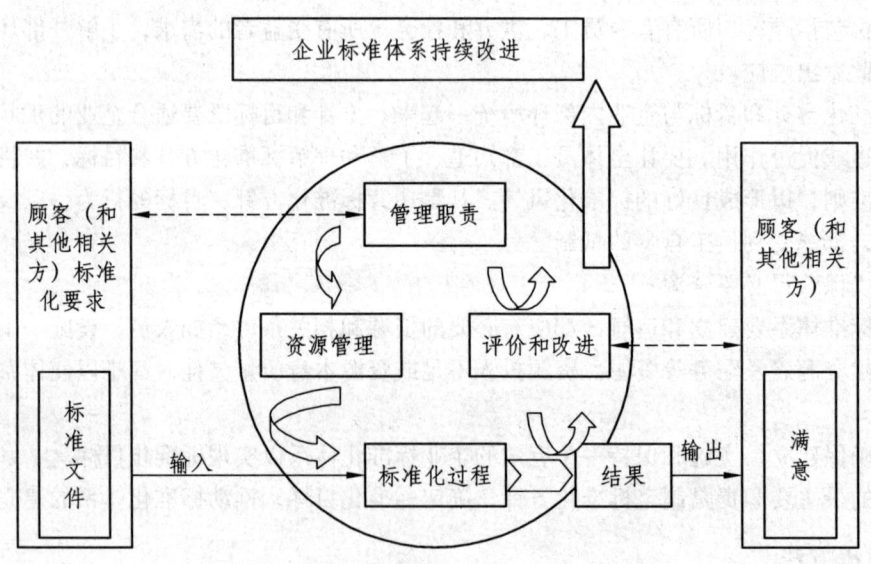

图 4.1 以过程为基础的企业标准体系模式

理解了过程模式图，才能真正理解过程方法，并自觉运用这种方法去进行标准化管理。

深刻理解"过程—过程方法—管理的系统方法"三者之间的异同及关系，有助于体系的建设、实施、评价、改进。

3. 系统方法

"将相互关联的过程作为系统加以识别、理解和管理，有助于组织提高实现目标的有效性和效率。"——ISO9000：2008

系统论是 20 世纪最重要的科学思想，已广泛渗透到哲学、社会科学和管理科学中。系统论要求将任何一件事或任何一个要素，都看作是一个系统的组成部分。

在标准化管理中运用管理的系统方法就要：

（1）确定标准化方针目标。组织的标准化管理要执行什么样的方针，达到什么样的目标，是企业标准体系的基础，也是系统目的性的要求所在。

（2）通过识别或展开影响既定目标的过程来定义体系。理解体系的各个过程之间的内在关联性，这就是前面讲的过程方法，也反映了系统的整体性要求。

（3）建立相应的组织机构，形成标准化管理的组织体系。企业所有的机构都不能游离于企业外。标准化管理的职责也要形成系统，涵盖所有的过程，不能形成空白点。

（4）确立关于资源的约束条件。从系统论的角度，统筹安排有限资源。

（5）理解企业标准体系的系统性。任何一个过程，任何一个员工，甚至任何一项资源都是系统的一部分，其作用虽有主次之分，但都是不可或缺的。系统的功能发挥如何，有赖于其组成部分功能的发挥。应围绕企业的方针目标，建立起以技术标准体系为主体，管理标准和工作标准体系相配套，包括企业标准化工作管理要求在内的企业标准体系。

（6）对企业标准体系进行系统管理。系统的功能不是其组成部分功能的简单相加，有时可能是 1＋1＞2，也可能是 1＋1＜2，进行系统管理，就是追求 1＋1＞2 的目标。发现问题，切忌片面判断，也应放到系统中来认识，包括认识其危险和原因，从而采取系统的方法，从根本上解决问题。

（7）通过测量和评价持续地改进体系。企业应不断考虑新的目标或新的发展战略，并以此对企业标准体系进行改进或创新。应对体系进行评价，以发现体系运行过程中的问题，并进行必要的修正，包括重新设计。评价和确认是推动标准体系运行和保持体系有效性的动力所在。

4. 持续改进

"持续改进总体业绩应当是组织的一个永恒目标。"——ISO9000：2008

持续改进是指"增强满足要求的能力的循环活动"，也就是循序渐进的改进，它是以产品、体系或过程为对象，以提高过程的效率和有效性为目标的活动。持续改进过程一般包括以下活动：

（1）分析和评价现状，识别改进范围。

（2）设定改进目标。

（3）寻找可能的解决办法以实现这些目标。

（4）评价解决办法并做出选择。

（5）实施选定的解决办法。

（6）测量、验证、分析和评价实施的结果，以确定这些目标已经满足。

（7）将更改纳入文件。

必要时，对结果进行评审，以确定进一步改进的机会。从这种意义上说，制定改进目标和寻求改进机会的过程是一个持续过程，顾客和其他相关方的反馈，数据分析以及企业标准体系的自我评价和社会确认也可用于识别改进的机会。

4.3.1.5 组织标准化培训

企业应制定年度培训计划，对各类人员进行标准化培训，并对培训效果进行评价和考核。包括：

（1）国家系列标准培训。
（2）本企业标准体系文件的宣贯。
（3）有关标准的培训。

企业领导应学习 GB/T15496《企业标准体系 要求》，了解企业标准化工作的内容、目的及意义，了解企业领导在建立标准体系中的作用等。

各级管理者应熟悉有关标准化法律法规、方针和政策；了解标准化的基本知识；熟悉并掌握管辖范围内的各类标准，并能贯彻和运用。

专兼职标准化人员应达到上岗要求。其他各类人员应熟悉与本职工作有关的技术标准、管理标准和工作标准，要具备标准化意识、标准化法律法规和标准化基本知识。

培训可以有多种形式：高等院校相关专科进修，参加相关系统组织的专业培训班，本企业组织的专题培训，组织专题研讨、交流活动等。

4.3.2 企业标准体系文件化阶段

企业标准体系必须以正规化、规范化为基础，而正规化、规范化则必须文件化。只有建立文件化的企业标准体系，企业标准体系才能运作，从而具备企业标准体系自我评价和社会确认的必要条件。

企业标准体系文件包括以下三类：

（1）企业标准体系管理文件。包括标准化方针和目标，标准化规划和计划，标准化管理标准（管理制度）。
（2）企业标准体系表。包括标准体系结构图、标准明细表、标准汇总表、标准体系表编制说明。
（3）企业使用的标准。包括外来标准和企业标准。

4.3.2.1 编制企业标准体系管理文件

1. 标准化规划

标准化规划和计划是针对本企业的标准化各项活动，如采用国际标准、标准制修订、标准培训、标准实施、标准的检查、标准化科研项目做出的安排。规划一般都是指中长期的安排，至少是2～3年。规划的具体内容一般包括：

（1）标准化工作现状：例如在按《企业标准体系》系列国家标准建立企业标准体系之前的情况，应罗列情况，分析问题。
（2）标准化目标内容。
（3）完成目标的保障措施：包括组织（机构、人员配置等）、资源（物力、财力、信息等）、方法（培训、活动程序、健全体系等）等。

由此可以看出，标准化规划是为了保证标准化方针、目标得以落实的具体化文件，是目标的"可行性报告"。要从人员素质要求、技术要求、管理要求、物资保证等方面提出切实可行的完成目标的措施。

2. 标准化计划

标准化计划一般指年度工作计划，可编制综合性的标准化工作计划，也可编制专项标准化工作计划，如"采标计划"，"制、修订标准计划"等。

（1）年度标准化工作计划

当企业成立工作小组后，应根据 GB/T15496、GB/T15497、GB/T15498 三项国家标准的要求和企业的实际情况，编制年度标准化工作计划。年度标准化工作计划是企业开展标准化工作的行动总纲，其内容应包括全部标准化活动，如宣传教育、体系分析、编制标准、实施标准、监督检查几个阶段，每个阶段的工作内容及责任分配等。其中责任要落实到人，并且要有时间要求。

（2）专项标准化工作计划

各项专业计划可以按年度，或按不同项目的时间需要安排时段计划。内容包括：

① 制修订企业标准体系计划；

② 制修订企业标准计划；

③ 产品采标计划；

④ 标准化培训计划；

⑤ 标准实施计划；

⑥ 标准化科研计划；

⑦ 标准文本有效性检查计划。

3. 标准化管理标准（管理制度）

企业标准化管理标准是企业开展标准化工作的重要依据，是企业满足 GB/T15496—2003 标准的要求采取的措施规定，是企业标准化工作的纲领性文件。

企业标准化管理标准以一份管理标准文本出现，名称可以是：企业标准化管理标准（或规定）、企业标准化管理制度、企业标准化手册。内容包括 GB/T15496—2003 标准中 8.1 的全部，并要对每一项要求做出实施的措施规定。一般包括以下内容：

（1）规定标准化工作体制、组织机构、任务、职责、工作方法与要求等；

（2）规定企业标准制定、修订、复审的工作原则、工作程序及具体要求；

（3）规定实施标准及对标准实施进行监督检查的原则、方法、要求、程序和分工；

（4）规定标准及标准信息的搜集、管理和使用等方面的要求；

（5）规定实施各级有关标准的程序和方法；

（6）规定标准化规划、计划内容、工作程序和要求；

（7）规定标准化培训的任务、目标、方法和程序；

（8）规定标准化成果奖励工作程序和要求；

（9）企业标准体系自我评价和改进工作程序。

4.3.2.2 编制企业标准体系表

1. 编制标准体系表的内容、要求及程序

（1）企业标准体系表的内容构成

建立企业标准体系，首先要研究和编制企业标准体系表。企业标准体系表是指企业标准体系的标准按一定形式排列起来的图表，是企业标准体系的一种表达形式，企业标准体系表由一组图表和文件组成，描绘了企业标准体系的构成和发展蓝图，包括：

标准体系结构图，标准明细表，标准统计表（标准汇总表），标准体系表编制说明。

（2）编写标准体系表的依据及要求

编写企业标准体系表依据以下国家标准：

GB/T13016—2018《标准体系构建原则和要求》，GB/T13017—2018《企业标准体系表编制指南》，GB/T15497—2003《企业标准体系 技术标准体系》，GB/T15498—2003《企业标准体系 管理标准体系和工作标准体系》，GB/T15496—2003《企业标准体系 要求》。

① 技术、管理、工作三大体系不能少；构成三大体系的要素不能少，删减要合理；体系要覆盖生产、经营全过程，子体系涵盖活动全过程，满足生产、技术、经营需要。

② 产品生产或加工企业，以产品标准为核心，以产品实现过程标准为主线。

③ 经营服务型企业，以经营服务标准为核心，以经营作业或服务提供过程标准为主线。

④ 按标准功能划分子体系。

⑤ 按标准对象划分技术标准（技术要求、指标、方法等）和管理标准（活动程序、管理要求、过程控制等）。

（3）标准体系表编制程序

根据管理是一个过程的理论，美国质量管理专家戴明博士把它运用到质量管理中，总结出"计划（Plan）—执行（Do）—检查（Check）—处理（Act）"四阶段的循环方式，简称 PDCA 循环，又称"戴明循环"。PDCA 循环是全面质量管理最基本的工作程序。我们可以借鉴 P-D-C-A 模式制定标准体系表编制程序：

① 第一个阶段称为计划阶段，即 P 阶段。主要工作是收集整理现有标准和相关文件，分析现有标准和相关文件是否适应生产条件和管理状况（设备、工艺、环境、安全、节能、人力资源、岗位等状况），确定标准体系表的组成形式，制定编制计划。

② 第二个阶段为执行阶段，又称 D 阶段。主要工作是实施 P 阶段所规定的内容，分别编制：技术标准体系表、管理标准体系表和工作标准体系表，各体系表的明细表，体系表编制说明等。

③ 第三个阶段为检查阶段，又称 C 阶段。主要工作是在计划执行过程中或执行之后，检查执行情况是否符合计划的预期结果。

④ 第四个阶段为处理阶段，又称 A 阶段。主要工作是根据检查结果，采取相应的措施。通过标准的制修订修改明细表，通过标准的实施、改进修订明细表，通过对体系的自我评价完善标准体系表，编制标准汇总表，修改、完善编制说明。

这种 PDCA 循环阶梯式上升，循环前进。每一次的循环都有新的内容和目标，每解决一次问题，编制水平就会有新的提高，又会不断发现新的问题，然后不断地去解决。

推动 PDCA 循环的关键在于 A 阶段。没有总结，没有将成功的经验和失败的教训纳入有关标准、制度和规定中，就不能巩固成绩。

2. 确定标准体系的结构形式

归纳整理企业内部执行的标准和常用标准，并按标准性质分层分类排列，达到结果合理、专业配套，检索方便。企业标准体系中的标准包括：直接使用或在企业标准中引用的上级标准，企业编制的标准化基础标准（企业标准的格式及编写规则、企业标准的分类及编号规定、企业标准体系代码编码规定、技术文件的编制及审查规定等），企业制定的技术标准、管理标准和工作标准，企业通过采标方法编制的企业技术标准，企业直接使用的国外先进标准。

企业标准体系是由"企业标准体系表"表达的。因此，研究企业标准体系的组成首先要研究和确定企业标准体系的结构。企业标准体系是由纵向结构和横向结构统一起来的科学有机整体。纵向结构代表标准体系的层次，横向结构代表标准体系的领域。

企业标准体系结构图是描述企业标准体系结构关系的逻辑框图，包括内外部相关环境以及内部各子体系的相互支撑、相互配合的逻辑关系。企业可根据各自实际，采用功能结构、属性结构、序列结构或综合采用三种形式，形成适宜的结构。

（1）功能结构

功能结构由产品实现/服务提供标准体系、基础保障标准体系和岗位标准体系三个子体系组成，如图4.2所示。

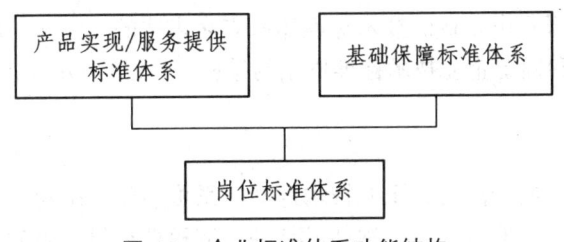

图 4.2 企业标准体系功能结构

（2）属性结构

属性结构由技术标准体系、管理标准体系和工作标准体系三个子体系组成，如图4.3所示。

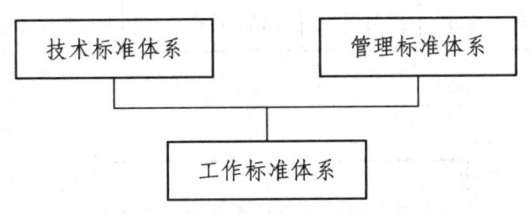

图 4.3 企业标准体系属性结构

技术标准体系和管理标准体系。它们是涉及企业生产、技术、经营管理等方面的具体标准，包括国家标准、行业标准和企业自行制定的标准。管理标准和技术标准之间存在着相互交叉、相互渗透的关系，并且，技术标准是主体，管理标准是实施技术标准的保证。

工作标准体系。工作标准是技术标准和管理标准在某部门或某岗位的具体落实和体现，是技术标准和管理标准共同指导的下一层标准。

应建立以技术标准为主体，管理标准和工作标准与之协调配套的企业标准体系，将产品实现的要素、过程等纳入标准化管理轨道，同时与企业实施的其他体系相结合，互为补充、互相促进。

（3）序列结构

序列结构是按企业、产品、服务、过程或项目等的工作序列构造标准体系结构图。一般用于局部标准体系的构建，如技术标准体系序列结构，如图4.4所示。

同时上述结构中各子体系又可以有自己的层次结构。

3. 确定技术标准体系的结构

GB/T15497—2003《企业标准体系技术标准体系》对企业技术标准体系的结构和编制，技术标准的格式、内容、制修订提出了要求。

技术标准体系是企业组织生产、技术和经营管理的技术依据，是企业标准化的主体，是为实现规定的产品质量确定的工程技术方面的标准项目。GB/T 15497为了与企业质量管理体系相协调，将技术标准体系分为两部分，一部分是与质量体系有关的技术标准，包括原材料采购、设计、产品、工艺、设备，检验方法、测量设备、标志及包装储运、安装交付、服务等技术标准；另一部分是安全、职业健康、能源、环境、信息等技术标准。

构成技术标准体系的标准包括企业所采用的国家标准、行业标准、地方标准和本企业制定的技术标准。所有技术标准均应在标准化法律法规、各种相关法规和企业方针目标及《企业标准化管理标准》的指导下形成。

企业的技术标准体系是由企业的技术标准体系表来表达的。因此，研究企业的技术标准体系的组成，首先要研究和确定企业技术标准体系的结构。在标准GB/T15497—2003中有序列结构和层次结构两种形式。

（1）序列结构

企业只生产单一类型的产品时，企业技术标准体系可用序列结构表示，如图4.4所示。序列结构的技术标准体系，一般以产品（软件、硬件、流程性材料、服务）为中心，与产品质量有关的技术标准按质量形成过程顺序排列，同时考虑能源、安全、职业健康、环境、信息等技术标准。

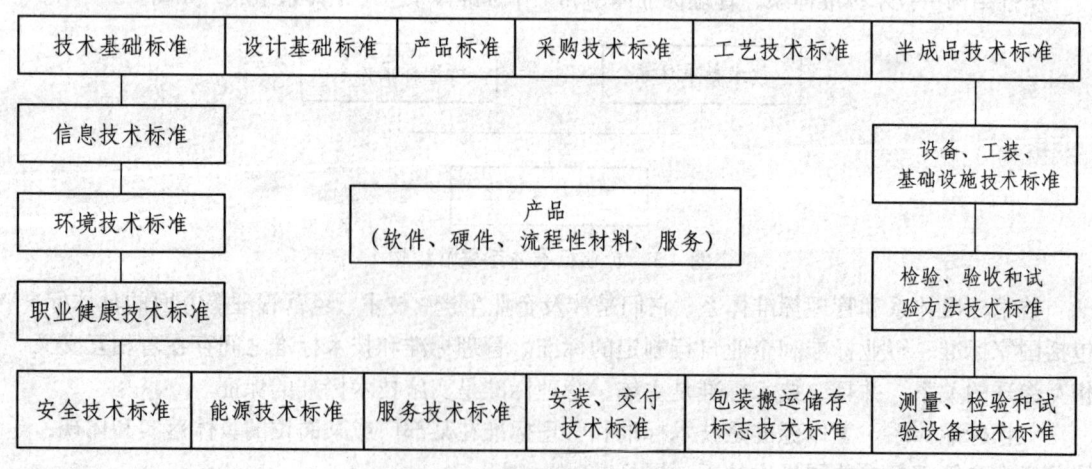

图4.4 技术标准体系序列结构

（2）层次结构

企业生产两个以上类型的产品时，技术标准体系可用层次结构表示，如图4.5所示。

层次结构的技术标准体系第一层是技术基础标准，其覆盖面是企业的产品标准、产品实现过程中所有综合性的技术基础标准。技术基础标准是指导企业产品标准和产品实现过程中技术标准制定的基础。第二层是产品实现过程中的技术标准，是以产品质量形成过程为顺序（从设计技术标准到安装交付技术标准）的技术标准和能源、安全、职业健康、环境、信息等技术标准。

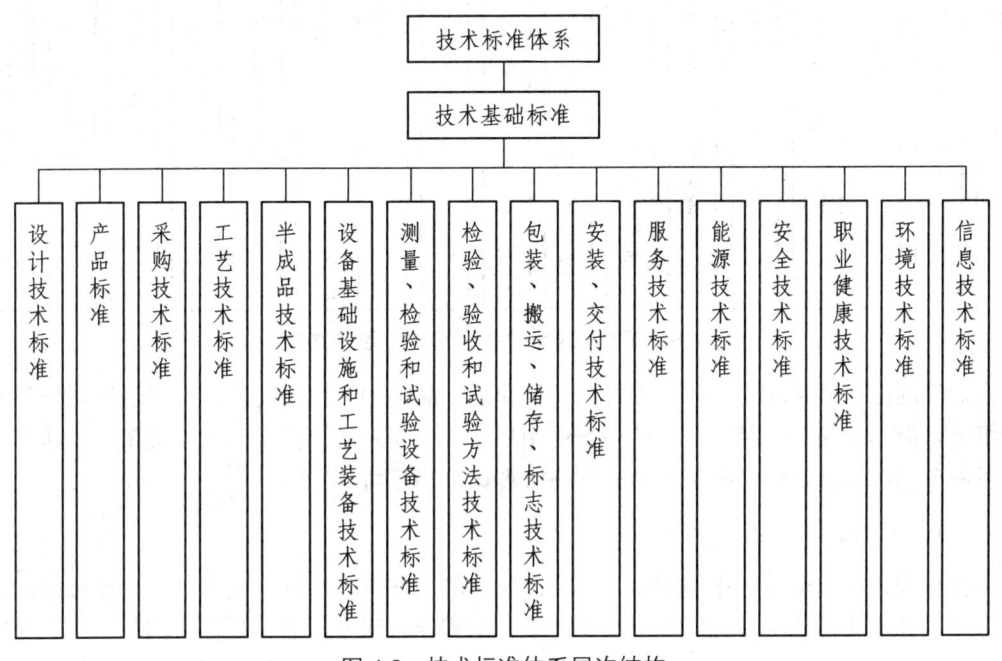

图 4.5　技术标准体系层次结构

不论企业采用哪种结构形式，其中所包括的各子体系均可以按企业的产品类型和生产特点进行适当删减，但删减应不影响企业产品与适用法律法规规定的责任要求，不影响企业技术标准体系的系统性和有效性。

4. 确定管理标准体系的结构

管理标准是对企业标准化领域中需要协调统一的管理事项所制定的标准。它是实施技术标准，不断提高产品质量的保证。企业管理标准体系包括企业所执行的国家标准、行业标准、地方标准和本企业制定的管理标准。

如图 4.6 所示，管理标准体系（子体系）结构图是表述管理标准体系（子体系）的构成形式。管理标准是为提高管理业务水平、工作效率，保证各项技术标准的贯彻实施，实现科学管理保证产品质量所必需的标准项目。企业一般根据管理职能的划分、管理机构及其层次的设置编制。GB/T 15498—2003《企业标准体系管理标准和工作标准体系》对企业管理标准体系和工作标准体系的构成、编制要求，管理标准和工作标准的格式、编制提供了指南。包括管理基础标准和17类管理标准：经营综合、设计、采购、生产、质量、设备设施、检验、包装储运、安装交付、服务、能源、安全、职业健康、环境、信息、体系评价、标准化等管理标准。

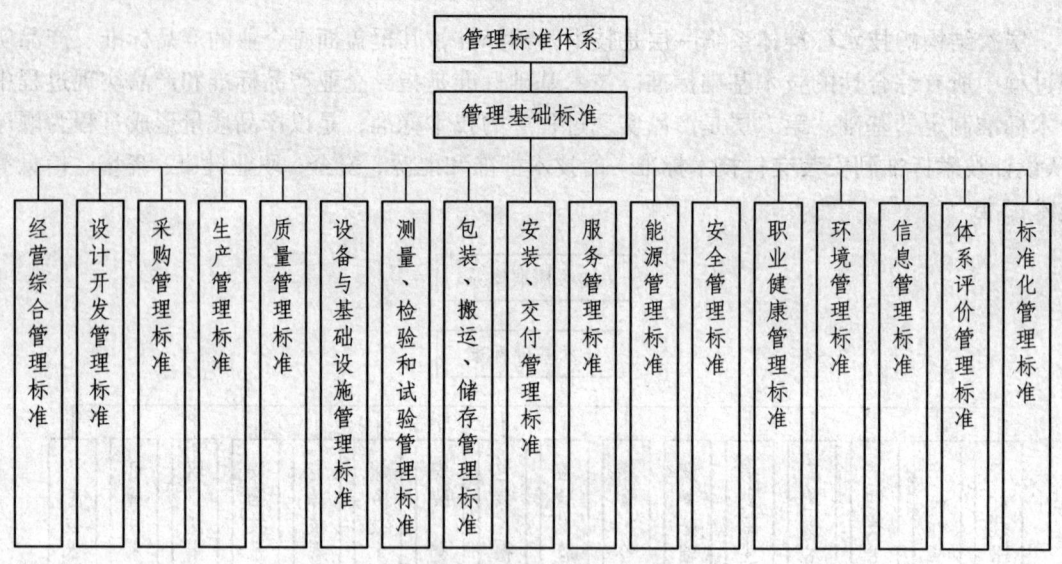

图 4.6 管理标准体系（子体系）层次结构

企业管理标准体系的各子体系均可以按企业的产品类型和生产特点进行适当删减，或分解、重新组合。但其改变不能影响企业产品与适用法律法规规定的责任要求，不应影响企业管理标准体系的系统性和有效性，确保技术标准与管理标准相互协调。

5. 确定工作标准体系的结构

工作标准是对企业标准化领域中需要协调统一的工作事项所制定的标准。工作标准针对生产过程或服务等诸环节中，规定谁干，怎样干，干到什么程度。能够规范人的行为，优化岗位操作，提高工作质量和工作效率。工作标准体系是以与生产经营有关的岗位工作（作业）为主体，为保证技术标准和管理标准的实施，按其内在联系形成的科学有机整体。

如图 4.7 所示，工作标准体系结构图用于表述工作标准体系的构成。按标准 GB/T 15498，将其变化成两层：上层为"通用工作标准"，下层分别列出按岗位不同建立的各子体系。

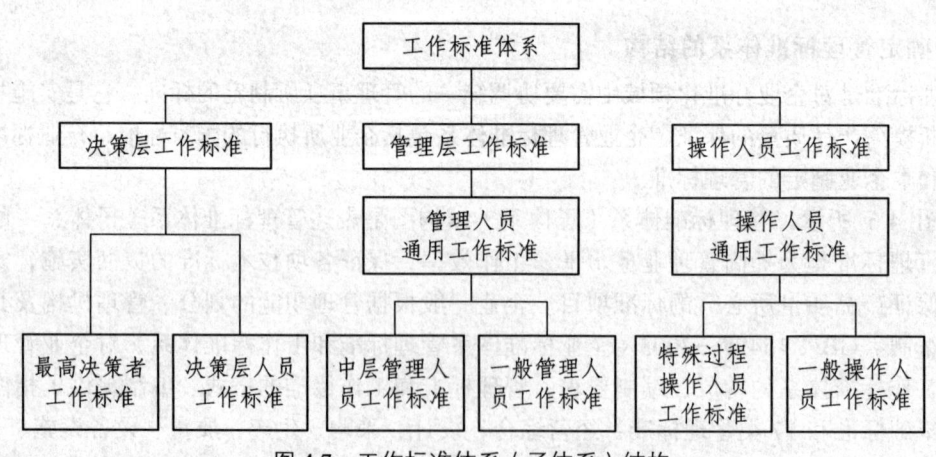

图 4.7 工作标准体系（子体系）结构

6. 绘制企业标准体系结构总图

在已选定的标准体系结构形式（功能结构、属性结构、序列结构或其组合）的基础上，根据企业标准体系的复杂程度和自身特点，按照自上向下、自下向上、两者结合等方式构建标准体系的各级子体系。确定各子体系之间相互支撑、相互协调的逻辑关系，确定各子体系之间的边界，绘制企业标准体系结构总图。

以功能结构为例：

产品实现/服务提供标准体系可以分解为：产品标准子体系、设计和开发标准子体系、生产和服务提供标准子体系、营销标准子体系、售后/交付后服务标准子体系。

基础保障标准体系可以分解为：规划设计和企业文件标准子体系、标准化工作标准子体系、人力资源标准子体系、财务和审计标准子体系、设备设施标准子体系、质量管理标准子体系、安全和职业健康标准子体系、环境保护和能源标准子体系、法务和合同标准子体系、知识管理和信息标准子体系、行政事务和综合标准子体系。

岗位标准体系可以分解为：决策层标准子体系、管理层标准子体系、操作人员标准子体系。

7. 编制企业标准明细表

分别为技术标准体系、管理标准体系、工作标准体系三个子体系编制独立的标准明细表。

通过明细表可以判定每一个子体系内的标准：是否齐全、完整，满足企业需要；是否协调、合理；有无重复；编号方法是否统一，有无重号或漏号。标准明细表的形式可参照表4.2。

表4.2 （体系代码）（体系名称）标准明细表

序号	标准编号	标准名称（全称）	归口单位	备注

（1）企业产品标准编号按《企业标准化管理办法》规定：

Q/□□×—××××

其中：Q/——企业标准标志

□□——企业代码，可用汉语拼音字母或阿拉伯数字，或两者兼用组成；最多建议不超过四位数。

×——标准顺序号，可以从"1"开始递增；也可以确定二位数或三位数，从"1"开始递增。

××××——标准发布年号，四位数不可省略。

当□□最后一位为阿拉伯数字时，为了不与顺序号混淆，其间应用圆点"."隔开。

（2）除产品标准以外，其他企业标准的编号按GB/T15496、GB/T15497的要求：

Q/□□位置编号—××××

"位置编号"也叫标准编号（代码），是每一项标准的地址码。其构成为：

体系代码-该标准在该体系中的顺序号

"体系代码"由"标准类别符号"+"体系顺序号"组成。一般用J、G、Z分别代表技术标准、管理标准和工作标准不同类别。体系顺序号：以上下两个层次的体系为例，由两位阿拉伯数字组成。一般由00代表上一个层次的标准体系，如基础标准体系或通用标准体系。从01递增至99，分别代表下一个层次的各子体系；一般中间不间断。如是三个层次的体系，例如在01子体系下再分小体系，则其小体系的代码就从011递增至019。

每一项标准只编定唯一的位置编号。例如，J00-1 中，为技术基础标准体系中的第一项标准的位置编号。

当□□最后一位为汉语拼音字母时，为了不与标准类别符号 J、G、Z 混淆，其间应用圆点"."隔开。

例如：大力神公司的一份工作标准的编号：Q/DLS.Z05-3—2007

（3）采用标准可以只用原编号，或使用双重编号：在原编号前给予本企业的标准编号，中间以斜线"/"隔开。

（4）顺序排列方法。按国家标准—行业标准—地方标准—企业标准—国际标准—国外先进标准的先后排列。如采用了多个行业标准，则按其代码字母的先后顺序排列。在每一类中按顺序号的先后排列。

8. 编制标准统计表（汇总表）

通过标准统计表能清晰地反映出企业标准体系的全貌，如体系的构成、完整性、合理性、标准数量、水平，以及现状，形式可参考表 4.3。

表 4.3 企业标准统计表

项目	国家标准			行业标准			地方标准			企业标准			合计
	总数	强制	推荐	总数	强制	推荐	总数	强制	推荐	总数	待定		
技术标准体系													
管理标准体系													
工作标准体系													
合 计													
产品采标统计	IDT	数量：			总数								
	MOD	数量：			其他说明：								

9. 标准体系表编制说明

企业标准体系表的编制说明要表达企业标准体系表的编制思路、原则、使用方法和实施要求，其内容包括：

（1）企业标准体系表的编制依据和要达到的目标。

（2）与 GB/T 15497 和 GB/T 15498 的符合性，差异之处及其理由说明。

（3）结合统计数据分析本企业当前标准体系的水平，在行业内、国内、国际上处于什么位置，找出差距，明确今后努力方向和任务。

（4）与其他管理体系的交叉情况和处理意见。

4.3.3 企业标准体系实施与监督阶段（运行阶段）

企业标准体系的实施应与贯彻、实施标准的工作融为一体。按照 PDCA 循环的原理，企业标准化管理就是要实现"凡事有标准,标准必执行,执行要检查,检查应处置"。建立企业标准体系文件只是企业标准化的第一步,这些文件化的标准只有实施才有意义,实施的好坏,是否认真,要靠监督检查来判断。

实施标准是有组织、有计划、有措施地贯彻执行标准的活动,是一项细致而复杂的工作,涉及科研、设计、生产、经营管理部门。标准的实施一般分为计划、准备、实施、检查总结几个阶段。

4.3.3.1 制定实施标准计划

各类标准实施前均应制定实施计划,实施程序类同的标准可以制定共同计划。一般应制定:产品标准实施计划,技术标准实施计划,管理标准实施计划,工作标准实施计划。

实施标准的计划主要包括:实施标准的方式、内容、步骤、责任人、起止时间、应达到的要求等。

【例 4.3】某公司的技术标准实施计划。

序号	标准名称	实施方式和要求	组织部门	起止日期
1	技术基础标准	在各部门制定与实施标准中应用,要求技术、管理、工作各类标准均采用		
2	设计技术标准	在设计图样与文件中贯彻,通过标准化审查实施监督检查;通过对产品的检验进行验证		
3	产品标准			
4	采购技术标准	作为采购物资质量控制和正确储存的依据,在采购过程中应用,应能满足要求		
5	工艺技术标准	在生产一线实际指导作业,应能满足产品质量要求		
6	半成品技术标准			
7	设备、基础设施和工艺装备技术标准	为设备、基础设施管理、工艺装备设计与管理提供依据,应能满足要求		
8	检验、验收和试验方法技术标准	在检验、验收和试验中应用,应遵照国标、行标执行		
9	测量、检验和试验设备技术标准	为测量、检验和试验设备的检定、校准提供依据,应能满足要求		
10	包装、搬运、储存、标志技术标准	为实施包装、搬运、储存等作业提供管理依据,应能满足要求		
11	安装、交付技术标准	在制定安装工艺、交付验收程序中应用,应能满足要求		
12	服务技术标准	在培训服务人员、实施服务过程中应用,应能满足要求		
13	能源技术标准	在制定能源管理标准和实施能源管理中应用,应能满足要求		
14	安全技术标准	在制定安全管理标准和实施安全管理中应用,应能满足要求		
15	职业健康技术标准	在制定职业健康管理标准和实施职业健康管理中应用,应能满足要求		
16	环境技术标准	在建立环境管理体系中应用,应能给予支持,并满足要求		

续表

序号	标准名称	实施方式和要求	组织部门	起止日期
17	信息技术标准	在制定信息管理标准和实施信息管理中应用，应能满足要求		
实 施 程 序					
序号	活动内容	责任人	完成日期	检查人
1	全部标准文本发放到位			
2	各实施组织部门组织标准宣贯。对国标、行标、地标中不理解的问题，反映到企管部，统一向发布或起草部门咨询			
3	为贯彻标准做好技术、物资准备；必要时，另行制定计划			
4	各部门实施标准，形成文件和记录			
5	各部门对所实施的标准组织评审，将评审结果向企管部反馈			
6	企管部组织相关部门实施改进			
注：本计划实施以后，转入标准的持续实施状态，实施活动内容的3、4，并定期复审				
编制	年 月 日	批准	年 月 日	

4.3.3.2 实施准备

1. 文件准备

完成标准体系中有关标准的分发，保证标准执行的相关者得到有关标准和资料的现行版本。深入了解将要实施的标准文本的内容，掌握标准的各项要求和满足要求的方法，按照标准的条款和指标对原有相关的作业指导书、操作规范以及原始记录等工作文件进行转换。

2. 技术准备

按标准要求引进或改进相关的技术、设备、工装和工艺等，必要时进行技术攻关或技术改造。

3. 资源配备

为标准的实施配备或调整必要的人力、物力、财力等资源。

4. 企业标准体系文件的培训

对各类人员进行标准化基础技术培训，明确岗位职责，对要实施的标准的内容及实施后的操作要点进行讲解。向有关人员宣传解释标准，使每个人了解与之有关的标准及其内容要求。

4.3.3.3 标准体系实施启动

组织实施标准是指有组织、有计划、有措施的贯彻执行标准的活动。只有通过标准的实施，才能体现出标准的作用及效果。标准中规定的技术内容和指标水平是否先进、合理，只有将标准贯彻实施到生产、技术等活动中来检验，才能正确地衡量、评价标准的质量和水平。

一般来说，组织实施标准的重点是：强制性的国家标准、行业标准与地方标准；重要的基础性标准、管理性标准及产品标准。

技术标准、管理标准和工作标准的实施除了有其共性要求外，还各有其不同的特点。在做好准备工作的基础上，由各部门分别在各个环节上组织实施有关标准。

1. 按计划实施

按照计划确定的时间表采取协调一致的行动，实现流程、工艺、操作等的转换，严格按标准的要求进行生产操作和管理。针对各类不同标准的实施：

（1）涉及面较广的基础标准实施时要做好宣讲及培训工作。
（2）互换性标准的实施要与配套的测试仪器、检具的研制、生产工作结合起来。
（3）零部件、在制品标准的实施一定要和专业化、技术革新和技术改造紧密结合起来。
（4）产品标准的实施要和企业质量管理、企业计量管理结合起来。
（5）安全、卫生和环境保护标准的实施要与有关法律、法规实施紧密结合起来。
（6）管理体系标准的实施要与企业现代化管理制度结合起来。

2. 记　录

做好标准实施的记录并保存记录，记录要完整、准确。

3. 信息反馈

标准体系运行的每一个过程都会产生大量的信息，这些信息来源于：用户反馈，测量、检验、试验报告，各种记录、报表，员工的建议等。企业应分层次进行处理，以保证信息的搜集、存储、分析、处理和输出的渠道畅通、方法适宜，应充分发挥各种信息在标准体系运行中的作用，不断完善标准体系文件。

4. 纠正与预防

对标准实施中发现的问题要及时纠正，采取纠正措施，对可能发生的问题应采取预防措施。

4.3.3.4　标准实施的检查

对标准的实施进行检查是指对标准贯彻执行情况进行督促、检查和处理的活动。其目的是促进标准的贯彻、监督标准贯彻执行效果，发现标准中存在的问题，为进一步修订标准提供依据。同时，可通过对标准实施情况的监督，进一步发现与其他相关标准的关系，从而推动标准体系的不断完善。

企业标准实施的监督检查由标准化管理者代表统一领导，标准化主管部门具体组织实施。按各类标准在不同的实施阶段安排相应的监督检查内容与方式。

1. 标准实施监督的主要内容

标准实施监督的主要内容有：
（1）强制性标准实施情况。
（2）已被采用，作为企业组织生产依据的推荐性标准实施情况。
（3）被指定为产品质量认证所使用的国家标准和行业标准实施情况。
（4）企业已经申报备案的产品标准实施情况。

（5）企业在研制新产品、改进产品、进行技术改造活动中所采用标准的实施情况。

2. 监督检查的方式

监督检查可按下列方式进行：

（1）技术标准、管理标准的实施由相关部门进行监督检查。其中产品标准的实施情况由质检部门按相关标准、试验方法和验收规则进行监督检查和处理；对产品生产全过程或关键、重点环节的技术质量按标准规定的技术要求、检验（试验）进行定期或不定期监督检查。

（2）管理部门工作标准实施情况，由公司管理者负责组织检查。

（3）各类岗位人员工作标准由所属部门（车间）负责组织检查。

（4）企业在研制新产品、改进产品、技术改造、引进技术和设备时应对其符合有关标准化法律、法规、规章和强制性标准的情况进行监督，应在科研、设计、生产以及技术引进、设备引进的各个阶段由企业专兼职标准化人员负责对有关部门图样和技术文件进行标准化审查。

思考与练习

1. 企业标准化工作的对象、目的及任务是什么？
2. 企业标准化工作的作用有哪些？
3. 如何理解企业标准体系的基本特征？
4. 简述 GB/T15496—2003《企业标准体系 要求》的结构及基本要求。
5. 企业标准体系表的内容有哪些？如何编制？分别绘制企业技术标准体系、管理标准体系和工作标准体系的结构图。
6. 企业标准体系管理文件包括哪几种？
7. 简要说明企业建立标准体系的阶段及步骤。

第 5 章　标准的编写

5.1　相关概念

5.1.1　标准内容的表达形式

规范性文件是为各种活动或其结果提供规则、指南或特性的文件,因此,标准是一种规范性文件。

标准内容用条款来表达。条款是规范性文件的内容表达形式,一般采取陈述、推荐或要求的形式。条款的这些形式以其所用的措辞加以区分,例如:推荐用助动词"宜",要求用助动词"应"等。

5.1.1.1　陈　述

陈述是表达信息的条款。

5.1.1.2　推　荐

推荐是表达建议或指导的条款。

5.1.1.3　要　求

要求是表达应遵守的准则的条款。要求分为必达要求和任选要求。

必达要求是为了符合规范性文件而必须遵守的要求。

任选要求是为了符合规范性文件所允许的特定选择而必须遵守的要求。任选要求可以是两个或更多的可选择的要求中的一个;或仅在适用时必须符合的,而在不适用时则可不予考虑的附加要求。

5.1.2　标准的结构

5.1.2.1　主　体

主体是指构成规范性文件实质内容的一组条款。将一组相关的条款集中起来就构成了规范性文件的主体。

注 1:就标准而言,主体即规范性要素,由标准的规范性一般要素和规范性技术要素组成。

注 2:为了方便起见,规范性文件主体的某些部分可以采用附录的形式(规范性附录),但其他附录(资料性)只可以作为附加要素。

5.1.2.2 附加要素

附加要素是指包括在规范性文件中而不影响其实质内容的信息。可见在规范性文件中除了"主体"以外,还有"附加要素"。

标准附加要素即资料性概述要素和资料性补充要素,可以包括:前言、引言、资料性附录、参考文献、索引和注等。

根据"附加要素"在标准中起的作用可分为:

(1)有助于标准理解和使用的附加信息。

(2)仅起提示作用的附加信息。

5.2 标准的编写要求

企业标准在企业内部具有强制力,是企业组织生产经营活动的依据。企业标准除引用相关国家标准、行业标准和地方标准外,还有大量的标准需要企业自己编写,尤其是管理标准和作业标准。

5.2.1 目的性

目的性原则就是要解决对标准化对象的哪些内容需要进行标准化处理的问题。

保证产品的统一和适用性是产品标准最重要最常见的目的。此外还有:接口、互换性和兼容性的目的,保障健康、安全、环保的目的,节约资源、合理利用能源的目的等。

管理标准的目的是要明确管理的责任部门、职责、权限、管理内容、要求以及记录等。

工作标准的目的是明确工作的范围、职责、工作的程序和要求、必要的记录等。

5.2.2 统一性

统一性是对标准编写及表达方式的最基本要求,它强调的是标准内部的统一,即每项标准或系列标准(或一项标准的每个部分)内,包括:

(1)结构与格式统一。标准内容的划分,层次的描述和编号应一致。即标准的章、条、段、表、图和附录的排列顺序一致。

(2)文体统一。即类似的条款应使用类似的措辞来表达,相同的条款应使用相同的措辞来表达。

(3)术语统一。在每项标准或系列标准内,同一个概念应使用同一个术语,避免使用同义词,而且每个术语尽可能只有一种含义。

(4)形式统一。即标准的表述形式要统一,如标准中条标题、图表标题的有无应统一。

5.2.3 协调性

协调性是针对标准之间的,是为了达到所有标准的整体协调。在制定标准时不仅应当关注有关标准的协调配套，还应注意和已经发布的标准协调。同时，遵守基础标准和采取引用的方法是保证标准协调的有效途径。标准编写应遵守下列现行基础标准的有关条款，以达到整体协调的目的：标准化工作导则，标准化工作指南，标准化术语，量、单位及其符号，符号、代号、缩略语，参考文献的标引，技术制图，图形符号，技术文件编制等。

对于某些技术领域，标准的编写还应遵守涉及下列内容的现行基础标准的有关条款，以达到专业协调：极限、配合和表面特征；尺寸公差和测量不确定度；优先数；统计方法；环境条件和有关试验；安全；电磁兼容；符合性和质量等。

遵守这些标准能够有效地提高标准的协调性。GB/T1.1—2009《标准化工作导则 第1部分：标准的结构和编写》附录A给出了最通用的部分基础标准清单。

同时，协调性还体现在以下方面：如果有相应的国际标准，编写企业标准时应以其为基础并尽可能保持与之相一致，一致性程度应符合GB/T20000.2的规定；如有国家标准和行业标准或对应的地方标准，应考虑以这些上一级标准为基础制定企业内部标准，并尽可能保持与其的一致性。

5.2.4 适用性

适用性是指所制定的标准便于使用的特性，主要针对以下两方面的内容：一是标准具有可操作性，内容应便于实施，适于直接使用。二是标准便于被其他标准和文件引用。对于标准的层次设置、编号等的规定都是出于便于引用的考虑。

绝大多数产品标准中均优先选用性能特性，而非描述特性。对于产品标准中的性能特性要尽可能量化，技术要求尽量用数值定量表示，避免用"足够""一定的"之类的词语。以便能被专业人员所理解，使每个用标准的人能以相同的方式解释标准。许多标准存在操作性差、不明确等问题，例如，在某热处理操作标准中，工件在淬火后的冷却"要求冷却水流量适中"。怎么才算"适中"，适中与不适中的界限在哪，所以这个要求不可操作。再如当淬火工件在水中冷却时，"要求慢慢地插入水中"，怎么才算"慢慢"，不易理解，这都是标准可操作性差的表现。

另外，在规定技术要求时应注意给技术发展留有最大自由度，即在规定要求时应注意采用的方法和实施手段所允许的选择性，一般而言，选择余地越大越好。一项好的产品标准应该是在技术要求和质量指标上做出科学而巧妙的结合，并在实施中保持方案选择上的最大自由度。在生产实践中，为了达到产品的某一性能指标往往可以采用几种不同的方法和手段。例如，为了保证材料的机械强度性能，可以规定材料型号或者加工工艺或者最大承受负荷等指标。但是，这也限制了企业生产工艺的设计及原材料的选用空间，而且会给监督带来一定困难。如果采用规定材料性能的方式，即满足所规定的性能要求的所有材料均可使用，能达到性能要求的所有工艺都可采用，这无疑就增加了可操作性。

对于管理标准和工作标准，职责分明，适合于企业的客观实际，并对标准活动明确规定何时、何地、做什么、由谁来做、依据什么程序、怎么做、做到什么程度、达到什么要求，以及如何记录、保留什么记录等，以排除人为的随意性，这就是可操作性。

5.2.5 可证实性

可证实性也称可检验性，是要解决标准化对象的哪些性能指标可以标准化的问题。任何标准中所规范的内容都应该是明确的，同时应该是可以被证实的。在规定技术要求时，应充分考虑到所规定内容是否能够得到验证，如果所规定内容不能得到验证，这类要求将使标准无法实施。

凡是列入产品标准技术要求的性能特性都应能在较短的时间内被证实。管理标准和工作标准是通过实地试验和检查来证实。在各项标准化活动开展中，应考虑如何检查和测量，并留下相应记录，以证实标准化管理体系运行的有效性。

通常体现可证实性原则的具体形式有以下几种：

（1）直接采用具体数值。

用数值的形式给出某项要求应达到的具体指标，同时，这些指标能够通过一项或几项试验进行测试。这是标准中最常见的形式。

（2）通过实验得出间接结论。

如果在产品标准中，产品的某些质量指标很难直接测定，此时可采取规定能够反映产品使用性能间接指标的方式。例如，标准中包装要求部分可以规定某产品的包装通过某项跌落试验后包装依然完好。这种规定也符合可证实性原则。再如，产品中某种成分的含量无法直接测出时，可以通过某项试验得出某种物质呈现阴性或阳性，从而证实是否达到含量要求。

（3）比较直观的具体要求。

标准中有些要求非常直观，不用试验或不需试验就能够被证实。

5.2.6 规范性

规范性是指编写标准时遵守制定程序和编写规则，遵守与标准制定有关的基础标准以及相关的保障标准。

5.1.6.1 编制各类标准的依据

1. 标准化相关法律法规

《中华人民共和国标准化法》《中华人民共和国标准化法实施条例》《国家标准管理办法》《行业标准管理办法》《地方标准管理办法》《企业标准化管理办法》《采用国际标准管理办法》《采用国际标准产品标志管理办法（试行）》《采用国际标准产品标志管理办法（试行）实施细则》《国家标准化指导性技术文件管理规定》《关于强制性标准实行条文强制的若干规定》《关于加强强制性标准管理的若干规定》……

《中华人民共和国标准化法》规定："企业生产的产品没有国家标准、行业标准和地方标准的，应当制定企业标准，作为组织生产的依据"。《企业标准化管理办法》规定："企业产品标准，应在发布后三十日内办理备案。"因此，企业产品标准的覆盖率应是100%，即企业向社会提供的所有产品均应有标准。

2. GB/T1《标准化工作导则》

GB/T1.1—2009《标准化工作导则　第1部分：标准的结构和编写》；

GB/T1.2《标准化工作导则　第2部分：标准的制定程序》。

3. GB/T20000《标准化工作指南》

GB/T20000.1—2014《标准化工作指南 第1部分：标准化和相关活动的通用术语》；
GB/T20000.2—2009《标准化工作指南 第2部分：采用国际标准》；
GB/T20000.3—2014《标准化工作指南 第3部分：引用文件》；
GB/T20000.6—2006《标准化工作指南 第6部分：标准化良好行为规范》；
GB/T20000.7—2006《标准化工作指南 第7部分：管理体系标准的论证和制定》；
GB/T20000.8—2014《标准化工作指南 第8部分：阶段代码系统的使用原则和指南》；
GB/T20000.9—2014《标准化工作指南 第9部分：采用其他国际标准化文件》。

4. GB/T20001《标准编写规则》

GB/T20001.1—2001《标准编写规则 第1部分：术语》；
GB/T20001.2—2015《标准编写规则 第2部分：符号标准》；
GB/T20001.3—2015《标准编写规则 第3部分：分类标准》；
GB/T20001.4—2015《标准编写规则 第4部分：试验方法标准》；
GB/T20001.10—2014《标准编写规则 第10部分：产品标准》。

5. GB/T20002《标准中特定内容的起草》

GB/T20002.1—2008《标准中特定内容的起草 第1部分：儿童安全》；
GB/T20002.2—2008《标准中特定内容的起草 第2部分：老年人和残疾人的需求》；
GB/T20002.3—2014《标准中特定内容的起草 第3部分：产品标准中涉及环境的内容》；
GB/T20002.4—2015《标准中特定内容的起草 第4部分：产标准中涉及安全的内容》。

6. GB/T20003 标准制定的特殊程序

GB/T20003.1—2014 标准制定的特殊程序 第1部分：涉及专利的标准。

GB/T1《标准化工作导则》是标准化工作的重要标准，它是编写标准的标准。它规定了编写标准的原则、标准的结构、起草标准中的各个要素的规则、要素中条款内容的表述、标准编写中涉及的各类问题的规则以及标准的编排格式，并给出了有关表述样式；适用于国家标准、行业标准、地方标准和国家标准化指导性技术文件的编写，企业标准编写可参照使用。

5.1.6.2 制定标准的工作程序

制定标准是标准化工作的一项重要任务，是指标准制定部门对需要制定标准的项目，编制计划，组织草拟、审批、编号、发布的活动。

我国标准化法规定的标准制、修订程序为三个阶段：征求意见阶段、审查阶段、报批阶段，如图5.1所示。

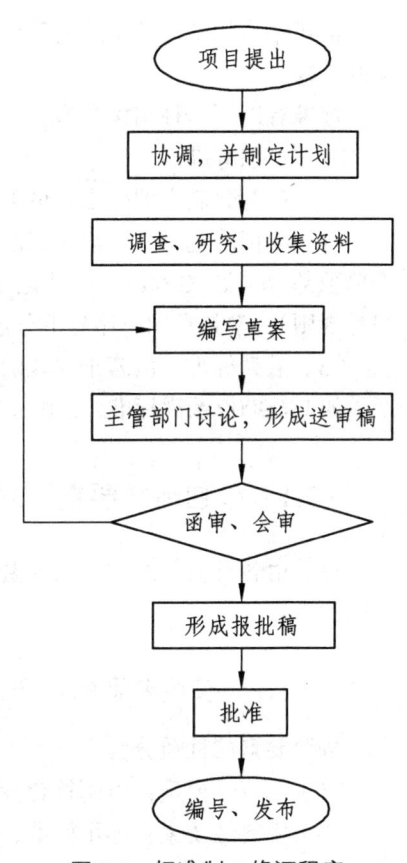

图5.1 标准制、修订程序

1. 征求意见阶段

标准立项的必要性评定,包括目的性、可行性、适时性与有关文件协调等。

组建起草小组,考察成员的专业知识、协调能力、文字能力、外语能力、组织管理能力、语言表达能力。

收集有关文件,包括法规、标准化方面的有关规定、专业文献、引用及相关标准。

明确标准化对象,草拟标准名称;选定规范性要素;搭建标准结构;编写标准及相关文件;广泛征求各方意见,在充分协调基础上准备审查。

2. 审查阶段

组织相关方代表参加审查。有会审、函审两种审查形式。会审要求,应逐句、逐条或逐章审查,审查会上要确定标准内容,会议纪要中对标准有结论性意见。重大标准、有较大分歧的标准不应函审。

3. 报批阶段

将送审稿按审查会要求进行修改,准备好报批材料。

5.3 标准的组成及结构

搭建标准的结构是正式起草标准之前必不可少的工作,可以从内容和层次两个方面划分标准的结构。

标准有以下三种结构类型:

(1)单独标准。

(2)按部分制定的标准,可独立使用的标准和不可独立使用的标准。

对一项标准化对象一般应编制成一项整体出版的标准,特殊情况下可在同一序号下分成若干单独部分。如 GB/T1《标准化工作导则》GB/T20000《标准化工作指南》GB/T20001《标准编写规则》,都是在同一序号下分成若干单独部分。

(3)系列标准,由若干并联的独立单独标准构成。

如 ISO9000 系列标准,是由 4 个核心标准、支持性标准、技术报告、小册子四大部分组成。

5.3.1 单独标准要素的划分

标准由各类要素组成,依据要素的性质、位置、必备和可选的状态可将标准中的要素归为不同的类别。

5.3.1.1 按照要素的性质分

按照要素的性质分为:

(1)规范性要素:声明符合标准而需要遵守的条款的要素。

(2)资料性要素:标示标准、介绍标准、提供标准附加信息的要素。

5.3.1.2 按照要素的性质和在标准中的位置分

按照要素的性质和在标准中的位置分为：资料性概述要素、规范性一般要素、规范性技术要素和资料性补充要素，其编排顺序见表5.1。

（1）资料性概述要素：标示标准，介绍内容，说明背景、制定情况以及该标准与其他标准或文件的关系的要素，即标准的"封面、目次、前言、引言"。

（2）规范性一般要素：给出标准的主题、界限和其他必不可少的文件清单等通常内容的要素，即位于正文中靠前的三个要素，标准的"名称、范围、规范性引用文件"。

（3）规范性技术要素：规定标准的"技术内容"的要素，要素的性质是规范性的，是标准的核心部分。

"技术内容"是由其标准化对象确定的，包括"事"和"物"两个方面。"技术内容的要素"包括"通用技术要素"和"特定技术要素"。"术语和定义，符号、代号和缩略语，规范性附录"为"通用技术要素"。"特定技术要素"是属于不同事物的专业技术要素，例如，一项产品标准的"特定技术要素"有：分类、系列、型号、技术参数、材料、检验规则、包装、标识、运输、储存等；一项管理标准的"特定技术要素"有：职责、管理内容、流程与方法、文件与记录等。

（4）资料性补充要素：位于正文之后，提供附加内容，以帮助理解或使用标准的要素，即标准的"资料性附录、参考文献、索引"等。

表5.1 标准中要素的编排

要素类型	要素编排顺序
资料性概述要素	封面
	目次
	前言
	引言
规范性一般要素	名称
	范围
	规范性引用文件
规范性技术要素	术语和定义
	符号、代号和缩略语
	要求
	……
	规范性附录
资料性补充要素	资料性附录
规范性技术要素	规范性附录
资料性补充要素	参考文献
	索引

5.3.1.3 按照要素必备和可选的状态分

按照要素必备和可选的状态分为：
（1）必备要素：在标准中不可缺少的要素，即标准中的"封面、前言、名称、范围"。
（2）可选要素：在标准中不一定存在的要素，其存在与否取决于特定标准的具体需求。标准中除了四个必备要素之外，其他要素都是可选要素。

5.3.2 标准的层次划分

标准的层次可划分为部分、章、条、段、列项和附录等形式。但不是所有的标准都必须按以上层次去编写，而是根据标准的具体构成、篇幅多少、内容繁简等情况确定。但无论什么样的标准，标准中至少要有章、条、段三个层次，它们是标准的必备层次。

5.3.2.1 部　分

部分是一项标准被分别起草、批准发布的系列文件之一。部分是一项标准内部的一个"层次"。一项标准的不同部分具有同一个标准顺序号，它们共同构成了一项标准。

1. 部分的划分

一项标准分成若干个单独的部分时，通常基于以下原因或特殊要求：标准篇幅过长，后续内容相互关联，标准的某些内容可能被法规引用，或某些内容拟用于认证。另外，当标准化对象的不同方面有可能分别引起各相关方（如：生产者、管理者、检验机构）关注时，最好分别编制成为一项标准的若干个单独部分。

划分部分有两种方式：
（1）将标准化对象分为若干个特定方面，每部分涉及一个方面。
如某产品标准可如下划分：
第 1 部分：词汇
第 2 部分：要求
第 3 部分：试验方法
第 4 部分：……
（2）将标准化对象分为通用和特殊两个方面，通用方面作为标准的第 1 部分，特殊方面作为其他各部分。
如某产品制造过程标准可如下划分：
第 1 部分：一般要求
第 2 部分：热学要求
第 3 部分：空气纯净度要求
第 4 部分：……

2. 部分的编号

部分应使用阿拉伯数字从 1 开始编号，编号位于标准顺序号之后，与标准顺序号之间用下脚点"."相隔。

如：GB/T20001.1《标准编写规则　第1部分：术语》；
GB/T20001.2《标准编写规则　第2部分：符号标准》；
GB/T20001.3《标准编写规则　第3部分：分类标准》；
GB/T20001.4《标准编写规则　第4部分：试验方法标准》；
GB/T20001.5《标准编写规则　第10部分：产品标准》。

5.3.2.2　章

章是标准内容划分的基本单元，是标准或部分中划分出的第一层次。标准正文中的各章构成了标准的规范性要素。

1. 章的划分

章一般按要素划分，如：1 范围；2 规范性引用文件；3 术语和定义；4 符号和缩略语；5 要求；6 抽样；7 试验方法；8 分类和标记；9 标志、包装和标签。

2. 章的编号

在每项标准或每个部分中，从"范围"一章使用阿拉伯数字从1开始编号，一直连续到附录之前。附录的编号另有规定。每一章都应有章标题。

5.3.2.3　条

条是对章的细分，凡是章以下有编号的层次均称为"条"。

1. 条的划分

条的设置是多层次的，每一章里面可以有一条或多条，第一层次的条可分为第二层次的条，第二层次的条还可继续分为第三层次的条，需要时，一直可分到第五层次。

2. 条的编号

条的编号在其所属的章内或上一层次的条内进行，使用阿拉伯数字加下脚点的形式，例如第6章第一层次的条编为6.1，6.2…，第二层次的条编为6.1.1，6.1.2…，一直可编到第五层次，即 6.1.1.1.1.1，6.1.1.1.1.2……。条的标题是可以选择的，每个第一层次的条宜于条的编号之后设置条标题，并与其后的条文分行。第二层以后的条是否设置标题应根据编写内容的具体情况处理，但同一层次的条有无标题应统一。可将无标题条的首句中的关键术语或短句标为黑体，标明涉及的主题。无标题条一般不列入目次。

同一层次的条在至少有两条的情况下才可设立条，如果只有一条内容则不需要给条编号。

5.3.2.4　段

段是对章或条的细分，没有编号，这是段与条最明显的区别。除非章只有一条内容，段一般都在每一条的下面，可能是一段，也可能是多段。为了不在引用时产生混淆，应避免在章标题或条标题与下一层次条之间设段（悬置段）。

5.3.2.5　列　项

列项是段中的一个子层次，其作用是突出并列的各项，强调各项的先后顺序，一般没有编号。

1. 列项的引出形式

列项一段由后跟冒号的文字作为引导语引出。列项的引导语不能省略，引导语与内容不应重复。

（1）引导语使用一个句子。
（2）引导语使用一个句子的前半部分，该句子后半部分由列项中的各项来完成。

【例5.1】引导语使用一个句子。

> 下列各类仪器不需要开关：
> ——在正常操作条件下，功耗不超过10 W的仪器；
> ——在任何故障条件下使用2 min，测得功耗不超过50 W的仪器；
> ——用于连续运转的仪器。

【例5.2】引导语使用一个句子的前半部分。

> 仪器中的振动可能产生于：
> • 转动部件的不平衡；
> • 机座的轻微变形；
> • 滚动轴承；
> • 气动负载。

2. 列项的标识

（1）有标识列项。列项中的项需要识别时，使用后带半圆括号的小写拉丁字母，如a）、b）、c）等进行标示，如例5.3。

（2）无标识的列项。在列项的各项之前使用列项符号（破折号"——"或圆点"·"），在一项标准同一层次的列项中列项符号应统一，如例5.1、5.2。

（3）有标识列项进一步细分为有标识的列项。在字母编号的列项中，如果需要对某一项进一步细分成需要识别的若干分项，则在各分项之前使用后带半圆括号的阿拉伯数字，如1）、2）、3）等进行标示，如例5.4。

（4）有标识列项进一步细分为无标识的列项，如例5.5、5.6。

【例5.3】ISO19001：2008中有标识列项。

> 8 测量、分析和改进
> 8.1 总则
> 组织应策划并实施以下监视、测量、分析和改进过程：
> a）证实产品的符合性；
> b）确保质量管理体系的符合性；
> c）持续改进质量管理体系的有效性。
> 这应包括对统计技术在内的适宜方法及其应用程度的确定。

【例5.4】有标识列项进一步细分为有标识的列项。

> 标准中使用的量和单位：
> a）小数点符号为"·"；
> b）标准应只使用：
> 1）GB3101、GB3102各部分中所给出的单位；

2）在 GB3101 中给出的可与国际单位制并用的我国法定计量单位，如分（min）、小时（h）、天（d）、度（°）、分（′）、秒（″）、升（L）、吨（t）和原子质量单位（u）；
......

【例 5.5】有标识列项进一步细分为无标识的列项。

> 可按下列两种方式对一项标准的要素分类：
> a）由要素的规范性或资料性的性质以及它们在标准中的位置来划分，可分为：
> ——资料性概述要素；
> ——规范性一般和技术要素；
> ——资料性补充要素；
> b）由要素的必备的或可选的状态来划分，可分为：
> ——必备要素；
> ——可选要素。

【例 5.6】有标识列项进一步细分为无标识的列项。

> 一项标准的要素，可按下列方式进行分类：
> a）按要素的性质可分为：
> • 资料性要素；
> • 规范性要素。
> b）按要素的性质以及它们在标准中的具体位置划分，可分为：
> • 资料性概述要素；
> • 规范性一般要素；
> • 规范性技术要素；
> • 资料性补充要素。
> ......

5.3.2.6 附 录

附录是标准层次的表现形式之一，按其性质分为规范性附录和资料性附录。规范性附录的作用是给出标准正文的附加或补充条款。资料性附录的作用是给出有助于理解或使用标准的附加信息。

每个附录均应在正文或前言的相关条文中明确提及。附录的顺序应按在条文（包括前言）中提及的先后次序编排。每个附录均应有编号，附录编号由汉字"附录"和表明附录顺序的大写英文字母组成，字母从"A"开始。只有一个附录时，仍应给出编号"附录 A"。

一个附录是规范性附录还是资料性附录，从附录的前三行内容即可识别。第一行是附录的编号，如"附录 A"。第二行表明附录的性质，即"（规范性附录）"或"（资料性附录）"。第三行是附录的标题，每个附录均应当有标题。

每个附录中章、图、表和数学公式的编号均应从 1 开始，编号前应加上附录编号中表明顺序的大写字母，字母后跟下脚点。例如：附录 A 中的章用"A.1"、"A.2"等表示；图用"图 A.1"、"图 A.2"等表示。

5.4 条款内容的表述形式

标准中的要素是由各种条款构成的,在表述条款的内容时,根据不同的情况可采取五种形式:条文、条文的注和脚注(资料性)、示例、图、表。

5.4.1 条文的表述

条文是条款的文字表述形式,也是表述条款内容时最常使用的形式。标准中的文字应使用规范汉字,标点符号应符合 GB/T 15834—2011《标点符号用法》的规定。

根据作用可将条款分为三种类型:陈述型条款、推荐型条款、要求型条款。在编写标准时,三种不同类型的条款通过使用不同的助动词或汉语句式来表达。

5.4.1.1 陈述型条款表述

陈述型条款是表达信息的条款。在标准中仅仅用来提供信息,不作为任何要求和建议。可通过汉语的陈述句或利用助动词来表述。

1. 利用一般陈述句提供信息

主要用"是、由、为给出"等,如:"章是标准内容划分的基本单元"。在此只是解释"章"的定义,便于相互理解。

2. 利用助动词

(1)使用表 5.2 所示助动词"可"或"不必",表示在标准的界限内所允许的行为或行动步骤。如:"一个层次中有两个或两个以上的条时才可设条"。又如:"与国际标准无一致性程度的,不必标注一致性程度标识"。以上只是说明标准实施者被允许的行为,没有必须要求或建议要求的意思。

表 5.2 允许型条款助动词

助动词	在特殊情况下使用的等效表述
可	可以允许
不必	无须不需要

在这种情况下,不使用"可能"或"不可能";不使用"能"代替"可"。
"可"是标准所表达的许可,而"能"是主、客观原因导致的能力,"可能"则指主、客观原因导致的可能性

(2)使用表 5.3 所示的助动词"能"或"不能",用于陈述由材料的、生理的或某种原因导致的能力。如:"在空载情况下,机车速度能达到 200 km/h"。又如:"如果在特殊情况下,不能避免使用商品名,则应指明其性质"。又如"范围的文字应简洁,以便能作内容提要使用。"只是说明"范围"写得简洁,所具有的能力,没有必须要做到或建议做到的意思。

(3)使用表 5.3 所示的助动词"可能"或"不可能",表示由于某种原因导致的可能性。如:

"标准的某些内容可能被法规引用"。又如:"只有在不可能引用 5.1 条给出的试验方法时,才选用附录 B 给出的可选试验方法"。

表 5.3 能力和可能性型条款助动词

助动词	在特殊情况下使用的等效表述
能	能够
不能	不能够
可能	有可能
不可能	没有可能

5.4.1.2 要求型条款表述

要求型条款是应遵守准则的条款。在标准中表示如果声称符合标准需要遵守的准则,并且不允许有差异。要求型条款可以通过汉语的祈使句或利用助动词来表示声明符合标准需要满足的要求。

1. 利用祈使句表示

表示直接的指示时(例如涉及试验方法所采取的步骤),使用祈使句。例如:"开启记录仪。"命令标准实施者必须完成的行为或行动步骤,并且不允许打折扣。通常适用于对过程方法的要求。

2. 利用助动词表示

使用表 5.4 所示的助动词"应"或"不应",表示声明符合标准需要满足的要求。如:"每幅图均应有编号"。又如:"部分不应再分部分"。或表示必须满足的能力,如"汽车的最大时速应大于 100 km"。

表 5.4 要求型条款助动词

助动词	在特殊情况下使用的等效表述
应	应该,只准许
不应	不得,不准许

不使用"必须"作为"应"的替代词。(以避免将某标准的要求和外部的法定责任相混淆);不使用"不可"代替"不应"来表示禁止

5.4.1.3 推荐型条款表述

推荐型条款是表达建议或指导的条款。介于陈述型条款与要求型条款之间。既不是强烈的"要求",也不是一般的"陈述"。通常用助动词"宜"或"不宜"来表达推荐。如:"每个表宜有表题"。又如:"温度不宜高于 25 ℃"。

使用表 5.5 所示的助动词用于表示在几种可能性中推荐特别适合的一种,不提及也不排除其他可能性,或表示某个行动步骤是首选的但未必是所要求的,或(以否定形式)表示不赞成但也不禁止某种可能性或行动步骤。

表 5.5 推荐型条款助动词

助动词	在特殊情况下使用的等效表述
宜	推荐，建议
不宜	不推荐，不建议

5.4.1.4 三种条款的比较

（1）技术要素表述原则

标准名称中含"规范"，标准中应包含要素"要求"及相应特征方法；

标准名称中含"规则"，宜以推荐和建议形式起草；

标准名称中含"指南"，不应包含"要求"，可采用建议形式。

（2）四种助动词（应、宜、可、能）的比较

以"目次应自动生成"加不同的助动词为例：

目次应自动生成：表示一种要求，只有自动生成目次，才认为符合标准；

目次宜自动生成：表示一种建议，目次最好自动生成；

目次可自动生成：表示一种允许，标准许可自动生成目次；

目次能自动生成：陈述一种事实，一种可能性，目次能够自动生成。

5.4.2 条文注和脚注的表述

条文中的注、脚注在标准的任何要素中都是资料性的，是条款的辅助表述形式，通过注或脚注的解释和说明，为条款的理解和使用提供帮助。

5.4.2.1 条文的注

（1）只给出有助于理解和使用标准的附加信息，不应包含要求或对标准的应用必不可少的任何信息。

（2）章和条中只有 1 个注时，应在注的第一行文字前标明"注:"。

（3）章和条中有若干注时，应标明"注 1:"，"注 2:"……。

5.4.2.2 条文的脚注

（1）用于提供附加信息，不应包含要求或对标准的应用必不可少的任何信息。

（2）脚注号一般使用后带半圆括号的阿拉伯数字从前言开始全文连续，如:1), 2), 3), ……也可用"*"表示。

（3）脚注号应放在被注文字的右上角。脚注置于相关页面左侧下面，与条文间用一条细实线分开。

5.4.3 示例的表述

示例是条款的另一种辅助表述形式。在示例中可以给出现实或模拟的具体例子，以帮

助标准使用者尽快地掌握条款内容。示例可以存在于任何要素中，所有示例都属于资料性的内容。

示例只给出有助于理解和使用标准的附加信息，不应包含要求或对标准的应用必不可少的任何信息。

章和条中只有1个示例时，应在示例的具体内容前标明"示例:"。章和条中有若干示例时，应标明"示例1:"，"示例2:"……。

5.4.4 图的表述

图是条款的特殊表述形式，使用图能更加简明、直观、清晰地表达标准的技术内容。如果用图提供信息更有利于标准的理解，宜用图。在标准中图的构成至少包括：图、编号、图题，除此之外还可能有图注、图的脚注。

5.4.4.1 图题与编号

图题是图的名称，一般应有图题。每幅图均应有编号，置于图题前。编号由"图"和阿拉伯数字组成，由引言开始到附录前连续编号，如"图1"，"图2"……。只有一幅图时，仍应给出"图1"标示。

附录中图的编号应重新从"1"开始，如"图A.1"，"图A.2"……。

5.4.4.2 分　图

宜尽量避免使用分图，只允许对图做一个层次的细分，如果每个分图均包含说明、图注、脚注，则不应作为分图；零部件的各面视图、剖面图等不应作为分图。

分图编号使用带半圆括号的小写拉丁字母，如:图1可包含分图a)，b)，c)，等。

5.4.5 表的表述

表也是条款的特殊表述形式，当需要对大量数据或事件进行对比时，表的优势显而易见。表提供信息更有利于标准的理解。如果有表，文中均应明确提及相关表的编号、标题。

5.4.5.1 表题与编号

表一般应有表题，表题在表上方。表均应有编号，由引言开始一直连续编号到附录前，与章，条，图编号无关。编号由"表"和从1开始的阿拉伯数字组成，如"表1"，"表2"……只有一个表时，应编"表1"。附录中表的编号为"表A.1"，"表A.2"……。

5.4.5.2 表　头

表应有表头，使用的单位一般置于量的名称之下，如表5.6所示。

表 5.6　A 零件关键质量指标

类型	线密度 /（kg/mm）	内孔直径 /mm	外圆直径 /mm	长度 /mm

适用时也可用量和单位的符号表示，但要在表的陈述中或表的注中给予解释，如表 5.7 所示。

表 5.7　A 零件关键质量指标

类型	ρ/kg/mm	d/mm	D/mm	L/mm

如果表中的单位均相同，在表右上方统一表示，如表 5.8 所示。

表 5.8　A 零件关键质量指标　　　　　　　　　　　　　　单位：mm

尺寸	类型		
	内孔直径	外圆直径	长度

5.4.5.3　表的安排

需转页安排的表，各页上应重复表的："续"＋编号＋表题。续表均应重复表头和关于单位的陈述。

5.4.6　标准自身引用

为避免不协调、篇幅繁杂及抄录错误，在引用标准本身和其他文件内容时应采取引用方式。引用其他文件的详细规则见 GB/T20000.3。在特殊情况，有必要抄录其他文件中的少量内容，也应在抄录内容后的方括号内标明出处。

5.4.6.1　提及本标准自身的内容

（1）标准条文中整体提及标准本身的表述形式："本标准……"（提及单独标准），"本指导性技术文件……"（提及 GB/Z）。

（2）部分的条文中提及本部分的表述方式："GB/T×××的本部分……"，"本部分……"。

（3）部分标准中某一部分提及其标准的所有部分的表述形式："GB/T×××……"。

5.4.6.2　提及标准本身的具体内容

1. 规范性提及的表述方式

"按×章的要求"；

"符合×.1.1给出的细节";
"按×.16的规定";
"见公式（×）";
"符合表×的尺寸要求"。

2. 资料性提及的表述方式

"参见×.×.×（条）";
"见表×的注";
"参见图×"。

5.5 标准要素的编写

各个要素内容的选择和编写是初步搭建标准结构后需要进行的工作。

5.5.1 核心要素"要求"的编写

规范性技术要素的核心要素是"要求"，是正文的核心，也是标准的核心。产品标准"要求"应包括下列两方面内容：（本章节主要介绍技术标准要求的编写，管理标准与工作标准的编写将在ISO9000相关章节中介绍）。

一方面是标准涉及的产品、过程或服务等方面的所有特性。"要求"的具体内容应分层次表述，包括：环境适应性；使用性能；理化性能；稳定性；卫生、安全、电磁兼容和环境保护方面的要求；耗能指标；外观和感观要求；材料要求；工艺要求；设计与结构；可信性（可靠性、技术支持性、可维修性）；信息与技术接口；组合性、互换性等。

另一方面是验证要求的测量、检验和试验方法。当相应的试验方法和检验规则简单时，可并入"要求"。每一项要求一定要提及相应的试验方法，当标准中只列出特性，而不规定特性值时，也应规定相应的测量方法。

编写产品标准"要求"的注意事项如下：

（1）"要求"条款的排列顺序尽可能与测试方法或检验规则的顺序一致，以便于引用和对照。

（2）有分等分级质量要求的产品，应做出分等分级规定。

（3）"分类"依据作为内容要求时，应在要求中列出。

（4）对安全等可能造成严重后果的某些特性，应直接规定。

（5）产品实现过程中的要求，一般不应列入"要求"中。

（6）除直接影响产品质量和安全的重要或特殊原材料外，一般不规定原材料的要求。

产品标准要充分考虑产品的原材料和主要成分的质量因素对产品最终质量的影响。有影响的原材料的要求要写，对产品最终质量没有影响的原材料的要求不写。

（7）除产品质量和安全等有限定的工艺要求外，一般不应规定工艺要求。

（8）措辞要严谨，应把要求的表述与陈述、推荐的表述分开。

（9）对产品的使用和安装要求不属于产品本身的特性，不应放入"要求"中。

（10）"要求"中规定的性能特性和描述性特性要可证实，能验证。

5.5.1.1 产品、过程或服务等特性要求

1. 外观要求

【例5.7】QC/T741—2006《车用超级电容器》中的外观要求。

---
5 要求

5.1 外观

电容器的外壳不得有变形及裂纹,表面平整、干燥、无电解液溢痕。

5.2 标志

电容器的标志应清晰、完整,准确无误。

5.3 外形尺寸及质量

电容器的外形尺寸及质量应符合企业提供的技术条件。

---

2. 性能要求

【例5.8】QC/T741—2006《车用超级电容器》中的部分性能要求。

5.4 静电容量

电容器的静电容量应为标称容量的80%~150%。

5.5 储存能量

电容器的储存能量应为标称容量的80%~150%。

5.6 内阻

电容器的内阻不应大于其标称内阻。

5.7 大电流放电能力

电容器的放电容量不应低于30%($C \times U$)。

5.8 电压保持能力

电容器两端电压不应低于额定电压80%。

……

---

3. 服务要求

【例5.9】DB11/T475—2007《汽车租赁经营服务规范》中的租赁服务要求。

---
8 租赁服务

8.1 接待服务

8.1.1 接待服务人员应当经过岗位培训,上岗时宜统一着装,佩戴标识,仪表端庄整洁,文明礼貌待客。

8.1.2 接待服务人员应当向顾客介绍经营服务项目、价格和租赁手续等事项,需要提供的相关资料应当提供充分。

8.1.3 涉外接待服务应当遵循涉外礼仪,提供外语服务,且备有英文查询资料。

8.2 承租人身份核实

4. 质量等级要求

根据质量要求能分级的产品,应做出合理分级。目前根据产品质量需求,能分级的产品很多,例如:紧固件、水泥、煤炭、烧结砖、纺织品以及食品:茶叶、酱油、小麦粉、大米、大豆油、生鲜牛乳、淀粉、牛肉等等。

【例 5.10】GB12958—1999《复合硅酸盐水泥》第 5 章强度等级要求。

> **5 强度等级**
> 强度等级分为:32.5、32.5R、42.5、42.5R、52.5、52.5R

5.5.1.2 抽 样

抽样检验是指根据数理统计的原理预先制定抽样方案,从一批产品或一个过程中随机抽取一些样品进行测量、观察、检验并与规定的要求相比较,由所得结果确定整批产品或过程是否合格。图 5.2 所示为抽样检验示意图。

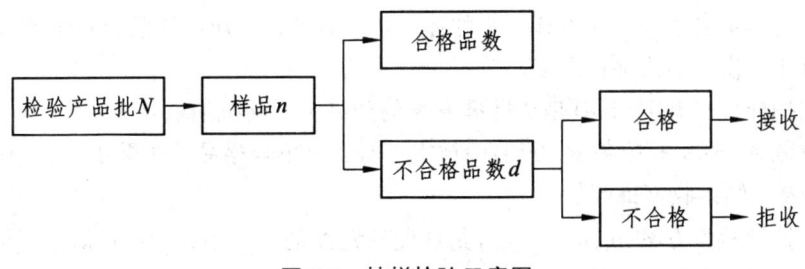

图 5.2 抽样检验示意图

1. 抽样内容

抽样检验技术是质量管理中重要的统计技术,能通过检验尽量少的产品,对一批产品或生产过程的质量状况做出判断。但能否通过检验样本来尽量准确地推断总体质量,其关键是必须使用科学的抽样方法,否则,即使检验手段再先进,检验结果再精确,也不能对总体质量状况做出准确合理的推断。

对于大批量连续生产的产品,我国目前广泛采用计数调整型抽样检验标准 GB/T2828 和计数挑选型抽样检验标准 GB/T13546。无论采用哪种方法,抽样的内容一般包括抽样的条件和方法、样品保存方法以及判定规则,具体如下:

(1)检验对象,包括产品名称、规格、型号及在检验流程图上的位置、计量单位、批次大小。

(2)检验项目,主要是需检验的质量特性。

(3)抽样方案,包括抽样方法、样本大小、合格判定数等。

(4)检验方法,包括测量位置、测量方法、检验步骤、检验基准、检验频次、计算方法。

(5)检测手段,包括设备、仪器、仪表应处的状态及使用说明。

(6)检验数据的处理。

(7)检验判断,应包括合格状态与不合格状态描述,合格判定依据或不合格判定依据,总体合格判定依据或不合格判定依据。

（8）防护、安全用品及说明，需要时应对易挥发或易变质的样品规定储存样品容器的材料或特性以及保管条件或保存期限等。

2. 抽样检验方案及类型

抽样检验实施时，按照预先规定的抽样方案，从交验批中随机抽取一个或几个随机样本，以样本检验的结果和标准比较，判断整批产品的合格与否。抽样检验方案的制定以数理统计原理为基础，兼顾供需双方的风险损失，对交验批的质量予以整体上的保证，但允许合格批中有少量不合格品，当然不合格批中也含有合格品。抽样方案有多种类型：

（1）根据抽样次数。

根据对交验批最多可以做几次抽样才能做出合格与否的判定，抽样方案可以分为：一次抽样、二次抽样、多次抽样。对于相近的抽验量，多次抽样的鉴别能力要高于二次抽样，而二次抽样要高于一次抽样。

如果有一次、二次和多次抽样方案可采用时，通常应通过比较这些方案的平均样本量与管理上难易程度来决定使用哪一种方案。多次抽样方案的平均样本量小于二次抽样方案，而二次抽样方案的平均样本量小于一次抽样方案的样本量。通常，一次抽样的管理难度和每个产品的抽样费用均低于二次和多次抽样方案。

计数一次抽样检验方案(n, A)是从批量为N的产品中，随机抽取n（$<N$）个产品为样本，同时规定接收数A，规定拒收数R，经检验样本中有d个不合格品，如果$d \leqslant A$，则接受该批产品；如果$d \geqslant R$，则拒收该批产品。

计数二次抽样检验方案(n_1, n_2, A_1, A_2)是从批量为N的产品中，随机抽取n_1（$<N$）个产品为样本，同时规定接收数A_1，规定拒收数R_1，经检验样本中有d_1个不合格品，如果$d_1 \leqslant A_1$，则接受该批产品；如果$d_1 \geqslant R_1$，则拒收该批产品。如果$A_1 \leqslant d_1 \leqslant R_1$，则需要从剩下的交验批中再随机抽取$n_2$（$<N$）个产品为样本，同时规定接收数$A_2$，规定拒收数$R_2$，经检验样本中有$d_2$个不合格品，如果$d_1 + d_2 \leqslant A_2$，则接受该批产品；如果$d_1 + d_2 \geqslant R_2$，则拒收该批产品。

计数多次抽样检验的原理与计数二次抽样类似。

（2）根据抽样方案的制定原理。

根据抽样方案的制定原理抽样检验分为：标准型抽样检验、挑选型抽样检验、调整型抽样检验等。

各种抽样方案可以根据抽样方法的不同通过检索不同的国家标准或国际标准获得，具体抽样标准选择可参考表5.9。

表5.9 抽样标准选择参考表

检验对象			抽样标准	
			计数型	计量型
进货检验	连续批	多个供方	GB2828，ISO2859-1	GB6378，ISO3951
		一个供方	GB2828，ISO2859-1	GB6378，ISO3951
	间断购入	批量小	GB/T13262，GB/T13264	GB8053，GB8054
		采购一次	GB/T13262，ISO2859-2	GB8053，GB8054

续表

检验对象			抽样标准	
			计数型	计量型
过程检验	连续批	质量稳定	GB2828，ISO2859-1，GB/T13546AOQL	GB6378，ISO3951
		质量不稳定	GB/T13546LQ	GB8053，GB8054
	间隔长	批量小	GB/T13546LQ	GB8053，GB8054
		仅一批	GB/T13262，ISO2859-2	GB8053，GB8054
	流水线生产		GB8052，MIL-STD-1235B	
出厂检验	连续批出厂		GB2828，ISO2859-3，GB/T13546AOQL，ISO2859-1，GB/T13262	GB6378，ISO3951
	间断出厂	品种多数量少	GB/T13546LQ	GB8053，GB8054
		仅一批	GB/T13262，ISO2859-2	GB8053，GB8054

5.5.1.3 试验方法

试验方法是测量、检验、试验等的统称。

1. 试验内容

内容包括：试验原理；试剂和材料；试验装置；测量仪器；试样的制备和保存；采样和取样；试验测量程序，方法（如涉及安全，给出警示内容）及测量过程控制（包括测量环境控制）；试验结果的处置和表述，包括计算方法及精确度。

2. 试验方法编写的注意事项

（1）一般应引用已发布标准的测量或试验方法。

（2）每项"要求"均应有相应的试验（测量）方法，编排顺序应尽可能相同。外观和感官指标也应尽量规定较为详细具体的检测方法。

（3）原则上一项要求只规定一种试验或测量方法，而且具有复现性；若同一项要求需规定两种或以上的试验、测量方法时，应明确一种仲裁方法。

（4）在规定试验（测量）用仪器设备时，一般只规定设备的功能，精度等要求，不指定制造商和商标。

（5）试验或测量设备的准确度应满足预期使用要求，其最大允许误差应在标准规定公差范围内。

（6）试验或测量结果的数值应与标准技术要求的有效位数一致。分析中间数据可以多一位，但最终结果应按 GB/T8170《数值修约规则》进行修约。

（7）对健康或环境有危险或有危害的试验、测量，必须标示注意事项和预防措施以及处置事故的预案。

（8）各项试验或测量间的次序会影响测量结果时，应对次序做出规定。

（9）用作比对试验、测量的标准样品（标准物质），应规定对标准样品（标准物质）的要求以及取得、标定、校准和保存方法。

（10）宜指明试验（或测量）方法适用的场合，如型式试验或定型试验、常规试验或例行试验还是抽样试验等。

（11）"试验方法"要素若与"要求"合并为一章，章的标题可为"要求与试验（或测试）方法"，也可仍为"要求"。

5.5.1.4 检验规则或质量评定程序

ISO9000 指出，检验是"通过观察和判断，适当时结合测量、试验所进行的符合性评价"。所以，质量检验是对产品（或过程）的一个或多个质量特性进行观察、测量、试验并将结果与规定的质量要求（标准）进行比较，以确定每个质量特性符合性的活动。

1. 质量检验的基本功能及程序

质量检验的目的是对产品（或过程）的一个或多个质量特性是否符合规定的质量标准取得客观证据。其主要程序如下：

（1）定标：明确检验依据，熟悉和掌握产品的质量标准和测试方法标准或规定，拟定检验方法（包括检验手段）和检验操作规程，并将其作为测量、试验、比较及判定的依据。

（2）取样（包括抽样）：确定取样部位及抽样方案。

（3）度量：采用一定的检测器具或设备，按规定的方法（试验、测量、化验、感官检查等），对产品的质量特性进行测量，获得具体的数据或结果。

（4）比较：将测量结果与质量标准进行比较。

（5）判断：根据比较结果，对检验项目或产品做出符合性判定。

（6）处理：对于单件产品，决定合格放行还是不合格返工、返修或报废。对于批量受检产品，决定是接收还是拒收，对于拒收的不合格批还要做出进一步的处理意见——全检或筛选。

（7）记录：记录有价值的数据，做出分析报告，并进行信息反馈。检验记录可以向顾客和相关方提供信任，可以证明产品经过检验，符合标准要求；当涉及产品责任时检验记录可作为支持证据。检验记录上，应标明合格产品放行的授权检验者。

（8）反馈：按规定向有关部门传递、反馈质量信息。

2. 质量检验的依据

质量检验的主要功能之一就是比较，将测量结果与质量标准进行比较，可见，离开了质量标准，质量检验是没有实际意义的。产品质量检验的依据包括：产品图纸，制造工艺、技术标准及有关技术文件，外购、外协件及有特殊要求的产品需根据订货合同中的规定及技术要求进行检验验收。

（1）图纸：在许多工业领域中，进行设计、制造、施工、检验、安装调试、维修等，都离不开图纸。图纸中既包括标准，又是标准的反映，图纸中标注的尺寸、形位公差、粗糙度及技术要求等内容是过程检验、零件检验、成品检验和最终出厂检验的主要依据。

（2）工艺文件：工艺是生产中使各种原材料、半成品成为产品的方法或过程。规定产品或零部件制造工艺过程和操作方法的工艺文件，称工艺规程。工艺规程主要有：工艺过程路线表，工序卡片，工艺装备图纸等形式。

为了确保产品的质量，必须加强工艺工作的管理，严格执行工艺纪律，既要按工艺规程生产，又要按工艺规程进行检验。

（3）基准：指零件图上用来确定其他点、线、面位置的那些点、线、面。根据基准的作用，可分为设计基准和工艺基准。工艺基准又可分为定位基准、检测基准和装配基准。作为基准的点、线、面在零件图上不一定能直观地表现出来，例如孔的中心等。通常需要采用一些具体方法体现基准，如检验内孔或轴的径向跳动，实际是通过内孔的表面体现轴线的，则内孔表面被称作检验基准面。

基准是进行检测的基础，只有找准基准才能得出准确可靠的检验结果。

（4）订货合同：没有技术标准或标准的规定满足不了要求时，供需双方可以签订合同。产品的技术要求和质量验收方法是经济合同中的主要条款。因此，合同也是检验的依据之一。

（5）技术标准：是对企业内需要协调统一的技术事项所制定的标准，包括：产品标准、基础标准。

（6）管理标准：企业为保证和提高产品质量和工作质量，完成质量计划和达到质量目标，对需要协调统一的管理事项所制定的标准。例如，检验设备和工具的使用、维护制度，有关过程控制的管理程序和制度，不合格品管理制度，检验信息管理制度等。

（7）检验标准：属于工作标准，是对企业质量检验中需要协调统一的工作事项所制定的标准。包括：检验指导书、验收抽样标准等。检验指导书的内容，除注明检验的尺寸、形状、粗糙度等有关技术要求外，还需明确检验的方法、抽样方法、使用的检测设备、测量时的基准及检验中的注意事项等。

3. 编写注意事项

（1）一般直接引用公开发布标准的检验规则和验收规则。

（2）检验方式的选择，一般来讲，成本决定检验方式。如果未经检验出现不合格品造成的损失大于检验成本时，应当进行全部检验，但是全检未必能检出所有的不合格品。表 5.10 为两者的比较。

表 5.10 全数检验与抽样检验方法的比较

比较项目	全数检验	抽样检验
检验对象	一件一件的单位产品	一批产品
检验目的	判定每件单位产品是否合格	判定整批产品是否合格
应用场合	◇质量要求特别高； ◇单件小批产品； ◇检验费用低的产品； ◇检验项目少的产品； ◇非破坏性的项目； ◇昂贵、高精度或重型产品； ◇能应用自动化检验方法检验的项目； ◇对后续加工质量影响大的关键项目，如基准面； ◇质量不稳定的过程	◇质量要求不高； ◇批量大、数量多的产品； ◇检验费用高的产品； ◇检验项目多的产品； ◇非破坏性与破坏性的项目均可； ◇对连续体只能采用抽样检验

续表

比较项目	全数检验	抽样检验
实施要求	无	◇合理组成检验批； ◇采用科学的抽样方案； ◇从批中随机抽取样本
不合格处理	将不合格品退给生产方，返修后再检验	◇将不合格批退给生产方进行筛选，返修后重新检验
综合评价	能保证产品质量； ◇检验费用高； ◇适用于单件小批量或关键复杂产品的检验	◇可将不合格产品与误判控制在允许范围内； ◇检验费用低； ◇适用于大批量或检验费用较高的产品及破坏性检验项目

（3）在出厂检验或质量一致性检验中的抽样检验，一般应采用抽样标准（如:GB/T2828，GB/T2829，GB/T13546）规定的抽样方案，不用百分比抽样方案。

（4）可靠性项目检验应按鉴定试验、验收试验分别列入鉴定（或定型）检验、周期检验，或者"型式检验"、"出厂检验"中进行，不单独列出。

5.5.1.5　标志、标签、包装、运输、储存

标志是指产品或包装等物品上的一种识别符号（用图形、文字、颜色等喻示产品某些特性或要求的记号），包括产品标志和包装标志。

标签是标志的载体，其上携带着相关信息。标志或标签使用的符号应符合相关的国家或行业标准。

包装的主要目的是方便储运，有利于销售，随着国内外贸易的发展和人们对产品信息需求的增加，越来越重视产品的标志、标签和包装，依据产品的标志、标签和包装来检验、核对产品的质量，也越来越被人们重视。包装可分为销售包装、运输包装。一般应直接引用有关专业的包装标准。

5.5.2　其他要素的编写

其他要素的编写可按要素出现的先后顺序进行。

5.5.2.1　封面的编写

封面是资料性概述要素，同时又是一个必备要素。每一项标准都应有封面，封面上有着识别标准的重要信息。

标准封面的主要内容应包括：标准的类别；标准的标志（代号）；标准的编号；国际标准分类号（ICS号）；中国标准文献分类号（如食品的分类号为X）；备案号（国家标准除外）；标准的中文名称；中文名称对应的英文名称（企业标准不要求）；与国际标准一致性程度的标识；标准的发布和实施日期；标准发布的部门或单位。如果标准修订或代替某些标准，应在标准编号之下给出被代替标准的编号。标准征求意见稿和送审稿的封面应在显著位置给出征集标准是否涉及专利的提示信息："在提交反馈意见时，请将您知道的相关专利连同支持性文件一并附上。"

1. 标准的类别

我国标准分为：国家标准、行业标准、地方标准和企业标准四类。标准封面上部居中位置为标准类别说明，如"中华人民共和国国家标准"（含国家标准化指导性技术文件）、"中华人民共和国××行业标准"、"×××地方标准"、"×××企业标准"等。

2. 标准的标志

标准的标志在标准封面的右上角用汉语拼音的缩写字母表示。如国家标准用"国标"的汉语拼音字母"GB"表示，轻工标准用"QB"表示，农业标准用"NY"表示，地方标准用"DB"表示，企业标准用"Q"表示。

3. 标准的编号

标准封面中在标准类别的右下方为标准的编号。标准的编号由标准代号、顺序号和年号三部分组成。标准的编号由标准的批准、发布部门确定。

如果编写的产品标准代替了已有的某个或某几个标准，则应在标准编号之下另起一行标明被代替的标准编号。

如：GB17930—2006
  代替 GB17930—1999

4. 国际标准分类号

国际标准分类号 ICS 是英文 International classification for standards 的缩写，由 ISO 编制。

为了满足标准信息的交换，实现我国标准文献与国际接轨，要求在我国国家标准、行业标准和地方标准封面的左上角标注 ICS 号。具体的分类编号可在中国标准出版社出版的《国际标准分类法》中查找，如 GB/T1.1—2009 标准的国际标准分类号 ICS 为 01.120。

5. 中国标准文献分类号

中国标准文献分类号是根据标准的类别、内容所选定的一个编号，对于查找同一类别的标准比较方便。所有标准封面的左上角在 ICS 号下面都应标注中国标准文献分类号。文献分类号的选择应符合中国标准出版社出版的《中国标准文献分类法》，如 GB/T1.1—2009 标准的标准文献分类号：A00。

6. 备案号

行业标准和地方标准要求将备案号标注在封面左上角中国标准文献分类号的下面。企业标准备案号由备案部门直接标注在标准封面上。行业标准和地方标准的备案号是由顺序号和年号组成。如 DB11/110—2005 标准的备案号为：17034-2005。北京市企业标准备案号是由区、县的代号或上级主管部门的代号+中国标准文献分类号首位号+顺序号和年号组成。如 FTX038—2005，FT 代表丰台区，X 代表食品，038 是备案顺序号，2005 是年代号。

7. 标准名称

标准名称在封面居中位置，它包括中文名称和英文名称。企业标准可以没有英文名称。英文名称应尽量从国际标准的名称中选取，采用国际标准时，宜采用原标准的英文名称。

8. **与国际标准一致性程度的标识**

当制定的标准是等同或修改采用国际标准时，应在标准封面上英文名称下面给出与国际标准一致性程度的标识。

一致性程度标识：等同采用：IDT；修改采用：MOD；非等效采用：NEQ。非等效采用不属于国际标准。

表示方法如下：

GB××××—××××（idt ISO××××:××××）

GB××××—××××（mod ISO××××:××××）

例如：

GB/T 200001—2014《标准化工作指南 第1部分：标准化和相关活动的通用术语》

国家标准封面一致性程度的标识为：（ISO/IEC Guide2:2004, Standardization and related activities General vocabulary, MOD）

9. **标准的发布和实施日期以及标准的发布部门或单位**

标准封面的最下端要标注标准的发布和实施日期，标准的发布和实施日期由标准的审批部门在发布标准时确定。发布与实施日期应有间隔时间，如 GB/T1.1—2009 标准"2009 - 06 - 17 发布"，"2010 - 01 - 01 实施"。

在发布和实施日期下面居中位置应标注标准的发布部门或单位。国家标准一般由：中华人民共和国国家质量监督检验检疫总局和中国国家标准化管理委员会联合发布。地方标准的发布部门为各省、自治区、直辖市标准化管理部门。

5.5.2.2 目次的编写

目次是资料性概述要素，并且是可选要素。是否要目次可根据标准的需要决定。为了显示标准的结构和主要内容，引导阅读，方便检索，有必要设置目次。如果设置目次，则应以"目次"作标题，将其置于封面之后。目次所列出的要素均应使用与文中完全一样的标题，但术语和定义一章中的术语不应列在目次中。

目次的内容和顺序为：前言；引言；章的编号、标题；条的编号、标题（只列带有标题的条）；附录编号、附录性质、附录标题；附录章的编号、标题；附录条的编号、标题（只列带有标题的条）；参考文献；索引；图的编号、图题；表的编号、表题。

具体编写目次时，在列出上述内容的同时，还应列出其所在的页码。电子文本的目次应自动生成。

5.5.2.3 前言的编写

前言是资料性概述要素，同时又是必备要素。前言应位于目次之后，引言之前，用"前言"作标题。前言主要陈述本文件与其他文件的关系等信息，不应包含要求和推荐型条款，也不应包含公式、图和表。

前言由专有部分和基本部分组成。

专有部分：采用国际标准或国外先进标准的版本和程度、与前版标准中重要技术内容上更改情况的说明等。

基本部分：写明标准的提出部门、归口单位、起草单位、起草人、首次发布、历次修订或复审确认的年、月，以及委托的解释单位。

应视具体情况依次给出下列内容：

（1）标准结构的说明。

对于系列标准或分部分标准，在第一项标准或标准的第 1 部分前言的开头应说明标准的结构；在每一项标准或每一个部分中应列出所有已经发布或计划发布的其他标准或其他部分的名称。

（2）标准编制所依据的规则。

（3）标准的提出和归口等信息的说明。

应视情况依次给出标准的提出（可省略）、归口等信息。表述形式为：

"本标准由××××提出"。

"本标准由××××归口"。

（4）标准起草单位和主要起草人，用以下表述形式:

"本标准起草单位:……""本标准主要起草人:……"。

（5）标准所代替标准的版本情况的说明。

如果所起草标准的早期版本多于一版，则应在前言中说明所代替标准的历次版本的情况。需要说明两方面的内容：与先前标准或其他文件的关系，与先前版本相比的主要技术变化。

（6）与国际文件、国外文件的关系说明。

5.5.2.4 引言的编写

引言是一个可选的资料性概述要素，当需要设置引言时，应用"引言"作标题，并将其置于"前言"之后，"范围"之前。

引言是对"前言"中有关内容的特殊补充或对标准中有关技术内容的特殊说明、解释，以及制定该标准的原因的特殊信息和说明。主要说明标准的背景、制定情况等和文件本身内容相关的信息。

引言可以给出下列信息：

（1）促使编制该标准的原因。

（2）有关标准技术内容的特殊信息或说明。

（3）标准中如果涉及专利，则应在引言中给出有关专利的说明。

编写引言注意问题：

（1）引言中不应包含要求。

（2）引言不编号，一般也不分条。如果引言的内容需要分条时，应仅对条编号，引言的条编为 0.1、0.2 等。

（3）引言中不应包含"范围"一章的内容。

（4）采用国际标准时，国际标准的引言应转化为国内标准的引言。

（5）引言中如果有图、表、公式，均应使用阿拉伯数字从 1 开始进行编号，正文中相关内容的编号与引言中的编号连续。

5.5.2.5　标准名称的编写

标准名称是标准的规范性一般要素，同时又是必备要素。标准名称是对标准主题最集中、最简单的概括，能向标准的使用者传递标准的特征、范围的重要信息。国家标准、行业标准、地方标准要求有中文名称同时还要给出对应的英文名称。

1. 结构及要求

名称置于正文首页和标准封面，力求简练，明确表示标准主题，使其与其他标准相区分，不应涉及不必要的细节，任何其他必要的详细说明应在范围中给出。标准名称最多由三个要素组成，即引导要素、主体要素和补充要素。其中主体要素不能省略，引导和补充要素有时可以省略，但有些情况也不能省略。省略与不省略取决于编写标准的范围和最终目的。

（1）引导要素：表示标准所属的领域。

（2）主体要素：表示在上述领域内所涉及的主要对象。

（3）补充要素：表示上述主要对象的特定方面，或给出区分该标准（或部分）与其他标准（或其他部分）的细节。

具体结构有以下三种形式：

（1）一段式：只有主体要素。

（2）二段式：引导要素+主体要素或主体要素+补充要素。

（3）三段式：引导要素+主体要素+补充要素。

例如：《农业机械和设备　散装物料设备　装载尺寸》为三段式结构。"散装物料设备"是主体要素，"农业机械和设备"是引导要素。这里引导要素不可以省略，如果省略了，就反映不出标准化对象所属的专业领域。

2. 名称编写应注意的问题

（1）避免限制标准的范围。例如：《汽车齿轮碳氮共渗金相检验》，如果标准内容不仅适用汽车也适合拖拉机或其他通用机械，那么名称就将标准的适用范围缩小了。

（2）避免扩大标准的范围。例如：《手持式金属探测器技术条件》，如果将名称中的"技术条件"省略，就变成"手持式金属探测器"，那么就扩大了标准的范围，原来只规定"技术条件"，但从名称上却会被误认为规定了"探测器"的全部内容。

（3）避免标准名称中赘加"标准"字样。标准名称中无须描述文件的类型，因此不应使用"……标准"，"……标准化指导性技术文件"等。

（4）避免名称中术语不一致。例如：《图形符号表示规则　标志用图形符号　第 4 部分：图形标志应用导则》中重复的概念有"图形符号"、"图形标志"等，为避免这种情况，可改为：《图形标志　第 4 部分：应用导则》。

（5）名称各要素的位置不应颠倒，即应为引导要素+主体要素+补充要素。如：《水土保持综合治理　技术规范　坡耕地治理技术》，应改为：《水土保持　坡耕地综合治理　技术规范》。

（6）没有采取分段式和没有规范使用"第×部分"。

如：GB3102.1《空间和时间的量和单位》

GB3102.2《周期及其有关现象的量和单位》

GB3102.3《力学的量和单位》

应统一为：《量和单位 第1部分：空间和时间》

《量和单位 第2部分：周期及其有关现象》

《量和单位 第3部分：力学》

（7）产品标准名称要能反映产品的真实属性。

国家标准或行业标准对产品名称已给出定义的，企业可以直接用，但产品标准不能超出定义的范围。如：发动机、洒水车、汽油、柴油等都有非常严格的定义。

如："轻型汽车"的定义是指"最大总质量不超过3 500 kg的M1类、M2类和N1类汽车。"

按GB/T15089—2001规定：

M1类车是指包括驾驶员座位在内，座位数不超过九座的载客汽车。

M2类车是指包括驾驶员座位在内座位数超过九座，且最大设计总质量不超过5 000 kg的载客汽车。

N1类车是指最大设计总质量不超过3 500 kg的载货汽车。

5.5.2.6 编制说明的编写

1. 内　容

（1）工作简况：包括任务来源、协作单位、主要工作过程、标准主要起草人及其所做的工作等。

（2）标准编制原则和确定标准主要内容（如技术指标、参数、公式、性能要求，试验方法，检验规则等）的论据、依据（包括试验、统计数据和有关标准规定），修订标准时，应增列新旧标准水平的对比。

（3）主要试验（或验证）的分析、综合报告，技术经济论证，预期的经济效果。

（4）采用国际标准和国外先进标准的程度，以及与国际、国外同类标准水平的对比情况，或与测试的国外样品、样机的有关数据对比情况。

（5）与有关的现行法律、法规和强制性标准的关系。

（6）重大分歧意见的处理经过和依据。

（7）标准作为强制性标准或推荐性标准的建议。

（8）贯彻标准的要求和措施建议（包括组织措施，技术措施、过渡办法等内容）。

（9）废止现行有关标准的建议。

（10）其他应予说明的事项。

2. 前言和编制说明区别

前言和编制说明是两个范畴的内容，各有各的用途，两者在表达形式、内容构成和作用都是不相同的：

（1）表达形式不同。

前言是标准中概述要素的一个必不可少的组成部分，而编制说明作为一个必不可少的独立文件，并与标准草案一起审查、报批。

（2）内容构成不同。

前言由特定部分和基本部分组成，其内容相对而言较编制说明少，编制说明的内容较前言的内容多。

（3）叙述内容的侧重点不同。

虽然前言和编制说明中有些需要表达的内容看似相同，但在实际编制时的侧重点不一样。

（4）作用不同。

前言阅读对象主要是使用标准者，其内容给出了该标准的基本信息，有助于读者了解和实施该标准，编制说明阅读对象主要是审查、批准标准者，其内容是标准内容的技术论证和说明，作为审批标准草案及标准批准后实施过程中对标准进行解释的主要依据。

5.5.2.7 范围的编写

范围是标准的规范性一般要素，同时也是一个必备要素。每一项标准都应当有范围，并且应位于每项标准正文的起始位置，它永远是标准的"第1章"。

1. 内　容

范围的内容分为两部分：一部分是本标准中"有什么"；另一部分是本标准"干什么用"。即界定标准化对象和涉及的各个方面的内容；给出标准中规定的适用界限。范围的陈述应简洁，以便能够作为标准的"内容提要"使用。范围不应包含要求内容，如：GB18796—2005《蜂蜜》标准中范围的最后一句话是这样表述的："除了巢脾蜂蜜（巢蜜）以外，其他以蜂蜜作为产品名称或产品名称主词的产品均应符合本标准。"

（1）主题内容。

把标准所规定、确立、给出的内容予以说明，告诉读者标准确定的主题是什么。

（2）适用范围。

指明根据标准所确立的主题，在哪个范围，哪个领域内应用。

（3）不适用的范围。

当规定的界限不十分明确时，可以把不适用的范围列出来。

只有在特殊情况下，才陈述"不能干什么用"的内容。如：GB/T10792—1995《碳酸饮料（汽水）》"范围"中："本标准适用于充有二氧化碳气的软饮料；不适用于由发酵法自身产生的二氧化碳气的饮料。"

2. 表述形式

针对不同文件，标准化对象的陈述应使用下列表述形式：

（1）本标准/本部分规定了（方法、特征、尺寸）。

（2）本标准/本部分确立了（系统、原则）。

（3）本标准/本部分给出了（指南）。

（4）本标准/本部分界定了（术语）。

针对不同文件，标准适用性的陈述应使用下列表述形式：

（1）本标准/本部分适用于……

（2）本标准/本部分不适用于……

【例 5.11】 GB/T 19001—2016/ISO9001:2015《质量管理体系 要求》范围。

---

1 范围

本标准为下列组织规定了质量管理体系要求：

 a. 需要证实其具有稳定提供满足顾客要求及适用法律法规要求的产品和服务的能力；

 b. 通过体系的有效应用，包括体系改进的过程，以及保证符合顾客要求和适用的法律法规要求，旨在增强顾客满意。

本标准规定的所有要求是通用的，旨在适用于各种类型、不同规模和提供不同产品和服务的组织。

 注1：在本标准中，术语"产品"或"服务"仅适用于预期提供给顾客或顾客所要求的产品和服务；

 注2：法律法规要求可称作为法定要求。

5.5.2.8 引用文件的编写

引用文件有两种性质，一种是规范性引用，一种是资料性引用。引用其他规范性引用文件均应在"规范性引用文件"一章中列出。资料性引用文件宜在"参考文献"中列出。

所谓"规范性引用"是指标准中引用了文件或文件的条款后，这些文件或条款即构成了标准整体不可分割的一部分，所引用的文件或文件条款与本标准的规范性要素具有同等的效力。"规范性引用文件"是标准的规范性一般要素，同时又是一个可选要素。

1. 规范性引用文件的目的

（1）涉及其他领域，与本标准有关，但不属于本标准的主要内容。

（2）总体结构协调（避免某一章特别庞大），避免标准间的不协调。

（3）使标准简练，避免标准篇幅过大。

（4）和有关标准一致，避免抄录错误。

2. 规范性引用文件的形式

（1）注日期引用文件。

凡是注日期引用的文件，意味着只使用所注日期的版本，以后出版的新版本和修改单中修改后的内容均不适用。当引用的是其他文件中特定的章、条、表或图时，采用注日期引用，表述形式是：

① 引用有编号的部分、章、条、图、表："……GB/T ×××.×—2003 给出了相应的试验方法"；"……遵守 GB/T ×××—2008 第×章的规定"

② 引用无编号的项："……按 GB/T ×××—2005，3.1 中第二段的规定"；"……按 GB/T ×××—2006，5.2 中第二列项的第三项规定"。

（2）不注日期引用文件。

当引用的是完整的文件或标准的某个部分，并且当引用的这个文件（或标准的某个部分）将来发生变化（如被修订），也能被接受时，则不注日期，表述形式是："……按 GB/T ×××的规定"（规范性引用）；"……参见 GB/T ×××……"（资料性引用）。

3. 规范性引用文件的排列顺序

"规范性引用文件"一章内容的表述形式由"引导语+文件清单"组成。

对于标准中要注日期的引用文件，应在文件清单中给出文件的年号或版本号以及完整的名称，对于引用的标准则给出标准的编号和名称，例如：GB/T 1031—1995 表面粗糙度 参数及其数值。

对于标准中不注日期的引用文件，不应在文件清单中给出文件的年号或版本号，对于引用的标准则仅给出标准的代号、顺序号和标准名称，例如：GB/T 15834 标点符号用法。

引用文件清单的顺序：国家标准和国际标准按标准顺序号由小到大排列，文件按时间先后排列。行业标准、地方标准、其他国际标准先按标准代号，阿拉伯字母或阿拉伯数字的顺序排列，再按标准顺序号排列。

4. 规范性引用文件应注意的问题

（1）引用的所有规范性文件一定要在标准中提及，没有提及的文件不应作为规范性引用文件。

（2）不要将资料性引用文件列入规范性引用文件中。

（3）用摘抄的形式将引用的内容已抄录到标准中，则不应再将被抄录的标准列入规范性引用文件中。

（4）可以被引用的文件（或标准）：

① ISO/IEC 公开发布并可获得的文件、技术规范、报告、指令、指南等；

② 国内具有广泛可接受性和权威性，并且可公开获得的文件；

③ 不要将尚未发布过的文件或不能公开得到的文件，列入规范性引用文件中去。

（5）按规定，除国家标准可以引用行业标准外，都只能引用上级标准和同级标准，不能引用下级标准。企业标准只能在本企业的标准中引用。

（6）引用的文件应是最新版本的，不引用已被代替或废止的文件。

（7）在标准中不应引用下列文件：法律、法规、规章和其他政策性文件；宜在合同中引用的管理、制造和过程类文件；含有限制竞争的专用设计方案或属于某企业所有的文件。

（8）引用后标准的性质问题。如果一项全文强制标准中或条文强制的条款中规范性引用了推荐性标准的内容，则推荐性的内容便构成了强制执行内容的一部分，如果推荐性标准引用了强制标准中强制执行的内容，强制性标准的内容仍然应强制执行。

【例 5.12】GB/T 19001—2016/ISO9001:2015《质量管理体系 要求》的规范性引用文件部分。

---

2 规范性引用文件

下列文件对于本文件的应用是必不可少的。凡是注日期的引用文件，仅注日期的版本适用于本文件。凡是不注日期的引用文件，其最新版本（包括所有的修改单）适用于本文件。

GB/T 19000—2016 质量管理体系 基础和术语（ISO9000:2015，IDT）

5.5.2.9 术语和定义的编写

"术语和定义"是规范性技术要素，在非术语标准中该要素是一个可选要素。如果标准中有需要界定的术语，则应以"术语和定义"为标题单独设章，对标准中使用到的不易理解的术语进行定义，以便给使用者提供方便。

1. 术语和定义的表述形式

术语和定义的表述形式为：引导语+术语条目（清单）构成。

在给出具体的术语和定义之前应有一段引导语。仅仅标准中界定的术语和定义适用时，使用下述引导语："下列术语和定义适用于本文件。"除了标准中界定的术语和定义外，其他文件中界定的术语和定义也适用时，使用下述引导语："……界定的以及下列术语和定义适用于本文件。"仅仅其他文件界定的术语和定义适用时使用下述引导语："……界定的术语和定义适用于本文件。为了便于使用，以下重复列出……中的一些术语和定义。"

术语条目宜按照概念层次（逻辑）进行分类和编排，每一条目给一个编号。属于一般概念的术语和定义应安排在最前面。任何一个术语条目应至少包括四个必备内容：条目编号、术语、英文对应词、定义。根据需要术语条目还可增加以下附加内容：符号、专业领域、概念的其他表述方式（例如：公式、图等）、示例和注等。

2. 编写术语和定义的基本要求及原则

（1）当不对术语进行定义，其含义会引起误解或产生歧义时，才有必要对术语进行定义。

（2）对于通用词典中的词或通用技术术语，只有用于特定含义时，才应对它下定义。

（3）标准中应在其范围限定的领域内给术语下定义。

（4）在对某术语进行定义前，应查明其他标准中是否已给出定义。

如果已经建立，只需引用定义该概念的标准，避免重复或对同一概念给出不同的解释。如果确有必要重复某术语已经标准化的定义，则应表明该定义出自的标准，只列出为理解本标准（或文件）中某些术语所必需的定义。

（5）只要不是一看就懂或众所周知，或在不同的语句中有不同解释的术语均应通过定义有关概念予以明确。

（6）在给术语下定义时，要用简明和通俗易懂的语言表述，不要在定义中重复术语。

（7）定义既不应包含要求，也不应写成要求的形式。

5.5.2.10 标准附录的编写

附录是标准层次的表现形式之一，使用附录的编写形式，主要是为了突出标准的主要内容，使标准的整体结构更合理，层次更清楚。

1. 附录分类

标准的附录分为两种，一种是"规范性附录"，一种是"资料性附录"。

（1）规范性附录是标准正文的附加或补充条款，附录的内容是构成标准整体内容不可分割的一部分，在标准中的作用与标准正文相同。

（2）资料性附录是对标准理解的附加信息，附录中除包含可选要求（如:可选的试验方法）外，不应包含要求。资料性附录通常提供以下信息：

① 标准中重要规定的依据和对专门技术问题的介绍。
② 标准中某些条文的参考性资料。
③ 正确使用标准的说明、示例等。

2. 附录要求

（1）正文中要提及：如果需要设置附录，应在标准的正文中提及附录。措词方式：规范性的："遵照（符合）附录 A 的规定"；"见附录 C"等；资料性的："参见附录 B"。

（2）前言中对附录属性要陈述。哪些是规范性附录，哪些是资料性附录。

（3）在目次中标明附录性质。

（4）附录的编号：应按标准中提及的先后次序编排附录的顺序，不论属性如何。

（5）附录中的章用"A.1"、"A.2"……等表示，其中图、表也要给出编号。

1. 解释并比较以下概念
（1）陈述、推荐和要求。
（2）规范性要素、资料性要素。
2. 标准中哪些是资料性概述要素？哪些是规范性一般要素？哪些是规范性技术要素？哪些是资料性补充要素？
3. 标准的层次是如何划分的？
4. 陈述型条款、推荐型条款、要求型条款在表达上有什么不同？
5. 标准中核心要素"要求"一章编写时应注意哪些问题？
6. 标准封面包含哪些主要内容？如何通过封面了解标准？

第 6 章　企业标准体系的评价与改进

企业标准体系的实施应与贯彻、实施标准的工作融为一体，同时还要做好企业标准体系的自我评价和社会确认工作，以促进企业标准体系的持续改进和有效运行。

6.1　企业标准体系评价概述

6.1.1　评价依据（准则）

企业标准体系评价是企业不断改进和自我完善的有效方法，也是推动企业标准化工作不可缺少的重要一环，它对提高企业管理水平，实现企业标准化方针、目标具有重要意义。评价包括：企业自我评价（内部评价）和经标准化主管部门认可的评价机构的社会确认（外部评价、第三方评价）。通过对标准体系的评价、确认，企业可以发现生产、经营和管理各项活动中存在的不足和缺陷，并通过制定纠正措施和持续改进进一步完善标准体系。

企业标准体系评价的依据主要有：

（1）国家有关的标准化方针、政策。

（2）标准化相关法律、法规、规章和强制性标准。

（3）企业标准体系系列国家标准：GB/T15496、GB/T15497、GB/T15498 以及 GB/T13016、GB/T13017 和 GB/T19273。

其中 GB/T19273—2003《企业标准体系　评价与改进》规定了企业标准体系的评价原则和依据、评价条件、评价方法和程序、评价内容和要求。同时还对自我评价、社会确认结果的处置以及持续改进提出了明确要求。

（4）国家标准委《关于开展"标准化良好行为企业"试点工作的通知》。

6.1.2　评价的任务

企业可以通过自我评价和社会确认，对企业标准体系做出准确、客观和公正的判断，评价企业所建立运行的体系与系列标准要求的适宜性、充分性和有效性。包括：

（1）判定企业是否已经建立起文件化的标准体系。

（2）适宜性（符合性）：企业标准体系文件是否符合企业标准体系系列国家标准的要求，是否满足国家有关法律法规和强制性国家标准要求。

（3）充分性：企业标准体系内的标准的数量、内容是否满足企业生产、经营、管理的要求，产品能否最终满足顾客的要求和期望。体系运行是否达到预期的标准化方针和目标的要求。

（4）有效性：标准体系是否有效实施和运行，企业是否建立起有效的自我发现问题、自我完善和自我持续改进的机制。

（5）社会确认还可向社会和企业员工证实企业提供的产品和服务满足标准化要求的程度；公示其生产、经营、管理具有最佳秩序；提高顾客对企业提供产品的标准化水平的信任程度。

6.1.3 评价的基本条件

6.1.3.1 企业申请确认的基本条件

社会确认实行企业自愿申请的原则。申请企业必须具备以下条件：

（1）具有法人资格或具有独立经营管理职能的企业。

（2）企业标准体系文件齐全，符合企业的实际情况，满足企业生产、经营和管理要求，企业已按 GB/T19273 完成对标准体系的自我评价，并已有效运行 3 个月以上。

（3）产品标准合法有效，产品有国家认可的检验机构出具的检测报告。

（4）采用国际标准的产品，必须经过标准化主管部门确认。

（5）企业设有满足生产、经营、管理要求的标准化机构及人员并有明确的标准化职责。

有以下情况之一者，均不得申请企业标准体系的社会确认：

（1）产品标准覆盖率未达到100%，无标生产或产品不能满足国家、行业或地方强制性标准的。

（2）企业三年内发生重大产品质量、安全生产、职业健康、环境管理等事故，受到国家或地方行政管理部门通报或处分，包括在新闻媒体上的批评和曝光。

（3）国家或地方质量监督部门抽查产品质量未达到产品标准要求，并连续两次抽查不合格的。

6.1.3.2 自我评价的基本条件

企业标准体系自我评价应具备以下基本条件：

（1）企业建立起了满足企业生产、经营、管理要求的标准体系，并在标准体系文件批准发布后，有效实施三个月以上。

（2）企业设有专职或兼职的标准化管理机构和人员，并明确了标准化职责。

（3）企业全体员工经过了标准化专业知识培训，熟悉企业标准化方针、目标和本部门、本岗位的标准化职责、权限。

（4）企业最高管理者及中层以上管理者，熟悉国家有关标准化的法律、法规和规章，掌握企业标准体系文件的有关内容。

6.1.4 组织和人员要求

进行社会确认的组织机构应符合国家有关规定，由标准化行政主管部门向评价机构颁发《企业标准体系确认组织资质证书》。自我评价和社会确认都要事先组成专家组，专家组设组长一名，专家组人数可根据企业规模确定。自我评价应成立由标准化管理者代表领导的标准体系自我评价小组，成员包括各部门或岗位的负责人（也可外聘专家）。

专家组成员应符合以下条件：

（1）社会确认专家组成员应经过标准化行政主管部门统一组织的培训、考试，并取得确认评价人员资格证书；自我评价小组人员应经过企业标准化培训。

（2）具有相关专业技术知识。

（3）熟悉国家有关标准化的方针、政策和法律、法规，熟悉并掌握GB/T15496、GB/T15497、GB/T15498等企业标准体系系列国家标准。

（4）具有一定工作经验，熟悉企业生产、经营、管理情况和企业标准体系文件。有组织管理和综合评审能力，能够解决评价过程中的实际问题。

（5）遵纪守法，坚持原则，实事求是，作风正派。

6.1.5 自我评价与社会确认的比较

自我评价是指企业为确定其建立和实施的标准体系所涉及的各项标准以及相关联的各种标准化工作是否达到规定目标的适宜性、充分性和有效性而进行的企业自主检查活动。

社会确认是指由标准化主管部门确定企业建立和实施的标准体系所涉及的各项标准以及相关联的各种标准化工作是否达到规定目标的适宜性、充分性和有效性所进行的活动。企业标准体系评价应以自我评价为主，在自我评价的基础上，争取社会确认。

自我评价与社会确认的比较见表6.1。

表6.1 自我评价与社会确认的区别

比较项目	主要区别	
评价类型	自我评价	社会确认
评价条件	相对比较宽松	相对严格
评价人员	由企业自己确定的企业内部人员或外聘专家	由标准化主管部门认可的评价机构组织的专家和有关技术人员（取得企业标准体系评审员资格）
评价依据	标准化法律、法规、规章以及标准体系系列国家标准	与自我评价相同
评价目的	纠正和改进，实现企业方针、目标	纠正和改进，实现企业方针、目标。并得到社会认可
评价范围	全部或部分，由企业确定	全部，有代表性的抽样式评价
评价时间	由企业自己确定，可长可短	企业和评价机构共同确定，一般不超过两天
评价结果处置	分析、研究，制定纠正和预防措施	不提供纠正和预防措施
评价效果	效果一般	效果好
评价结果	自我评价报告	确认证书、社会公告

6.1.6 自我评价与社会确认的实施要求

6.1.6.1 系统性

企业标准体系的自我评价与社会确认有正式的程序和方法，包括评价确认的策划和准备，召开首次和末次会议，现场选定样本收集客观证据，开具不合格报告，编拟评价报告，进行纠正措施的跟踪等。

6.1.6.2 独立性

企业标准体系的自我评价与社会确认必须是独立的，其"独立"性，主要体现在以下方面：
（1）评价人员与所评价的活动无直接的责任。
（2）评价人员的评价活动不受干预。
（3）评价人员的评价结果代表个人的观点。

6.1.6.3 抽样性

企业标准体系的自我评价与社会确认工作由于时间和人员的限制，要在较短时间内完成评价工作，只能采取抽样的方法，包括抽取一定数量的体系文件、记录，询问一定数量的人员，抽查若干台生产设备及检验、测量和试验设备，查证若干过程等。

任何抽样都有两类风险，自我评价与社会确认抽样也不例外。两类风险一是指"弃真"——好的当成坏的，二是指"存伪"——坏的当成好的。为了减少这两类风险，应做到随机不随便，关注主要问题。选择样本要有代表性，对标准化活动影响大的样本要多抽一些，样本量最少两个。抽样不能由受评方指定，而应由评价人员在现场随机抽取。

6.1.6.4 客观性、公正性

自我评价与社会确认活动是收集证据并进行验证和确认的过程，评价人员在整个评价过程中应保持公正，以客观事实为依据，以评价准则为准绳。

6.1.6.5 相关性、可信性和充分性

评价发现应能表明评价证据是否符合评价准则。评价是利用已建立的方法和技巧，确保评价证据和评价发现的相关性、可信性和充分性。因此，由彼此独立的评价组对同一对象的评价应得出相类似的结论。

6.1.6.6 保密性

评价人员应遵守职业规范。除非有法律要求，否则评价组不得向第三方泄露评价期间所获得的任何有关文件的内容和信息以及评价报告。

6.2 企业标准体系的自我评价

自我评价与社会确认活动按图6.1所示程序进行。

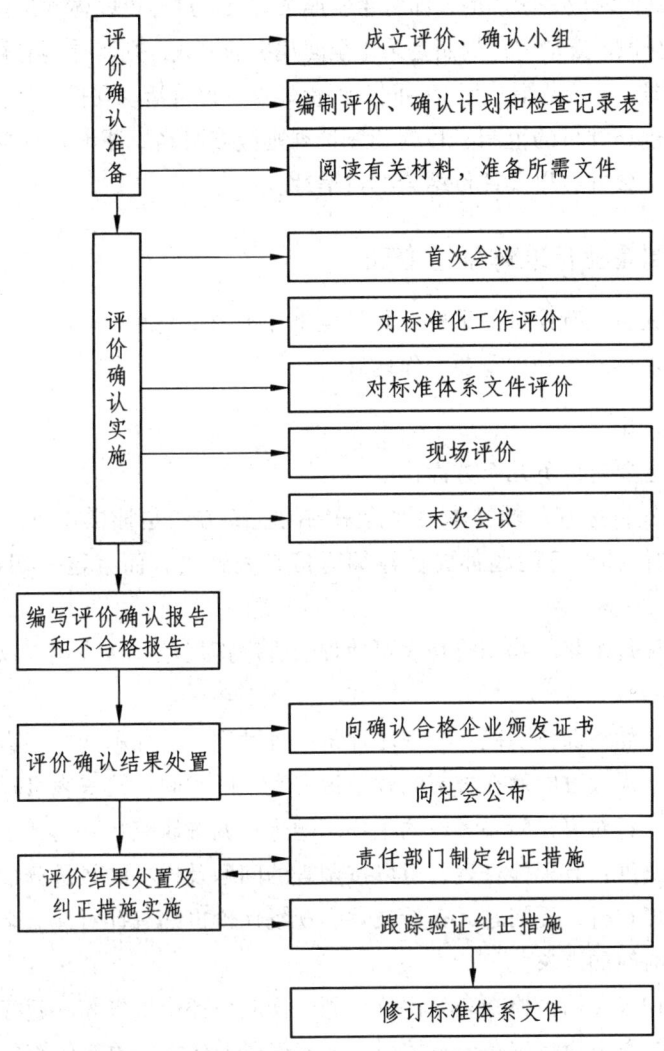

图 6.1 自我评价与社会确认程序

下面以自我评价为例,简述其评价过程,社会确认与之类似。

6.2.1 评价准备

专家组要在评价前,阅读有关材料(企业标准体系表和标准体系文件、相关的国家标准、行业标准,标准化法律、法规、规章),准备评价所需要的工作文件。

6.2.1.1 编制自我评价计划

企业标准体系的自我评价一般应编制年度计划。每月对一个或几个项目进行评价,逐月展开,使一年内能把所有项目、所有活动覆盖至少一次。其中对较重要的或问题较多的项目评价频次可适当增加。年度计划同时应是滚动的,即跨年度连续进行。这样可以体现出评价的连续性。如果例行评价不是采用分散、滚动的计划而是采用全面集中的方式,则其计划与社会确认相似,包括评价目的、评价依据、评价范围、评价时间、评价地点、评价活动安排、评价内容等。

在开始评价之前,评价的范围、目的和评价准则应被明确。评价方案需予以策划,以确保其实施的有效性和一致性,以及评价结论的可信性。

6.2.1.2 编制企业标准体系检查表

检查表是评价人员进行评价的重要工具,也是评价的重要原始资料之一。所以编写检查表是评价人员进行评价准备的一项重要工作内容。

1. 检查表的作用

检查表的作用主要有以下几个方面:

(1)明确与审核目标有关的样本:评价采用的主要方法是抽样检查。抽什么样本,每种样本应抽多少、如何抽样等问题都要通过编写检查表解决,而且这一切都要为达到评价目标服务。

(2)使评价程序规范化:编制检查表可使评价程序正规化和格式化,以减少评价工作的随意性和盲目性。

(3)使评价目标始终保持明确:在现场评价中种种现实情况和问题很容易转移评价人员的注意力,有时甚至迷失大方向而在枝节问题上浪费大量的时间。检查表可以提醒评价人员始终坚持主要评价目标,针对事先精心考虑的主要问题进行调查研究。

(4)保持评价进度:有了检查表,可以按调查的问题及样本的数量分配时间,使评价工作有条理、按计划进度进行,提问题、查看文件和现场评价也都有针对性。不至于发生前松后紧或不得不延长评价时间的现象。

(5)作为评价记录存档:检查表与评价计划一样应与评价报告等一起存入评价项目的档案中。有的检查表同时留出栏目记载调查情况,兼起记录的作用,更有保存的必要。

(6)减少重复的或不必要的工作量:评价人员各自编写的检查表要经审核组长审查协调,防止遗漏或重复。

2. 检查表的设计

设计检查表时应注意以下几点:

(1)检查表应按 GB/T19273—2003《企业标准体系 评价与改进》及企业标准体系系列国家标准的要求来编写,覆盖标准要求,这样才能全面检查企业标准体系及其活动结果是否符合系列标准的要求。有的检查表直接把系列标准的条款规定改编成问题调查表,这种检查表也可称之为"标准化了的检查表"。

（2）结合体系文件评价选择典型的标准化问题：文件评价是为编制检查表做准备的，根据文件的内容有重点地列出被评价的问题，以便证实实施与文件的一致性。每项标准化活动常有一些典型的问题，在检查表中可重点注意这些问题。

（3）抽样应有代表性：在评价时不能只按标准提问题，还要查看文件、记录和现实情况。由于文件和记录数量很多，不可能全部检查，所以在检查表中大致规定抽样数。这样才能在短时间内获得数量适当的客观证据。

（4）调整或修改检查表：检查表是评价人员为便于进行评价而设计和使用的一种工具。是评价人员在尚未详细了解受评价方的标准化活动、标准化要求及标准化运行状况的情况下编写的。因此，实际的体系运行状况、关键过程或较薄弱的环节可能与编写检查表时评价人员的设想有较大的差距。评价人员在现场评价中当发现检查表中未考虑的重要线索、关键过程、薄弱环节等信息时，应及时调整原有思路，根据实际情况临时调整或修改检查表。

检查记录表内容包括被检查部门（岗位）、员工姓名、确认/评价人员姓名、检查日期、依据的标准体系文件、检查项目和内容、标准章节、现场检查记录、判定等，可结合评分表设计。

6.2.1.3 准备自我评价评分表

使用国标委农轻〔2004〕93号，"关于做好"标准化良好行为"试点确认工作的通知"中的标准化良好行为确认评分表，见表6.2、表6.3。

表6.2 企业自我评价评分表

评价项目	评价内容和要求	评价结果	小项得分	实际得分	备注
一、标准化工作要求（80分）	1. 企业的方针、目标	1. 有； 2. 没有	5 0		
	2. 有完善的标准化组织机构图和明确的职能	1. 有，并有完整的组织机构图； 2. 没有标准化机构，有明确职能； 3. 没有组织机构，职能也不明确	10 5 0		
	3. 标准化人员达到GB/T 15496—2003要求（包括人数、人员能力、素质）	1. 达到要求； 2. 人数、能力不能满足要求； 3. 没有配备标准化人员	5 3 0		
	4. 标准化人员培训	1. 按计划进行了培训并有记录； 2. 有计划，但没完全实现； 3. 无计划	10 5 0		
	5. 有适合企业发展要求的标准化规划、计划（包括标准的制修订、科研项目和采标计划等）	1. 有完整的标准化规划、计划； 2. 标准化规划、计划不完整； 3. 没有标准化规划、计划	5 （每缺一项扣1分） 0		
	6. 标准化信息管理应符合GB/T 15496—2003要求（包括标准资料的收集，信息的管理，各种文件的发放和存档，以及企业计算机网络管理）	1. 满足GB/T 15496—2003要求和企业需要； 2. 不满足GB/T 15496—2003要求； 3. 无标准化信息管理	5 （每缺一项扣1分） 0		

续表

评价项目	评价内容和要求	评价结果	小项得分	实际得分	备注
一、标准化工作要求（80分）	7. 建立满足要求和完善的企业标准体系，符合 GB/T 15496～15498—2003 的要求。企业标准体系表应符合 GB/T 13016 和 GB/T 13017 的要求	1. 标准体系结构合理、齐全，符合标准要求，满足企业需求，图、表齐全、配套；	10		
		2. 标准体系结构合理、齐全，图、表齐全配套，但不能完全满足企业需求；	8		
		3. 标准体系结构合理、齐全，图、表不齐全、配套，不能完全满足企业需求；	6		
		4. 标准体系结构合理、齐全，但图表不齐全、不配套，不能满足企业需求；	4		
		5. 标准体系结构不够合理完善，图、表不完全配套，不能满足企业需求；	2		
		6. 没有建立标准体系	0		
	8. 企业标准的制定符合 GB/T 15496—2003 第10章的要求	1. 完全符合；	10		
		2. 不完全符合；	5		
		3. 不符合	0		
	9. 标准的实施应符合标准的要求	1. 完全符合；	10		
		2. 不完全符合；	5		
		3. 不符合	0		
	10. 标准实施的监督应符合 GB/T 15496—2003 的要求	1. 完全符合；	10		
		2. 不完全符合；	5		
		3. 不符合	0		
二、技术标准体系（120分）	1. 技术标准体系的构成符合 GB/T 15497—2003 的要求	1. 技术标准体系的构成合理，内容完整，满足企业基本要求；	10		
		2. 基本符合要求；	5		
		3. 不符合要求	0		
	2. 技术基础标准符合 GB/T 15497—2003 第7章的要求	1. 技术基础标准完整，满足企业要求；	10		
		2. 不够完整；	5		
		3. 无技术基础标准	0		
	3. 设计技术标准符合 GB/T 15497—2003 第8章的要求	1. 设计技术标准符合标准要求；	10		
		2. 不完全符合标准要求；	5		
		3. 不符合标准要求	0		
	4. 产品标准（含半成品）符合 GB/T15497 第9章要求。产品标准覆盖率应达到100%，并且备案、登记	1. 产品标准符合标准要求；	10		
		2. 不完全符合标准要求；	5		
		3. 不符合标准要求	0		
	5. 采购技术标准应符合 GB/T 15497—2003 第10章的要求	1. 采购标准齐全，符合标准要求；	10		
		2. 主要设备和原材料采购标准覆盖率达不到100%；	5		
		3. 无采购标准	0		

续表

评价项目	评价内容和要求	评价结果	小项得分	实际得分	备注
二、技术标准体系（120分）	6. 工艺技术标准应符合 GB/T 15497—2003 第 11 章的要求	1. 工艺标准齐全、完整，满足标准要求； 2. 不齐全，不能满足标准要求； 3. 没有工艺技术标准	10 5 0		
	7. 设备、基础设施和工艺装备技术标准应符合 GB/T 15497—2003 第 13 章的要求	1. 标准完整、齐全；自制设备有标准； 2. 不够完整、齐全； 3. 无主要和关键设备标准	10 5 0		
	8. 测量、检验、试验方法及设备技术标准应符合 GB/T 15497—2003 第 14、15 章的要求	1. 完全符合标准要求； 2. 不够完整，基本符合要求； 3. 不符合标准要求	10 5 0		
	9. 包装、搬运、储存、标志技术标准应符合 GB/T 15497—2003 第 16 章的要求	1. 完全符合标准要求； 2. 基本符合标准要求； 3. 不符合标准要求	10 5 0		
	10. 安装、交付技术标准应符合 GB/T 15497—2003 第 17 章的要求	1. 完全符合标准要求； 2. 基本符合标准要求； 3. 不符合标准要求	5 3 0		
	11. 服务技术标准应符合 GB/T 15497—2003 第 18 章的要求	1. 完全符合标准要求； 2. 基本符合标准要求； 3. 不符合标准要求	5 3 0		
	12. 能源技术标准应符合 GB/T15497—2003 第 19 章的要求	1. 能源技术标准齐全、完整； 2. 基本符合标准要求； 3. 不符合标准要求	5 3 0		
	13. 安全技术标准应符合 GB/T 15497—2003 第 20 章的要求	1. 完全符合标准要求； 2. 基本符合标准要求； 3. 不符合标准要求	5 3 0		
	14. 职业健康技术标准应符合 GB/T 15497—2003 第 21 章的要求	1. 完全符合标准要求； 2. 基本符合标准要求； 3. 不符合标准要求	5 3 0		
	15. 环境技术标准应符合 GB/T15497—2003 第 22 章的要求	1. 完全符合标准要求； 2. 基本符合标准要求； 3. 不符合标准要求	5 3 0		
三、管理标准体系和工作标准体系（100分）	1. 管理标准的构成、结构应符合 GB/T 15498—2003 第 5 章的要求，格式和编写符合第 6 章的要求	1. 完全符合标准要求； 2. 基本符合标准要求； 3. 不符合标准要求	5 3 0		
	2. 管理基础标准应符合 GB/T 15498—2003 中 7.1 的要求	1. 完全符合标准要求； 2. 基本符合标准要求； 3. 不符合标准要求	5 3 0		
	3. 经营综合管理标准应符合 GB/T 15498—2003 中 7.2 的要求	1. 完全符合标准要求； 2. 基本符合标准要求； 3. 不符合标准要求	5 3 0		

续表

评价项目	评价内容和要求	评价结果	小项得分	实际得分	备注
三、管理标准体系和工作标准体系（100分）	4. 设计、开发与创新管理标准应符合 GB/T 15498—2003 中 7.3 的要求	1. 完全符合标准要求； 2. 基本符合标准要求； 3. 不符合标准要求	5 3 0		
	5. 采购管理标准应符合 GB/T 15498—2003 中 7.4 的要求	1. 完全符合标准要求； 2. 基本符合标准要求； 3. 不符合标准要求	5 3 0		
	6. 生产管理标准应符合 GB/T 15498—2003 中 7.5 的要求	1. 完全符合标准要求； 2. 基本符合标准要求； 3. 不符合标准要求	5 3 0		
	7. 质量管理标准应符合 GB/T 15498—2003 中 7.6 的要求	1. 完全符合标准要求； 2. 基本符合标准要求； 3. 不符合标准要求	5 3 0		
	8. 设备与基础设施管理标准应符合 GB/T 15498—2003 中 7.7 的要求	1. 完全符合标准要求； 2. 基本符合标准要求； 3. 不符合标准要求	5 3 0		
	9. 测量、检验、试验管理标准应符合 GB/T 15498—2003 中 7.8 的要求	1. 完全符合标准要求； 2. 基本符合标准要求； 3. 不符合标准要求	5 3 0		
	10. 包装、搬运、储存管理标准应符合 GB/T 15498—2003 中 7.9 的要求	1. 完全符合标准要求； 2. 基本符合标准要求； 3. 不符合标准要求	5 3 0		
	11. 安装、交付管理标准应符合 GB/T 15498—2003 中 7.10 的要求	1. 完全符合标准要求； 2. 基本符合标准要求； 3. 不符合标准要求	5 3 0		
	12. 服务管理标准应符合 GB/T 15498—2003 中 7.11 的要求	1. 完全符合标准要求； 2. 基本符合标准要求； 3. 不符合标准要求	5 3 0		
	13. 能源管理和信息管理标准应符合 GB/T 15498—2003 中 7.12 和 7.16 的要求	1. 完全符合标准要求； 2. 基本符合标准要求； 3. 不符合标准要求	5 3 0		
	14. 安全管理标准应符合 GB/T 15498—2003 中 7.13 的要求	1. 完全符合标准要求； 2. 基本符合标准要求； 3. 不符合标准要求	5 3 0		
	15. 职业健康管理标准应符合 GB/T 15498—2003 中 7.14 的要求	1. 完全符合标准要求； 2. 基本符合标准要求； 3. 不符合标准要求	5 3 0		
	16. 环境管理标准应符合 GB/T 15498-2003 中 7.15 的要求	1. 完全符合标准要求； 2. 基本符合标准要求； 3. 不符合标准要求	5 3 0		
	17. 工作标准的构成、格式、编号应符合 GB/T 15498—2003 中 8.1~8.3 的要求	1. 完全符合标准要求； 2. 基本符合标准要求； 3. 不符合标准要求	5 3 0		

续表

评价项目	评价内容和要求	评价结果	小项得分	实际得分	备注
三、管理标准体系和工作标准体系（100分）	18. 工作标准的编写应符合 GB/T 15498—2003 中 8.4 的要求	1. 完全符合标准要求； 2. 基本符合标准要求； 3. 不符合标准要求	5 3 0		
	19. 工作标准完整、齐全，能满足实现技术标准和管理标准的需要	1. 完全符合标准要求； 2. 基本符合标准要求； 3. 不符合标准要求	5 3 0		
	20. 工作标准应有检查、考核要求和记录，符合 GB/T 15498—2003 中 8.4.7～8.4.8 的要求	1. 完全符合标准要求； 2. 基本符合标准要求； 3. 不符合标准要求	5 3 0		
四、技术标准、管理标准和工作标准的实施、监督与持续改进（100分）	1. 应制定技术标准、管理标准和工作标准的实施计划和程序	1. 有详细的计划、规划，覆盖率达100%； 2. 有计划，但覆盖率不到80%； 3. 无计划	10 5 0		
	2. 做好标准实施的组织、技术、物质等条件的准备	1. 做好充分准备，满足实施要求； 2. 基本做好准备； 3. 没做好准备	10 5 0		
	3. 技术标准、管理标准和工作标准的实施以及产品质量、安全生产、职业健康、环境保护满足标准的要求	1. 完全符合要求； 2. 基本符合要求； 3. 不符合要求	10 5 0		
	4. 设备、物资、资源的检验、试验合格率应满足标准规定的要求	1. 完全合格； 2. 基本合格； 3. 不合格	10 5 0		
	5. 产品实现过程的质量控制符合标准要求，产品实现或服务提供过程，每道工序都按标准验证合格并记录	1. 完全合格； 2. 基本合格； 3. 不合格	10 5 0		
	6. 包装、搬运、储存、安装、交付实现质量控制，应符合标准要求并有记录存档	1. 完全合格； 2. 基本合格； 3. 不合格	10 5 0		
	7. 营销和服务过程应符合标准，能满足顾客要求，各部门协调、沟通默契，对不合格有纠正和预防措施	1. 完全满足； 2. 基本满足； 3. 不能满足	10 5 0		
	8. 新产品开发，技术改造、技术引进的标准化审查符合 GB/T 15496 第 8 章和 GB/T 15497 7.2 的要求	1. 完全满足； 2. 基本满足； 3. 不能满足	10 5 0		
	9. 标准实施的监督检查应符合 GB/T 15496—2003 第 11 章的要求	1. 完全符合要求； 2. 基本符合要求； 3. 不符合要求	10 5 0		
	10. 建立并实施企业标准体系持续改进的运行机制和程序，并通过测量、分析、评审，制定改进措施并跟踪	1. 建立并实施； 2. 建立，未实施； 3. 未建立	10 5 0		

表 7.5 企业标准体系评价加分表

评价项目	评价内容	评价要求	小项得分	实际得分	备注
加分项目（100分）	1. 采用国际标准和国外先进标准，并使用采标标志的	1. 产品标准 100%采用国际标准或国外先进标准； 2. 产品标准 90%以上采用国际标准或国外先进标准； 3. 产品标准 80%以上采用国际标准或国外先进标准； 4. 产品标准 70%以上采用国际标准或国外先进标准； 5. 产品标准 60%以上采用国际标准或国外先进标准； 6. 产品标准 30%以上采用国际标准或国外先进标准	25 20 15 10 5 2		
	2. 企业产品标准有高于国际标准、国家标准、行业标准或地方标准的内控标准	1. 内控标准水平高于同类产品国际或国外先进标准指标； 2. 内控标准水平高于同类产品国家标准指标； 3. 内控标准水平高于同类产品行业标准指标； 4. 内控标准水平高于同类产品地方标准指标	25 20 15 10		
	3. 企业标准化管理机构设置，满足生产、经营和管理的程度	1. 有最高管理者参加的标准化委员会作为决策机构，并设有专职的职能部门和专职的标准化人员配备； 2. 有专职的标准化管理机构和人员； 3. 有标准化兼职机构，并配备专职的标准化管理人员； 4. 有标准化兼职机构和兼职的标准化管理人员	25 20 15 0		
	4. 企业标准化工作有突出贡献，并获国家、行业或地方明令表彰	1. 获得国际标准化组织表彰； 2. 获得国家标准化部门表彰； 3. 获得行业标准化部门或组织表彰； 4. 获得地方标准化部门表彰	25 20 15 10		

6.2.1.4 准备评价用的工作文件（评价准则所涉及的文件）

（1）标准化法律、法规和规章：《中华人民共和国标准化法》《企业标准化管理办法》。

（2）相关标准文本：GB/T15496、GB/T15497、GB/T15498，GB/T13016、GB/T13017，以及 GB/T19273 系列国家标准。

（3）企业标准体系中技术标准体系、管理标准体系、工作标准体系三个子体系的标准明细表。

6.2.2 评价实施

按照 GB/T19273—2003，自我评价应覆盖企业所有部门和 GB/T15496—2003 的所有条款。包括标准化工作评价，标准体系文件评价及现场评价，改进过程的有效性评价。评价实施应按事先制定的计划进行并保持自我评价的所有记录。

6.2.2.1 首次会议

首次会议由评价组长主持，评价组成员及各受评价部门代表参加。会议主要内容为：
（1）介绍参会人员，包括对各自职责的简单介绍。
（2）宣布评价计划，说明评价的目的、范围、方法和程序，评价注意事项和要求。
（3）宣布分工检查人员、地点安排。
（4）就评价的时间安排与受评价方的其他相关安排达成一致意见，诸如末次会议的时间，与受审核方管理者举行的中间会议等。

6.2.2.2 对标准化工作的评价

GB/T15496 对标准化工作的要求，企业应：
（1）有明确的标准化工作的方针、目标和具体要求。
（2）有完整的标准化组织机构和明确的职能要求。
（3）制定适合企业发展要求的标准化规划、计划和员工的标准化培训计划。
（4）标准化信息管理应符合 GB/T15496 的要求。
（5）建立能满足企业经营需求且完善的企业标准体系，符合 GB/T15496、GB/T15497 和 GB/T15498 的要求，企业标准体系表应符合 GB/T13016 和 GB/T13017 的编写要求。
（6）企业标准的制、修订符合 GB/T15496 的规定，标准的实施符合标准的要求。
（7）采用国际标准和国外先进标准符合 GB/T15496 的要求。

针对 GB/T15496 的要求，应评价以下内容：
（1）标准体系表及实施效果的情况。
（2）标准化管理机构和人员，培训有效性如何。
（3）生产经营标准化管理制度、职责分工是否明确。
（4）标准化工作规划、计划，制修订标准、采标、科研以及培训计划落实情况。
（5）信息收集，网络建设工作情况。
（6）企业标准制修订、采标和标准实施监督有无违规行为。

6.2.2.3 对标准体系文件的评价

GB/T15497 对技术标准体系文件的规定：
（1）技术标准体系（包括体系表、目录、编号）构成合理、结构完整，符合 GB/T15497 的要求。
（2）技术标准体系的构成应结合企业的实际需要。

针对 GB/T15497 的要求，应评价以下内容：

（1）技术标准体系的构成、层次结构是否完整、合理，满足企业生产、经营、管理需要；各类标准文本是否齐全、有效。

（2）由企业制定的技术标准的结构、内容、格式是否符合要求。

（3）是否编制了技术标准体系表；所有技术标准是否统一编号。

（4）技术标准的内容是否满足国家法律、法规或强制性标准规定。

GB/T15498 对管理标准体系和工作标准体系的规定：

（1）管理标准体系和工作标准体系（包括体系表）构成合理、结构完整，符合 GB/T15498 的要求。

（2）工作标准完整、齐全，能满足和实现技术标准和管理标准的需求。

（3）工作标准应有检查、考核要求，各种记录、表格应根据企业的实际情况编制。

针对 GB/T15498 的要求，应评价以下内容：

（1）管理标准体系和工作标准体系的构成、层次结构是否完整、合理，满足企业生产、经营、管理需要；管理标准和工作标准体系表是否符合 GB/T13017 的规定；管理标准和工作标准文本是否齐全、有效。

（2）各种管理标准和工作标准的名称，编写的内容、格式、编号等是否符合 GB/T15498 的要求。

（3）所有管理标准、工作标准是否统一编号。

（4）管理标准和工作标准的内容是否符合国家法律、法规或强制性标准规定。

6.2.2.4　对标准体系实施及改进过程的现场评价

现场评价是寻找客观证据的过程，是整个评价工作中最重要的环节。

评价人员按分工至各检查现场，按照检查记录表和评分表依次通过观察、提问、检查文件、比对、验证等方式获得客观证据；对不合格项填写检查记录表。检查记录表和评分表应结合使用，并作为自我评价的证明。

（1）企业标准体系系列标准的要求。

① 有技术标准、管理标准和工作标准的实施监督计划和实施程序。

② 技术标准、管理标准和工作标准的实施应满足标准的要求。产品质量、生产安全、职业健康、环境保护等均应符合标准要求。

③ 设备、物资的检验、试验的合格率应满足标准规定要求，并有相应记录或报告。

④ 产品实现过程和服务提供过程的质量控制，每个过程都应按标准进行检验，并有合格或不合格记录。

⑤ 包装、搬运、储存、安装、交付实施的质量控制，应符合标准要求，并有记录存档。

⑥ 营销和服务过程控制应符合标准，能满足顾客要求，对不合格项有纠正和预防措施。

⑦ 新产品开发、改进，技术改造、技术引进的标准化审查，应符合有关标准化法律、法规、规章和强制性标准的要求。

⑧ 标准实施的监督检查应符合 GB/T15496 的要求。

⑨ 应建立标准体系评价与持续改进机制，并通过对不符合项的测量、分析、评审，制定改进措施和跟踪措施，不断完善企业标准体系和各项标准化管理工作。

（2）针对 GB/T15496 等的要求，现场评价内容。

① 企业是否制定了技术标准、管理标准和工作标准的实施计划，做了哪些思想、组织和物质准备。

② 如何实现产品质量、售后服务、节约能源、信息安全、安全生产、职业健康、环境保护等标准的要求；如何进行过程控制。

③ 产品实现或服务提供过程控制中的每道工序包括：设计、开发、……、安装、交付是否都严格按标准要求进行操作和实施；各个部门和岗位沟通、协调和配合的得如何？是否有完整的图纸、报表、记录、报告等。

④ 企业是否建立标准体系评价与持续改进机制；是否制定了改进措施和对改进措施的跟踪评审。

（3）信息的收集和验证。

现场评价过程中对信息应予以收集，以便确定评价目标是否可以达到。评价人员应对评价过程中收集的信息进行验证。经验证的信息可作为评价证据。信息可通过多种渠道获得并予以验证：面谈，对标准化活动和周围的工作环境与条件的观察，现场作业与各种标准文件（如方针、目标、计划、形成文件的程序、作业指导书、规范）的对照，来自其他方面的报告（如顾客反馈、外部报告和零售商的评价）。

由于现场评价是利用有限资源在有限时间内开展的工作，因此，现场评价期间所收集的信息不可避免地只是建立在对可获得信息的抽样基础上。所以，这就导致了所有的现场评价都具有一定的不确定性。

6.2.2.5 不符合项的确定和不符合报告的编写

各评价成员评价完毕后召开小组内部会议，交流个人评价情况。对不符合项讨论认定后填写不符合报告；对整体评价进行汇总分析，填写评价评分表。

不符合项按性质分为三种类型：严重、一般和轻微。

（1）严重不符合指有下述情况之一者：企业标准体系不完整，有重要的缺项，标准文本均存在章节缺失，基本没有标准实施记录。

（2）一般不符合指有下述情况之一者：企业标准体系文件描述不正确，有缺项，标准文本存在重要的不足，部分标准实施无记录。

（3）轻微不符合是指存在可以待标准换版时改进的问题，或需勘误的差错。

不符合报告是对现场评价的不符合项的陈述，是评价报告的一部分，内容可参见表 9.9。

对于评价人员来说，写好不符合报告中的不符合事实的描述，确定不符合问题的性质是最为关键的。不符合事实的描述应力求具体，可追溯。例如事情发生在什么地方、什么时间、何人执行此事或在场，发现了什么现象等，同时某些与不符合事实有关的关键细节，如图号、文件或记录编号、数量、设备名称等也应写入。

6.2.2.6 编写自我评价报告

评价组长汇集所有评价信息编写自我评价报告，内容包括：评价目的，依据，不符合内容及纠正与预防措施要求。

6.2.2.7 末次会议

现场评价的上述工作完成后，召开末次会议以结束现场评价。会议由评价组长主持，评价组成员及各被评价部门代表参加。会议内容为：

（1）介绍评价情况，就企业标准化工作、标准体系文件、标准体系实施及改进过程分别进行总结，提出评价组的结论，结论应全面总结企业标准化工作的优缺点。

（2）宣布评价结果和不符合项。

（3）对不符合项提出整改要求和纠正措施建议。

6.2.3 评价结果处置

在自我评价报告和不符合报告的基础上：

（1）对评价效果、问题、不符合项产生的根源要进行分析研究，制定纠正和预防措施，防止再发生。

（2）标准化主管部门组织人员（一般由原评价人员）对各部门不符合报告中纠正措施实施跟踪验证与评价。验证内容包括：

① 是否按规定日期完成。

② 各项纠正措施是否都完成，措施效果如何，不符合项是否被消除，是否再发生；对效果未达到要求的应责成责任部门制定新的纠正措施组织实施。

③ 实施记录按规定要求编号、保存。

④ 纠正措施实施是否需修改文件，修改是否按修改程序操作。

6.3 企业标准体系的改进

持续改进是企业标准化活动中的重要一环，也是企业追求的永恒目标。企业应按照 P—D—C—A 循环管理模式，实现企业标准体系的持续改进。持续改进包括评价后的持续改进和日常的持续改进。

6.3.1 评价后的改进

企业标准体系在实施运行中，通过对方针目标的评审、标准体系的自我评价、社会确认、针对不符合项采取纠正和预防措施进行改进，同时对改进过程的有效性进行跟踪评价，以此推动企业标准体系不断完善。

6.3.1.1 纠正措施的制定

社会确认中评价员对纠正措施不提供任何建议，自我评价人员可参加纠正措施建议的讨论，或提出几个方向性建议供相关人员参考选择，但不能代替制订纠正措施。要注意区别预防措施、纠正措施与纠正。

1. **预防措施**

预防措施是指为消除潜在不合格或其他潜在不期望情况的原因所采取的措施。一个潜在不合格可以有若干个原因；采取预防措施是为了防止发生。

2. **纠　正**

纠正是指为消除已发现的不合格所采取的措施。纠正可连同纠正措施一起实施。返工或降级可作为纠正的示例。

3. **纠正措施**

纠正措施是指为消除已发现的不合格或其他不期望情况的原因所采取的措施。采取纠正措施是为了防止再发生。制定纠正措施时应针对具体问题，找出不符合项产生的原因，明确责任人、消除方法及整改期限。

6.3.1.2　纠正措施的实施和监督

纠正措施实施如发生问题，不能按期完成或出现其他问题，须由责任部门向管理者代表说明原因，请求延期或更改，并修改措施计划。

6.3.1.3　纠正措施的跟踪验证和评价

自我评价专家组应对纠正措施实施情况进行跟踪，如有问题及时向管理者代表或标准化主管部门反映。纠正措施完成后，评价人员应对纠正措施完成情况进行验证以查验措施的有效性。主要验证计划中的各项措施是否都完成，是否有再发生现象。

6.3.2　日常改进

日常改进是不定期改进，随时发现问题，随时制定措施，随时进行改进。日常改进要注意识别改进的时机。包括收集有关不符合信息，确定信息来源，分析不符合原因，制定纠正措施，避免不符合再发生。

6.3.2.1　识别改进的时机

（1）企业生产技术、经营管理有大的变化时，应及时对企业标准体系进行修改或修订。例如产品结构调整，开发新产品，应用新技术、新工艺、新材料，引进技术和设备时，需要制定新标准、修订已有标准。

（2）实施有关国家标准、行业标准和地方标准时。

（3）企业管理体制调整时。

（4）各类标准（尤其是产品标准）在初次实施时（前三个月）。

（5）定期对企业实施的国家、行业和地方标准（尤其是强制性标准）的执行情况进行检查，发现问题，实施改进。

6.3.2.2 日常不合格信息来源

实施日常改进的信息来源包括:
(1) 顾客投诉或反馈意见;
(2) 测量、检验、试验报告;
(3) 各种记录、报表;
(4) 社会调查问卷;
(5) 员工建议。

思考与练习

1. 企业标准体系评价的依据有哪些?
2. 比较企业标准体系自我评价与社会确认的异同。
3. 企业标准体系自我评价与社会确认的基本程序及步骤有哪些?
4. 谈谈你对使用标准化良好行为确认评分表(表 6.2)的看法,你能发现什么问题吗?提出你的建议。
5. 详细列出企业标准体系评价的内容。如何进行现场评价?
6. 试将企业标准体系自我评价与第 9 章的企业质量管理体系内部审核进行比较。

第3篇 标准化应用与实践

合格评定是一种国际通行的标准实施监督方式,也是一种质量监督的有效方法;是对产品、过程或管理体系、人员或机构满足规定要求的程度所进行的系统检查和确认活动,以证明符合技术性法律法规、技术标准和合同约定。它从初期的仅限于产品质量认证,逐步衍生出质量管理体系认证、实验室和检查机构认可、认证人员及培训机构认可。

标准和合格评定是标准化活动的重要组成部分,合格评定是标准化发展到一定阶段的产物。标准是合格评定的依据,合格评定是标准推广及实施的重要手段和有效方法。

本篇以标准在企业质量管理中的应用——质量管理体系标准及其认证、强制性产品认证为例,介绍在企业实践中如何根据国际标准或国家标准建立企业各类专业管理体系,并使其有效运行;如何贯彻产品强制性标准,进行强制性产品认证。

以现场管理与现场作业为切入点,详细介绍如何将标准化理念、标准化技术及标准化方法贯彻到企业日常的现场管理与现场作业中,使标准化深入到每一个场所、每一个岗位、每一个流程、每一个动作,从而发挥标准化的功效。

第 7 章 合格评定与标准

7.1 相关术语

参照 GB/T 27000—2006（ISO/IEC 17000:2004，IDT）《合格评定词汇和通用原则》标准，对合格评定相关概念进行简单介绍。

7.1.1 通用术语

7.1.1.1 合格评定

GB/T 27000—2006 标准将合格评定定义为：与产品、过程、体系、人员或机构有关的规定要求得到满足的证实。

合格评定是一种国际通行的标准实施监督方式，也是一种质量监督的有效方法。是对产品、过程或管理体系、人员或机构满足规定要求的程度所进行的系统检查和确认活动，以证明符合技术性法律法规、技术标准和合同约定。

合格评定的专业领域包括第一、二、三方的各类检验、检测、检查、注册、鉴定、认证以及对各类合格评定机构的认可。如产品质量认证、管理体系（质量、环境、职业健康与安全、）认证、实验室和检查机构认可、认证人员及认证机构认可等。合格评定对象包含接收合格评定的产品（包括服务）、过程、体系、人员或机构。

相关术语中"合格"一词可用"符合"替换，含"合格"一词的术语可用"符合性"一词替换。例如，"合格评定"也可替换为"符合性评定"。"合格评定"一词已在相关领域普遍使用并已用于一些法律性文件中，但用"符合性"一词代替"合格"（对应英文 conformity）被认为更加符合所定义事物的本意。

1. 第一方合格评定活动

第一方合格评定活动是由提供合格评定对象的人员或组织进行的合格评定活动。

我们通常将产品、过程、体系或人员的提供方称为第一方。产品、过程、体系或人员的采购或使用方称为第二方。独立于第一方与第二方的一方称为第三方，它与第一方和第二方没有直接的行政隶属关系和经济利益关系。

2. 第二方合格评定活动

第二方合格评定活动是由在合格评定对象中具有使用方利益的人员或组织进行的合格评定活动。

"在合格评定对象中具有使用方利益的人员或组织"，如产品的采购或使用方，潜在顾客或代表此类利益的组织。

3. 第三方合格评定活动

第三方合格评定活动是由既独立于提供合格评定对象的人员或组织、又独立于在对象中具有使用方利益的人员或组织的人员或机构进行的合格评定活动。

适用于合格评定机构和认可机构活动的国家标准规定了机构独立性的准则。

7.1.1.2 相关的机构

1. 合格评定机构

合格评定机构是从事合格评定服务的机构。

2. 认可机构

认可机构是实施认可的权威机构。

认可机构的权利通常来自于政府。我国的认可机构是中国合格评定国家认可委员会（CNAS）和中国认证认可协会（CCAA）。前者负责对认证机构、认证培训机构、实验室和检查机构的认可。后者负责对认证人员的注册管理。认可机构不是合格评定机构。

3. 认证机构

认证机构是从事认证活动的机构。

认证机构可以自己进行测试和检验活动，或监督由其他机构代表其进行这些活动。认证机构具有维护双方权益的义务和责任，必须有绝对的权利和威信；必须独立于第一方与第二方之外，与第一方和第二方既无行政上的隶属关系，又无经济上的利害关系。

7.1.1.3 合格评定制度

合格评定制度是指实施合格评定的规则、程序和对实施合格评定的管理。

合格评定程序是指为合格评定活动所规定的途径，用以指导对产品、过程或体系满足规定要求的程度而进行系统检查和确认活动的规范性文件。

合格评定制度可以在国际、区域、国家或国家之下的层面上运作。

7.1.2 基础术语

7.1.2.1 规定要求

规定要求是指明示的需求或期望。可在法规、标准、技术规范等规范性文件中对规定要求做出明确说明。

7.1.2.2 程　序

程序是指为进行某项活动或过程所规定的途径。

7.1.2.3 产　品

产品是"过程的结果"。有下述四种通用的产品类别：

1. 服　务

服务通常是无形的并且是在供方和顾客接触面上至少需要完成一项活动的结果。服务的提供可涉及：

（1）在顾客提供的有形产品（如维修的汽车）上所完成的活动；

（2）顾客提供的无形产品（如为准备税款申报书所需的收益表）上所完成的活动；

（3）无形产品的交付（如知识传授方面的信息传递）；

（4）为顾客创造氛围（如在宾馆和饭店）。

2. 软　件

软件由信息组成，通常是无形产品并可以方法、论文或程序的形式存在。

3. 硬　件

硬件通常是有形产品，其量具有计数的特性。

4. 流程性材料

流程性材料通常是有形产品，其量具有连续的特性，如润滑油。

许多产品由不同类别的产品构成，服务、软件、硬件或流程性材料的区分取决于其主导成分。例如：外供产品"汽车"是由硬件（如轮胎）、流程性材料（如：燃料、冷却液）、软件（如：发动机控制软件、驾驶员手册）和服务（如销售人员所做的操作说明）所组成。

7.1.3　与选取和确定有关的术语

7.1.3.1　取　样

取样是指按照程序提供合格评定对象的样品的活动。

7.1.3.2　检　测

检测是指按照程序确定合格评定对象的一个或多个特性的活动。

7.1.3.3　检　查

检查有时也称为检验，是指审查产品设计、产品、过程并确定其与特定要求的符合性，或根据专业判断确定其与通用要求的符合性的活动。

对过程的检查可以包括对人员、设施、技术和方法的检查。

7.1.3.4　审　核

审核是指获取记录、事实陈述或其他相关信息并对其进行客观评定，以确定规定要求的满足程度的系统的、独立的和形成文件的过程。

"审核"适用于管理体系，"评审"常适用于合格评定机构。

7.1.4 与复核和证明有关的术语

7.1.4.1 复核

复核有时也称为审查,是针对合格评定对象满足规定要求的情况,对选取和确定活动及其结果的适宜性、充分性和有效性进行的验证。

7.1.4.2 证明

证明是指根据复核后做出的决定而出具的说明,以证实规定要求已得到满足。

以下区分了第一方和第三方证明活动,第二方证明没有特别的术语。

1. 声明

声明是指第一方证明。

2. 认证

认证是指与产品、过程、体系或人员有关的第三方证明。即由第三方认证机构依据程序,证明产品、服务、管理体系符合相关技术规范、强制性要求或者标准的合格评定活动。

注册是指由机构在适当的、可公开获得的名录上发表某产品、过程、服务的有关特性或一个机构或人员的特征的程序。管理体系认证有时也称为注册。

认证适用于除合格评定机构自身外的所有合格评定对象,认可适用于合格评定机构。

3. 认可

正式表明合格评定机构具备实施特定合格评定工作能力的第三方证明。

在《中华人民共和国产品质量认证认可条例》中,对认可的定义是:由认可机构对认证机构、检查机构、实验室以及从事审核、评审等认证活动的人员的能力和执业资格,予以承认的合格认定活动。

由于认证市场的不断发展,从事检验检测认证的各类机构应运而生,市场中存在着大量能力不强、行为不规范的机构,这就促使了对这些机构进行认可的国家认可制度的产生。

ISO 和 IEC 在总结各国检验检测认证工作的基础上,为使检验检测认证活动在国际上得以广泛承认和在国际贸易中降低技术性贸易壁垒,相继组织制定了一系列有关检验检测、检查、认证和认可活动的国际标准或导则,如《检测和校准实验室能力的通用要求》(ISO/IEC17025)、《产品认证机构通用要求》(ISO/IEC 指南 65)、《合格评定 各类检查机构的运作要求》(ISO/IEC17020)以及《合格评定 认可机构通用要求》等,对认证机构、实验室、检查机构以及认可机构提出了基本要求;为统一各国认可制度及认可制度的规范运作提供了技术依据。

认证机构认可是指认可机构依据正式发布的认可准则,按照规定的程序对认证机构从事管理体系认证、产品认证和服务认证的能力实施评定,证明其具备在特定领域实施认证能力的活动。认证机构认可的依据是《质量管理体系认证机构认可的基本要求》《产品认证机构通用要求》等。

实验室认可是正式表明检测和校准实验室具备实施检测和校准工作能力的第三方证明,是对检测/校准实验室有能力进行规定类型的检测/校准所给予的一种正式承认。实验室认可的依据是《检测和校准实验室能力的通用要求》。

检查机构认可是正式表明检查机构具备实施特定检查工作能力的第三方证明。检查机构认可的领域包括：产品检验、特种设备、建设工程、工厂检查、信息安全、健康检查。检查机构认可的依据是《合格评定各类检查机构的运作要求》（ISO/IEC17020）。

7.2 合格评定的功能活动

合格评定由选取、确定、复合与证明三项功能有序组成，在需要证实满足规定要求时，这些功能可满足需要。标准所规定的要求是各方意见协调一致的产物，所以经常被用作合格评定中的规定要求。因此合格评定通常被视为一项与标准相关的活动。

7.2.1 选 取

选取包括一系列策划和准备活动，收集或生成后续的确定功能所需的全部信息和输入，选取活动在数量和复杂程度上有很大差别。

选取合格评定对象时，往往面对不同情况。有些情况下，合格评定对象可能是大量的相同物品、正在进行的生产、一个连续的过程或体系或涉及多个场所。在取样或选取样本以进行确定活动时，需要考虑这些情况，并且尽可能选取有代表性的部分。

选取也可能包括选择进行确定活动的最适当的程序或检测方法、检查方法，以及为程序的实施选择合适的场所、条件或人员。

7.2.2 确 定

进行确定活动的目的是获得关于合格评定对象或其样品满足规定要求情况的完整信息。

检测、检查、审核等术语仅表示不同类型的确定活动，但很多确定活动没有特定的名称。

7.2.3 复核与证明

复核是在做出合格评定对象是否已被可靠地证实满足规定要求的重要决定之前的最后核查阶段。证明的结果是以最容易到达所有潜在使用者的形式做出的"说明"。"符合性说明"作为一种通用表述被用作"已证实满足规定要求"的传达手段。如果没有证实满足规定要求，一般要报告不符合发现。

声明、认证、认可等术语表示不同类型的证明，可与制度、方案一起使用，表示该合格评定制度或方案以该类型的证明活动作为最终步骤。如"认证制度"是包括选取、确定、复核并以认证作为证明活动的合格评定制度。

7.2.4 监 督

合格评定活动可以在证明活动完成时终止。但是，在某些情况下，为使证明活动所产生的说明保持有效，需要有系统地重复进行合格评定的功能。这些活动往往受使用者需求的推动。

通常没有必要在每次监督中完全重复初次评定时的所有活动，或与初次评定时进行的活动不同。如在初次评定和监督中都需要进行选取活动，但在监督中可能会有完全不同的选择。例如初次评定可能选择对产品进行检测，而监督中可能选择通过检查来确定是否与原先所检测的样品相同。监督中的选取活动可能包括开展风险分析或考虑与规定要求实际满足情况有关的市场反馈。对规定要求的选择也可能不同。在每次监督中可能仅选择规定要求的一部分或仅选择合格评定对象的一部分进行确定活动。

综上所述，选取中的不同选择，会导致监督中有不同的确定活动。

7.3 合格评定与标准

7.3.1 合格评定制度的发展

最初的合格评定活动以认证活动为主，而认证作为市场中履行合同约定和公正评价产品或服务符合标准或技术规范的手段，广泛存在于产品和服务的形成、流通和使用的各个环节。认证也是随着现代工业的发展，作为一种对产品和服务的质量保证手段而发展起来。

产品质量的要求通常由技术规范（标准）来体现，但任何技术规范（标准）都不可能将顾客的全部期望和产品在使用中的全部要求都做出明确规定。况且，假如规范本身有缺陷或设计、生产和提供产品/服务的组织体系存在某些不足，技术规范本身就不能保证产品质量始终满足顾客要求。

当产品结构比较简单时，用户可凭借自己的知识、经验、感官来判断其质量。而现代产品技术含量越来越高，结构越来越复杂，产品质量形成涉及产品寿命周期的诸多环节，许多质量问题往往在使用过程中逐渐暴露，用户已很难凭自己的能力来判断产品质量的优劣。特别是一些具有高可靠性、高安全性要求的产品，一旦发生事故，后果非常严重，不但影响顾客，甚至影响国家安全、生态环境和人类生存。如核电站、锅炉、火箭、飞机、桥梁、火车等。这些产品都是多环节的产物，一旦某个环节失控，就会产生严重事故。

因此，现实需要一种公正的、对在市场中流通的商品和所提供服务的安全性和符合性进行科学评价的制度，以确保在市场流通的商品和各类服务的质量与安全。这一需求促使以认证和认可为主要形式的合格评定制度应运而生。

认证、认可制度发展大致分为四个阶段，最初的合格评定活动以认证活动为主。

7.3.1.1 第一阶段——国家认证制度

第二次世界大战之前，工业化国家建立起以本国法规、标准为依据的国家认证制度。1903年，英国以国家标准（BS标准）为依据，在政府引导下开展规范性的认证工作，对钢轨进行认证，并授予风筝标志，开创了国家认证制度的先河，使认证工作从单纯的民间活动，成为政府指导下的规范性评价活动。由于政府通过立法开展认证活动，因而形成了强制性认证和自愿性认证两大类型。

7.3.1.2 第二阶段——区域认证制度

第二次世界大战后至 20 世纪 70 年代，国家认证制度对外开放，国与国之间认证制度双边乃至多边互认，进而发展到以区域性法规、标准为依据的区域认证制度，如欧盟的电工产品认证制度。

7.3.1.3 第三阶段——国际认证制度

20 世纪 80～90 年代，国际组织开始实施以国际标准和规则为依据的国际认证制度，如 IEC 的电工产品认证制度。与此同时，为便于贸易，减少重复审核，ISO 于 1987 年发布了《质量管理和质量保证系列标准》，即 ISO9000 系列标准，从而推动了全世界范围的质量管理体系认证活动的开展，成为迄今为止最成功和影响最广泛的认证。

7.3.1.4 第四阶段——国家认可制度及国际互认制度

20 世纪 90 年代后，多数国家为证明实验室、认证机构的能力，建立了国家认可制度，用以对实验室、认证机构和认证人员的能力和行为加以证明和规范。为更加有效地推动国际贸易的健康发展，减少国际贸易中的技术壁垒，开始启动在承认认可结果的基础上，相互承认检验检测报告、认证证书的国际互认制度，如国际认可论坛（IAF）、国际实验室认可合作组织（ILAC）、国际审核员培训与注册协会（IATCA）。IAF 于 1995 年正式签订"谅解备忘录"明确了 IAF 将致力于在世界范围内建立一套合格评定体系，以减少商业及其顾客的风险。ILAC 于 1996 年签署"谅解备忘录"，为实验室认可的国际互认奠定了基础。成立于 1995 年的 IATCA，后更名为国际人员认证协会（IPC），是一个由各国认证人员注册机构和认证人员培训课程批准机构共同发起的国际性组织。

认证认可国际互认活动是指以双边或多边相互承认或接收认证认可结果为目标所开展的活动。按照认证认可国际标准和导则建立认证认可制度，并遵循世界贸易组织（WTO）所确定的原则进行认证认可结果的相互承认。认证认可结果的国际互认是建立在各国或各地区政府间相互信任和对认证认可机构能力充分信任的基础之上的，而相互信任关系的建立，需要通过具体的国际合作安排得以实现。国际互认活动可以在国家、区域和国际三个层次上进行，即在两国政府或认证认可机构之间、区域和国际认证认可组织的各成员之间，通过签订双边或多边国际互认协议加以规定和实施。国际互认活动也可以在任何一类认证认可活动中开展。

7.3.2 我国合格评定制度的发展

与先进国家相比，我国合格评定制度起步较晚。

1981 年，我国建立了第一个产品质量认证机构——中国电子元器件质量认证委员会（QCCECC），1983 年该机构成为 IEC 电子元器件质量评定体系管委会成员。

1984 年成立了中国电工产品认证委员会（CCEE），1985 年成为 IEC 电工产品检测与认证体系成员。

随着我国标准化和认证工作的发展，将检验检测和认证活动纳入法制管理的轨道成为必然。1985 年颁布的《中华人民共和国计量法》、1988 年颁布的《中华人民共和国标准化法》、1993

年颁布的《中华人民共和国产品质量法》对我国认证制度的建立做了原则规定。尤其是1991年国务院发布的《中华人民共和国产品质量认证管理条例》，规定了认证的宗旨、性质、组织管理、条件、程序、检验机构、检验人员等，明确了质量认证制度为国家基本的质量监督制度。

1994年，我国相继成立了中国质量体系认证机构国家认可委员会（CNACR）、中国产品质量认证机构国家认可委员会（CNACP）、中国认证人员国家注册委员会（CRBA）、中国实验室国家认可委员会（CNACL），至此，我国依据《中华人民共和国产品质量法》，建立并全面启动了国家认可制度。

但是，我国的认证认可制度建立在计划经济逐步向社会主义市场经济过渡的阶段，由于当时管理结构和职能划分问题，认证认可工作政出多门，各自为政，存在重复认证、重复收费等弊端。尤其是产品的强制性认证制度。原国家质量技术监督局负责我国产品的安全认证强制性监督管理制度，原国家出入境检验检疫局负责对进口商品的安全质量许可制度。两个制度覆盖的产品大部分交叉，作为评价依据的标准和技术规则虽不完全一致但大部分重复、收费结构和标准存在较大差异、两个标志独立存在、互不认可。

2001年，为了履行我国政府加入WTO时的承诺，成立了由国务院直接授权的统一监督管理认证认可工作的国家认证认可监督管理委员会（CNCA）。

我国目前的认证认可制度是按"四个统一"的原则（"统一标准、技术法规和合格评定程序，统一目录，统一标志，统一收费标准"）重新建立的。在这一背景下将原国家质量技术监督局和原国家出入境检验检疫局合并组建国家质量监督检验检疫总局、国家认证认可监督管理委员会和国家标准管理委员会。国家认证认可监督管理委员会行政上隶属国家质量监督检验检疫总局，业务上直接接受国务院授权，是主管全国认证认可工作的最高行政机关。

2002年7月，在原中国国家进出口企业认证机构认可委员会（CNAB）、原中国质量体系认证机构国家认可委员会（CNACR）、原中国产品认证机构国家认可委员会（CNACP）、原中国环境管理体系认证机构认可委员会（CACEB）的基础上成立了新的中国认证机构国家认可委员会（CNAB），统一进行全国认证机构的认可工作。

2003年，《中华人民共和国产品质量认证认可条例》颁布施行，为履行我国加入WTO的承诺和参与经济全球化的进程，整顿和规范认证市场秩序，提高我国产品质量和管理水平提供了法律保障；对于国务院认证认可监督管理部门坚持依法行政、转变政府职能、推进认证认可事业的发展具有重要意义，标志着我国认证认可事业进入了一个全新的发展时期。

2004年4月，原国家职业健康安全管理体系认证机构认可委员会（CNASC）、原有机产品认可委员会将职业健康安全管理体系认证机构认可和有机产品认证机构认可工作移交中国认证机构国家认可委员会（CNAB）。

2006年3月，由国家认证认可监督管理委员会（CNACA）批准设立并授权的国家认可机构——中国合格评定国家认可委员会（CNAS）成立，统一负责对认证机构、实验室、检查机构等相关机构的认可工作。它是在原中国认证机构国家认可委员会（CNAB）和原中国实验室国家认可委员会（CNAL）基础上整合而成。

在多边国际合作方面，国家认证认可机构加入了相关的国际组织。国家认可机构与国际互认可论坛（IAF）、国际实验室认可合作组织（ILAC）、国际人员认证协会（IPC）及亚太认可合作组织（PAC）、亚太实验室认可合作组织（APLAC）签署了多边互认协议。已在质量管理体系、环境管理体系、实验室认可、检查机构认可和认证人员认证领域实现了国际互认。

7.3.3 标准与合格评定的关系

合格评定活动既是一种国际通行的标准实施监督方式，也是一种质量监督的有效方法，并在国际经济贸易活动中，对促进企业公平竞争，保障供需双方的合法权益，保护消费者利益起到十分重要的作用。它从初期的仅限于产品质量认证，逐步衍生出管理体系认证、实验室和检查机构认可、认证人员及培训机构认可，如图 7.1 所示。

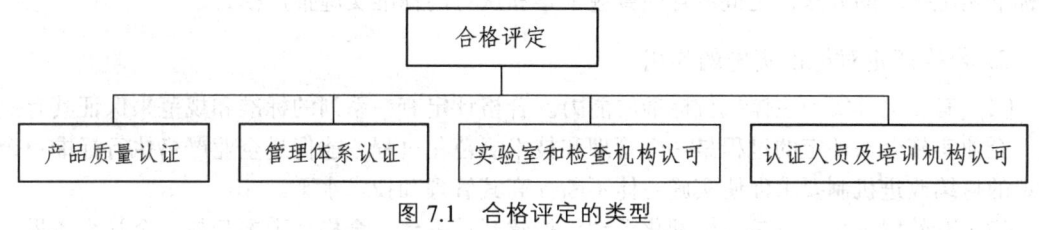

图 7.1　合格评定的类型

7.3.3.1 标准是合格评定的基础

标准和合格评定是标准化活动的重要组成部分，合格评定是标准化发展到一定阶段的产物。

1. 标准是制定合格评定程序的依据

合格评定活动在一定意义上可视为证明符合技术性法律法规、技术标准和合同约定的活动。标准是社会经济活动的技术准则，是市场经济参与方的共同规则。合格评定活动是一种市场经济活动，是标准化的一个环节，它自身的要求也通过标准来体现。产品、过程、体系等是否真正符合标准或技术规范，要通过规定的合格评定程序，以科学的方法加以证实，包括取样、检测、检查、审核、复核、证明、认证等的相关规定和程序，这些步骤和方式都是依据待定的合格标准来制定的。

2. 标准是判定合格评定结果的依据

合格评定活动是依附于标准并且证明标准符合性的活动。合格评定活动的主要目的是评价对象与标准的符合程度，无论哪种形式的合格评定都需要依据标准对评定对象的符合性做出判断。

7.3.3.2 合格评定是标准推广及实施的重要手段和有效方法

1. 标准推广的类型

（1）政府导向型。其主要特征是政府制定规划，以项目实施的方式有目的地进行标准化的推广普及和标准的实施示范。

（2）市场导向型。这是最为广泛和普遍的标准实施推广方式，其主要特征是通过市场需求促进生产和服务标准化，推动标准得到社会认可和接收。主要体现在市场上产销双方在产销协议中明确产品标准及共同遵守的技术标准。

（3）企业导向型。主要特征是行业领先企业，利用资金和品牌优势，通过标准化手段，将企业的加工、贸易和服务行为与上下游产业链有机地结合起来，通过合约的方式，形成生产、技术、品牌、资金相融的利益共同体。

（4）行业自律型。其主要特征是行业协会牵头制定统一标准，规范协会成员的产品生产和服务提供行为，本着共同受益的原则，将市场做大做强。

（5）市场准入型。其主要特征是涉及安全、环保、卫生方面的标准通过技术法规要求强制执行。在标准实施结果考核上，经过一定程序证明符合标准要求。

（6）认证促进型。其主要特征是认证机构按照相应的评定准则和程序，对标准的实施效果做出客观公正的评定，并颁发认证证书和认证标志。这是一种比较有效的、利用市场化手段促进标准实施推广的方法，是世界各国普遍推崇和认可的标准实施推广模式。

2. 合格评定对标准实施的作用

（1）有效提升实施主体执行标准的能力。合格评定有一系列的标准和规范来保证其有效实施。企业实施合格评定的过程是一个管理和技术规范化过程，能促进企业严格执行标准；合格评定的持续改进机制要求促使实施主体不断提高其管理和技术水平。

（2）有效促进相关方参与标准化活动，构建互信平台。合格评定本身是一个社会各界广泛参与的机制，包括政府、研究机构、消费者代表、企业、认证机构。

（3）是国际通行的推进标准有效实施的手段。合格评定作为一种成熟的评价方式，已成为各国技术性贸易措施的主要手段，成为国家标准战略的重要组成部分。

各类专业管理体系建立和认证的依据就是管理体系标准，如 ISO9001（GB/T19001）、ISO14001 国际标准。产品认证的主要依据是相应的法律法规要求与产品标准。因此，企业各类专业管理体系的建立，就是对这些标准的落实，这也正是标准化工作的希望。按照国际标准或国家标准建立各类专业管理体系，本身就是使用、运用、应用这些具体标准的标准化活动。尤其是强制性产品认证制度在推动国家各种技术法规和标准的贯彻、规范市场经济秩序、打击假冒伪劣行为、促进产品的质量管理水平和保护消费者权益等方面，具有其他工作不可替代的作用和优势。认证制度由于其科学性和公正性，已被世界大多数国家广泛采用。实行市场经济制度的国家，政府利用强制性产品认证制度作为产品市场准入的手段，正在成为国际通行的做法。

总之，合格评定与标准关系密切，标准是合格评定的基础，合格评定是标准推广及实施的重要手段和有效方法。二者相互交融、相互促进，共同构成了市场经济运行的技术基础，成为贸易的桥梁。没有标准，合格评定则没有目的、没有意义；没有合格评定，标准的价值将受到限制，两者相辅相成。

7.4 认证类型

认证按其性质可分为强制性认证和自愿性认证；按其对象可分为产品认证和管理体系认证。

7.4.1 产品质量认证

产品质量认证是依据产品标准和相应技术要求，经认证机构确认并通过颁发认证证书和认证标志来证明某一产品符合相应标准和相应技术要求的活动。

产品质量认证按性质分为：自愿性产品认证和强制性产品认证；按内容分为：合格认证和安全认证。（详见第 10 章产品质量认证）

7.4.2 管理体系认证

管理体系认证是对供方是否具有某方面管理能力且能够满足顾客要求的评价活动。

7.4.2.1 质量管理体系标准及其认证

质量管理体系认证属于第三方审核,是由认证机构依据程序,证明受审核方的质量体系是否符合规定要求。用于质量管理体系认证的标准很多,如:

(1) ISO9000 系列标准(详见 8 质量管理体系标准化)。
(2) QS9000 标准,是汽车厂对供应商质量体系要求。
(3) 良好制造规范(GMP),是用于仪器与药物生产厂的质量管理与认证体系标准。
(4) 电信业质量体系标准(TL9000),是在 ISO9000 标准基础上,考虑电信行业特点的质量管理体系标准。
(5) 危害分析与关键控制点(HACCP)规范,是世界上食品特别是易腐烂变质的肉制品和水产品的质量管理体系标准。

7.4.2.2 其他管理体系标准及其认证

ISO14001 环境管理体系标准及环境管理体系认证。
GB/T28001-2001(OHSAS18001)职业健康安全管理体系标准及职业健康安全管理体系认证。(详见第 11 章企业标准体系与质量管理体系等的整合)

7.4.2.3 卓越绩效标准及评价

GB/T19580—2012《卓越绩效评价准则》和 GB/Z19579—2012《卓越绩效评价准则实施指南》。(详见第 11 章企业标准体系与质量管理体系等的整合)

7.4.2.4 企业标准体系系列标准及社会确认

GB/T15496,GB/T15497,GB/T15498 以及 GB/T19273。(详见第 6 章企业标准体系的评价与持续改进)

7.4.3 产品认证与质量管理体系认证的比较

产品认证与质量管理体系认证无论是认证对象还是依据的标准都有很大不同,具体见表 7.1。

表 7.1 产品认证与质量管理体系认证的比较

项 目	产品认证	质量管理体系认证
对象	特定产品	企业质量管理体系
获准认证条件	产品质量符合指定的标准,体系符合指定的标准	体系符合指定的标准
证明方式	产品认证证书、认证标志	体系认证证书、认证标志
证明的使用	证书不能用于产品,标志可用于获准认证的产品上	证书和标志都不能在产品上使用

思考与练习

1. 比较以下几组概念：
(1) 合格评定与认证、认可；
(2) 审核与认证；
(3) 检测与检查；
(4) 认证与认可。
2. 举例说明初次评定中的选取活动与监督中的选取活动的不同。
3. 简述标准与合格评定的关系。

第 8 章 质量管理体系标准化

8.1 ISO9000 系列标准介绍

8.1.1 ISO9000 系列标准的产生及发展

国际标准化组织（International Organization for Standardization, ISO）是由多国联合组成的非政府性国际标准化机构，负责制定除电工、电子领域以外的国际标准，协调世界范围的标准化工作，以推进国际贸易和科学技术的发展，加强国际间经济合作。它有 2 856 个技术机构，其中技术委员会（Technical Committee, TC）185 个，分技术委员会（Sub-Committee, SC）611 个，工作组（Working Group, WG）2022 个，特别工作组 38 个。

由国际标准化组织的第 176 个技术委员会（TC176），即质量管理与质量保证技术委员会制定的所有国际标准，统称 ISO9000 标准。

8.1.1.1 ISO9000 标准产生的背景

ISO9000 标准是科学技术和社会经济发展的必然产物，也是质量管理理论和实践不断完善和发展的成果。

1. 科学技术和生产力的发展，是形成和产生 ISO9000 标准的社会基础

长期以来，企业对于产品质量的保证，多是基于技术标准的检验和试验，这样的质量保证方式本身具有一定的局限性：因为任何技术规范都不可能将顾客的全部期望和产品在使用中的全部要求都做出明确规定。并且随着科学技术的发展，产品技术水平越来越高，结构越来越复杂，许多质量问题往往在使用过程中逐渐暴露，此时单靠各种试验，未必能揭示出由于设计和生产制造所形成的全部质量隐患，也无法了解其后的包装、储存、运输、使用和服务等对产品质量的影响。同时，顾客也很难凭借自己的能力和经验判断产品的优劣。

由于上述局限性，人们逐渐认识到，把技术标准及其试验结果作为判断产品质量好坏的唯一准则是不够的。产品质量既然有一个产生、形成和实现的全过程，就必须重视和控制全过程的质量，而这正是质量管理体系的任务。

2. 世界各国质量保证活动的成功经验，推动了 ISO9000 标准的制定和发展

二战期间，美国国防部制定了针对承包商的质量保证系列标准，使得质量保证技术很快得到复制，满足了战争对于军品质量的需要。1959 年，美国国防部对质量保证体系规定了两种统一的模式：军标 MIL-Q-9858A《质量大纲要求》和军标 MIL-I-45208《检验系统要求》。这是世界上最早的质量保证标准，实际上就是现代的第二方质量体系审核的雏形。

战后，美国在军工生产中的成功经验被迅速应用到民用工业，首先是锅炉、压力容器、核电站等安全要求较高的行业，之后迅速推行到各行各业中，并很快被欧洲各国效仿，英国、加拿大、法国等国先后制订了各自的质量保证标准。

3. 贸易国际化加速了 ISO9000 标准的产生和推广

20 世纪 60 年代末期，国际经济交流蓬勃发展，贸易交往日趋增加，全球经济一体化趋势作为一种世界经济潮流锐不可当，以"关税和贸易总协定"原则为指导的全球经济正朝着自由经济的方向发展，关税和贸易壁垒在逐渐被打破。但是，工业发达国家在拆除了关税和贸易壁垒后往往凭自己在技术和管理上的优势，千方百计设置技术壁垒。这种技术壁垒包括：法规、标准、检验和认证。同时，世界各国间贸易竞争的日益加剧也使不少国家把提高进口商品质量作为执行保护主义的重要手段，有关国际间产品质量保证和产品责任的问题引起了世界各国的普遍关注，不仅要求产品质量符合统一的技术标准，而且要求企业的质量管理也能够在国际上求得一定程度的统一，使各国使用共同语言，对企业的技术、管理、人员进行评价，减少重复检查和重复认证。

ISO9000 系列标准提供了一个全球统一的、详尽的和可操作的标准，只要两个国家（或企业）都是等同实施，那么技术壁垒就无法存在，这样，就解决了各国实施各自的标准而产生技术壁垒无法打破的问题。

8.1.1.2 ISO9000 系列标准的发展与完善

这种标准化质量管理模式在给企业管理注入新的活力和生机、给世界贸易带来质量可信度、给质量管理体系提供评价基础的同时，也随着全球经济一体化、客观认知的提高和标准自身的需要，不断发展和完善。到目前为止，ISO 已先后颁布了 4 个版本的 ISO9000 系列标准。

1. 1987 版 ISO9000 系列标准

国际标准化组织在 1979 年成立了质量管理与质量保证技术委员会，简称 TC176，专门负责制定质量管理和质量保证方面的国际标准。经过近十年的努力，于 1987 年 3 月正式颁布了"质量管理和质量保证系列标准"，即 ISO9000 系列标准。这就是最早的 ISO9000 标准，包括：ISO8402:1986《质量-术语》，ISO9000:1987《质量管理和质量保证标准-选择和使用指南》，ISO9001:1987《质量体系-设计/开发、生产、安装和服务的质量保证模式》，ISO9002:1987《质量体系-生产和安装质量保证模式》，ISO9003:1987《质量体系-最终检验和试验的质量保证模式》，ISO9004:1987《质量管理和质量体系要素-指南》。

该标准一经问世，就受到了世界各国的普遍重视和欢迎，并成为国际上公认的组织（供方）质量保证和实施质量管理体系评审的统一标准。很快就有 60 多个国家等同或等效采用了该系列标准，我国在 1988 年也等效采用了该系列标准，并参照该标准制定了 GB/T10300.1～10300.5《质量管理和质量保证》系列标准。

2. 1994 版 ISO9000 系列标准

随着 ISO9000 系列标准应用的不断深入，在实践过程中发现标准存在着一些缺陷。为此，ISO/TC176 组织有关专家于 1994 年对 1987 版 ISO9000 系列标准进行了第一次小范围的修改和扩充，共形成了 27 个标准、指南和草案，这就是通常所说的 1994 版的 ISO9000 系列标准，主要包括：ISO8402:1994《质量管理和质量保证术语》，ISO9000.1:1994《质量管理和质量保证标准第 1 部分：选择和使用指南》，ISO9001:1994《质量体系　设计、开发、生产、安装和服务的质量保证模式》，ISO9002:1994《质量体系生产、安装和服务的质量保证模式》，ISO9003:1994《质量体系　最终检验和试验的质量保证模式》，ISO9004.1:1994《质量管理和质量体系要素第 1 部分：指南》。

5 个标准中包括两个指南（ISO9000.1 与 ISO9004.1）和 3 种质量保证模式（ISO9001，ISO9002，ISO9003）。两个指南对所有企业，不论其经营什么产品，不论其处于何种质量体系环境（合同环境还是非合同环境）都是适用的。

3 种质量保证模式是一组质量保证标准，它们是在合同环境下，供购双方签订供货合同选择质量保证标准时，或供方申请体系认证选择质量保证模式时使用的标准。根据购方订购产品结构的特点、设计和制造的复杂性、设计成熟的程度，以及产品安全性和经济性等选择 3 种质量保证模式中的某一模式作为双方协议的基础。

ISO9000:1994 标准在世界各国的推广应用取得了极大的成功，成为对制造业特别适用的管理标准。迄今为止，它仍然可以对制造企业建立质量管理体系提供很详细的帮助。

3. 2000 版 ISO9000 系列标准

1994 版 ISO9000 在经过 6 年的应用后，又发现存在以下问题：

（1）主要针对硬件生产企业以及规模较大的组织。

（2）与其他体系不兼容，有一定的局限性。

（3）标准结构过于复杂（包含 20 项质量体系要素），要素间的相关性不好，强制性要求的程序文件多（17 项）。

（4）过多地强调了质量体系的符合性。

（5）缺少对顾客满意或不满意信息的监视。

因此，针对以上不足，ISO/TC176 对标准进行了全面的改进，在 2000 年 12 月 15 日发布了 2000 版的 ISO9000 系列标准。2000 版标准无论是内容结构、基本思想，还是具体要求都以全新的面貌出现，从而使 ISO9000 标准的适用范围更广、逻辑性更强、相关性更好。该标准颁布以后，世界上很快就有 100 多个国家和地区等同或等效采用了该标准。自 2000 版标准颁布以后，我国随即等同采用，并于 2000 年 12 月 28 日正式发布了 GB/T19000 系列国家标准。

2000 版系列标准的主要特点如下：

（1）与其他体系有良好的兼容性（与 ISO14000、TS9000）。

（2）通用性强，适用于所有行业部门和各种规模的组织。由于在标准中引入了"允许删减"的概念，因此，组织在具体应用时，可以根据实际需要删减某些质量管理体系要求的条款。例如，对于不含设计过程的纯制造型企业，在建立质量管理体系时可以将有关设计的条款删减，这与 1994 版有很大的区别。

（3）考虑了法律法规的需要（如 GB2828、"CCC"产品认证）。

（4）强制性的文件要求减少（只强制性要求 6 个程序文件）。

（5）ISO9004:2000 与 ISO9001:2000 是协调一致的一对标准。

（6）采用过程方法。131 个过程要求，19 个记录要求。

（7）结构简单，通俗易懂。与 1994 版相比，2000 版 ISO9000 系列标准只有 4 个核心标准，结构要简单得多。同时，相对于 1994 版中的术语标准：ISO8402:1994，2000 版术语标准：ISO9000:2000 关于质量管理的一些概念和术语更加通俗易懂，也更加系统化。

（8）提出了质量管理八项原则。

在总结了国际上先进的质量管理经验后，2000 版 ISO9000 标准提出了质量管理八项原则，八项原则是 ISO9000 标准的基础，是进行质量管理和持续改进的基本准则；是组织建立、实施和评价质量管理体系的原则要求和基础说明，这些原则具体地体现在 ISO9000 标准中。

4. 2008 版 ISO9000 系列标准

ISO（国际标准化组织）和 IAF（国际认可论坛）在 2009 年 9 月份重新使用 2008 版，近百个国家已正式将 ISO9000 系列国际标准引用为自己的国家标准，我国：GB/T19001—2008 IDT ISO9001:2008。2008 版系列标准的特点如下：

（1）重点在培训、改善措施上强调了效果；

（2）语言上更精炼严谨；

（3）法律、法规更灵活；

（4）20 个记录要求。

5. 2015 版 ISO9000 系列标准

与 2008 版相比，主要技术变化如下：

（1）采用 ISO/IEC 导则第 1 部分/ISO 补充规定的附件 SL 中给出的高层结构；

（2）采用基于风险的思维；

（3）更少的规定性要求；

（4）对成文信息的要求更加灵活；

（5）提高了服务行业的适用性；

（6）更加强调组织环境；

（7）增强对领导作用的要求；

（8）更加注重实现预期的过程结果以增强顾客满意；

（9）质量管理原则由 8 项调整为 7 项，删掉了"管理的系统方法"。"以顾客为关注焦点""领导作用""全员参与""过程方法"保留了原有的提法。"持续改进""基于事实的决策方法""与供方的互利关系"分别改为"改进""循证决策""关系管理"，不仅仅是提法的改变，更重要的是内涵和外延的变化。

8.1.2　ISO9000:2008 系列标准结构

我国于 2016 年 10 月 1 日开始实施等同采用 ISO 9001:2015 的 GB/T 19001—2016 标准《质量管理体系　要求》，但由于实施时间短，再加上新标准无论是结构还是要求与 2008 版相比，都发生了较大的变化。所以，目前许多企业还在摸索和不断实践中。而本篇拟在通过具体标准，介绍企业如何实施标准、贯彻标准、应用标准，如何按照国际标准（或国家标准）的要求建立企业各类专业管理体系，并使其有效运行。因此，本章选择较为成熟的 2008 版 ISO9001 标准作为举例标准。

2008 版 ISO9000 系列标准由核心标准、支持性标准、技术报告、小册子四大部分组成。

8.1.2.1 核心标准

1. ISO9000:2005《质量管理体系基础和术语》（GB/T19000—2008）

该标准表述质量管理体系基础知识并规定质量管理体系术语。标准在总结国际先进质量管理经验的基础上，提出了质量管理的八项原则。标准表述了建立和运行质量管理体系应遵循的12个方面的质量管理体系基础知识。标准给出了有关质量管理体系的术语80个（详见第2章）。

2. ISO9001:2008《质量管理体系要求》（GB/T19001—2008）

标准共分为八个章节，前三章说明了标准的适用范围、引用标准等，后五章规定了质量管理体系要求。可用于证实组织具有提供满足顾客要求和适用法律法规要求的产品的能力，目的在于增进顾客满意。该标准是质量管理体系认证注册审核的依据，也是组织为认证注册做准备，进行内部审核的依据。

3. ISO9004:2000《质量管理体系业绩改进指南》（GB/T19004—2000）

该标准提供考虑质量管理体系有效性和效率两方面的指南。标准的目的是组织业绩改进和顾客及其他相关方满意；标准描述了质量管理体系应包括的过程，并强调通过改进过程来提高组织的整体业绩，从而以组织的业绩改进来达到顾客及其相关方的满意。

ISO9001 和 ISO9004 都是质量管理体系标准，这两项标准相互补充，但也可单独使用。ISO9001 规定了质量管理体系要求，可供组织内部使用，也可用于认证或合同目的，它所关注的是质量管理体系在满足顾客要求方面的有效性；ISO9004 关注质量管理的更宽范围，通过系统和持续改进组织的绩效，满足所有相关方的需求和期望。然而，ISO9004 不适用于认证、法律法规和合同的目的。

ISO9001 与 ISO9004 的比较见表 8.1。

表 8.1　ISO9001 与 ISO9004 的比较

比较内容	ISO9001	ISO9004
内容	基本要求	业绩改进
用途	内部/合同/认证	内部
作用	体系的有效性	有效性、效率
目标	产品质量	产品质量、组织业绩
目的	顾客满意	顾客与相关方满意

4. ISO19011:2002《质量和（或）环境管理体系审核指南》（GB/T19011—2003）

该标准是 ISO/TC176 与 ISO/TC207（环境管理委员会）联合制定的，提供了审核质量和环境管理体系的指南。标准遵循"不同管理体系可以有共同管理和审核要求"的原则，对质量管理体系和环境管理体系审核的基本原则、审核方案的管理、审核的实施以及对审核员的资格要求提供了指南。该标准适用于所有运行质量和/或环境管理体系的组织，指导他们的内审和外审的管理工作。

8.1.2.2 其他标准

除 4 个核心标准外，为了支持质量管理体系的运行，ISO 还提供了一个支持性标准，即 ISO10012《质量管理体系测量过程和测量设备的要求》，该标准为质量管理体系的有效运行提供测量控制方面的支持。

另外，ISO 将一些组织采用 ISO9000 标准的成功经验案例，总结为技术报告来发布，供使用者选择，作为参考使用。

小册子也是配合 ISO9000 质量标准实施的指导性文件。它是 ISO 根据实际需要编写出版的一些宣传小册子。

上述标准共同构成了一组密切相关的质量管理体系标准，见表 8.2。

表 8.2 ISO9000 系列标准

标准号	标准名称	类型
ISO9000:2005	质量管理体系基础和术语	C
ISO9001:2008	质量管理体系要求	A
ISO9004:2000	质量管理体系业绩改进指南	B
ISO10001:2007	质量管理顾客满意组织行为规范指南	C
ISO10001:2004	质量管理顾客满意组织处理投诉指南	C
ISO10003:2007	质量管理顾客满意组织外部争议解决指南	C
ISO10005:2005	质量管理质量计划指南	C
ISO10006:2003	质量管理项目质量管理指南	B
ISO10007:2003	质量管理技术状态管理指南	C
ISO10012:2003	质量管理体系测量过程和测量设备的要求	B
ISO/TR10013:2003	质量管理体系文件指南	C
ISO10014:2006	质量管理实现财务和经济效益指南	B
ISO10015:1999	质量管理培训指南	C
ISO/TR10017	ISO9001:2000 统计技术指南	C
ISO10019:2005	质量管理体系咨询师的选择及服务使用指南	C
ISO/TS16949:2002	质量管理体系汽车生产件及相关维修零件组织应用 ISO9001:2000 特别要求	A
ISO19011:2002	质量和（或）环境管理体系审核指南	C
小册子：2008	《ISO9000 标准选择和使用指南》	C
小册子：2000	《质量管理原则及其应用指南》	C
小册子：2002	《小型组织实施 ISO9000:2000 指南》	B

8.2 质量管理体系标准要求

ISO9001 标准规定了质量管理体系要求。质量管理体系要求是通用的,适用于所有行业或经济领域,不论其提供何种类别的产品。ISO9001 标准本身并不规定产品要求。产品要求可由顾客规定,或由组织通过预测顾客的要求规定,或由法律法规规定。在某些情况下,产品要求和有关过程的要求可包含在诸如技术规范、产品标准、过程标准、合同协议和法规要求中。

质量管理体系关注的核心与顾客关注的核心是一致的,即关注产品的质量。因此,质量管理体系要求是对产品要求的补充。质量管理体系方法鼓励组织分析顾客要求,规定相关的过程,并使其持续受控,以提供符合顾客要求和法律法规要求的产品。同时,组织通过质量管理体系的有效应用,建立持续改进的机制,以不断增强顾客和其他相关方满意的可能性。

因此,采用质量管理体系是组织的一项战略性决策。一个组织质量管理体系的设计和实施受下列因素的影响:
(1)组织的环境、该环境的变化以及与该环境有关的风险。
(2)组织不断变化的需求。
(3)组织的具体目标。
(4)组织所提供的产品。
(5)组织所采用的过程。
(6)组织的规模和组织结构。

下文 8.2.1 ~ 8.2.5 分别列出了标准 ISO9001:2008《质量管理体系 要求》中 4 ~ 8 章的具体要求,并对有关条款进行了解释。

8.2.1 "质量管理体系"要求

> **4 质量管理体系**
> **4.1 总要求**
> 组织应按本标准的要求建立质量管理体系,将其形成文件,加以实施和保持,并持续改进其有效性。
> 组织应:
> a)确定质量管理体系所需的过程及其在整个组织中的应用(见 1.2);
> b)确定这些过程的顺序和相互作用;
> c)确定所需的准则和方法,以确保这些过程的运行和控制有效;
> d)确保可以获得必要的资源和信息,以支持这些过程的运行和监视;
> e)监视、测量(适用时)和分析这些过程;
> f)实施必要的措施,以实现所策划的结果和对这些过程的持续改进。
> 组织应按本标准的要求管理这些过程。
> 组织如果选择将影响产品符合要求的任何过程外包,应确保对这些过程的控制。对此类外包过程控制的类型和程度应在质量管理体系中加以规定。
> 注 1:上述质量管理体系所需的过程包括与管理活动、资源提供、产品实现以及测量、分析和改进有关的过程。

> 注2:"外包过程"是为了质量管理体系的需要,由组织选择,并由外部方实施的过程。
> 注3:组织确保对外包过程的控制,并不免除其满足所有顾客要求和法律法规要求的责任。对外包过程控制的类型和程度可受诸如下列因素影响:
> a)外包过程对组织提供满足要求的产品的能力的潜在影响;
> b)对外包过程控制的分担程度;
> c)通过应用7.4实现所需控制的能力。

本条款给出了建立质量管理体系,形成文件、实施、保持和持续改进质量管理体系有效性总的思路。

组织只有系统地对在组织范围内所应用的质量管理体系所需的过程及过程之间的相互作用予以确定和管理,才能使过程达到期望的结果。这些质量管理体系所需的过程包括与管理活动、资源提供、产品实现、测量分析和改进有关的过程。

> **4.2 文件要求**
> **4.2.1 总则**
> 质量管理体系文件应包括:
> a)形成文件的质量方针和质量目标;
> b)质量手册;
> c)本标准所要求的形成文件的程序和记录;
> d)组织确定的为确保其过程有效策划、运行和控制所需的文件,包括记录。
> 注1:本标准出现"形成文件的程序"之处,即要求建立该程序,形成文件,并加以实施和保持。一个文件可包括对一个或多个程序的要求。一个形成文件的程序的要求可以被包含在多个文件中。
> 注2:不同组织的质量管理体系文件的多少与详略程度可以不同,取决于:
> a)组织的规模和活动的类型;
> b)过程及其相互作用的复杂程度;
> c)人员的能力。
> 注3:文件可采用任何形式或类型的媒介。

质量管理体系文件用以描述组织质量管理体系要求,确定运行的结果要求和如何实现这些要求,是质量管理体系运行的依据。本条款阐述了组织应制定的质量管理体系文件的范围。

> **4.2.2 质量手册**
> 组织应编制和保持质量手册,质量手册包括:
> a)质量管理体系的范围,包括任何删减的细节和正当的理由(见1.2);
> b)为质量管理体系编制的形成文件的程序或对其引用;
> c)质量管理体系过程之间的相互作用的表述。

质量手册是向组织内部和外部提供关于质量管理体系一致信息的文件,它不仅是质量管理体系的表征形式,更是质量管理体系建立和运行的纲领,是组织一切质量活动都应遵循的法规,具有强制性。本条款阐述了质量手册应包括的内容。

> **4.2.3 文件控制**
>
> 质量管理体系所要求的文件应予以控制。记录是一种特殊类型的文件,应依据 4.2.4 的要求进行控制。
>
> 应编制形成文件的程序,以规定以下方面所需的控制:
>
> a) 为使文件是充分与适宜的,文件发布前得到批准;
> b) 必要时对文件进行评审与更新,并再次批准;
> c) 确保文件的更改和现行修订状态得到识别;
> d) 确保在使用处可获得适用文件的有关版本;
> e) 确保文件保持清晰、易于识别;
> f) 确保组织所确定的策划和运行质量管理体系所需的外来文件得到识别,并控制其分发;
> g) 防止作废文件的非预期使用,如果出于某种目的而保留作废文件,对这些文件进行适当的标识。
>
> **4.2.4 记录控制**
>
> 为提供符合要求及质量管理体系有效运行的证据而建立的记录,应得到控制。
>
> 组织应编制形成文件的程序,以规定记录的标识、储存、保护、检索、保留和处置所需的控制。
>
> 记录应保持清晰、易于识别和检索。

条款规定了质量管理体系文件与记录的控制要求。

记录可提供产品、过程、体系符合要求及体系有效运行的证据。

8.2.2 "管理职责"要求

> **5 管理职责**
>
> **5.1 管理承诺**
>
> 最高管理者应通过以下活动,对其建立、实施质量管理体系并持续改进其有效性的承诺提供证据:
>
> a) 向组织传达满足顾客和法律法规要求的重要性;
> b) 制定质量方针;
> c) 确保质量目标的制定;
> d) 进行管理评审;
> e) 确保资源的获得。
>
> **5.2 以顾客为关注焦点**
>
> 最高管理者应以增强顾客满意为目的,确保顾客的要求得到确定并予以满足(见 7.2.1 和 8.2.1)。

条款阐述了组织最高管理者应做出的管理承诺的内容及要求。

5.3 质量方针

最高管理者应确保质量方针：
a）与组织的宗旨相适应；
b）包括对满足要求和持续改进质量管理体系有效性的承诺；
c）提供制定和评审质量目标的框架；
d）在组织内得到沟通和理解；
e）在持续适宜性方面得到评审。

质量方针是"由组织的最高管理者正式发布的该组织总的质量宗旨和方向"，是全体员工必须遵守的准则和行动纲领，体现了组织对质量的承诺。本条款规定了对质量方针的要求。

5.4 策划

5.4.1 质量目标

最高管理者应确保在组织的相关职能和层次上建立质量目标，质量目标包括满足产品要求所需的内容（见7.1 a)）。质量目标应是可测量的，并与质量方针保持一致。

质量目标是"在质量方面所追求的目的"，包括满足产品要求所需的内容，要切实可行并可测量。最高管理者应在质量方针的框架内，确保在组织的相关职能和层次上分别建立质量目标。本条款规定了对质量目标的要求。

5.4.2 质量管理体系策划

最高管理者应确保：
a）对质量管理体系进行策划，以满足质量目标以及4.1的要求。
b）在对质量管理体系的变更进行策划和实施时，保持质量管理体系的完整性。

质量策划是质量管理的一部分，致力于制定质量目标并规定必要的运行过程和相关资源以实现质量目标。标准不仅对质量方针和质量目标提出了具体要求，还通过质量管理体系策划对质量目标的实现及达到4.1条款的要求提供了保证。

5.5 职责、权限与沟通

5.5.1 职责和权限

最高管理者应确保组织内的职责、权限得到规定和沟通。

5.5.2 管理者代表

最高管理者应在本组织管理层中指定一名成员，无论该成员在其他方面的职责如何，应使其具有以下方面的职责和权限：
a）确保质量管理体系所需的过程得到建立、实施和保持；
b）向最高管理者报告质量管理体系的绩效和任何改进的需求；
c）确保在整个组织内提高满足顾客要求的意识。
注：管理者代表的职责可包括就质量管理体系有关事宜与外部方进行联络。

5.5.3 内部沟通

最高管理者应确保在组织内建立适当的沟通过程，并确保对质量管理体系的有效性进行沟通。

职责、权限的规定和沟通,对质量活动的协调及实现组织的质量目标至关重要。

(1)沟通就是信息的交换、传递。有效的信息沟通,是确保执行力的前提条件。

(2)组织的内部沟通是复杂的。最高管理者应确保内部的有效沟通,包括沟通程序、沟通渠道、沟通结果的反馈等。

(3)沟通的有效性还反映在改进质量管理体系方面。

(4)内部沟通的内容重点是质量管理体系的有效性,应与"8.4 数据分析"的要求结合起来,最终也是为了确保质量管理体系的有效性。

5.6 管理评审

5.6.1 总则

最高管理者应按策划的时间间隔评审质量管理体系,以确保其持续的适宜性、充分性和有效性。评审应包括评价改进的机会和质量管理体系变更的需求,包括质量方针和质量目标变更的需求。

应保持管理评审的记录(见 4.2.4)。

本条款提出了对管理评审活动的要求。

(1)确保质量管理体系持续的适宜性。

由于组织所处客观环境的不断变化,包括市场、技术、顾客需求的变化,客观上要求组织的质量管理体系也要不断地变化,以达到持续地与客观环境变化的情况及顾客要求的变化情况相适应。

这种适宜性也来自于组织自身要求及内部产品、过程、资源等变化的要求。

另外,由于质量方针、质量目标的变化,为确保质量管理体系与质量方针与质量目标的持续适宜性,必然导致质量管理体系及过程的变化。

(2)确保质量管理体系持续的充分性。

由于内外环境不断变化,质量管理体系很难完全适应这种变化,管理评审就是要发现质量管理体系运行中存在的不足(不充分),使之得到改进。

(3)确保质量管理体系持续的有效性。

有效性是指完成策划的生活并得到策划结果的程度。而质量管理体系的有效性是指通过完成质量管理体系所需的过程(或活动)而达到质量方针和质量目标的程度。为判定组织质量管理体系是否达到预定的目标,就必须把顾客反馈、过程绩效、产品的符合性等作为管理评审的输入,并与规定的质量方针和质量目标进行对比,以判定质量管理体系的有效性。

5.6.2 评审输入

管理评审的输入应包括以下方面的信息:

a)审核结果;

b)顾客反馈;

c)过程的绩效和产品的符合性;

d)预防措施和纠正措施的状况;

e)以往管理评审的跟踪措施;

f)可能影响质量管理体系的变更;

g)改进的建议。

> **5.6.3 评审输出**
>
> 管理评审的输出应包括与以下方面有关的任何决定和措施：
> a）质量管理体系有效性及其过程有效性的改进；
> b）与顾客要求有关的产品的改进；
> c）资源需求。

管理评审的输入是为管理评审提供充分和准确的信息。

5.6.3 给出了管理评审活动的三个方面的结果，它将导致组织对质量管理体系、产品、过程及资源需求的持续改进，是最高管理者对质量管理体系乃至经营方针做出战略决策的重要方面。

8.2.3 "资源管理"要求

> **6 资源管理**
>
> **6.1 资源提供**
>
> 组织应确定并提供以下方面所需的资源：
> a）实施、保持质量管理体系并持续改进其有效性；
> b）通过满足顾客要求，增强顾客满意。
>
> **6.2 人力资源**
>
> **6.2.1 总则**
>
> 基于适当的教育、培训、技能和经验，从事影响产品要求符合性工作的人员应是能够胜任的。
> 注：在质量管理体系中承担任何任务的人员都可能直接或间接地影响产品要求符合性。
>
> **6.2.2 能力、培训和意识**
>
> 组织应：
> a）确定从事影响产品要求符合性工作的人员所需的能力；
> b）适用时，提供培训或采取其他措施以获得所需的能力；
> c）评价所采取措施的有效性；
> d）确保组织的人员认识到所从事活动的相关性和重要性，以及如何为实现质量目标做出贡献；
> e）保持教育、培训、技能和经验的适当记录（见 4.2.4）。
>
> **6.3 基础设施**
>
> 组织应确定、提供并维护为达到符合产品要求所需的基础设施。适用时，基础设施包括：
> a）建筑物、工作场所和相关的设施；
> b）过程设备（硬件和软件）；
> c）支持性服务（如运输、通信或信息系统）。
>
> **6.4 工作环境**
>
> 组织应确定和管理为达到产品符合要求所需的工作环境。
> 注：术语"工作环境"是指工作时所处的条件，包括物理的、环境的和其他因素，如噪声、温度、湿度、照明或天气等。

本章对包括人力资源、基础设施和工作环境在内的资源提出了确定、提供并维护的要求。

对从事影响产品要求符合性工作的人员提出了应胜任的要求，给出了判定能力要求需考虑的因素。

基础设施是组织实现产品符合性的物质保证；工作环境是组织实现产品符合性的支持条件，组织必须对实现产品符合性所需的工作环境加以确定，并对相关因素加以管理。

8.2.4 "产品实现"要求

---

7 产品实现

7.1 产品实现的策划

组织应策划和开发产品实现所需的过程。产品实现的策划应与质量管理体系其他过程的要求相一致（见 4.1）。

在对产品实现进行策划时，组织应确定以下方面的适当内容：

a）产品的质量目标和要求；

b）针对产品确定过程、文件和资源的需求；

c）产品所要求的验证、确认、监视、测量、检验和试验活动，以及产品接收准则；

d）为实现过程及其产品满足要求提供证据所需的记录（见 4.2.4）。

策划的输出形式应适合于组织的运作方式。

注1：对应用于特定产品、项目或合同的质量管理体系的过程（包括产品实现过程）和资源作出规定的文件可称之为质量计划。

注2：组织也可将 7.3 的要求应用于产品实现过程的开发。

本条款的策划是对具体产品、项目或合同的实现过程的策划，与质量管理体系的策划（5.4.2）及测量、分析、改进的策划（8.2）不同。产品实现过程策划应包括设计过程、采购过程、生产和服务提供过程。

7.2 与顾客有关的过程

7.2.1 与产品有关的要求的确定

组织应确定：

a）顾客规定的要求，包括对交付及交付后活动的要求；

b）顾客虽然没有明示，但规定用途或已知的预期用途所必需的要求；

c）适用于产品的法律法规要求；

d）组织认为必要的任何附加要求。

注：交付后活动包括诸如保证条款规定的措施、合同义务（例如，维护服务）、附加服务（例如，回收或最终处置）等。

7.2.2 与产品有关的要求的评审

组织应评审与产品有关的要求。评审应在组织向顾客作出提供产品的承诺（如：提交标书、接受合同或订单及接受合同或订单的更改）之前进行，并应确保：

a）产品要求已得到规定；

b）与以前表述不一致的合同或订单的要求已得到解决；
c）组织有能力满足规定的要求。
评审结果及评审所引起的措施的记录应予保持（见 4.2.4）。
若顾客没有提供形成文件的要求，组织在接受顾客要求前应对顾客要求进行确认。
若产品要求发生变更，组织应确保相关文件得到修改，并确保相关人员知道已变更的要求。

注：在某些情况中，如网上销售，对每一个订单进行正式的评审可能是不实际的，作为替代方法，可对有关的产品信息，如产品目录、产品广告内容等进行评审。

组织只有在充分识别顾客要求的基础上，才能提出恰当的产品要求。通过评审与产品有关的要求确定组织是否已正确了解并规定了产品要求，组织是否有能力实现这些要求。

7.2.3 顾客沟通

组织应对以下有关方面确定并实施与顾客沟通的有效安排：
a）产品信息；
b）问询、合同或订单的处理，包括对其修改；
c）顾客反馈，包括顾客抱怨。

与顾客进行有效沟通，是为了充分与准确地了解顾客对组织的产品/服务满意程度有关信息，以此作为实施持续改进（8.5）的输入。

7.3 设计和开发

7.3.1 设计和开发策划

组织应对产品的设计和开发进行策划和控制。
在进行设计和开发策划时，组织应确定：
a）设计和开发的阶段；
b）适合于每个设计和开发阶段的评审、验证和确认活动；
c）设计和开发的职责和权限。
组织应对参与设计和开发的不同小组之间的接口实施管理，以确保有效的沟通，并明确职责分工。随着设计和开发的进展，在适当时，策划的输出应予以更新。

注：设计和开发的评审、验证和确认具有不同的目的，根据产品和组织的具体情况，可单独或以任意组合的方式进行并记录。

设计和开发策划是确保设计达到预期目标的有效手段。

7.3.2 设计和开发输入

应确定与产品要求有关的输入，并保持记录（见 4.2.4）。这些输入应包括：
a）功能要求和性能要求；
b）适用的法律法规要求；
c）适用时，来源于以前类似设计的信息；
d）设计和开发所必需的其他要求。
应对这些输入的充分性和适宜性进行评审。要求应完整、清楚，并且不能自相矛盾。

正确地确定设计开发输入是保证设计开发质量的前提和验证设计开发输出的依据。本条款规定了设计开发输入包含的内容。

> **7.3.3 设计和开发输出**
> 设计和开发输出的方式应适合于对照设计和开发的输入进行验证，并应在放行前得到批准。
> 设计和开发输出应：
> a）满足设计和开发输入的要求；
> b）给出采购、生产和服务提供的适当信息；
> c）包含或引用产品接收准则；
> d）规定对产品的安全和正常使用所必需的产品特性。
> 注：生产和服务提供的信息可能包括产品防护的细节。

设计和开发的输出是设计和开发过程的结果，无论是阶段性结果还是最终结果，均应能够满足设计输入的要求，并可以对照设计和开发的输入进行验证。

（1）设计和开发输出的方式，因不同类型的组织、不同类别的产品而异，硬件产品通常包括图纸、技术要求、计算书、说明书、采购清单、验收标准、样机等。

（2）若设计开发是分阶段进行的，其设计和开发的输出也是阶段性的。

（3）所有的设计和开发的输出，应满足输入要求。

> **7.3.4 设计和开发评审**
> 应依据所策划的安排（见7.3.1），在适宜的阶段对设计和开发进行系统的评审，以便：
> a）评价设计和开发的结果满足要求的能力；
> b）识别任何问题并提出必要的措施。
> 评审的参加者应包括与所评审的设计和开发阶段有关的职能的代表。评审结果及任何必要措施的记录应予保持（见4.2.4）。
>
> **7.3.5 设计和开发验证**
> 为确保设计和开发输出满足输入的要求，应依据所策划的安排（见 7.3.1）对设计和开发进行验证。验证结果及任何必要措施的记录应予保持（见4.2.4）。
>
> **7.3.6 设计和开发确认**
> 为确保产品能够满足规定的使用要求或已知的预期用途的要求，应依据所策划的安排（见7.3.1）对设计和开发进行确认。只要可行，确认应在产品交付或实施之前完成。确认结果及任何必要措施的记录应予保持（见4.2.4）。
>
> **7.3.7 设计和开发更改的控制**
> 应识别设计和开发的更改，并保持记录。应对设计和开发的更改进行适当的评审、验证和确认，并在实施前得到批准。设计和开发更改的评审应包括评价更改对产品组成部分和已交付产品的影响。更改的评审结果及任何必要措施的记录应予保持（见4.2.4）。

设计开发评审的目的在于评价设计开发各阶段成果满足要求的能力以确定是否转入设计开发的下一阶段。

设计开发验证的目的是确定设计开发输出是否满足输入的要求。

设计开发确认的目的在于确保所设计开发的产品满足规定的使用要求或已知的预期用途的要求。

7.4 采购

7.4.1 采购过程

组织应确保采购的产品符合规定的采购要求。对供方及采购产品的控制类型和程度应取决于采购产品对随后的产品实现或最终产品的影响。

组织应根据供方按组织的要求提供产品的能力评价和选择供方。应制定选择、评价和重新评价的准则。评价结果及评价所引起的任何必要措施的记录应予保持（见4.2.4）。

7.4.2 采购信息

采购信息应表述拟采购的产品，适当时包括：
a）产品、程序、过程和设备的批准要求；
b）人员资格的要求；
c）质量管理体系的要求。

在与供方沟通前，组织应确保规定的采购要求是充分与适宜的。

7.4.3 采购产品的验证

组织应确定并实施检验或其他必要的活动，以确保采购的产品满足规定的采购要求。

当组织或其顾客拟在供方的现场实施验证时，组织应在采购信息中对拟采用的验证安排和产品放行的方法作出规定。

采购过程主要包括对供方的控制、采购信息与采购要求以及对采购产品的验证。对采购产品的验证有多种方式，组织应根据采购产品的重要程度、成本等来规定验证的方式和要求。

7.5 生产和服务提供

7.5.1 生产和服务提供的控制

组织应策划并在受控条件下进行生产和服务提供。适用时，受控条件应包括：
a）获得表述产品特性的信息；
b）必要时，获得作业指导书；
c）使用适宜的设备；
d）获得和使用监视和测量设备；
e）实施监视和测量；
f）实施产品放行、交付和交付后活动。

在质量管理体系策划及产品实现过程策划中，组织应就生产和服务提供过程的控制进行策划并作出适当的规定。本条款是对生产和服务提供过程的控制及策划的内容要求。

7.5.2 生产和服务提供过程的确认

当生产和服务提供过程的输出不能由后续的监视或测量加以验证，使问题在产品使用后或服务交付后才显现时，组织应对任何这样的过程实施确认。

确认应证实这些过程实现所策划的结果的能力。

组织应对这些过程作出安排，适用时包括：

> a）为过程的评审和批准所规定的准则；
> b）设备的认可和人员资格的鉴定；
> c）特定的方法和程序的使用；
> d）记录的要求（见4.2.4）；
> e）再确认。

过程确认是对过程能力的评价与认定活动。

（1）本条款要求控制的对象是组织生产和服务提供过程中的一种"特殊过程"，需要组织识别并确定。

（2）特殊过程的结果直接受到过程能力的影响。

（3）根据特殊过程结果的性质和对最终产品的影响程度以及特殊过程运行的成熟程度等确定。

（4）组织在策划的阶段就应考虑并识别到这些过程（见标准7.1）。

（5）本条款只要求对特殊过程进行确认，确认的这些条件被认定后应作为特殊过程的受控条件，应给予保持。

7.5.3 标识和可追溯性

> 适当时，组织应在产品实现的全过程中使用适宜的方法识别产品。
> 组织应在产品实现的全过程中，针对监视和测量要求识别产品的状态。
> 在有可追溯性要求的场合，组织应控制产品的唯一性标识，并保持记录（见4.2.4）。
> 注：在某些行业，技术状态管理是保持标识和可追溯性的一种方法。

标识是指为防止产品的混淆和误用而进行的标志或标记，以识别产品特定特性或状态。

产品标识是指为防止产品在产品实现过程中的混淆和误用，使用色标、标签、标牌、作业记录卡片等标明产品的名称、型号、规格及数量等。当不会发生混淆和误用时，可不进行产品标识。

产品状态标识是指在产品实现过程中所显示的状态，包括检验和试验状态（待检、合格、不合格），加工状态（待加工、加工完成）等，用标签（合格证）、印章（合格、不合格）、区域（颜色）、各种记录（工序流程卡）标记。

当产品的自然状态本身即可清楚地区分其种类时，则无需标识。

可追溯性是指追溯所考虑对象的历史、应用情况或所处场所的能力。产品的可追溯性涉及：

（1）原材料和零部件的来源。

（2）加工过程的历史。

（3）产品交付后分布和场所。

注：当合同、法律、法规、质量控制等有可追溯性要求时，组织应采用唯一性标识来识别产品，做好相应的记录并按记录控制程序的规定进行控制。

7.5.4 顾客财产

> 组织应爱护在组织控制下或组织使用的顾客财产。组织应识别、验证、保护和维护供其使用或构成产品一部分的顾客财产。如果顾客财产发生丢失、损坏或发现不适用的情况，组织应向顾客报告，并保持记录（见4.2.4）。
> 注：顾客财产可包括知识产权和个人信息。

顾客财产应作为组织的一种特殊产品加以保护，自然包括标识与可追溯性、产品防护等要求。

> **7.5.5 产品防护**
>
> 组织应在产品内部处理和交付到预定的地点期间对其提供防护，以保持符合要求。适用时，这种防护应包括标识、搬运、包装、储存和保护。防护也应适用于产品的组成部分。

产品防护应贯穿于产品/服务实现的全过程。

> **7.6 监视和测量设备的控制**
>
> 组织应确定需实施的监视和测量以及所需的监视和测量设备，为产品符合确定的要求（见7.2.1）提供证据。
>
> 组织应建立过程，以确保监视和测量活动可行并以与监视和测量的要求相一致的方式实施。
>
> 为确保结果有效，必要时，测量设备应：
>
> a）对照能溯源到国际或国家标准的测量标准，按照规定的时间间隔或在使用前进行校准和（或）检定（验证）。当不存在上述标准时，应记录校准或检定（验证）的依据（见4.2.4）；
>
> b）必要时进行调整或再调整；
>
> c）具有标识，以确定其校准状态；
>
> d）防止可能使测量结果失效的调整；
>
> e）在搬运、维护和储存期间防止损坏或失效。
>
> 此外，当发现设备不符合要求时，组织应对以往测量结果的有效性进行评价和记录。组织应对该设备和任何受影响的产品采取适当的措施。
>
> 校准和检定（验证）结果的记录应予保持（见4.2.4）。
>
> 当计算机软件用于规定要求的监视和测量时，应确认其满足预期用途的能力。确认应在初次使用前进行，并在必要时予以重新确认。
>
> 注：确认计算机软件满足预期用途能力的典型方法包括验证和保持其适用性的配置管理。参见 ISO10012-1 和 ISO10012-2 指南。

监视和测量设备主要指为验证产品符合性所使用的装置。本条款提出了监视和测量设备的控制的要求。

8.2.5 "测量、分析和改进"要求

> **8 测量、分析和改进**
>
> **8.1 总则**
>
> 组织应策划并实施以下方面所需的监视、测量、分析和改进过程：
>
> a）证实产品要求的符合性；
>
> b）确保质量管理体系的符合性；
>
> c）持续改进质量管理体系的有效性。
>
> 这应包括对统计技术在内的适用方法及其应用程度的确定。

本条款规定了测量、分析和改进过程的策划及实施要求。

> **8.2 监视和测量**
>
> **8.2.1 顾客满意**
>
> 作为对质量管理体系绩效的一种测量,组织应监视顾客关于组织是否满足其要求的感受的相关信息,并确定获取和利用这种信息的方法。
>
> 注:监视顾客感受可以包括从诸如顾客满意度调查、来自顾客的关于交付产品质量方面数据、用户意见调查、流失业务分析、顾客赞扬、索赔和经销商报告之类的来源获得输入。

对顾客满意信息作为测量质量管理体系业绩的一种方法,并以此来评价质量管理体系的有效性和识别改进机会。

> **8.2.2 内部审核**
>
> 组织应按策划的时间间隔进行内部审核,以确定质量管理体系是否:
> a)符合策划的安排(见 7.1)、本标准的要求以及组织所确定的质量管理体系的要求;
> b)得到有效实施与保持。
>
> 组织应策划审核方案,策划时应考虑拟审核的过程和区域的状况和重要性以及以往审核的结果。应规定审核的准则、范围、频次和方法。审核员的选择和审核的实施应确保审核过程的客观性和公正性。审核员不应审核自己的工作。
>
> 应编制形成文件的程序,以规定审核的策划、实施、形成记录以及报告结果的职责和要求。
> 应保持审核及其结果的记录(见 4.2.4)。
>
> 负责受审核区域的管理者应确保及时采取必要的纠正和纠正措施,以消除所发现的不合格及其原因。后续活动应包括对所采取措施的验证和验证结果的报告(见 8.5.2)。
>
> 注:作为指南,参见 GB/T19011。

内部审核是为了评价质量管理体系的实施效果及是否达到了标准要求,并识别改进机会。

> **8.2.3 过程的监视和测量**
>
> 组织应采用适宜的方法对质量管理体系过程进行监视,并在适用时进行测量。这些方法应证实过程实现所策划的结果的能力。当未能达到所策划的结果时,应采取适当的纠正和纠正措施。
>
> 注:当确定适宜的方法时,建议组织根据每个过程对产品要求的符合性和质量管理体系有效性的影响,考虑监视和测量的类型与程度。

只有当所有的质量管理体系过程都具备了实现策划时预期结果的能力,才能确保产品的符合性,最终保证满足顾客要求。

> **8.2.4 产品的监视和测量**
>
> 组织应对产品的特性进行监视和测量,以验证产品要求已得到满足。这种监视和测量应依据所策划的安排(见 7.1)在产品实现过程的适当阶段进行。应保持符合接收准则的证据。
>
> 记录应指明有权放行产品以交付给顾客的人员(见 4.2.4)。
>
> 除非得到有关授权人员的批准,适用时得到顾客的批准,否则在策划的安排(见 7.1)已圆满完成之前,不应向顾客放行产品和交付服务。

对产品的特性进行监视和测量,是为了验证产品是否已满足要求。

8.3 不合格品控制

组织应确保不符合产品要求的产品得到识别和控制,以防止其非预期的使用或交付。应编制形成文件的程序,以规定不合格品控制以及不合格品处置的有关职责和权限。

适用时,组织应通过下列一种或几种途径处置不合格品:

a) 采取措施,消除发现的不合格;

b) 经有关授权人员批准,适用时经顾客批准,让步使用、放行或接收不合格品;

c) 采取措施,防止其原预期的使用或应用;

d) 当在交付或开始使用后发现产品不合格时,组织应采取与不合格的影响或潜在影响的程度相适应的措施。

在不合格品得到纠正之后应对其再次进行验证,以证实符合要求。

应保持不合格的性质的记录以及随后所采取的任何措施的记录,包括所批准的让步的记录(见 4.2.4)。

本条款规定了不合格品控制的方法和途径,以防止不合格品非预期的使用或交付。

8.4 数据分析

组织应确定、收集和分析适当的数据,以证实质量管理体系的适宜性和有效性,并评价在何处可以持续改进质量管理体系的有效性。这应包括来自监视和测量的结果以及其他有关来源的数据。

数据分析应提供有关以下方面的信息:

a) 顾客满意(见 8.2.1);

b) 与产品要求的符合性(见 8.2.4);

c) 过程和产品的特性及趋势,包括采取预防措施的机会(见 8.2.3 和 8.2.4);

d) 供方(见 7.4)。

收集数据的内容种类应与评价质量管理体系和识别改进机会有关,一般包括:

(1) 与本组织产品质量有关的数据。

(2) 与本组织运行能力有关的数据。

(3) 同类产品的市场动态、竞争对手的产品和过程信息。

8.5 改进

8.5.1 持续改进

组织应利用质量方针、质量目标、审核结果、数据分析、纠正措施和预防措施以及管理评审,持续改进质量管理体系的有效性。

持续改进是指"增强满足要求的能力的循环活动",它是以产品、体系或过程为对象,以提高过程的效率和有效性为目标的活动,包括对产品的固有特性的改进,以适应持续满足顾客和其他相关方的质量要求。

8.5.2 纠正措施

组织应采取措施,以消除不合格的原因,防止不合格的再发生。纠正措施应与所遇到不合格的影响程度相适应。
　　应编制形成文件的程序，以规定以下方面的要求：
　　a）评审不合格（包括顾客抱怨）；
　　b）确定不合格的原因；
　　c）评价确保不合格不再发生的措施的需求；
　　d）确定和实施所需的措施；
　　e）记录所采取措施的结果（见4.2.4）；
　　f）评审所采取的纠正措施的有效性。
　　8.5.3 预防措施
　　组织应确定措施，以消除潜在不合格的原因，防止不合格的发生。预防措施应与潜在问题的影响程度相适应。
　　应编制形成文件的程序，以规定以下方面的要求：
　　a）确定潜在不合格及其原因；
　　b）评价防止不合格发生的措施的需求；
　　c）确定并实施所需的措施；
　　d）记录所采取措施的结果（见4.2.4）；
　　e）评审所采取的预防措施的有效性。

　　要注意区别预防措施、纠正措施与纠正。
　　（1）预防措施，是指为消除潜在不合格或其他潜在不期望情况的原因所采取的措施。一个潜在不合格可以有若干个原因。采取预防措施是为了防止发生。
　　（2）纠正措施，是指为消除已发现的不合格或其他不期望情况的原因所采取的措施。采取纠正措施是为了防止再发生。
　　（3）纠正，是指为消除已发现的不合格所采取的措施。纠正可连同纠正措施一起实施。返工或降级可作为纠正的示例。

8.3　基于ISO9001标准的质量管理体系建立

　　对于一个组织来讲，从质量管理体系的建立到实施、完善一般要经历质量管理体系的策划与设计、质量管理体系文件的编制、质量管理体系的试运行、质量管理体系的改进与完善四个阶段，大致包含以下内容：
　　（1）确定顾客和其他相关方的需求和期望。
　　（2）建立组织的质量方针和质量目标。
　　（3）确定实现质量目标必需的过程和职责。
　　（4）确定并提供实现质量目标必需的资源。
　　（5）规定测量每个过程的有效性和效率的方法。
　　（6）应用这些测量方法确定每个过程的有效性和效率。
　　（7）确定防止不合格并消除产生原因的措施。
　　（8）建立和应用持续改进质量管理体系的过程。

8.3.1 质量管理体系策划与设计

质量管理体系策划是质量策划的重要组成部分。质量管理体系策划是对企业最终建立并完善质量管理体系所进行的系统、全面的谋划,是编制质量管理体系文件并加以实施的前提。

产品实现的策划和质量改进的策划是质量管理体系策划的重要内容,通过产品实现的策划确定产品的质量目标和要求;通过对体系和过程的不断改进、评审,使质量管理体系更加有效。

1. 教育培训

质量管理体系建立和完善的过程,是始于教育与培训的过程,也是提高认识、统一认识的过程。建立和实施质量管理体系是组织最高管理者的一项战略决策,因此在体系策划和总体设计阶段,首先组织全员培训。培训的目的是提高员工质量意识,创造质量管理体系的实施环境;使员工了解ISO9000的基本要求和实施办法。一般情况下,培训分层进行,实施效果较好。

培训的第一层次为最高管理层,主要通过ISO9000标准的学习,提高按标准建立质量管理体系的认识;通过ISO9001标准条款的学习,明确最高管理层在质量管理体系建立中的关键地位和主导作用。

第二层次为管理层,重点是管理、生产、技术部门负责人,以及与建立质量管理体系有关的工作人员。他们是建立、完善质量管理体系的骨干力量,要对他们进行ISO9000标准内容的培训,使他们充分理解标准要求。

第三层次为执行层,即与产品质量形成全过程有关的作业人员。主要培训与本岗位质量活动有关的内容。

2. 制定质量方针与质量目标

建立质量方针和质量目标为组织提供了关注的焦点。两者确定了预期的结果,并帮助组织利用其资源达到这些结果。制定方针目标应考虑:质量方针、目标、承诺之间的关系;考虑产品的定位和同行的质量水平;考虑指标的分解与指标的可检查性。

质量方针与质量目标的确定直接关系到组织建立一个什么样的质量管理体系,因此,最高管理者应参与质量方针与质量目标的制定。

(1)质量方针的制定。

质量方针是组织总方针的重要组成部分,是"由组织的最高管理者正式发布的该组织总的质量宗旨和方向",是全体员工必须遵守的准则和行动纲领,体现了组织对质量的承诺。

标准对于质量方针的要求(5.3)如下:

5.3 质量方针

最高管理者确保质量方针:

a)与组织的宗旨相适应;

b)包括对满足要求和持续改进质量管理体系有效性的承诺;

c)提供制定和评审质量目标的框架;

d)在组织内得到沟通和理解;

e)在持续适宜性方面得到评审。

注意,质量方针应:高度概括,与组织的总方针一致并容易理解;考虑持续改进的需求和

机会并切合行动实际；明确并保持客户与受益者的需求和期望。

制定质量方针可依据的组织内外部信息，包括：组织的价值观和信念；组织发展策略；现有质量管理体系和产品、服务质量水平；顾客需求和期望的调查结果；利益相关者的观点；质量方面的法规或规章；产品（国家，国际，顾客等）的要求；质量管理八大原则。

例：某公司的质量方针。

> 公司承诺：为客户提供高质量的产品（服务），满足并超越客户的要求和期望。
> 为做到我们的承诺，我们遵守"三致力"和"三坚持"：
> 致力于满足客户的要求；
> 致力于优质产品（服务）的提供；
> 致力于不断地改善；
> 坚持与客户建立良好的关系，并理解他们的要求和期望；
> 坚持完善的过程控制方法；
> 坚持对全体员工进行培训。

（2）质量目标的制定。

质量目标是"在质量方面所追求的目的"，包括满足产品要求所需的内容。质量方针为建立和评审质量目标提供了框架，质量目标需要与质量方针和持续改进的承诺相一致。

标准对于质量目标的要求（5.4.1）如下：

> **5.4.1 质量目标**
> 最高管理者应确保在组织的相关职能和层次上建立质量目标，质量目标包括满足产品要求所需的内容[见 7.1（a）]。质量目标应是可测量的，并与质量方针保持一致。

注意，质量目标应：目标要具体，要量化，可度量，可考核；应该有明确完成目标的时间；要结合实际，既不能好高骛远，又不能过于保守；质量目标要与质量方针对应；质量目标要有统计数据作为基础；组织的相关职能和层次都应建立质量目标。

例：某公司 2013 年的质量目标：移交率 100%，出厂合格率 100%，质量损失减半，鉴定成本减 30 万。

3. 现状调查和分析

组织现状调查是确定质量管理体系涉及的产品和过程、质量管理体系覆盖范围、质量管理体系文件结构等的前提和基础。

现状调查和分析的内容包括：产品及过程特点，特别是主导产品特点及工艺流程等；确认相关的法规、规章和标准要求；目前的组织机构设置及职能分工是否适应质量管理体系的要求；资源状况，包括各类人员、生产设备和检测设备的状况；现行的质量文件、记录和信息等；利益相关者的调查；过去重大质量事故的调查结果与评价；现有质量管理体系的效果评估及记录。

在组织现状调查与分析的基础上，对组织的现有质量管理体系进行初期评审，分析现阶段质量管理水平与质量管理体系标准的差距；分析现行文件的目标与质量方针、质量目标的符合程度。

4. 制定计划并组织落实

建立统一规划、分级负责的组织机构是建立和完善质量管理体系的关键。一般应建立三个层次的组织：首先，任命管理者代表，成立由组织决策层成员（或管理者代表）为首的总体策划、协调和指导机构。其次，要建立由各职能部门领导参加的工作机构，负责总体规划的实施。第三，要成立体系设计和体系文件编写的工作机构，参与文件编写的人员应是各部门领导或业务骨干，一般应经过专门的培训，熟悉标准的要求，并熟悉本部门的运作，具备一定的专业知识，明确质量管理体系及各过程的责任部门。他们负责过程的展开和落实，以及接口部分的协调和文件的编写。

5. 质量管理体系总体设计

在完成上述各项工作后，应对组织的质量管理体系进行总体设计，主要内容包括：

（1）组织机构、质量职能分配及资源配置。

许多组织机构重复，职能交叉现象普遍存在，不适应质量管理体系标准的要求，应进行必要的调整。一个职能部门可以负责或参与多项质量活动，但一项质量活动不能由多个职能部门负责。机构调整工作难度大，不仅涉及质量管理还涉及组织总体经营战略的实施，应统筹考虑，调整组织机构，建立和实施有效的质量管理体系，必须相应地进行人员、设备等资源的配备和完善，需要一定的资金投入。

（2）确定质量管理体系涉及的产品和过程。

包括部分产品还是全部产品；质量管理体系过程网络及接口关系。

（3）确定是否删减。

ISO9001:2008 标准"1.2 应用"指出"由于组织及其产品的性质导致本标准的任何要求不适用时，可以考虑对其进行删减。如果进行删减，应仅限于本标准第 7 章的要求，并且这样的删减不影响组织提供满足顾客要求和适用法律法规要求的产品的能力或责任，否则不能声称符合本标准"。

组织对标准要求删减正当理由及细节是由"组织及其产品的性质"决定的，应是客观的和本质的。任何影响产品符合性的过程交由外部组织完成时，应对这些过程实施控制，承担相关责任，并在质量手册中加以说明。详细内容参看"ISO9001:2008 标准 1.2 应用"。

例如，甲公司有一条生产线，根据其母公司提供的产品和包装规范生产啤酒，并且许多年都没有改变。产品设计和开发的职责属于母公司。为了获得更优惠的价格，母公司的采购部负责所有原材料和包装的采购。

该公司的质量管理体系（QMS）删除了标准"7.3 设计和开发"条款，质量手册对这一删减进行了充分说明，同时 QMS 认证证书和其他有关的公开材料均表明没有与产品有关的任何设计和开发活动。而对标准"7.4 采购"条款未做删除，并在其 QMS 文件中对采购过程的控制包括与母公司采购部的接口进行了说明和描述。

8.3.2 质量管理体系文件编制

编制质量体系文件，是一个组织实行 ISO9000 标准，建立并保持其质量体系有效运行的重要基础工作，也是一个组织为达到所要求的（产品）质量、评价质量体系、进行质量改进、以及改进的保持所必不可少的依据。

1. 标准对于文件的要求

标准对文件的要求如下：

> **4.2 文件要求**
>
> **4.2.1 总则**
>
> 质量管理体系文件应包括：
> a）形成文件的质量方针和质量目标；
> b）质量手册；
> c）本标准所要求的形成文件的程序和记录；
> d）组织确定的为确保其过程有效策划、运行和控制所需的文件，包括记录。

按照标准对文件的要求，组织建立质量管理体系时，具体应形成以下文件：

（1）质量手册；

（2）标准明示应形成文件的6个程序：文件控制（4.2.3），质量记录的控制（4.2.4），内部审核（8.2.2），不合格品控制（8.3），纠正措施（8.5.2），预防措施（8.5.3）。

（3）组织为确保其过程有效策划、运作和控制所需的其他文件；

（4）标准明示"应"形成的20种质量记录。

2. 质量管理体系文件的作用

质量管理体系文件描述了组织质量管理体系要求，确定了运行的结果要求和如何实现这些要求。文件能够沟通意图、统一行动，它的形成本身并不是目的，其使用有助于：

（1）确定满足顾客要求和质量改进的依据；

（2）确定了各类人员培训的依据，以提供适宜的培训；

（3）提供重复性和可追溯性依据；

（4）提供质量管理体系符合要求的客观证据；

（5）规范质量活动，是组织开展各项质量活动的依据；

（6）确定了体系、过程、产品、人员、供方质量活动符合性评定的依据，以评价质量管理体系的有效性和持续适宜性。

3. 质量管理体系文件结构和类型

质量管理体系的文件结构一般分为四个层次（见图8.1）：质量手册、程序文件、作业指导书和记录。手册引出程序文件，程序文件引出作业指导书，程序文件和作业指导书引出记录。

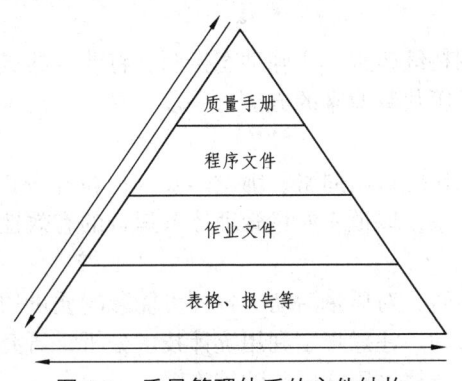

图8.1 质量管理体系的文件结构

第一层次文件是纲领性文件，以质量手册形式出现。规定了质量方针和质量目标；描述符合 ISO9000 标准要求的实际管理运作过程及其相互作用；确定组织方向与职责。

第二层次文件是支持性文件，以程序文件形式出现。具体落实职能分工和部门之间的衔接关系，描述为实施质量管理体系目标和要求所涉及的有关过程和活动。

第三层次文件是执行性文件，适用于某一职能内的活动，通常包括：

（1）作业指导书，表述质量管理体系程序中涉及具体作业活动的详细操作方法，即规定如何做，可作为操作依据。

（2）质量计划，是表述质量管理体系如何应用于特定产品、项目、过程或合同的文件，规定由谁及何时应使用哪些程序和相关资料的文件。

（3）标准规范（包括图样），是阐明要求的文件，主要有阐明管理要求的管理规范，阐明工作要求的工作规范，阐明技术要求的技术规范。

（4）指南，是阐明推荐方法或建议的文件，供参考用，不要求强制执行。

第四层次文件为其他文件，包括报告、表格、标签等，一旦记录上具体内容，就成为质量记录，是作为客观事实的证据。

以上各层文件可以合并也可以分开，当各层次文件分开时，有相互引用的内容，可附引用内容的条目。下一层文件必须支持上一层次文件，不能违反上一层次文件的规定，不应与上一层次文件的内容相矛盾，并且下一层次文件应比上一层次文件更具体、更详细。

4. 质量管理体系文件编制原则

（1）符合性原则

符合 ISO9000 标准的通用要求；

符合法律、法规、行政规章等的要求；

符合组织的质量方针、质量目标及质量承诺。

（2）可操作性原则

职责分明，适合于组织的客观实际，并对质量活动明确规定何时、何地、做什么、由谁来做、依据什么程序、怎么做及如何记录、保留什么记录等，以排除人为的随意性。

（3）系统性原则

文件应层次分明，覆盖全面又不交叉，过程纵横接口清楚，活动实施的步骤与要求明确。

（4）闭环性原则

体系文件应充分体现过程 PDCA 循环的思想，不断改善。

（5）改进性原则

ISO9001 标准特别强调持续改进，实施动态控制，将改进的成果纳入文件中。用新的更好的方法、手段、材料、技术等代替原来的方法、手段、材料、技术，实现质量改进。

（6）证实性原则

体系文件中，对记录工作应做出周密、细微的安排；在各项质量活动开展中，应考虑如何检查和测量，并留下相应记录，以证实质量管理体系运行的有效性。

（7）预防性原则

文件编制中要立足于预防，对质量活动中各种可能影响质量的因素进行有效控制，特别关注质量策划、设计和开发活动；注意规定利用统计技术分析，研究过程的规律和趋势，识别潜在不合格原因，针对潜在不合格原因施以预防措施。

（8）唯一性原则

所有体系文件在企业中应是唯一的，当需要对体系文件进行修改时，应将原体系文件作废（应符合文件控制程序 4.2.3）。

（9）统一性原则

表达准确，格式统一，文风一致。

5. 质量手册编写

质量手册根据质量方针和目标描述质量管理体系，包括质量管理体系范围，各过程之间相互接口关系，及各过程所要求形成的文件程序，它对组织的组织机构（含职责）、过程和资源作出规定，主要回答做什么的问题。具体内容包括：

（1）目录；

（2）质量方针、质量目标；

（3）组织简介；

（4）手册的管理（评审、批准、修改和控制）、使用说明；

（5）质量管理体系的范围（体系所涉及的产品、过程和区域）；

（6）引用标准和术语、定义；

（7）质量管理体系组织机构、职责、权限及相互关系；

（8）基于 ISO9001 标准条款的体系过程以及引用体系程序的描述；

（9）支持性文件附录（程序等）。

6. 程序文件的编制

程序是指为进行某项活动或过程所规定的途径。在很多情况下，程序可形成文件。程序形成文件时，称为"书面程序"或"文件化程序"。

程序性文件是描述为实施质量管理体系要求所涉及的各职能部门质量活动和具体工作程序的文件，是对组织运作过程的详细描述和规定，也是标准条款在组织实际运作过程中的应用。主要回答如何做的问题，供该组织各部门使用，属于支持性文件。以保证过程和活动的策划、运作得到有效组织并得到连续有效的控制。

程序文件是质量手册的具体展开，不是具体的技术、活动的控制程序。它可以引用更为详细的作业文件。

（1）程序文件格式与内容。

程序文件描述质量管理体系的过程（通常描述跨职能的活动），格式与内容见表 8.3。

表 8.3 程序文件格式与内容

	格　式	内　容
封面	可在单份或整套文件前加封面，便于控制文件和进行文件控制	☆公司标志、名称； ☆文件编号、文件名； ☆拟制人、审核人、批准人，颁布、生效日期，修改状态、版号； ☆受控状态、保密等级； ☆发文登记号等
刊头	在每页文件的上部加刊头，便于文件控制和管理	☆公司标志、名称； ☆文件编号、文件名称； ☆修改状态、版号； ☆页码等

续表

格 式		内 容
刊尾	需要时,在每页文件或每份文件的末尾底部加刊尾,说明文件的起草、审批、会签情况	☆拟制人、批准人及日期; ☆会签人及日期等
修改页	可单独成页,也可与封面或其他附页合并说明文件修改的历史情况	☆修改单编号; ☆修改标识; ☆修改人、日期;审核人、日期; ☆修改内容
正文		☆标题; ☆目的; ☆适用范围; ☆职责和权限; ☆定义(如需要); ☆工作程序; ☆相关记录; ☆相关或支持性文件; ☆附录(如需要)

正文部分内容说明:

① 目的。
◇说明程序所控制的活动及控制目的。
② 适用范围。
◇程序所涉及的有关部门和活动;
◇程序所涉及的相关人员、产品。
③ 职责。
◇规定负责实施该项程序的部门或人员及其责任和权限;
◇规定与实施该项程序相关的部门或人员及其责任和权限;
◇规定的职责在活动中都应有相应的体现;
◇活动中的各个环节都应有人承担责任;
◇与接口有关的工作职责都应有明确的表达;
◇各部门对接口的处理方法和相关的职责应确认。
④ 定义。
◇说明程序中引用组织活动中的相关专业术语;
◇说明程序中引用相关标准中的术语。
⑤ 工作程序。
按活动的逻辑顺序写出开展该项活动的各个细节。明确何时、何处、由谁、做什么、怎么做(材料、设备、引用作业文件、如何控制)、做到什么程度、保留什么记录等,即5W1H:
◇明确为什么要做(Why);
◇规定应做的事情(What):范围,做什么,所采用的材料、设备、引用的文件等;
◇明确每一活动的实施者(Who);
◇规定活动的时间(When);
◇说明在何处实施(Where);
◇规定具体实施办法(How):如何做,如何控制和记录以及特殊情况的处理方式等。

⑥ 相关文件。
◇涉及的相关程序文件；
◇引用的作业指导书、操作规程及其他技术文件；
◇涉及的其他管理性文件。
⑦ 相关记录。
涉及质量记录所使用的表格等。
程序文件涉及内容较多，不同组织可以根据各自情况具体掌握，但至少应包括以下三个方面的内容：责任、完成活动和验证的方法以及有关的记录。
（2）程序文件编写方法。
程序文件可不涉及具体的技术问题及操作细节，这些技术问题和细节可在支持性文件中进一步具体化。
① 叙述式编写方法。
以简要、准确、精炼的语言将程序活动的内容按可行的逻辑顺序进行逐步表达和说明。这是一种比较常见的编写方法。
② 流程图式编写方法。
首先，按所编写程序活动的逻辑顺序并结合公司的具体活动进行分析，展开并绘出流程图；然后，将展开的流程图根据文件的结构阐述活动的目的、范围和相关责任部门的职能等；最后，根据流程图再将各活动各个阶段的内容进行再展开，再增加具体的内容细则，具体描述由谁实施这些工作，实施的步骤及实施后应留下的记录等。具体见本章"应用举例"。

7. 作业文件的编写

作业指导书（SOP，Standard Operation Procedure）是对质量管理体系程序中涉及的每一项作业活动，按照全过程控制的要求，依据工作流程，对作业的计划、准备、实施以及总结等环节，明确具体的操作方法、步骤、措施、设备、材料、标准和人员责任，是对活动如何实施与如何记录的详细描述。作业指导书为执行性文件，比程序文件具体，涉及专业技术、实施细节，是供具体工作人员使用的文件，是实施各过程和质量控制活动的技术依据和管理性依据。
（1）作业指导书编写要求。
① 作业指导书必须体现对作业过程的全控制，体现对设备以及人员行为的全过程管理，包含设备验收，运行检修，缺陷管理，技术监督，以及人员行为要求的内容。不能把作业指导书理解为操作的流程，实际上作业指导书还包含着作业的要求和准则。
② 应在第一次作业前编制，注重策划和设计，量化、细化、标准化每项作业内容。
③ 围绕安全，质量两条主线，实现安全与质量综合控制。应规定保证本作业内容安全和质量的技术措施，组织措施，工序和验证内容。
（2）作业指导书的内容。
作业指导书主要包括：
◇作业名称。
◇目的，即为什么要制定本文件，制定后要求作业的过程以及结果应达到什么样的效果。
◇范围，作业指导书应用的场合及范围（什么地点，什么工序、岗位使用）。
◇责任人，指对作业的过程、结果负责的直接人员。

◇责任管理者,指对作业过程、作业人员、作业设备实行监督、控制的管理人员。

◇作业人数,完成本作业需要的作业人员数。

◇相关记录,作业过程需产生的记录。

◇涉及文件,作业过程中需参考的其他规范,标准等。

◇作业设备名称,设备包含作业过程中使用的所有设备、工装、器具等,包含一些小的辅助设备,如剪刀,周转箱等。

◇设备参数,设备需设定的参数值。如果一些设备所需的参数较多,需建立参数表,标注参照标准(如《××参数表》)即可。

◇物料名称,包括每一步骤需要用到的原料,辅料,耗材(如纸卡,吸塑,刷套,附件,擦拭布,胶带,纸箱等)。

◇作业流程描述(如何按照步骤完成作业),使用文字化的内容,对于作业流程图片进行阐述,鉴于操作人员文化水平的差异,应尽量采用简单的语言文字进行作业过程的描述。描述的范围应从作业某一步骤开始到某一步骤结束的全过程。

◇流程图片,作业过程中对产品质量以及安全有重要影响的关键动作图片,以便让操作人员进一步了解作业动作以及一些特殊参数的标准。

◇注意事项,操作时的注意事项,包括设备操作要求,参数要求,动作手法等关系员工安全以及产品质量等项目的内容。如:核对原料是否正确,注意参数调整,特殊参数需求,一些产品作业时的特殊需求等。

作业指导书模板见表 8.4。

表 8.4 作业指导书模板

岗位	作业名称	文件编号	版本版次	核准	品管	工程	制造	制定	日期
目的									
范围									
作业人数			责任人				责任管理者		
涉及文件									
相关记录									
作业设备									
设备名称				参数设定					
流程图片				作业流程描述					
注意事项									

8. 质量记录设计

为完成的活动或达到的结果提供客观证据的文件，称为记录。记录可用于为"可追溯性""验证""预防措施""纠正措施"提供证据。

质量记录是程序文件和作业指导书所规定过程及其结果的证实材料，是质量体系运行有效性的客观依据及完成某项活动的证据文件，是体系运行过程的真实记录。因此，记录的策划与编制，要遵从标准要求，覆盖标准要求，结合组织实际，如实反映和体现体系的运作过程。

凡是标准中各相关章节和条款明确提出"×××记录应予以保持"或"保持×××的适当记录"等类似要求的必须要有相应的记录；而在标准中要求不是很明显，但在运行时也需要提供证据的条款，也需设计相应的记录表格。

标准明示"应"形成的20种质量记录：

◇5.6.1：应保持管理评审的记录；

◇6.2.2e）：保持教育培训，经验和技能的适当记录；

◇7.1d）：为实现过程及其产品满足要求提供证据所需要的记录；

◇7.2.2：与产品有关的要求的评审结果及评审所引起的措施的记录应予以保持；

◇7.3.2：应确定与产品要求有关的输入，并保持记录；

◇7.3.4：设计和开发评审的结果及任何必要措施的记录应予以保持；

◇7.3.5：设计和开发验证的结果及任何必要措施的记录应予以保持；

◇7.3.6：设计和开发确认的结果及任何必要措施的记录应予以保持；

◇7.3.7：设计和开发更改的评审结果及任何必要措施的记录应予以保持；

◇7.4.1：供方评价的结果及评价所引起的任何必要措施的记录应予保持；

◇7.5.2d）：生产和服务提供过程记录的要求；

◇7.5.3：在有可追溯性要求的场合，组织应控制产品的唯一性标识，并保持记录；

◇7.5.4：如果顾客财产发生丢失，损坏或者不适用的情况，组织应向顾客报告，并保持记录；

◇7.6a）：对照能溯源到国际或国家标准的测量标准，按照规定的时间间隔或在使用前进行校准和检定，当不存在上述标准时，应记录校准或检定的依据；

◇7.6：校准和检定（验证）结果的记录应保持；

◇8.2.2：应保持内部审核及其结果的记录；

◇8.2.4：记录应指明有权放行产品以交付给客户的人员；

◇8.3：应保持不合格性质的记录，以及随后所采取任何措施的记录，包括所批准的让步接收记录；

◇8.5.2e）：记录所采取纠正措施的结果；

◇8.5.3d）：记录所采取预防措施的结果。

表格是记录的前身。记录除表格形式外，还可以用样品、照片、磁盘、光盘等。应根据程序文件和作业文件的要求，考虑实际条件的限制，设计用于记录的媒介。

8.3.3 质量管理体系运行与完善

文件编制完成，经过批准发布后，质量管理体系进入试运行阶段。

1. 质量管理体系试运行与改进

质量管理体系文件刚发布或进行了较大修改后,要验证文件是否已经理解与运用,职责是否明确,接口是否清楚,要求是否恰当。实施前要分层次进行培训。

在试运行的中期和末期,一般要进行1~2次内部审核,此时的审核要覆盖所有过程和要求。在内审的基础上,还要进行管理评审,以便发现问题,并采取措施进行改进。

内部审核是组织自行组织的审核,又称第一方审核,关键是评价质量管理体系的符合性和有效性(详见下章内容)。

管理评审是由最高管理者主持或以其名义进行的对现行质量管理体系进行的一次综合性的全面评价活动。主要是对照质量方针和质量目标,系统地评价质量管理体系的适宜性、充分性、有效性和效率。这种评审可包括考虑是否需要修改质量方针和质量目标,以响应相关方需求和期望的变化。管理评审采取会议的方式,按规定的时间间隔进行,一般每年一次,但若组织内部或外部环境出现重大变化,可随时进行。质量管理体系审核报告与其他信息源都可用于管理评审。

这一阶段审核和评审的重点是验证和确认质量管理体系文件的适用性和有效性,主要内容包括:

(1)规定的质量方针和质量目标是否可行。
(2)质量管理体系文件是否覆盖了所有主要质量活动,各文件之间的接口是否清楚。
(3)组织结构是否满足质量管理体系运行的需要,各部门、各岗位的质量职责是否明确。
(4)质量管理体系要求的选择是否合理,确定的质量活动过程是否准确。
(5)规定的质量记录是否能起到见证作用。
(6)所有员工是否按质量管理体系文件操作,规定的要求是否得到有效实施和保持。
(7)质量管理体系有效性及过程有效性是否需要改进。
(8)产品是否需要改进。
(9)资源需求是否需要调整或重置。

2. 质量管理体系正式运行与完善

质量管理体系经过若干次内审与管理评审后,经过不断改善,进入正式运行阶段:组织所有与产品质量有关的活动按照质量管理体系文件的规定开展,使过程始终处于受控状态,从而使体系运行有效,提供顾客满意的产品,实现组织的质量方针与质量目标。期间一般每年要进行1次以上的管理评审,2次左右的内部审核。主要通过内部审核、管理评审、数据分析等发现质量管理体系存在的问题,并找出改进的机会,从而使质量管理体系不断完善。此时,企业可申请外部认证。

8.3.4 质量管理体系文件编写应用实例

表8.5是以流程形式表达的《管理评审控制程序》。

表 8.5　管理评审控制程序

××××有限公司	文件名称	管理评审控制程序	文件编写	XQP-01-01	版次	A—00
			生效日期	201×/××/××	修改状态	0

1 目的
　　保证管理评审的有效执行，确保质量体系的有效性与适宜性
2 适用范围
　　适用于管理层对质量体系进行评审
3 职责
　　由总经理组织召开评审会议；
　　管理者代表负责提供有关评审的资料；
　　各部门负责人及相关人员参与评审。
4 工作程序
4.1 管理评审作业流程

负责单位	流程	说明	使用表格
管理者代表	制定计划	制定计划见 4.2.1	管理评审计划
总经理	审批	1．"管理评审计划"通不过时，管理者代表重新编制。	
管理者代表	发放计划	1．将审批后的"管理评审计划"发给相关人员。	管理评审计划
总经理	召开评审会议	1．相关人员参加评审会议。 2．与会人员反映有关情况。	内审报告纠正和预防措施报告
管理者代表	会议总结	1．将会议的有关内容总结成报告。	管理审评报告
总经理	审批	1．总结报告审核通不过时重新修订。	管理评审报告
管理者代表	报告发放及采取措施	1．总结报告分发给相关部门。 2．各部门对相关问题采取纠正和预防措施。	纠正和预防措施报告 管理评审报告
管理者代表	跟踪 结束	1．对纠正和预防措施的实施效果进行确认。 2．纠正无效的需再次纠正。	纠正和预防措施报告

4.2 流程说明
4.2.1 制定计划
　　＊评审每年进行一次；
　　＊或因下述情况，随时进行：
　　a）组织机构生产变动　　b）质量体系运行存在问题
4.2.2 评审的内容包括：
　　＊内部质量审核结果的分析、总结、纠正和预防措施的实施情况；
　　＊外方体系审核结果及纠正和预防措施的实施状况的分析和总结；

续表

*客户投诉、改进建议以及反馈信息；
*对上次评审结果及纠正和预防措施的实施状况分析和总结；
*公司内的质量状况信息；
4.2.3 评审的依据为：
*<内审报告>及纠正和预防措施报告；
*客户反馈信息；
*质量体系文件。
5. 相关文件
5.1 《文件和资料的控制程序》QP—05—02；
5.2 《纠正和预防措施程序》QP—14—01。
6. 相关记录
6.1 "管理评审计划" PR—01—01；
6.2 "管理评审计划" PR—01—02；
6.3 "纠正和预防措施报告" PR—14—01

思考与练习

1. 2008 版 ISO9000 系列标准的核心标准指的是哪些？

2. 熟悉 GB/T19001—2008/ISO9001:2008 标准的"4 质量管理体系、5 管理职责、6 资源管理、7 产品实现、8 测量、分析和改进"五章条款。

（1）如何理解过程方法？

（2）资源包括哪几类？

（3）与顾客有关的过程有哪些？

（4）监视和测量有哪几类？

3. 试比较"纠正"、"纠正措施"、"预防措施"。

4. 质量管理体系文件有几种类型？其作用是什么？

5. ISO9001:2008 标准明示应形成文件的程序有哪些？

6. 质量记录的作用是什么？

7. 质量管理体系从建立到实施、完善的几个阶段是什么？并结合实例谈谈如何建立质量管理体系。

第 9 章　质量管理体系审核与认证

9.1　与审核/认证有关的概念

9.1.1　审核与质量管理体系审核

审核（Audit）是为获得审核证据并对其进行客观的评价，以确定满足审核准则的程度所进行的系统的、独立的并形成文件的过程。审核具有以下特点：
（1）审核是对审核证据进行收集、分析和评价的过程。
（2）审核是系统的过程。事先有目的，行动有安排，事后有检查。
（3）审核是独立的过程。独立于受审核方。
（4）审核是形成文件（审核报告）的过程。

质量管理体系审核是指为获得与质量管理体系有关的审核证据并对其进行客观的评价，以确定满足质量管理体系审核准则的程度而进行的系统地、独立的、形成文件的过程。

9.1.2　审核范围

审核范围是指审核的广度和界限。
注：范围通常包括对地理位置、组织单元、活动和过程以及覆盖的时间段的表述。

9.1.3　审核方案

审核方案（audit programme）是针对特定时间段所策划，并具有特定目的的一组（一次或多次）审核。审核方案具有以下特点：
（1）特定时间段；
（2）特定目的；
（3）审核方案是策划的结果。

9.1.4　审核准则（审核依据）

审核准则（audit criteria）是指用作依据的一组方针、程序或要求。
质量管理体系审核准则包括：
（1）合同以及顾客的要求和期望。
（2）组织的质量管理体系文件（质量手册、程序文件、作业指导书、质量计划）。
（3）ISO9000 系列标准。
（4）法律法规要求。

9.1.5　审核证据

审核证据（audit evidence）是指与审核准则有关的并且能够证实的记录、事实陈述或其他信息。

（1）审核证据可以是形成文件的信息，也可以是通过面谈、观察获得的信息。
（2）审核证据可以是定量的也可以是定性的，但都应是可证实的。
（3）审核证据基于可获得信息的样本，抽样的合理性与审核结论的可信性密切相关。

9.1.6　审核发现

审核发现（audit finding）是指将收集到的审核证据对照审核准则进行评价的结果。
审核发现能表明审核证据是否符合准则，包括符合和不符合。

9.1.7　审核结论

审核组考虑了审核目的和所有审核发现后得出的最终审核结果即为审核结论（Audit conclusion）。

（1）审核结论与审核目的有关，如审核用于认证/注册目的，审核结论应该是受审核方的管理体系是否可以被推荐注册。
（2）审核结论是审核组得出的，而不是某个审核员的意见。
内部质量审核员实施内部质量管理体系审核后所得出的结论有三种情况：
A　符合审核标准；
B　基本符合，但有一些需纠正之处；
C　不符合，存在质量管理上的重大缺陷，必须立即纠正。
在上述 B，C 两种情况下，内部质量审核员必须要求受审核部门采取纠正措施，并可以与受审核部门讨论纠正措施的具体方法。审核结论作为报告必须文件化，然后将其发送至最高管理者、管理者代表、有关部门负责人等。

9.1.8　受审核方

受审核方（Auditee）是指被审核的组织。
注：这里所谓的受审核方不是指一个人，而是一个组织。但是，需要注意的是，在内部质量审核中，有时将受审核的对象组织称为受审核部门，将接受审核的个人称为受审核者。

9.1.9　审核委托方

审核委托方（Audit client）是要求或请求审核的组织或个人。审核委托方可以是：
（1）要求对自己的管理体系进行审核的受审核方。
（2）要求对供方的管理体系进行审核的顾客。

（3）依据法律法规要求对某组织的管理体系进行审核的独立机构（医药、食品、核能或其他机构）。

（4）依据认证合同要求对受审核组织的管理体系进行审核的独立机构（认证机构）。

9.1.10 审核员

审核员（Auditor）是指经证实具有实施审核的个人素质、教育、培训、工作和审核经验以及专业能力等的人员。GB/T19001中对与审核员相关的个人素质提出了要求。

9.1.11 技术专家

技术专家（Technical expert）是指对特定组织、过程、活动或领域的审核提供专业知识或技术的人员。

9.1.12 审核组

审核组（audit team）是实施审核的一个人或一组人。

审核组的一个或多个人通常是合格审核员，并且其中之一通常被任命为审核组长。审核组可包含实习审核员。在需要时可包含技术专家。

观察员可以陪同审核组，但不作为其成员。

9.2 质量审核的分类

9.2.1 按审核对象分类

质量审核按审核对象的不同，分为质量体系审核，过程质量审核、产品（含服务）质量审核。审核的内容及特点如图9.1所示。

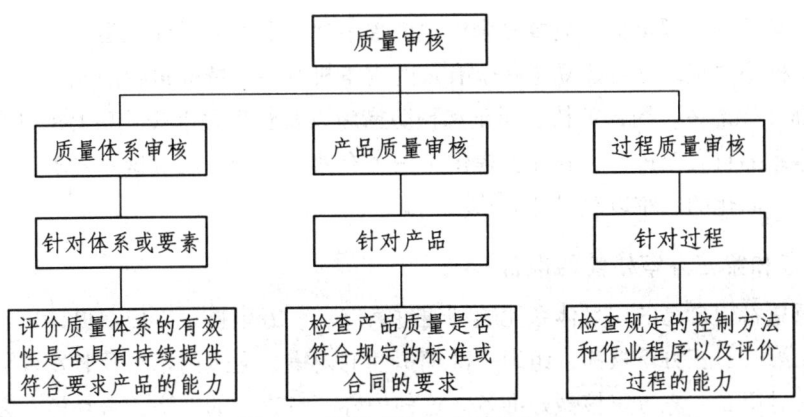

图9.1 质量审核的内容及特点

9.2.2 按审核实施的主体分类

按审核实施的主体不同，分为内部审核和外部审核。

内部审核，又称第一方审核，是企业内部的质量保证活动，由内部的审核员根据自己的职能，对质量管理体系的实施效果进行的审查，以便查明存在的问题，及时采取改进措施，使质量管理体系有效运行，它是不断改进质量管理体系的重要手段。

外部审核，是一项根据书面程序/检查清单开展的有文件证实的活动，目的是通过对客观证据的检查和评价，来验证质量管理体系中的各过程已按照规定实施并能获得证实。通常是为了取得质量体系认证或向顾客提供质量保证能力和满足顾客需求的证实，由第二方顾客或委托第三方来进行。

审核用于确定符合质量管理体系要求的程度。审核发现用于评定质量管理体系有效性和识别改进的机会。

9.2.3 按审核委托方分类

质量管理体系审核按审核委托方分为第一方审核、第二方审核和第三方审核。

9.2.3.1 第一方审核

第一方审核又叫内部审核，由组织自己或以组织的名义进行，用于内部目的，可作为组织自我合格声明的基础。这种审核为有效的管理评审和纠正、预防或改进措施提供信息。质量体系内部审核的目的概括起来有以下4个方面：

1. 质量体系正常运行和改进的需要

作为一种自我改进的机制，使质量体系持续地保持其有效性，并能不断改进，不断完善。这是质量体系内部审核最根本的目的。

一个组织在建立了文件化质量管理体系后，进入质量管理体系运行阶段，在实际运行中，总会出现这样那样的问题，为使其良性运作，必须建立一个自我完善和自我改进的机制。从这个意义上说，有效的内部审核是克服一个组织内部惰性、促使质量体系运行的动力。这也是为什么在外部审核中对组织是否建立了一个有效的内审机制给予特殊重视的原因。

在 ISO9000 标准中，内部审核、纠正和预防措施以及管理评审等几项要求具有特殊意义，它们对质量体系的自我改进、自我完善提供了一个有效的机制。没有这些要求，质量体系建立了也是静止的、固化的，难以改进和完善。

2. 第二方和第三方审核前的准备

一个组织总希望自己的质量体系能顺利通过第二、三方审核，以便取得订货合同及认证注册。因此，在第二、三方审核前，组织一次模拟性的内审，通过内审，及时发现问题，进行整改，为顺利通过第二、三方审核做好准备。这种俗称"自查"的做法，常是第一方审核的直接原因之一。

3. 作为一种重要的质量管理手段

在ISO9000标准中，多处提到内部审核的重要性。一个组织的领导应把它当作一个重要的管理手段来加以运用。平时用例行内部审核来及时发现问题，遇到质量事故或用户有严重申诉时，更要及时组织特殊内审来调查原因，加以纠正。内部审核对于检查各部门质量体系现状，发现问题，评定优劣，改进管理也是一个有力的推动。

4. 使质量体系满足质量标准或其他约定文件（如合同）的要求

这是质量体系内部审核最直接的目的。一个组织在建立了文件化的质量体系之后，需要经常通过内部审核检查体系的质量活动是否符合标准等约定文件的要求。

9.2.3.2 第二方审核

在某一合同或多个合同要求的情况下，可以由组织的顾客或由其他人员（作为顾客代表）以顾客的名义进行第二方审核。这种审核旨在提供对供方或分承包方的信任证据。第二方审核的目的概括起来有以下3个方面：

1. 合同前的评定

当供方与顾客之间有建立合同关系的意向时，在合同签订前，经常需依照ISO9000标准以及必要的补充要求，对供方的质量体系进行评定，以确定供方满足这些要求的能力。在许多情况下，评定直接由顾客进行，但有时也可委托代理人以顾客的名义进行。

2. 合同签订后的审核

合同签订后，可由顾客、顾客的代理人或同意的第三方进行一系列的质量体系审核，以评价供方质量体系是否持续满足规定要求。

3. 促进供方改进质量体系

当顾客与供方之间建立较为密切的关系（如定点供应等），顾客可通过例行或当供应产品质量不稳定时的第二方审核促进供方改进质量体系。

9.2.3.3 第三方审核/认证

由胜任的认证机构或其委托的审核机构所进行的审核通常称为第三方审核。这种审核按照规定的程序进行，其结果是对受审核方的质量体系是否符合规定要求给予书面保证（合格证书），又叫认证或注册。第三方审核的目的，概括起来有：

1. 为潜在的顾客提供信任

作为对技术标准的补充，一个组织是否按质量体系标准来建立质量体系，并通过第三方审核，已成为一个组织的质量保证能力的可靠标志，进而作为向潜在的顾客提供信任的主要手段，已是国际贸易中重要的行为惯例。

2. 减少第二方审核以节省重复检验费用

某一供方产品往往有不同的顾客，倘若都要进行重复性的第二方审核，对顾客和供方都是很大的负担，通过第三方审核取代第二方审核，可节省重复检验费用。

3. 运用"受益者推动"的方式来建立健全组织质量体系

当供方首先根据顾客或其他受益者提出的直接要求，选择适用的质量保证模式标准来建立质量体系，并通过第三方审核，不仅可服务于外部参与国内外市场竞争的需要，同时也可克服企业惰性，改善内部管理，必然会在产品质量、成本和内部运行结果上获得明显的改进。在许多国家，受益者推动是一种流行作法。质量体系认证/注册的广泛应用是该方法推行的一个因素。即使采用"管理者推动"的方式来建立健全质量体系，也应尽可能获取认证，以证实质量体系的适宜性。

4. 查证是否满足法律法规或其他规定的要求

当某一独立机构被授权时，有权查证如食品、医药、核能等产品的质量体系是否满足法律法规或其他规定的要求。

以 ISO9000 认证为例，获得 ISO9000 认证需具备以下条件：

（1）建立了符合 ISO9001：2008 标准要求的文件化的质量管理体系；
（2）质量管理体系至少已运行 3 个月及以上并被审核判定为有效；
（3）外部审核前至少完成了一次全面有效的内部审核，并可提供有效的证据；
（4）外部审核前至少完成了一次全面有效的管理评审，并可提供有效的证据；
（5）体系保持持续有效并同意接受认证机构每年的年审和每三年的复审作为对体系是否得到有效保持的监督。

概括起来，质量审核的详细分类见图 9.2 及表 9.1。

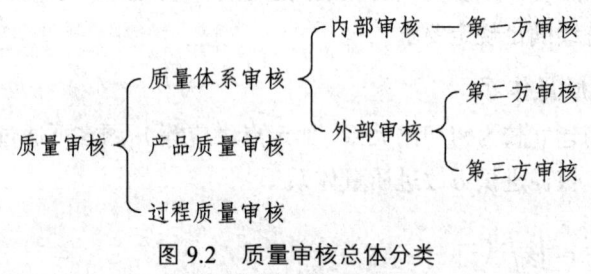

图 9.2 质量审核总体分类

表 9.1 审核的分类

分类依据	审核类型
审核委托方	第一方审核、第二方审核、第三方审核
实施的主体	内部审核、外部审核
审核的对象	体系审核、过程审核、产品审核
审核的领域	质量审核、环境审核

不同质量管理体系审核的比较，见表 9.2。

表 9.2 三种审核的比较

审核类型	第一方审核	第二方审核	第三方审核
审核对象	内部审核	顾客对供方审核	独立的第三方审核
执行者	组织的内审员或以组织的名义聘请的外部人员	顾客自己或委托他人	第三方机构派出审核员
审核目的	体系稳定运行，推动内部改进	选择、评价、控制供方	认证注册
审核准则	合同、组织质量文件、ISO9001标准、法律法规	组织质量文件、ISO9001标准、法律法规、产品标准	合同、组织质量文件、ISO9001标准、法律法规
审核范围	组织质量管理体系覆盖的范围	顾客关心的产品要求、标准	申请注册认证的产品形成过程体系
审核时间	审核时间比较充裕、灵活	审核时间集中	审核时间较短，按计划进行
审核程度	深入、全面、细致	突出重点，集中审核	全面覆盖，抽样审核
纠正措施	有责任提出纠正建议	必要时可提出纠正建议	通常不提出纠正建议
审核员资质	有资格、能胜任、经授权，无直接责任关系	无注册资格要求	符合ISO10011标准要求，必须取得注册资格

9.3 质量管理体系审核的特点与基本要求

9.3.1 质量管理体系审核的特点

当前，质量体系审核已有一套完整、成熟的国际通行做法，这在 ISO19011 标准中得到了充分的体现。质量体系审核中的第三方审核已成为高度专业化、职业化活动，有一套正规的程序和做法。概括起来，质量体系审核有如下特点：

9.3.1.1 规范性

为了使质量体系有效运行，重要的是按选定的质量体系标准明确质量体系的内容和要求，并通过质量体系文件加以规定，在这个意义上，被审核的质量体系必须以正规化、规范化为基础，而正规化、规范化则必须文件化。只有建立文件化质量体系，质量体系才能运作，才有比较和评价的可能，从而具备质量体系审核的必要条件。

ISO9000 标准，对正规的质量体系提出下列基本要求：
（1）质量体系必须文件化到确保控制所需的程度。
（2）每个组织只能有唯一的文件化质量体系。
（3）质量体系文件既要分层次又要相互协调和衔接。
（4）质量体系文件必须符合文件控制的要求。

9.3.1.2 系统性

质量体系审核有正式的程序和做法，要求审核活动有计划、有步骤地进行，包括审核的策划和准备，召开首次和末次会议，现场选定样本收集客观证据，开具不合格报告，编拟审核报告，进行纠正措施的跟踪等，形成完整的审核。审核工作由经培训且经资格认可的人员进行。外部审核根据合同进行，内部审核则由组织管理者授权。

在开始审核之前，审核的范围、目的和审核准则应被明确，并达成一致意见。审核方案和审核需予以策划，以确保其实施的有效性和一致性，以及审核结论的可信性。

在审核时不要轻易偏离审核计划和检查表，另选样本。当然也不能过多地受检查表的约束，"如果发现重大的可能导致不合格的线索，即使其不在检查表之列也应予以记录并进行调查"。

9.3.1.3 独立性

质量体系审核必须是独立的，其"独立"性，主要体现在以下方面：
（1）审核人员与所审核的活动无直接的责任。
（2）审核人员的审核活动不受干预。
（3）审核人员的审核结果代表个人的观点。

9.3.1.4 抽样性

质量体系审核是一种抽样过程。质量体系审核工作由于时间和人员的限制，要在较短时间内完成审核工作，只能采取抽样的方法，包括抽取一定数量的体系文件、质量记录，询问一定数量的人员，抽查若干台生产设备及检验、测量和试验设备，查证若干过程等。

任何抽样都有两类风险，审核抽样也不例外。两类风险一是指"弃真"——好的当成坏的，二是指"存伪"——坏的当成好的。为了减少这两类风险，应做到随机不随便，关注主要问题。选择样本要有代表性，对产品质量影响大的样本要多抽一些，样本量最少两个。抽样不能由受审方指定，而应由审核员在现场随机抽取，也不要事先规定得十分具体（如图号、元器件型号、生产厂家名称等等），这样抽样才具有代表性。

9.3.1.5 客观性、公正性

审核是收集审核证据并进行验证和确认的过程，审核员在整个审核过程中应保持公正，以客观事实为依据，以审核准则为准绳。

9.3.1.6 相关性、可信性和充分性

审核发现应能表明审核证据是否符合准则。审核是利用已建立的方法和技巧，确保审核证据和审核发现的相关性、可信性和充分性。因此，由彼此独立的审核组对同一对象的审核应得出相类似的结论。

9.3.1.7 保密性

审核员应遵守职业规范。除非有法律要求，否则审核组不得向第三方泄露审核期间所获得的任何有关文件的内容和信息以及审核报告。

9.3.2 质量管理体系审核思路

质量管理体系的审核是建立在"过程审核"的基础上，对组织的质量管理体系进行审核，需要从过程审核入手，而过程审核则需要从过程的三要素入手，应对每一个被评价的过程，提出如下问题：

（1）过程是否已被识别和适当确定。
（2）职责是否已被分配。
（3）过程的输入是否充分、恰当。
  包括：过程运作程序和方法是否得到规定并加以实施；过程运作是否配置了适当而充分的资源。
（4）是否对过程进行了必要的监视和测量
  包括：是否获得了过程转化的相关数据并对这些数据进行了分析；这些分析是否为过程改进提供了依据。
（5）过程的输出是否达到了预期的结果。
综合上述问题的答案可以确定评价结果。

9.3.3 质量管理体系审核的任务

通过审核对组织的质量管理体系做出准确、客观和公正的判断，评价组织所建立运行的体系与标准要求的符合性、充分性和有效性。包括：

（1）判定组织是否已经建立起文件化的质量管理体系。
（2）体系文件是否达到了国际标准的规定要求。
（3）体系是否有效运行并达到预期的目标。
（4）组织是否建立并运行起有效的自我持续改进机制。
（5）确定受审核方管理体系与审核准则的符合程度。
（6）评价管理体系确保满足法律法规和合同要求的能力。

9.4 质量管理体系内部审核实施

质量体系内部审核一般可分为例行审核和特殊情况下的追加审核两类。例行审核是指按预先编制的年度计划进行，每年应覆盖所有部门（或要素）。各部门审核频次可根据审核中发现问题的大小、多少以及该部门对产品质量形成过程的重要性来决定，每年可以调整。

特殊情况是指下列情况：
（1）发生了严重的质量问题或用户有严重申诉。
（2）组织的领导层、隶属关系、内部机构、产品、质量方针和目标、生产技术及装备以及生产场所等有较大改变。
（3）即将进行第二、三方审核或法律、法规规定的审核。
（4）第三方审核后获得认证注册资格和证书，而证书即将到期又希望继续保持认证资格。

在以上情况下，往往需要临时组织一次追加的质量体系内部审核。

无论是例行审核还是追加审核，内部审核大致可分为审核准备、现场审核、不符合项的纠正措施和跟踪几个步骤。

9.4.1 内部审核的准备

质量体系内部审核的准备工作大致包括下列内容：组成审核组、收集并审核有关文件、制订审核计划、编制检查表。

9.4.1.1 组成审核组

在进行质量体系内部审核前，管理者代表应任命审核组长及审核员组成审核组。

在选择审核组长时，主要考虑的因素是：

（1）资格——经过培训的内部质量体系审核员。

（2）业务范围——与被审部门无直接的责任关系，但对被审部门的业务要有一定了解。

（3）工作经验——与审核组员比有较多的审核经验。

（4）组织能力——应有组织管理整个审核工作的能力。

在选择审核组员时，主要考虑下列因素：

（1）资格——组织的内审员。特殊情况下，审核组可吸收业务专家、见习内审员或观察员参加审核组，但需经管理者代表批准。

（2）业务范围——其专业最好与被审部门业务相适应，但也不强求专业一致。

（3）专业知识——内审员对被审部门业务专业知识应有一定了解，但不强调一定要是这方面的专家。

（4）工作中的协调——如果审核组规模较大，有多名审核员，则应考虑他们在工作中能否协调配合，团结合作。

9.4.1.2 文件审核

对质量方针、质量目标、质量手册、质量记录、标准所要求的需要形成文件的 6 个程序的审核。除此之外，还应包括以下内容：

（1）组织为确保其过程有效策划、运作和控制所需的其他文件是否足够（关键过程是否具有相应控制文件），是否符合文件编写要求。

（2）程序文件内容：

① 程序文件与质量手册的协调性，有无漏项或矛盾；

② 程序文件是否满足标准规定要求；

③ 是否清晰描述程序运行的职责；

④ 是否明确该程序的目的、范围；

⑤ 是否清晰规定程序所控制过程的环节，即每个环节的 5W1H；

⑥ 程序规定的方法是否可操作，可监测；

⑦ 程序运行发生偏离时、应急时如何控制；

⑧ 程序文件管理状况（包括版本、修订、发布范围等）。

（3）作业指导书内容是否空泛，能否真正指导现场的作业过程。

文件审核的结论有三种：合格、局部不合格、不合格。文件评审应进行记录（见表9.3），并形成书面报告（见表9.4）。

表9.3 文件评审记录

评审依据：ISO9001:2008		评审日期 年 月 日
评审内容		符合性
质量方针	是否制定了文件化的质量方针	
	质量方针是否与组织的宗旨相适应	
	是否承诺满足要求和持续改进质量管理体系有效性	
	是否提供制定和评审质量目标的框架	
质量目标	是否制定了文件化的质量目标	
	是否在组织的相关职能和层次上都建立了质量目标	
	质量目标是否包括满足产品要求所需的内容	
	质量目标是否可测量	
	质量目标是否与质量方针保持一致	
质量手册	是否制定了文件化的质量手册	
	是否明确规定了体系依据的标准和界定体系建立实施的范围	
	是否阐述了任何删减的细节与合理性	
	是否描述了质量管理体系各相关过程的控制要求并体现了它们之间的相互关系	
	是否清晰描述了质量管理体系文件，包括各层次、文件结构及相互关系；是否能清晰引出下层文件及体系运行与相关工作依据的索引路径	
	是否明确规定了体系各个层次的组织结构与职责，质量职能是否分配落实，组织机构是否合理，资源配备是否有保证等	
记录	是否规定需编制ISO9001:2008标准所要求的记录： 5.6.1：应保持管理评审的记录； 6.2.2e）：保持教育培训，经验和技能的适当记录； 7.1d）：为实现过程及其产品满足要求提供证据所需要的记录； 7.2.2：与产品有关的要求的评审结果及评审所引起的措施的记录应予以保持； 7.3.2：应确定与产品要求有关的输入，并保持记录； 7.3.4：设计和开发评审的结果及任何必要措施的记录应予以保持； 7.3.5：设计和开发验证的结果及任何必要措施的记录应予以保持； 7.3.6：设计和开发确认的结果及任何必要措施的记录应予以保持； 7.3.7：设计和开发更改的评审结果及任何必要措施的记录应予以保持；	

续表

评审依据：ISO9001:2008		评审日期： 年 月 日
评审内容		符合性
记录	7.4.1：供方评价的结果及评价所引起的任何必要措施的记录应予保持； 7.5.2d）：生产和服务提供过程记录的要求； 7.5.3：在有可追溯性要求的场合，组织应控制产品的唯一性标识，并保持记录； 7.5.4：如果顾客财产发生丢失，损坏或者不适用的情况，组织应向顾客报告，并保持记录； 7.6a）：对照能溯源到国际或国家标准的测量标准，按照规定的时间间隔或在使用前进行校准和检定，当不存在上述标准时，应记录校准或检定的依据； 7.6：校准和检定（验证）结果的记录应保持； 8.2.2：应保持内部审核及其结果的记录； 8.2.4：记录应指明有权放行产品以交付给客户的人员； 8.3：应保持不合格性质的记录，以及随后所采取任何措施的记录，包括所批准的让步接收记录； 8.5.2e）：记录所采取纠正措施的结果； 8.5.3d）：记录所采取预防措施的结果	
	记录是否符合"4.2.4 质量记录的控制"要求	
文件控制程序	是否编制了文件化的文件控制程序	
	是否规定文件发布前应得到批准，以确保文件是充分与适宜的	
	是否规定何种情况下需对文件进行评审、更新，并再次批准	
	是否规定识别文件的更改和现行修订状态的控制方法	
	是否规定确保在使用处可获得有关版本的适用文件的控制方法	
	是否规定确保文件保持清晰、易于识别的控制方法	
	是否规定确保外来文件得到识别，并控制其分发的方法	
	是否规定防止作废文件的非预期使用的控制方法	
	是否规定对所保留作废文件进行标识的方法	
记录控制程序	是否编制了文件化的记录控制程序	
	是否规定了记录标识的控制方法	
	是否规定了记录储存的控制方法	
	是否规定了记录保护的控制方法	
	是否规定了记录检索的控制方法	
	是否规定了记录保留的控制方法	
	是否规定了记录处置的控制方法	

续表

评审依据：ISO9001:2008		评审日期：年 月 日
评审内容		符合性
内部审核程序	是否编制了文件化的内部审核程序	
	是否规定了内部审核的职责	
	是否规定了内部审核的时间间隔	
	是否规定策划内部审核方案应考虑拟审核的过程、区域的状况、重要性以及以往审核的结果	
	是否规定了审核的准则、范围、频次和方法	
	是否规定在审核员的选择和审核的实施中如何确保审核过程的客观性和公正性	
	是否规定了审核员不应审核自己的工作	
	是否规定了应保持审核及其结果的记录	
	是否规定了如何报告审核结果	
	是否规定负责受审核区域的管理者应确保及时采取必要的纠正和纠正措施，以消除所发现的不合格及其原因	
	是否规定纠正和纠正措施后续活动应包括对所采取措施的验证和验证结果的报告	
不合格品控制程序	是否编制了文件化的不合格品控制程序	
	是否规定了不合格品控制以及不合格品处置的有关职责和权限	
	是否规定对不符合产品要求的产品予以识别和控制，以防止其非预期的使用或交付	
	是否规定了处置不合格品的方法	
	是否规定应保持不合格的性质的记录以及随后所采取的任何措施的记录，包括所批准的让步的记录	
	是否规定在不合格品得到纠正之后应对其再次进行验证，以证实符合要求	
	是否规定在交付或开始使用后发现产品不合格时，组织应采取与不合格的影响或潜在影响的程度相适应的措施	
纠正措施程序	是否编制了文件化的纠正措施程序	
	是否规定了如何对不合格（包括顾客抱怨）进行评审	
	是否规定了如何确定不合格的原因	
	是否规定了如何评价确保不合格不再发生的措施的需求	
	是否规定了如何确定和实施所需的措施	
	是否规定了记录所采取措施的结果	
	是否规定了如何评审所采取纠正措施的有效性	

续表

评审依据：ISO9001:2008		评审日期： 年 月 日
	评审内容	符合性
预防措施程序	是否编制了文件化的预防措施程序	
	是否规定了如何确定潜在不合格及其原因	
	是否规定了如何评价防止不合格发生的措施的需求	
	是否规定了如何确定并实施所需的措施	
	是否规定了记录所采取措施的结果	
	是否规定了如何评审所采取的预防措施的有效性	

表 9.4 质量管理体系文件审核报告

评审依据：_____ 评审日期：_____

评审文件清单：

☐质量管理手册，版本号：

☐质量管理体系程序，版本号：

充分性及符合性评价：

☐覆盖了全部要求，且较充分地反映了行业特点。

☐覆盖了全部要求。

☐基本覆盖了要求，但尚存在下述不符合：

_____

_____

结论：

☐体系文件符合要求，现场审核按规定日期进行。

☐体系文件基本符合要求，现场审核按规定日期进行，但需对文件评审中的不符合采取措施。

☐请在现场审核前将上述不符合项全部纠正。

文件评审人员： 日期：

审核组长： 日期：

文件评审中不符合项纠正结果验证：

☐上述不符合项已全部有效纠正。

☐上述不符合项的纠正还存在以下问题：

_____

_____

审核员： 日期：

9.4.1.3 制定内部审核计划

质量体系内部审核一般应编制一份年度计划。每月对一个或几个部门或要素进行一次审核，逐月展开，使一年内能把所有部门、所有要素都覆盖至少一次。其中对较重要的或问题较多的部门的审核频次可适当增加。年度计划同时应是滚动的，即跨年度连续进行的。这样可以体现出审核的连续性。编制的年度计划应请组织的最高领导层批准实施，但如有必要也可以在年中任何时候进行修改，修改要按一定程序进行，修改后的计划仍需经领导批准。如果例行审核不是采用分散、滚动的计划而是采用全面集中的方式，则其计划与外审相似，包括审核目的、审核依据、审核范围、审核时间、审核地点、审核活动安排、审核内容等。

【例 9.1】内部审核计划（见表 9.5）。

表 9.5　201×年第一次内部审核计划

目的：检查本公司质量体系是否能按 ISO9001 提供质量保证，是否具备申请 ISO9001 认证的条件。
性质：例行内部质量体系审核。
范围：质量手册覆盖所有的部门和要素，重点是 ISO9001 所要求的各要素及涉及的各职能部门。
依据：ISO9001 质量保证标准、质量手册、有关的程序文件、作业文件。
审核组：组长：张××；组员：王××、李××、梁××。
审核时间：201×年4月6日至8日。

审核活动安排

日期	时间	第一组（张、梁）：主要活动和涉及的标准条款	第二组（王、李）：主要活动和涉及的标准条款
4月6日	9:00~9:30	首次会议	
	9:30~12:00	总经理办公室/管理者代表（4.1 总要求、4.2 文件要求、5.1 管理承诺、5.2 以顾客为中心、5.3 质量方针、5.4 策划、5.5 职责、权限和沟通、5.6 管理评审、6.1 资源的提供）	品质部（4.2.2 质量手册、4.2.3 文件控制、4.2.4 质量记录的控制、8.2.2 内部审核、8.4 数据分析、8.5 改进）
	13:00~16:00	销售部[7.2.1 与产品有关的要求的确定、7.2.2 与产品有关的要求评审、7.2.3 顾客沟通（含售后服务、客户投诉、信息反馈、市场调研）]	技术部[7.3 设计和开发、7.5.1 生产和服务提供的控制、4.2.3 文件控制（技术文件和资料的控制）]
	16:00~17:00	审核组内部会议，整理审核结果，与部门负责人交换意见	
4月7日	9:00~12:00	采购部（7.4 采购、7.5.4 顾客财产）	品质部（8.2.3 过程的监视和测量、8.2.4 产品的监视和测量、8.3 不合格品控制）
	13:00~16:00	生产部（7.5.1 生产和服务提供的控制、7.5.3 标识和可追溯性、7.5.2 产品和服务提供过程的确认）	设备部（6.3 基础设施（生产设备的管理和维护）、7.6 监视和测量装置的控制）
	16:00~17:00	审核组内部会议，整理审核结果，与部门负责人交换意见	
4月8日	9:00~12:00	运输部（7.5.5 产品防护（货仓管理））	人事部（6 资源管理）
	13:00~15:00	审核组总结会议，与各部门负责人交换意见	
	15:00~16:00	末次会议	

以上是例行的内审计划的编制。特殊情况下的追加内审计划都是临时根据特定情况编制的，其内审计划与表 9.5 相似，也是集中式的，但内容只与特定情况有关，不一定涉及所有部门及要素。

9.4.1.4 编写检查表

检查表是审核员进行审核的重要工具，也是审核的重要原始资料之一。所以编写检查表也就成了审核员进行审核准备的一项重要工作内容。

1. 检查表的作用

检查表的作用主要有以下几个方面：

（1）明确与审核目标有关的样本。

审核采用的主要方法是抽样检查。抽什么样本，每种样本应抽多少、如何抽样等问题都要通过编写检查表解决，而且这一切都要为达到审核目标服务。

（2）使审核程序规范化。

编制检查表已成为国际上进行质量体系审核的一种通用做法，且已普遍列入审核程序之中，成为必不可少的一项工作。它又反过来使审核程序进一步正规化和格式化，可以减少审核工作的随意性和盲目性。

（3）使审核目标始终保持明确。

在现场审核中种种现实情况和问题很容易转移审核员的注意力，有时甚至迷失大方向而在枝节问题上浪费大量的时间。检查表可以提醒审核员始终坚持主要审核目标，针对事先精心考虑的主要问题进行调查研究。

（4）保持审核进度。

有了检查表，可以按调查的问题及样本的数量分配时间，使审核工作有条理、按计划进度进行，调查研究也有的放矢，提问题、查看文件和现场审核也都有针对性，抽样也有代表性。不至于发生前松后紧或不得不延长审核时间的现象。

（5）作为审核记录存档。

检查表与审核计划一样也应与审核报告等一起存入审核项目的档案中备查。有的检查表同时留出栏目记载调查情况，兼起记录的作用，更有保存的必要。

（6）减少重复的或不必要的工作量。

审核员各自编写的检查表要经审核组长审查协调，防止遗漏或重复。这样可以减少重复的审核工作。

2. 检查表的设计

设计检查表时应注意以下几点：

（1）对照标准和手册的要求。

检查表应按质量保证标准和质量手册的要求来编写，覆盖标准要求，这样才能全面检查质量体系及其要素的活动结果是否符合质量保证标准和质量手册的要求。有的检查表直接把 ISO9001 的条款的规定改编成问题调查表，这种检查表也可称之为"标准化了的检查表"。质量手册也是要符合标准要求的，但可能规定得更具体，所以检查表中也可把这些补充要求作为检查内容。

（2）结合文件审核选择典型的质量问题。

文件审核是为编制检查表作准备的，根据文件的内容有重点地列出被审核部门的问题，以便证实操作与文件的一致性。每个部门、每个要素的质量活动常有一些典型的质量问题，在检查表中可重点注意这些问题。

（3）抽样应有代表性。

在审核时不能只按标准提问题，还要查看文件、记录和现实情况。由于文件和记录数量很多，不可能全部检查，所以在检查表中大致规定抽样数。这样才能在短时间内获得数量适当的客观证据。

（4）调整或修改检查表。

检查表是审核员为便于进行审核而使用的一种工具，是审核员未详细了解受审核方的过程、运作方法、控制要求及过程运行状况的情况下编写的。因此，实际的质量管理体系运行方式、过程运行状况、关键过程或较薄弱的环节可能与编写检查表时审核员的设想有较大差距。审核员在现场审核中要调查了解过程、职责、要求等信息，当发现检查表中未考虑的重要线索、关键过程、薄弱环节等信息时，应及时调整原先思路，根据实际情况临时调整或修改检查表，但对此要十分小心谨慎，因为偏离过多会影响整个审核工作和进度。

3. 检查表的类型

（1）按要素（标准条款）编制的检查表。

依据标准某一条款的要求，逐一编写检查表。按要素编制的检查表要考虑涉及的部门，不仅应包括主要负责实施此要素的部门，还应包括配合实施此要素的其他部门。有的要素如管理职责、质量体系、文件控制、培训等涉及所有部门，则应权衡。类似表9.6的检查表主要是为初学编制检查表的审核员参考的。当有了更多的审核经验以后。审核表可以编得精练一些。实际使用的检查表要比这种检查表简要得多。

按要素编写检查表不会遗漏标准的要求，可以系统完整地了解标准的某项要求的实施情况及其有效性，特别有利于检查某项质量活动在部门、环节传递的过程和连续性情况。但不足是由于对同一条款要求的审核会涉及多个部门，因此，对多个不同要求的审核会造成一个部门要接受多次审核，降低审核效率。

【例9.2】按要素编制检查表（见表9.6）。

（2）按部门职责编制的检查表。

按部门编制的检查表是针对受审核部门的职责、活动、结果及其有效性所做的审核策划，见表9.7。按部门编制检查表要考虑涉及的要素，不仅应包括本部门中心职责的那些要素，还要包括配合其他部门实施的要素。只有这样，才可能对某一部门进行全面的审核。

按部门编制检查表的好处是一次可以完成对一个部门的审核，但由于一个完整的过程是由若干个部门配合完成的，因此，在一个部门的审核只能获得所审核过程的部分信息，如不注意部门之间的接口关系，或者审核员之间没有进行良好的沟通，都有可能造成审核的不完整。

表 9.6 质量体系审核：要素检查表

受审核部门	质检科、生技办、总工办，生产车间、经营部、仓库	编辑日期	201×年×月×日
质量体系标准	ISO9001:2008	审核员	孟××
审核要素	不合格控制（8.3）		
No.	审核项目	审核方式	
一	质检科		
1	进货检验中不合格品是如何处理的	抽查201×年1~3月"不合格原材料信息单"2份的处理过程	
2	成品检验中不合格品是如何处理的	抽查201×年1~3月"不合格成品信息单"2份的处理情况	
3	用户反映的不合格品是如何处理的	抽查201×年1~3月顾客申诉抱怨的处理情况	
4	新产品中的不合格是如何处理的	抽查201×年1~3月检验的新产品的"不合格产品信息单"3份	
二	生技办		
	追踪上述的"不合格品信息单"、"不合格产品信息单"的处理、评审过程	如有让步，处理时重点检查让步处理的过程	
三	总工办		
	了解上述的不合格原材料、成品的审核	重点是让步处理的审核	
四	生产车间（二、四车间）		
1	不合格品在现场如何标记隔离	（1）与当班组长、车间工作人员交谈、并调查不合格标记的管理情况。 （2）现场调查是否按程序规定划区域堆放	
2	有中间产品的离子膜产品的不合格品的控制和处理	（1）抽查201×年1~3月该产品在中间产品出现不合格品时所填的C级质量信息单2份，追踪其处理情况。 （2）观察现场如何标记（挂牌）和隔离（划区域堆放）	
五	经营部（供应科）、仓库		
1	追踪上述的不合格原材料信息单的处理情况	（1）与仓库员交谈。 （2）查进出库台账2~3种。 （3）按程序规定有超期者通知质检科复检鉴别，查有无通知的凭证。 抽查上述申请单2份，确认其处理情况	
2	仓库有无超过储存限的原材料和成品。如有是如何处理的		
3	供应科有无"不合格处理申请单"，当合同规定时是否报请顾客，提出让步申请		

【例 9.3】 按部门职责编制检查表（见表 9.7）。

表 9.7 质量体系审核：部门检查表

受审部门	销售部	编制日期	201×年 4 月 1 日
标准	ISO9001：2008	审核员	张××
审核要素	职责和权限（5.5.1）；7.2 与顾客有关的过程（与产品有关要求的确定/与产品有关要求的评审/顾客沟通含售后服务与投诉处理）；7.5.5 产品防护（产品仓库管理）；（6.2.2）能力、意识和培训			

No.	审核项目	审核方式	审核记录
1	部门经理是否清楚销售部在质量体系中的主要质量职责？	与部门经理谈话 30 min。	
2	是否按程序规定进行了顾客要求的识别和产品要求的识别？	抽查 201×年 1~3 月合同评审记录 5 份。	
3	顾客特殊要求或公司未生产过的产品是否有顾客的书面要求文件，是否在企业中进行了传递、沟通、评审及再次评审？	询问和抽查 201×年 1~3 月有关记录。查 2 份合同更改后评审及与顾客沟通记录。	
4	来自顾客的申诉和咨询是否答复？	查 201×年 1~3 月顾客申诉和咨询处理记录 3 份。	
5	向顾客提供的维修、培训、备品配件。供应产品处理（换货、退货）是否及时，用户是否满意？	联系申诉意见综合判断。	
6	每月 25 日是否编制下月交货产品一览表并签发有关部门？	查发运组 201×年 1~3 月交货产品一览表。	
7	运输单位是否在发运通知单上签字，表明所运产品无差错。	查 4 份成品库存发运单，并注意用户反馈记录中有关交付的申诉。	
8	是否制订和执行了培训计划，签订合同的人员和售后服务人员是否有从业资格证？	查 201×年部门培训计划和抽查合同签订人员和售后服务人员各 3 位的资格证。	
9	查成品库的管理	① 抽查 201×年 3 月进出库台账。 ② 抽查库存成品四种看账卡。 ③ 观察库存条件、标识情况。 ④ 与仓库保管员交谈了解，对储存寿命有否要求及超期后如何处理	

（3）按过程编制的检查表。

按过程编制检查表时，应尽可能体现过程方法。依据过程、活动的顺序，选择合适的审核途径（顺向、逆向），策划收集审核证据的方法。可采用 PDCA 方法，依照"目标—策划—实施—测量与监视—改进"的过程方法编制检查表，见表 9.8。

按过程编制检查表可对每一个过程进行完整的审核，有利于检查每个过程策划、实施、测量、处置的全部情况，对过程实施的有效性可作出准确评价。但也有类似按要素编写检查表的不足。

【例9.4】 按过程编制检查表（见表9.8）。

表9.8 按过程编制的检查表

检查内容——进货检验	标准条款	记录
（1）职责：分工是否明确、责任是否清楚、任务是否具体、权限是否已规定？ （2）部门领导和检验人员的权限能否保证其履行职责不受干扰？ （3）产品特点、检验流程、检验点的设置。 （4）本部门需从哪些部门接收信息，需向哪些部门报告信息？	5.5	
（5）有关进货检验的质量目标是什么？如何展开相关员工或相关活动可测量的、可评价的具体指标和工作任务。	5.4	
（6）对本公司的质量方针、质量目标是否了解？能否正确理解并执行？员工是否意识到自己工作对整体质量和下一工序的影响？抽查2~3名员工询问。 （7）质量目标的实施和实现情况如何？抽查2~3项目标，调查其策划、实施和监控情况。 （8）抽查3~5种进货产品。	5.3	
① 进货检验要求是否已形成了文件或作出了规定？	4.2.3	
② 查阅进货检验规程或检验规定，是否明确了抽样方式、检验项目、判定准则等？是否有合格供方名单？对非合格供方的采购产品如何进行检验控制？ ③ 核查技术文件的完整性、正确性、统一性（如标准与规程、作业指导书的对应关系），有关操作文件是否对产品质量要求、抽样方式、检验方法、验收准则、检验记录等做出明确规定？能否满足检验工作要求？ ④ 抽查3~5份文件的受控状态、文件更改等情况。	8.2.4	
⑤ 是否配备了相应的检测设备，对不具备检测条件的采取了哪些措施？ ⑥ 根据检测项目要求，抽查所使用的检测设备的标识。是否在校准有效期内？能否满足检测项目要求？	7.6	
⑦ 根据检测标准及检测设备要求，检测环境是否符合要求？	6.4	
⑧ 从事监测工作的检测人员在教育、培训、技能和经验等方面是否符合要求？抽查3~5人的记录，并现场观察其检测工作。	6.2	
⑨ 现场察看检验标识情况，不合格的隔离情况，以及如何防止错用不合格及流转？	8.3	
⑩ 对每种进货产品，抽查3~5份监测记录以核查：产品名称、规格、型号、数量、批次、检验依据、抽样数量、检验项目、技术要求、实际检测值、检验日期、检验结论、检验人员签名、必要时审批人签字等。	8.2.4	
记录表的有关项目是否填写完整、清晰？可量化的项目是否有检测数值？数值是否符合标准及法定计量单位要求？记录的保存是否易于检索、保存环境是否适宜、是否规定了保存期。	4.2.4	
⑪ 对不合格如何进行处理、标识等？返工、返修后是否重新检验？ 有无紧急放行和让步接收？是否采取了相应措施或经授权人员批准？使用时是否得到顾客批准？各抽查3批不合格品和紧急放行的货物进行验证。	8.3	
⑫ 如何对进货检验过程进行监视和测量？如何对检验人员的工作进行检查和评价？方式是否能够证实该过程实现策划结果的能力？经检验合格的原辅材料在后续的加工、组装、交付后，是否出现过批量不合格、退货或投诉的情况？是否出现过因进货检验工作的问题而造成延误生产、影响交货期、误用等情况。	8.2.4 8.2.3	
出现上述异常情况后，是否及时采取纠正、预防或改进措施？其效果如何？	8.5	
是否收集、整理检验数据，并运用统计技术对产品质量问题的原因和趋势进行分析？抽查相关记录。 是否及时向有关部门反馈有关质量信息	8.4	

9.4.2 现场审核的实施

审核组在完成了全部准备工作以后，就可按预先约定的日期和时间对受审部门实施审核。实施审核的步骤和工作内容主要包括：

1. 召开首次会议

首次会议由审核组长主持召开，宣布正式开始审核，主要内容有：

（1）介绍参会人员，包括对各自职责的简单介绍。

（2）对审核目的和范围进行确认。

（3）就审核的时间安排与受审核方的其他相关安排达成一致意见，诸如末次会议的时间，与受审核方管理者举行的中间会议，以及任何可能的更改。

（4）对审核方法和程序的简短说明。

（5）确认审核组所需的办公设施和资源。

（6）确认对有关保密信息的措施。

首次会议内容可根据具体情况来确定。审核次数多了首次会议就可以简单化，但不等于取消。为了保持内审的正规化，首次会议的形式还是必要的。受审部门的领导应参加首次会议，如领导不能亲自参加，必须指定代表参加。出席首次会议的人员都要签名，并做好记录。

2. 现场审核

首次会议后立即转入现场审核。现场审核是寻找客观证据的过程，是整个审核工作中最重要的环节。

（1）现场审核阶段的任务和目的

审核员现场审核的任务是通过查、看、听、问、观察、验证、小型座谈会等多种审核方式，收集和验证各种客观证据——获取审核证据、审核发现，确定不符合项，来判定和证实受审核方的质量管理体系：

① 组织的质量手册和程序文件已经实施。

② 体系运行的结果能够满足组织质量方针的要求和保证质量目标的实现。

③ 组织的产品质量稳定并且能够满足顾客的需求和期望、能够满足法律法规要求。

④ 组织质量管理体系能够稳定、有效地运行并纳入持续改进的良性发展轨道。

⑤ 质量管理体系的运行状态满足 ISO9001：2008 标准的要求。

（2）现场审核中的工作重点

质量体系审核是由审核组负责进行的，所以审核组员应掌握审核的主动权，不能被受审方或客观事物左右审核的过程。工作重点如下：

① 审核计划。是经审核组和受审方双方同意的，不宜改动。如果确因某些原因而不得不修改计划，要事前与受审方认真研究后决定。内部审核以年度计划为根据，修改年度计划要由管理者代表批准。对部门审核计划的修改也要按一定程序进行。

② 审核进度。审核计划不变的情况下，进度也应加以控制。尤其是按要素审核时往往牵涉多个部门，在一个部门拖延了就影响下一部门的审核。所以所有审核员都应按检查表审核并掌握审核的进度。如确因某些原因不得不修改进度时，要尽量设法补救。例如原定两个审核员为

一组，此时不得不改为一人一组，分头对后面的部门进行审核。

③ 审核气氛。由于被审核部门经常处于被提问、受审查的地位，不免产生对抗情绪，使气氛紧张。因此，审核员应善于缓和和控制气氛，同时，要有正确的审核态度：审核不是挑毛病，而是为了获取客观证据（好与坏两方面），因此，不要首先认为被审方一定有问题，要相信样本，同时不能把个人的经验和猜测强加给审核结果，要以事实为依据，以审核准则为准绳。

④ 审核结果。在作审核结论之前，审核组长应组织全组对准备作出的结论的客观性、公正性和适宜性反复讨论，避免作出错误的或不恰当的结论。

（3）信息的收集和验证

审核过程中对信息应予以收集，以便确定审核目标是否可以达到。审核员应对审核过程中收集的信息进行验证。经验证的信息可作为审核证据。信息可通过以下多种渠道获得并予以验证：

① 面谈。

② 对活动和周围的工作环境与条件的观察。

③ 文件，如方针、目标、计划、形成文件的程序、作业指导书、许可证件、规范、图样和订单等。

④ 数据的汇总、分析、图表和业绩指标。

⑤ 来自其他方面的报告，如顾客反馈、外部报告和零售商的评价。

面谈是收集信息的一种重要手段，其方式除应与面谈情况和接受面谈的人员相适应外，还应考虑以下方面：

① 为了获得具有代表性的信息，在审核期间应与受审核组织内不同层次和职能的人员进行面谈，尤其是活动或任务的执行人员。

② 面谈应尽可能在接受面谈人员的正式工作场所进行。

③ 面谈的理由与所做的笔录应予以说明。

④ 面谈的结果应予以归纳，所得出的任何结论在可能的情况下应与接受面谈人员进行验证。

⑤ 所提出的问题可以是开放式或封闭式的，但应避免引导式的问题。

⑥ 所收集的所有信息应加以识别和记录。

由于审核是利用有限资源在有限时间内开展的工作，因此，审核期间所收集的信息不可避免地只是建立在对可获得信息的抽样基础上。所以，这就导致了所有的审核都具有一定的不确定性，审核结论的使用者应对这种不确定性加以注意。

（4）审核证据的辨别

ISO19011《质量体系审核指南》中关于客观证据的定义是：通过观察、测量或实验获得的并且能被验证的，与产品和服务质量有关的或与某一质量体系要素的存在和实施有关的定性或定量的信息、记录或事实陈述。

审核是为获得审核证据并对其进行客观的评价，以确定满足审核准则的程度所进行的系统的、独立的并形成文件的过程。审核是对审核证据进行收集、分析和评价的过程，因此，在实际审核中，正确地辨别审核证据非常关键：

① 存在的客观事实可以成为审核证据，而主观分析、推断、猜测要发生的事不能成为审核证据。

② 被访问的、对审核的质量活动负有责任的人的谈话可以成为审核证据，而传闻、陪同人员或其他与被审核的质量活动无关人员的谈话不能成为审核证据；但还应注意：对于面谈获得的信息应通过实际观察、测量和记录等其他渠道予以验证。

③ 现行有效的质量文件中的规定和质量记录可以成为证明当前发生的质量活动的审核证据，而已作废的质量文件中的规定和经擅自修改过的记录不能成为证明当前发生的质量活动的审核证据。

（5）审核的路线和方法

在现场审核中要选择合适的审核路线和方法，实际上这一点在编制检查表时就应考虑到。实际审核中经常要用的路线和方法可以有下列三种分类：

① 自上而下和自下而上的方法

所谓自上而下的方法是指从上一层文件查到下一层文件，先到信息比较集中的部门了解总体情况，然后在此部门选择一批样本，再到使用这些样本的各部门去调查。例如：在对"文件控制"要素进行审核时，审核员先到文件控制中心查阅受控文件的总目录，在总目录中选择若干样本，然后到使用部门去核查在使用现场是否有有效版本，作废版本是否已从现场撤走，文件中的修改是否符合程序文件的规定等等。

所谓自下而上的方法是指先在许多部门调查研究，选择一批样本到某一集中管理的部门去审核。例如，在对"检验、测量和试验设备"的审核。审核员先在各车间或使用检测设备的其他现场调查研究，选择一批检测设备作为样本，再到计量室去了解这些检测设备的原始档案及校准情况。

有时自上而下和自下而上的路线和方法要互相结合，交叉进行，才能达到审核的目的。

② 正向和逆向的审核方法

所谓正向审核方法是指按产品质量形成的过程顺序，即从开始的合同签订、材料采购，直到最后的售后服务；而所谓逆向审核方法和路线正好相反，即从售后服务向前步步追溯直到合同签订为止。

③ 按要素审核和按部门审核

按要素审核应考虑涉及的部门，不仅应包括主要负责实施此要素的部门，还应包括配合实施此要素的其他部门。有的要素如管理职责、质量体系、文件控制、培训等涉及所有部门，审核时应权衡。

按部门审核应考虑部门涉及的所有要素，不仅应包括本部门中心职责的那些要素，还要包括配合其他部门实施的要素。只有这样，才可能对部门进行全面的审核。

从审核员具体分工负责的角度看，常用按部门进行审核，按要素分工负责整理的方法。

3. 不符合项的确定和不符合报告的编写

现场审核中如发现不符合项，就应编写不符合报告。

（1）不符合（不合格）及其分类

不符合是指"未满足要求"。

质量管理体系审核中的不符合是指"违背审核准则的审核发现"。而审核准则通常包括：合同以及顾客的要求和期望，组织的质量管理体系文件，ISO9001：2008标准以及法律法规要求。

质量管理体系不符合分为三类：

① 文件不符合——体系文件未满足或未完全满足标准、法律法规、顾客的要求。

注：文件不符合往往由此产生质量体系的系统性不符合。

② 实施不符合——体系的实际运作未按文件规定要求实施。

③ 效果不符合——体系实施后未达到预期的效果或无效。

（2）不符合项分级（性质）及分级标准

① 严重不符合：

◇与审核准则、要求严重不符合；

◇违反审核准则的同类一般不符合项数量太多，造成过程控制系统性或区域性运行失效；

◇已导致或可能导致严重的质量后果。

② 一般不符合（轻微不符合）：

◇属于孤立的、暂时的、偶尔的、个别的现象；

◇只影响到有效性，同时不会产生严重的质量后果；

◇不会严重影响质量管理体系的运行。

③ 观察项：

◇属于孤立的、个别的、偶然的、轻微的现象；

◇可能会导致一般不符合项的发生，或有变成不合格的趋势，或可以做得更好；

◇属于超出审核范围的。

"观察项"口头向受审方提出，引起注意，不编写任何书面报告。

（3）不符合报告的编写

不符合报告应包括如下内容：受审核部门及负责人，审核员，审核依据，不合格事实的描述，不合格类型，建议采取的纠正措施计划及完成日期，纠正措施完成情况及验证，示例见表9.9。

对于内审员来说，写好不符合报告中的不合格事实的描述、不合格问题的性质、违反的条款和不合格的类型是最为关键的。

① 不符合事实的描述应力求具体，可追溯。例如事情发生在什么地方、什么时间、何人执行此事或在场，发现了什么现象等，同时某些与不符合事实有关的关键细节，如图号、文件或记录编号、数量、设备名称等也应写入。

② 不合格问题的性质是要用一两句话点明问题。例如"设计验证发现的问题未解决就擅自投入小批试生产"，"没有书面的操作程序造成质量波动"，"错误地使用了检验状态的标志"，"未经培训就上岗操作，造成废品"等等。

③ 违反标准或质量手册的哪个具体条款应力求判断得比较切。如果判断不确切，纠正措施的方向就会产生偏差。

【例 9.5】 不符合报告（见表 9.9）。

表 9.9 内部审核不符合报告

受审核部门	设计科	部门负责人	陈××
审核员	王××	审核日期	201×年5月9日

不符合项描述：
201×年3月新产品 WP807 型空调器在样机试验后的设计评审报告（编号 SP2000003 号，201×年3月15日发布）中有3项指标为满足设计输入要求（噪声过大，制冷时间过长，耗电量过大），评审结论为"修改设计，再做1台样机测试。"但设计科未执行此结论，通知生产车间按原样品试制图纸小批投产10台。这种做法违反了设计评审的目的和结论，也不符合质量手册和标准的相关规定。 不符合　程序：QP111　　新产品开发/设计程序 　　　　　标准：ISO9001：2000—8.5.2 纠正措施 不合格类型　　　A　　　（B）　　C 　审　核　员：王××　　　　　部门负责人：陈×× 　日期 201×年5月9日　　　　　201×年5月9日

建议的纠正措施计划： 1. 已开始投产的10台 WP—807 型空调器全部停止生产。可用元器件拆下经验证后回库。 2. 设计科制定修改设计的计划，根据 SP94Q03 号评审报告结论修改设计，批准后再试制1台测试。 3. 修改新产品开发/设计程序，增加"未经评审组长会签的图纸不能用作小批试生产的规定"。 4. 以上各措施应在5月19日前完成。 部门负责人：陈××　　201×年5月10日 审　核　员：王××　　201×年5月10日	批准纠正措施计划 管理者代表：赵×× 日期：201×年5月10日

纠正措施完成情况和验证：
1. 已开始投产的10台 WP—807 型空调器已于5月12日全部停止生产，已领出或已装入的压缩机等元器件经检验或验证后送回原材料库，已于5月15日前完成。 2. 修改设计计划已于5月11日制定，由设计科长签发。 3. QP111 程序已增加评审组长会签的规定，新版 QP111A 程序已于5月18日由质管办发布。 　部门负责人：陈××　　201×年5月20日 　审　核　员：王××　　201×年5月22日

4. 审核结果的汇总分析

有了若干不符合报告，还不能对质量体系审核发表结论性的意见，还要对所有审核员审核的观察结果作一次汇总分析。以便对受审部门的质量管理工作进行总体评价。所谓观察结果是指"审核过程中对事实所作的、有客观证据证实的陈述"。

汇总分析可以从以下几方面入手：

（1）从发现的不合格项来汇总分析。

列出不合格项涉及的要素，其中哪个要素最多或最严重。如审核是针对某一要素进行的，则列出次要素的不合格项出现在哪些部门，其中哪个部门最多或最严重。有了这些数据，大致可以说明这个部门或这个要素的薄弱环节是什么。

（2）从发展的历史和趋势来分析。

如将上次内审时发现的不合格总数及其构成与这次的相比较，从对上次纠正措施完成的情况及有效性的分析可判断质量管理改进的情况。

（3）从两次内审之间该部门对最终产品质量的影响来分析。

例如这期间本单位发生的内外质量事故中，由于本部门工作不当而造成的影响有多大。部门领导对这些问题的态度是否正确，有无改进等。

（4）总结部门质量工作上的优点。

内部质量体系审核不能只找缺点，不谈优点。如确有优点应具体指出，予以肯定，有的优点还可以推广到其他部门。

在这些汇总分析的基础上，可作出该部门或该要素在整个质量体系的质量活动中是好的、基本好的或问题较多、有待切实改进等结论性意见。

5. 编写审核报告

审核报告是说明审核结果的正式文件，应由审核组长亲自编写或在审核组长指导下编写。审核报告应如实地反映审核内容，一般包括下列内容：

（1）审核的目的和范围。

如果是按预期的年度计划进行的例行质量体系内部审核，则"目的"一栏可简单写明为"例行审核"。如为特殊情况下的追加审核，则目的、范围应写得比较详细。

（2）审核组员、受审核部门及其负责人。

（3）审核的日期。

（4）审核依据。

（5）质量体系运行有效性的结论，通常包含：

① 质量管理体系达到质量方针、质量目标和持续改进的能力。

② 质量管理体系实施与ISO9001：2008标准及质量管理体系文件的符合程度。

③ 质量管理体系实施的有效性（提供满足顾客和适用的法律法规要求的产品的能力）。

（6）不符合项观察结果（全部不符合报告作为附件放于审核报告之后）。

内部审核报告应经管理者代表或其指定的负责人批准后分发至有关的领导和部门。

6. 召开末次会议

现场审核的上述工作完成后，可以召开末次会议以结束现场审核。

根据ISO19011-1《质量体系审核指南》标准中的规定，"在审核结束时，起草审核报告前，审核组应同受审核方的高层管理者和有关部门的负责人举行一次会议。这次会议的主要目的是向受审核方的高层管理者说明审核观察，以便他们能清楚地理解审核的结果。"

末次会议由审核组长主持，按重要程度依次宣布不符合报告的数量和分类，并要求部门认可事实（在不符合报告上签名），尽快提出纠正措施计划。同时，审核组长还应就受审核部门在确保整个组织的质量体系的有效运行，实现总的质量目标和本部门的质量目标方面提出审核组的结论，结论应全面总结该部门质量工作的优缺点。

末次会议参加者应签到，会议应有记录并保持归档。

9.4.3 不符合项的纠正措施和跟踪

在质量体系内部审核中，纠正措施具有特别重要的意义，这是质量体系内部审核的目的决定的。内审的主要目的在于发现质量体系的问题，加以纠正，使质量体系得到不断改进。因此，在现场审核完成以及审核报告发放后，审核组和管理者代表（通过质量管理部门）仍要促进纠正措施的有效实施。

1. 纠正措施要求的提出

审核组在现场审核中发现不符合项时，除要求受审部门负责人确认不符合事实外，还要求他们调查分析造成不合格的原因，以便提出有效的纠正措施建议，其中包括完成纠正措施的期限。

质量体系内部审核与外部审核稍有不同的一点是关于审核员能否对纠正措施提出建议的问题。外部审核员对纠正措施是不提供任何建议的，否则就有"咨询"之嫌；但内审员可参加纠正措施建议的讨论，或提出几个方向性建议供受审部门领导人参考选择，但不能代替受审核部门具体制订纠正措施，更不能承担纠正措施实施后果不良的责任。

2. 纠正措施建议的认可与批准

受审核部门负责人提出的纠正措施建议首先要经过审核组的认可。认可的目的主要在于审查是否是针对不合格的原因采取的措施以及纠正措施的可行性及有效性。内审员的这种认可实际上可以在参与讨论纠正措施建议时进行。

经过审核员认可的纠正措施还要经过管理者代表的批准。尤其是全厂性纠正措施或是牵涉到几个部门的纠正措施，管理者代表可能还要加以协调，所以批准的手续是必要的。经管理者代表批准后，该措施计划正式成立，即纠正措施建议变为正式的纠正措施计划。

3. 纠正措施计划的实施

纠正措施可以分为短期的和长期的两种。短期的纠正措施常常是发现不合格后，针对直接原因，立即采取措施。而长期的纠正措施则常常针对原因采取的是纠正措施计划，往往需要更多的时间。

例如，一家超市内审时，在货架上发现了腐败的食品。食品部经理采取的措施是：

（1）把腐败的食品全部撤走。

（2）全面检查类似食品的情况，如有腐败变质的食品也撤下货架。

实际上这不是纠正措施，而是纠正，一般在 1~2 天即可完成。为了防止类似情况的发生，食品部经理可能采取长远的纠正措施，如：

（1）加强进货检验或验证。

（2）调整合格供货方的名单。

（3）对售货员进行鉴别变质食品技能的培训。

（4）改进储存条件如增加冷藏设备等。

以上措施办法都不是短期可以完成的，但可以作出计划，逐步推行。在下一次内审时，会重新审查措施的有效性。

纠正措施实施如发生问题，不能按期完成或出现其他问题，须由受审部门向管理者代表说明原因，请求延期或更改。管理者代表批准后应通知审核组（或质管部门）修改措施计划。

4. 纠正措施的跟踪和验证

审核组应对纠正措施实施情况进行跟踪，如有问题及时向管理者代表或质管部门反映。纠正措施完成后，审核员应对纠正措施完成情况进行验证。验证的内容包括：

（1）计划是否按规定日期完成。

（2）计划中的各项措施是否都已完成。

（3）完成后的效果如何。

（4）实施情况是否有记录可查，记录是否按规定编号并妥为保存。

（5）如引起程序修改，是否通知了质量管理部门按文件控制规定办理了修改批准和发放手续并加以记录；该程序是否已坚持执行。

如果某些效果要更长时间才能体现，可待下一次例行审查时再检查。

审核员验证并认为措施计划确已完成后，在不合格报告验证一栏签字、确认，以便追溯。

1. 解释概念

审核证据　审核准则　审核发现

2. 质量管理体系审核思路是什么？

3. 质量体系内部审核的步骤和内容有哪些？

4. 对"纠正"与"纠正措施"，"预防措施"与"纠正措施"进行比较。

5. 编制 7.4 "采购"或 7.5 "生产和服务提供"控制检查表。

6. 针对以下案例，判断有无不符合项，如有不符合项，判定不符合 ISO9001 的那个条款，并简述理由。如认为没有不符合项存在也要说明理由。

（1）六车间装配工段，在对批号为 No.110 的 120 件零件进行对焊工序后，遗漏了超声波检测，到发现时，120 件已全部完成，无法进行超声波检测。

（2）查阅检验记录时发现，批量大于 10 000 件的抽样数与 GB2828 中的规定不符，检验员拿出该厂的检验操作规程，其中只有批量为 3 000~10 000 的抽样方案，检验员指出，对于批量小于 3 000 或大于 10 000 的，按比例多抽或少抽，没出现过质量问题，顾客也没退过货。

（3）汽车制造厂设计制造成功的一种新型家用小轿车，经环保部门测定其废气排放未达到国家环保标准规定的要求。

（4）某类食品的保温、灭菌工艺规定是 140 ℃，保温 1 h，审核员发现现场的自动温度仪显示是120 ℃，操作工人解释说，140 ℃ 耗电量太大，120 ℃ 足以杀菌。

（5）在对成品库进行现场审核时，审核员问一位保管员"公司的质量方针是什么？"保管员说他不清楚公司质量方针的具体内容,但是他熟悉仓库保管的有关管理方法,他认为作为仓库保管员只要按公司规定做好自己的本职工作即可。

(6)审核员在一堆焊接工件上拿起一张产品流程卡看,发现已经完成的 2 道焊接工序都没有操作员和检验员签字,在旁的操作工人抱歉地说:"因为手脏,所以到下班前一起签字"。

(7)电视机总装调试后需进行老化试验,而装配车间到试验室之间的 200 m 过道,地面坑洼不平。

(8)在检验科审核时,审核员看到检验员一边检验,一边向另一人请教、检验科长介绍说,此人是负责该产品设计的高工老张,今天是新产品的第一个批量生产,成品检验规程还没来得及完成,所以特意请老张到现场指导,从检验的几个产品来看,老张很满意。

7. 试将企业质量管理体系内部审核与第 6 章的企业标准体系自我评价进行比较。

第 10 章 产品质量认证

10.1 产品质量认证类型

产品质量认证是依据产品标准和相应技术要求,经认证机构确认并通过颁发认证证书和认证标志来证明某一产品符合相应标准(包括产品标准和质量体系标准)和相应技术要求的活动。

产品质量认证按性质分为:自愿性产品认证和强制性产品认证;按内容分为:合格认证和安全认证。合格认证是对产品进行型式试验和工厂检查,来证明某一产品符合相应标准和相应技术要求。安全认证是涉及产品安全性能部分的认证,认证内容包括安全性能试验,以及必要的工厂检查。

10.1.1 强制性产品认证

强制性产品认证制度,是各国政府为保护广大消费者人身和动植物生命安全,保护环境、保护国家安全,通过国家立法或政府颁布强制性指令等方式,依照法律法规实施的一种产品合格评定制度。

强制性产品认证制度遵循"四个统一"的基本原则,即国家公布统一的目录,确定统一使用的国家标准、技术规则和实施程序,制定统一的标志,规定统一的收费标准,经国家指定的认证机构认证。强制性产品认证制度已经颁布实施,所有列入目录的产品必须经过认证后才能生产和销售。

10.1.1.1 我国强制性产品认证制度

1. 3C 认证

我国依据世界贸易组织贸易技术壁垒协议(WTO/TBT)等规定,从 2002 年 5 月 1 日起实行国家强制性产品认证制度(即 China Compulsory Certification,简称 3C 认证,认证标志为 CCC)。目前我国强制性产品认证执行《强制性产品认证管理规定》,对于列入"CCC"目录的产品实行强制认证,没有获得认证的产品不准进口、不得出厂销售。

3C 认证制度由国家认证认可监督管理委员会对外发布,指定认证机构受理列入强制性产品认证目录产品的认证申请。3C 认证机构有:中国质量认证中心,中国电磁兼容认证中心,中国农机产品质量认证中心,中国安全玻璃认证中心,中国轮胎产品认证委员会认证中心,中国乳胶制品质量认证委员会,公安部消防产品合格评定中心,中国汽车产品认证中心等。不同认证机构涉及认证产品范围不同。

如图 10.1 所示,"CCC"认证标志分为四类:CCC+S,安全认证标志;CCC+EMC,电磁兼容类认证标志；CCC+S&E，安全与电磁兼容认证标志；CCC+F，消防认证标志。

图 10.1　认证标志

国家对强制性产品认证是有目录的，对于未列入目录的产品若需要认证，采用自愿认证的方式。目录包括电线电缆、电路开关及保护或连接用电器装置、低压电器、小功率电动机、电动工具、电焊机、家用和类似用途设备、音视频设备类（不包括广播级音响设备和汽车音响设备）、信息技术设备、照明设备（不包括电压低于 36 V 的照明设备）、电信终端设备、机动车辆及安全附件、机动车辆轮胎、安全玻璃、农机产品、乳胶制品、医疗器械产品、消防产品、安全技术防范产品、装饰装修产品等大类近 200 种产品实行强制性产品认证。

2. 铁路产品认证

为维护铁路运输安全，加强铁路产品认证工作管理，根据《铁路运输安全保护条例》《中华人民共和国认证认可条例》等有关法律法规，国家对有关铁路产品实行产品认证管理，由具备法定资质的认证机构对相关铁路产品是否符合标准和技术规范要求实施合格评定。

国家对铁路产品认证采取强制性产品认证与自愿性产品认证相结合的方式。实行强制性产品认证管理的，依照国家有关强制性产品认证法律法规的规定执行。实行自愿性产品认证管理的，依照《铁路产品认证管理办法》的规定具体实施。

纳入强制性产品认证管理和列入采信目录的铁路产品，依法取得认证后，方可在铁路领域使用。纳入强制性产品认证管理范围的铁路产品，其认证证书和认证标志管理依照《强制性产品认证管理规定》等相关规定执行。

中铁检验认证中心 China Railway Test & Certification Centre（CRCC）（原中铁铁路产品认证中心）2002 年 10 月 29 日经国家认证认可监督管理委员会批准，是实施铁路产品、城轨装备认证的第三方认证机构。2014 年 1 月 21 日，国家认监委正式授权"国家铁路产品质量监督检验中心"。业务范围覆盖了铁路及城轨机车车辆、牵引供电、通信信号、工务工程、运输包装、金属化学等产品的检测。

铁路产品认证实施规则统一了铁路工业系统产品认证要求，通过这些要求的实施，规范了铁路产品市场秩序，促进了产品质量稳定性和产品质量可靠性的提高，有利于铁路运输安全，具有较好的社会效益。通过在铁路行业推广模式化的铁路产品认证实施规则，采用统一的评价标准，评价、控制和约束各供应商的产品一致性，有利于提高产品质量，减少重复评估带来的浪费，提高整个铁路行业的运作效率。

10.1.1.2　国外典型的强制性产品认证制度

1. 欧盟 CE 认证

CE 是 Conformite Europeenne 第一个字母的缩写，寓意是"符合欧盟要求"。通过 CE 认证的产品可以在欧盟各成员国内销售，从而实现了商品在欧盟成员国范围内的自由流通。

CE认证是按照欧盟《技术协调与标准化新方法》指令要求而推出的强制性产品认证制度，主要针对产品的安全性。认证产品范围包括电器类、机械类、玩具类、无线电和电子终端设备、冷藏冷冻设备、人身保护设备、压力容器、锅炉、民用爆炸物、游乐船、建筑产品、医疗器械、升降设备、燃气设备等。

CE认证模式可细分为8种基本模式，即生产内部控制、型式检验、符合型式要求、生产质量保证、产品质量保证、产品验证、单件验证、正式质量保证。

2. UL认证

UL是保险商试验所（Underwriter Laboratories Inc.）的简写。UL安全试验所是美国最有权威的，也是世界上从事安全试验和鉴定的较大民间机构，建于1894年，先后制定和发布了800多项标准，其中75%被美国国家标准化组织（American National Standard Institute，ANSI）采用。它是一个独立的、非营利的专业机构。它采用科学的测试方法来研究确定各种材料、装置、产品、设备、建筑等对生命、财产有无危害和危害的程度；确定、编写、发行相应的标准和有助于减少及防止造成生命财产受到损失的资料，同时开展实情调研业务。

UL认证是美国以及北美地区公认的安全认证。美国的一些政府主管部门，如职业安全与健康管理局、联邦贸易委员会、商业部等以及地方政府采信UL产品认证结果。

UL认证采用的认证模式是：样品型式试验+跟踪检查（包括通常的工厂检查）+市场抽查。认证产品主要包括：食品、电子电器、建材、电力设备、灯具、电线电缆等。

10.1.2 自愿性产品合格认证

自愿性产品合格认证是通过企业的自愿申请，由国家认可的产品认证机构按照程序对产品进行型式试验和工厂检查，符合认证条件后，颁发认证证书，允许在产品上使用认证标志。

10.1.2.1 我国的自愿性产品认证

我国的自愿性产品认证包括国家统一推行的自愿性产品认证制度（简称国推自愿认证）和认证机构自主推行的自愿性产品认证制度两种。

1. 国推自愿认证

国推自愿认证是指国家认证认可监督管理部门制定相应的认证制度，由具有资质的指定认证机构按照"统一的认证标准、实施规则和认证程序"开展实施的自愿性产品认证项目，其基本原则是"统一标准、同一程序、统一标志、统一管理"。

目前我国国推自愿认证范围包括饲料产品、有机产品、节能环保型汽车和良好农业规范认证（GAP），这四类认证项目主要以推荐性国家标准为依据进行认证。

2. 认证机构自主推行的自愿性产品认证制度

认证机构自愿性产品认证制度是指由认证机构依据自身的资源优势，结合市场需求自主研发的自愿性产品认证制度。随着经济和贸易的发展，对自愿性产品认证制度的需求越来越大，在国推自愿认证有限的情况下，机构自愿性产品认证制度的作用和优势越来越突出。自愿性产品认证制度的开发包括认证用标准或技术要求（包括检测方法）的制定、认证模式的建立、认证实施指南编制等，因此，某种意义上，自愿性产品认证制度开发的数量能充分体现一个认证机构的综合实力。国际知名的认证机构都非常重视自愿性产品认证制度的开发工作，并投入大量的人力、物力和财力开发新的认证项目，以保持其领先地位和国际影响力。

国内知名度大的自愿性认证有 CQC 认证。CQC 标志认证是中国质量认证中心开展的自愿性产品认证业务之一。

10.1.2.2　国外典型的自愿性产品认证制度

1. 英国"风筝标志"认证

产品认证制度起源于英国，1903 年英国制造商开始在符合标准的钢轨上使用世界上第一个认证标志——风筝标志，它是英国最具权威的产品和服务认证标志，也是世界上著名的认证标志之一。

风筝标志是 BSI 的注册商标，使用风筝标志必须获得 BSI 的许可。BSI 是一个非政府的学术团体，成立于 1901 年，受英国政府委托，负责统一管理全国的标准化工作。风筝标志认证是 BSI 所开展的众多认证项目之一。

BSI 凭借百余年的标准化经验，积累了大量专业技能和知识，与相关行业机构和学术团体建立了良好的协作机制，将技术协商机制纳入认证用标准的开发中，确保所制定的认证用标准和风筝标志认证制度具有权威性。

目前风筝标志认证范围主要包括：给排水设备、建筑及构件材料、建筑和构件设备、门窗、电器和气体、消防安全、医疗和科学仪器设备、家用设备、休闲和体育用品、照明设备、托儿所及儿童用品、个人保护设备、塑料产品、运输设备等。

2. 美国"能源之星"认证

美国"能源之星（ENERGY STAR）"认证是美国环境保护署（Envionmental Protection Agency，EPA）于 1992 年发起的一项政府计划，是自愿性的节能产品认证制度，认证项目的资金由政府全额拨款，企业仅承担产品检测费用。符合认证要求的产品加贴"能源之星"标志。1996 年，美国环境保护署和美国能源部（Department of Energy，DOE）合作共同推广"能源之星"认证项目，并由设在 EPA 的专门机构负责认证的具体实施。美国"能源之星"认证是目前最具有全球影响力的自愿性产品认证项目之一。

"能源之星"认证用技术要求由 EPA 和 DOE 共同进行市场分析，并据此委托有关的技术机构进行制定，其认证评价指标通常依据市场中 20%~25%产品能够达到的水平确定。

1992 年，"能源之星"认证项目推广之初，涉及的产品仅为计算机和显示器两类，经过 20 多年的发展，目前的认证范围已涵盖了家用电器、办公设备、照明产品、信息产品等 50 多类产品。同时"能源之星"认证还针对建筑物和工业过程开发了能效评价技术要求并开展了相关的认证项目。

为了推广高效节能产品，美国政府先后出台了一系列激励政策来推动"能源之星"认证项目的实施，例如要求联邦政府机构采购带有"能源之星"标志的产品；实行现金补贴、税收减免、低息贷款等财税激励政策。

3. 德国"蓝天使"生态标志认证

德国"蓝天使"生态标志认证起源于 1978 年，由德国内务部、联邦环境署共同发起。也是世界上最早的与环境相关的认证制度，旨在鼓励有利于保护环境的产品的生产与消费，减少环境污染，在国际市场和欧洲市场具有很高的市场认知度。

德国"蓝天使"标志认证的管理机构有三部分：政府机构——联邦环境署（FEA），非政府机构——环境标志评审委员会（ELJ，包括来自教会、环境科学机构、消费者协会、德国工业联合会、德国贸易联盟、地方联邦政府和新闻记者的代表），非政府机构——德国质量保证及认证研究院（RAL）。其中 FEA 负责评审产品种类的建议、起草技术报告和标准草案等工作；ELJ 负责选择产品种类，确定产品标准；RAL 是"蓝天使"认证制度的管理机构，在认证实施过程中提供技术支持，对认证全过程进行监督管理。

目前"蓝天使"生态标志认证标准已有近百项，涵盖包括电器、建材、日用消费品、再生产品、新能源等，认证指标一般包括产品的环境影响、产品的有毒有害物质要求、对安全、工作环境及外部环境的要求以及产品质量要求等，通常授予那些与同类产品相比更具有环境优越性的产品，此类产品比例一般控制在 5%～30%。

10.1.3 强制性产品认证与自愿性产品认证的比较

强制性认证是为了贯彻强制性标准而采取的政府管理行为，它的程序和自愿性认证基本相似，但具有不同的性质和特点，见表 10.1。

表 10.1 强制性认证与自愿性认证比较

	强制性认证	自愿性认证
性质	强制	自愿
对象	涉及人身安全性的产品，如：电器、玩具、建材、压力容器、防护用品、药品等	不涉及人身安全性产品
标准	按国家标准化法发布的强制性标准 按国家标准化法发布的国家标准和行业标准等	国家产品质量认证条例
证明方式	法律、法规或规章所指定的安全认证标志 认证机构颁发的认证证书和认证标志	认证机构颁发的认证证书和认证标志
法律依据	国家法律、法规或规章所作的强制性规定	产品质量法
制约作用	未取得认证合格，产品未带有指定的认证标志，不得销售、进口和使用	未取得认证，仍可销售、进口和使用。但可能会受到市场方面的制约

10.2 产品质量认证模式

认证模式是认证机构针对生产企业所生产的产品性能，对人体健康、环境、公共安全、国家安全等方面可能产生的危害程度以及产品的生命周期等综合因素，按照科学便利等原则选择和确定具体实施程序的简称。通常可由设计鉴定、型式试验、制造现场抽样检测、市场抽样检测、企业质量保证能力审核、获证后的监督检查中的一种或多种组合而成。

基本认证模式是指以生产企业诚信自律、有效管理、稳定生产为前提,以确保产品持续符合强制性认证标准要求为目标,基于产品固有安全风险特点以及企业普遍采用的生产工艺所确定的产品认证基本要素的组合。基本认证模式在具体产品强制性认证实施规则中予以明确。根据认证机构对生产企业分类管理的实际,对符合管理规范、诚信守法、产品质量稳定等条件的企业生产的产品,应按照基本认证模式实施认证。

生产企业分类管理是指针对同类别产品的生产企业,认证机构根据其生产企业质量保证能力、诚信守法状况及所生产产品的质量状况等与质量相关的信息进行综合评价,对生产企业进行分类,从而对不同类别生产企业所生产的产品在认证模式选择、单元划分和获证后监督等方面实施差异化管理,以实现控制认证风险、提高认证活动的质量和效率、确保获证产品持续符合认证要求的目标。

认证机构根据自身对生产企业分类管理的实际情况,对不宜使用基本认证模式实施认证的认证对象,通过对不符合发生时可能引起风险的评估,在基本认证模式的基础上逐级选择增加必要的认证要素、强化监督要求,从而确定具体实施用认证模式。一般情况下,认证对象发生不符合的可能性越高、后果越严重,其认证模式就越严格。

10.2.1 ISO 产品质量认证模式

ISO 将世界各国的产品质量认证模式归纳为 8 种,见表 10.2。

表 10.2 ISO 产品质量认证模式

认证模式	型式试验	质量管理体系评定	认证后产品质量监督检验		认证后质量管理体系监督检查
			市场抽样	工厂抽样	
1	●				
2	●		●		
3	●			●	
4	●		●	●	
5	●	●			●
6		●			●
7	批量检验				
8	100%检验				

模式 1:型式试验,即按规定的试验方法对产品的样品进行试验,以证明样品符合标准或技术规范的全部要求。

模式 2:型式试验+认证后市场抽样检验监督——从市场上抽取或从批发商零售商的仓库中随机抽样进行检验,以证明认证产品的质量特性符合认证要求。

模式 3：型式试验+认证后的工厂抽样检验监督——从生产厂拟出厂产品中随机抽样进行检验。

模式 4：型式试验+认证后市场抽样检验监督+认证后的工厂抽样检验监督——是第 2、3 两种的综合。

模式 5：型式试验+工厂质量管理体系评定+认证后监督——认证后的质量管理体系检查+工厂抽样检验+市场抽样检验。

模式 6：工厂质量管理体系评定+认证后的质量管理体系检查。

模式 7：批检，根据规定抽样方案，对一批产品进行抽样检验，并据检验结果对该批产品是否符合要求进行判断。

模式 8：100%检验，对成品进行全数检验。

第 5 种模式是一种较为完善、科学的评价和社会监督形式，因而被国际标准化组织推荐为国际上认证制度的基本模式。

10.2.2　我国强制性产品认证模式

参照 ISO 的 8 种产品质量认证制度，我国强制性产品认证模式可由以下一种或多种模式组合而成：

模式 1：设计鉴定；

模式 2：型式试验；

模式 3：制造现场抽取样品检测或者检查；

模式 4：市场抽样检测或者检查；

模式 5：企业质量保证体系审核；

模式 6：认证后的监督检查。

认证模式依据产品的性能，对人体健康、环境和公共安全、国家安全等方面可能产生的危害程度，产品的生命周期特性等综合因素，按照科学、便利等原则予以确定。具体产品的认证模式在特定产品强制性认证实施规则中进行了明确。

3C 认证与铁路产品认证基本采用了国际上认证的第 5 种认证模式，也就是我国认证模式 2、3、4、5、6 的组合。

10.3　强制性产品认证制度的基本内容

10.3.1　强制性产品认证制度的文件体系

强制性产品认证制度的文件体系包括：法律法规、规章和规范性文件。

10.3.1.1　法律法规

我国强制性产品认证制度是以《产品质量法》《进出口商品检验法》《标准化法》为基础建立的。强制性产品认证制度的对象为涉及人体健康、动植物生命安全、环境保护、公共安全、国家安全的产品。

强制性产品认证的技术依据为认证产品的国家强制性标准或国家技术规范中的强制性要求。认证实施规则中所列标准，采用最新有效的国家标准、行业标准和相关规范。标准更新时，认证实施规则中所列标准自动更新。

10.3.1.2 规　章

《强制性产品认证管理规定》是实施强制性产品认证制度的基础文件，详细规定了如下内容：

（1）国家建立和实施强制性产品认证制度的法律法规依据。

（2）国家强制性产品认证制度管理的产品范围。

（3）列入强制性产品认证目录内的产品。

（4）强制性产品认证制度建立和实施的基本体系，即：国家质检总局发布规章，国家认证认可监督管理委员会统一建立并组织实施；认证机构及检测、检查机构和人员负责认证的受理、检测、检查和证书的颁发以及获证产品的监督；地方质检机构负责对列入目录内的产品及生产者、进口商和销售商等进行市场监督检查；指定的机构负责中国认证标志的发放和接受认监委的委托对认证标志使用方案进行审查。

（5）列入目录内产品具体认证规则及程序要求、认证证书的使用要求。

（6）目录内产品的生产者、销售商、进口商在强制性认证制度实施中的权利与义务。

10.3.1.3 规范性文件

（1）《强制性产品认证标志管理办法》，规定了强制性产品认证标志的性质、认证标志的基本式样、认证标志的印制、使用要求以及申领程序。

（2）《实施强制性产品认证的产品目录》，规定了具体的认证产品范围。

（3）强制性产品认证通用实施规则。包括：《强制性产品认证实施规则　工厂质量保证能力要求》（编号 CNCA-00C-005）用于规范指导强制性产品认证目录内产品生产企业建立确保产品持续符合 CCC 认证要求的质量保证能力；《强制性产品认证实施规则　工厂检查通用要求》（编号 CNCA-00C-006）用于规范指导强制性产品认证指定认证机构工厂检查工作实施的一致性。

（4）针对不同类型产品的《强制性产品认证实施规则》。根据《强制性产品认证管理规定》的要求，国家认监委对列入《目录》内的产品编写认证实施规则，如《机动车辆类强制性认证实施规则　汽车产品》《安全玻璃类强制性认证实施规则》……。

具体产品认证实施规则一般包括如下内容：

① 覆盖产品认证依据的国家标准和技术规则。

② 认证模式以及对应的产品范围和标准。

③ 认证申请单元划分规则或规定。

④ 产品抽样和送样要求。

⑤ 关键部件的确认要求（需要时）。

⑥ 检测标准和检测规则要求。

⑦ 工厂审查的特定要求（需要时）。
⑧ 跟踪检查的特定要求。
⑨ 认证标志及使用的具体要求。

（5）《承担强制性产品认证检测检查机构指定管理办法》，规定了承担强制性产品认证任务的认证机构和为其提供产品检测和工厂审查任务的检查机构的指定条件和程序以及监督管理要求。

（6）《强制性产品认证收费规定》，由国家计划委员会核准发布，规定了强制性产品认证收费项目以及收费标准和相关收费管理要求。

10.3.2 强制性产品认证制度的管理体制

10.3.2.1 主管机关

国家质检总局为国务院直属机构，负责全国的标准、计量、质量监督、检验、检疫工作，其在强制性产品认证工作中的职能为：

（1）批准并与认监委共同对外发布《目录》。
（2）组织制定强制性产品认证规章。

国家认证认可监督管理委员会（简称认监委）是国务院授权的负责全国强制性产品认证工作的机构，其在强制性产品认证中的职能为：

（1）按照法律法规和国务院的授权，协调有关部门建立国家强制性产品认证制度。
（2）拟定、调整《目录》并与国家质检总局共同对外发布。
（3）制定和发布《目录》内产品认证实施规则。
（4）制定并发布认证标志，确定强制性产品认证证书的要求。
（5）指定承担认证任务的认证机构及检测、检查机构，指定认证标志发放机构。
（6）公布获证产品及相关企业。
（7）指导地方质检机构对强制性产品认证违法行为的查处。
（8）受理有关投诉和申诉事宜，组织查处重大认证违法行为。

10.3.2.2 有关行业部门

国务院相应行业主管部门应积极配合、支持并服从国家认监委对强制性产品认证工作的管理。

10.3.2.3 地方质检机构

地方质检机构是指地方质量技术监督部门和地方出入境检验检疫部门，其主要职责是：对所辖区内列入《目录》的产品实施监督，对强制性产品认证违法行为进行查处。查处的对象主要是违反强制性产品认证规定的《目录》内产品的生产者、经销商、进口商和经营活动中产品的使用者。监督的重点为：未获得认证或未加施认证标志的产品，假冒、伪造认证标志的产品以及消费者投诉和发生重大质量事故的产品。

10.3.2.4 指定认证机构及检测、检查机构

指定认证机构是产品强制性认证工作实施的主体，其主要职责为：
（1）按照认证实施规则的要求实施具体产品的强制性认证活动。
（2）向获证产品及相关企业颁发强制性产品认证证书。
（3）对获证产品及相关生产厂进行跟踪检查。
（4）处理有关对认证产品及认证申请人的投诉、申诉。
（5）对强制性产品认证证书负责。（产品的生产者、进口商、销售商对生产、进口和销售的产品负责，不得因产品获得认证而转移相应责任。）
（6）检测、检查机构接受认证机构的委托为其提供认证产品的检测报告、认证产品生产厂的工厂审查报告。

10.3.2.5 指定认证标志发放机构

为便于市场监督，避免假冒，中国强制性产品认证标志由国家认监委指定的机构统一发放。对于非标准规格的认证标志以及模压等其他方式的认证标志的使用方案进行核准。

10.4 强制性产品认证程序

10.4.1 认证申请和受理

由申请人向指定的认证机构提出正式的书面申请，按认证实施规则和认证机构的要求提交技术文件和认证样品，并就有关事宜与认证机构签署协议。认证申请人可以是产品的生产者、进口商和销售者。当申请人不是产品的生产者时，申请人应就认证实施事宜与产品的生产者签署有关文件，对文件审查、样品检测、工厂审查、标志使用以及获证后的监督等事宜做出安排。申请人也可以委托代理人代理认证申请，但代理人须获得国家认监委的注册资格。
（1）申请前按认证实施规则的要求建立文件化的质量管理体系。
（2）应建立并保持以下文件化的程序或规定，内容应与工厂质量管理和产品质量控制相适应。
① 认证标志的保管使用控制程序；
② 产品变更控制程序；
③ 文件和资料控制程序；
④ 质量记录控制程序；
⑤ 供应商选择评定和日常管理程序；
⑥ 关键元器件和材料的检验或验证程序；
⑦ 关键元器件和材料的定期确认检验程序；
⑧ 检验试验仪器设备维护保养制度；
⑨ 过程控制和过程检验程序；
⑩ 例行检验和确认检验程序；
⑪ 不合格产品控制程序；

⑫ 内部质量审核程序；
⑬ 产品的一致性控制程序；
⑭ 包装、搬运和储存程序；
⑮ 与质量活动有关的各类人员的职责和相互关系；
⑯ 必要的作业指导书，检验标准，仪器设备操作规程，管理制度等。

（3）应保存至少包括以下的质量记录，以证实工厂确实进行了全部的生产检查和生产试验，质量记录应真实有效。

① 对供应商进行选择，评定和日常管理的记录；
② 关键元器件和材料的进货检验/验证记录及供应商提供的合格证明；
③ 产品例行检验和确认检验记录；
④ 检验和试验设备定期进行校准或检定的记录；
⑤ 例行检验和确认检验设备运行检查的记录；
⑥ 不合格产品的处置记录；
⑦ 内部审核记录；
⑧ 顾客投诉及采取纠正措施的记录；
⑨ 零部件定期确认检验记录；
⑩ 标志使用执行情况记录；
⑪ 运行检验的不合格纠正程序。

记录的保存期限应不小于两次检查之间的时间间隔，以确保本次检查完之后产生的所有记录，在下次检查时都能查到。

（4）提供生产流程图并填写关键生产设备明细表。

（5）填写由分承包方提供的关键件和主要原材料清单。

（6）具体说明为了确保最终产品符合相应标准，生产企业（工厂）、生产者（适用时）在进货检验、过程检验和最终检验中具备了哪些项目的检验能力。提供检验文件目录清单并填写主要检测仪器、检测设备明细表。

10.4.2 型式试验

型式试验是认证程序的核心环节，当产品为特殊制品如化学制品时，型式试验这一环节将被抽样试验替代。型式试验由指定的检测机构按照认证实施规则和认证机构的要求具体实施。特殊情况，如：产品较大、运输困难等，型式试验也可由认证机构按照国家认监委的要求安排利用工厂的资源进行。

样品型式试验不合格或不符合的，允许更换样品，直至合格。但型式试验报告原则上应针对一个样品完成。

10.4.3 工厂检查

工厂检查是对工厂质量保证能力、产品一致性和产品与标准的符合性所进行的评价活动。其中产品一致性是指生产的认证产品与型式试验样品保持一致。产品一致性的具体要求由产品认证实施规则/细则规定。

工厂检查范围包括产品范围和场所界限。产品范围指认证产品。场所界限指与产品认证质量相关的场所、部门、活动和过程；当认证产品的制造涉及多个场所时，工厂检查的场所界限应至少包括例行检验、加施产品铭牌和 CCC 标志环节所在场所，必要时还应到其余场所（如关键工序）进一步检查，即延伸检查。原则上，工厂检查在产品型式试验完成后进行。获得质量管理体系认证的工厂，其质量保证能力中体系部分的审查可以简化或省略。

工厂检查结论有以下 3 种：

（1）工厂检查通过。无不符合项或有少量轻微不符合项。

（2）整改后工厂检查通过。较多轻微不符合项，但还没有对产品一致性造成严重的影响，可在规定的期限内整改，并经审查组确认后通过。

（3）工厂检查不通过。有较多轻微不符合项构成系统不符合，或存在个别严重不符合项，且直接危及产品的一致性。

轻微不符合项和严重不符合项的界定：

轻微不符合项指可能对产品的安全、电磁兼容质量产生轻微影响的不符合项。严重不符合项指产品或生产质量环节产生严重的安全、电磁兼容质量问题或某质量环节的问题，有可能造成对产品的安全、电磁兼容质量产生隐患的不符合项。对于产品及产品过程控制的审查判定，如出现下述情况之一，原则上判为严重不符合项：

① 关键件与型式试验时不一致，且未获认证机构变更同意。
② 未按实施规则中的例行检验、确认检验进行检验。
③ 抽样检测不合格。

抽样检测是针对不适宜型式试验的产品而设计的一个环节，或工厂审查时对产品的一致性有质疑时增加的一个环节。为方便企业，抽样一般安排在工厂审查时进行，也可根据申请人要求，事先派人抽样，检测合格后再做工厂审查。

10.4.4 认证结果评价及获证后的监督

认证机构根据检测和工厂审查结果进行评价，做出认证决定并通知申请人。

为保证认证证书的持续有效性，对获得认证的产品根据产品特点安排获证后的监督，认证实施规则中对此做出了详细规定。获证后的监督包括两部分内容，即产品一致性审查和工厂质量保证能力审查。

10.5　工厂质量保证能力要求

工厂是产品质量的责任主体，按照《强制性产品认证管理规定》（2014）的要求，生产企业应控制获证产品一致性，其质量保证能力应持续符合认证要求，生产的产品应符合标准要求，并保证认证产品与型式试验样品一致。国家认监委于 2014 年 1 月发布了两个强制性产品认证通用实施规则：《强制性产品认证实施规则　工厂质量保证能力要求》（编号 CNCA-00C-005）用于规范指导强制性产品认证目录内产品生产企业建立确保产品持续符合 CCC 认证要求的质量保证能力;《强制性产品认证实施规则 工厂检查通用要求》用于规范指导强制性产品认证指定认证机构工厂检查工作实施的一致性。两个通用实施规则与具体产品认证实施规则配套使用。

企业应以保证生产的认证产品与型式试验样品的一致性为目标,根据通用实施规则及相应产品认证实施规则/细则的要求,针对产品特性和生产加工特点,建立符合规则要求的质量保证能力。

下文10.5.1~10.5.11列出了《强制性产品认证实施规则 工厂质量保证能力要求》中3.1~3.11条款的具体内容,并对有关条款进行了解释。

10.5.1 "职责和资源"要求

> **3.1 职责和资源**
> **3.1.1 职责**
> 工厂应规定与认证要求有关的各类人员职责、权限及相互关系,并在本组织管理层中指定质量负责人,无论该成员在其他方面的职责如何,应使其具有以下方面的职责和权限:
> a)确保本文件的要求在工厂得到有效地建立、实施和保持;
> b)确保产品一致性以及产品与标准的符合性;
> c)正确使用CCC证书和标志,确保加施CCC标志产品的证书状态持续有效。
> 质量负责人应具有充分的能力胜任本职工作,质量负责人可同时担任认证技术负责人。
>
> **3.1.2 资源**
> 工厂应配备必需的生产设备、检验试验仪器设备以满足稳定生产符合认证依据标准要求产品的需要;应配备相应的人力资源,确保从事对产品认证质量有影响的工作人员具备必要的能力;应建立并保持适宜的产品生产、检验试验、储存等必备的环境和设施。
> 对于需以租赁方式使用的外部资源,工厂应确保外部资源的持续可获得性和正确使用;工厂应保存与外部资源相关的记录,如合同协议、使用记录等。

10.5.1.1 职 责

应任命或指定一名质量负责人,质量负责人应具备充分的能力以胜任标准中职责的要求,而且能直接同最高管理层沟通,以便协调与处理认证产品相关的事宜。对小型企业而言,质管(质检)部门的负责人可兼任质量负责人,对大中型企业,由技术副总行使此权力更合适。

对认证产品质量有影响的人员,如设计人员、采购人员、工艺操作人员、检验员、设备维护人员、计量管理人员、内审员、仓管员等。其职责同样应在相关的文件中明确。

10.5.1.2 资 源

人力资源方面,与质量活动有关的各类人员要求具备必要的能力,应有相应的培训与考核使其具备对应的任职资格,特别是内审员,计量员,特殊工艺(焊接工艺,注塑工艺等)操作者。

生产资源方面,生产设备和检验仪器的配置应以能满足稳定生产符合强制性认证产品的要求为度。

环境方面,应有适宜于生产、检验计量、仓储等必备的环境条件。一方面是环境条件要求的合理性，另一方面是执行中的符合性。例如，某些测试仪器要求在相对控制严格的环境下进行工作，但工作环境不作任何监控，就不能确定是否达到了环境条件。

10.5.2 "文件和记录"要求

> **3.2 文件和记录**
> 3.2.1 工厂应建立并保持文件化的程序，确保对本文件要求的文件、必要的外来文件和记录进行有效控制。产品设计标准或规范应不低于该产品的认证依据标准要求。对可能影响产品一致性的主要内容，工厂应有必要的图纸、样板、关键件清单、工艺文件、作业指导书等设计文件，并确保文件的持续有效性。
> 3.2.2 工厂应确保文件的充分性、适宜性及使用文件的有效版本。
> 3.2.3 工厂应确保记录的清晰、完整、可追溯，以作为产品符合规定要求的证据。与质量相关的记录保存期应满足法律法规的要求，确保在本次检查中能够获得前次检查后的记录，且至少不低于 24 个月。
> 3.2.4 工厂应识别并保存与产品认证相关的重要文件和质量信息，如型式试验报告、工厂检查结果、CCC 证书状态信息（有效、暂停、撤销、注销等）、认证变更批准信息、监督抽样检测报告、产品质量投诉及处理结果等。

10.5.2.1 质量计划

对涉及强制性认证产品的质量计划中应该包括产品的设计指标（至少应包括满足强制性认证产品要求的指标）以及为实现这些指标所作的产品研制过程，特征要求，检测要求，资源配置，进度安排，参与部门或人员，使用标准文本，操作规范质量记录，认证产品变更管理，标志使用控制等。

10.5.2.2 程序文件

按 CCC 工厂质量保证能力要求建立的质量体系，至少应建立和维持的程序文件有：认证标志保管和使用控制程序；质量计划；文件控制程序；记录控制程序；例行检验和确认检验程序；内部质量审核程序；关键元器件和材料，结构等变更控制程序；关键元器件和材料检验或验证程序；关键元器件和材料定期确认检验程序；不合格品控制程序；生产设备管理程序；供应商选择和管理程序。

以上部分文件是质量管理体系标准中要求的，如文件控制程序，记录控制程序，内部质量审核程序，不合格品控制程序，供应商选择和管理程序。但有部分是质量管理体系标准中没有特别规定的，如例行检验和确认检验程序，关键元器件和材料定期确认检验程序等。

10.5.2.3 质量记录

质量记录是证实产品符合规定要求与否的证据，对追溯性有重要的作用。

记录的填写要求正确、清楚，更改应规范。质量记录应规定保存期限，应针对记录的作用规定不同的要求。如计量有效期为两年的校准仪器，要求其记录保存期为一年显然是不够的。

从仪器的使用和可追溯性角度出发，规定质量记录到仪器报废时止，就较为合理。

10.5.3 "采购与关键件控制"要求

> **3.3 采购与关键件控制**
>
> **3.3.1 采购控制**
>
> 对于采购的关键件，工厂应识别并在采购文件中明确其技术要求，该技术要求还应确保最终产品满足认证要求。
>
> 工厂应建立、保持关键件合格生产者/生产企业名录并从中采购关键件，工厂应保存关键件采购、使用等记录，如进货单、出入库单、台账等。
>
> **3.3.2 关键件的质量控制**
>
> 3.2.2.1 工厂应建立并保持文件化的程序，在进货（入厂）时完成对采购关键件的技术要求进行验证和/或检验并保存相关记录。
>
> 3.3.2.2 对于采购关键件的质量特性，工厂应选择适当的控制方式以确保持续满足关键件的技术要求，以及最终产品满足认证要求，并保存相关记录。适当的控制方式可包括：
>
> a）获得 CCC 证书或可为最终产品强制性认证承认的自愿性产品认证结果，工厂应确保其证书状态的有效。
>
> b）没有获得相关证书的关键件，其定期确认检验应符合产品认证实施规则/细则的要求。
>
> c）工厂自身制定控制方案，其控制效果不低于3.3.2.2（a）或（b）的要求。
>
> 3.3.2.3 当从经销商、贸易商采购关键件时，工厂应采取适当措施以确保采购关键件的一致性并持续满足其技术要求。
>
> 对于委托分包方生产的关键部件、组件、分总成、总成、半成品等，工厂应按采购关键件进行控制，以确保所分包的产品持续满足规定要求。
>
> 对于自产的关键件，按 3.4 进行控制。

10.5.3.1 供应商控制

企业应提出对产品安全、环保、主要性能有较大影响的关键件及材料的供应商的选择，评价和日常管理的要求，以要求供应商具备提供产品满足要求的能力。

对供应商的选择，应包括确定的范围，选择的方法、程序等；对供应商的评价，应包括评定的依据，方法和程序；对供应商的管理，应包括控制的程度，出现问题时的处置方式等。

作为执行的符合性证明，同样，企业应保存对供应商选择，评价和日常管理的质量记录。

10.5.3.2 关键件和材料的检验或验证

关键件是对产品满足认证依据标准要求起关键作用的元器件、零部件、原材料等的统称。企业可根据所检产品的重要性，企业检测能力资源，检验成本，供应商质量保证能力来确定关键件和材料检验或验证的方法、程序和要求。

当检验由供应商进行时，企业应在双方合同中对供应商提出明确的检验要求，如检验项目，检验频次，检验判定等，此时，企业可对供应商提供的产品进行验证：验证外观，验证数量，验证合格证或检验报告等。

关键件定期确认检验是为验证关键件的质量特性是否持续符合认证依据标准和/或技术要求所进行的定期抽样检验。通常可能是部分项目检测转换为全性能检测；企业应规定实施的频度，检测的项目和方法等。"定期"是一个指导性的概念，企业在制订相关的文件时，应具体作出具体的时间规定。

对进料检验报告，要求能尽可能多地提供实际检验的信息，如依据标准，环境条件、检测人、母体数、抽样数、合格判定数、检测参数、检测条件、数据记录、检验结论。

10.5.4 "生产过程控制"要求

> **3.4 生产过程控制**
>
> 3.4.1 工厂应对影响认证产品质量的工序（简称关键工序）进行识别，所识别的关键工序应符合规定要求。关键工序操作人员应具备相应的能力；关键工序的控制应确保认证产品与标准的符合性、产品一致性；如果关键工序没有文件规定就不能保证认证产品质量时，则应制定相应的作业指导书，使生产过程受控。
>
> 3.4.2 产品生产过程如对环境条件有要求，工厂应保证工作环境满足规定要求。
>
> 3.4.3 必要时，工厂应对适宜的过程参数进行监视、测量。
>
> 3.4.4 工厂应建立并保持对生产设备的维护保养制度，以确保设备的能力持续满足生产要求。
>
> 3.4.5 必要时，工厂应按规定要求在生产的适当阶段对产品及其特性进行检查、监视、测量，以确保产品与标准的符合性及产品一致性。

10.5.4.1 关键工序或特殊工序确认

企业应在工序表或工艺流程中明示出：关键工序或特殊工序及其对认证产品的安全、环保、性能的影响。

10.5.4.2 技术文件

企业应根据工艺技术的难易程度，工作人员的能力水平，工艺对产品的影响程度等，确定是否制定作业指导书。当没有作业文件的指导不能保证认证产品的质量时，就必须编制作业指导书，以规范生产，使生产过程受到控制。作业指导书应具可操作性，应明确质量要求，工艺方法，工艺步骤以及使用的工具等。

10.5.4.3 资源保证

对操作人员的能力应提出具体要求，并按规定培训考核上岗；对生产设备应建立有效的维护保养制度，使其处于完好的状态，依时间划分，分别有日检，周检，月检等规定。企业应对规定的条件，要求的工艺参数，必要时作出符合性记录；证实条件符合规定要求，证实操作员是否按规定实施操作。

10.5.4.4 过程监控

为保证认证产品的质量,保证认证产品与型式认可试验样品的一致性。企业应对生产过程的适当阶段,设立过程检验的要求:做出合理的科学的抽样检查,如检验内容,检验要求,检验数量等等。

10.5.5 "例行检验和/或确认检验"要求

> **3.5 例行检验和/或确认检验**
> 工厂应建立并保持文件化的程序,对最终产品的例行检验和/或确认检验进行控制;检验程序应符合规定要求,程序的内容应包括检验频次、项目、内容、方法、判定等。工厂应实施并保存相关检验记录。
> 对于委托外部机构进行的检验,工厂应确保外部机构的能力满足检验要求,并保存相关能力的评价结果,如实验室认可证明等。

10.5.5.1 例行检验

例行检验是为剔除生产过程中偶然性因素造成的不合格品,通常在生产的最终阶段,对认证产品主要性能进行的 100%检验。一般是在包装和贴标签之前由企业自行进行。原则上所检验的项目、条件、频次不能低于认证实施规则规定的要求。但其检验要求和检验方法,允许用经验证后确定的等效、快速的方法进行。对于特殊产品,例行检验可以按照产品认证实施规则/细则的要求,实施抽样检验。

10.5.5.2 确认检验

确认检验是为验证认证产品是否持续符合认证依据标准所进行的抽样检验。即检验认证产品质量稳定性的一种定期抽样检验。可由企业进行,也可由企业委托具备能力的单位来完成。但所检验的项目、条件、频次不能低于认证实施规则规定的要求。

10.5.6 "检验试验仪器设备"要求

> **3.6 检验试验仪器设备**
> **3.6.1 基本要求**
> 工厂应配备足够的检验试验仪器设备,确保在采购、生产制造、最终检验试验等环节中使用的仪器设备能力满足认证产品批量生产时的检验试验要求。
> 检验试验人员应能正确使用仪器设备,掌握检验试验要求并有效实施。
> **3.6.2 校准、检定**
> 用于确定所生产的认证产品符合规定要求的检验试验仪器设备应按规定的周期进行校准或检定,校准或检定周期可按仪器设备的使用频率、前次校准情况等设定;对内部校准的,

工厂应规定校准方法、验收准则和校准周期等；校准或检定应溯源至国家或国际基准。仪器设备的校准或检定状态应能被使用及管理人员方便识别。工厂应保存仪器设备的校准或检定记录。

对于委托外部机构进行的校准或检定活动，工厂应确保外部机构的能力满足校准或检定要求，并保存相关能力评价结果。

注：对于生产过程控制中的关键监视测量装置，工厂应根据产品认证实施规则/细则的要求进行管理。

3.6.3 功能检查

必要时，工厂应按规定要求对例行检验设备实施功能检查。当发现功能检查结果不能满足要求时，应能追溯至已检测过的产品；必要时，应对这些产品重新检测。工厂应规定操作人员在发现仪器设备功能失效时需采取的措施。

工厂应保存功能检查结果及仪器设备功能失效时所采取措施的记录。

企业应根据生产实际配备检验试验的仪器设备等资源。并且确保其能满足检验试验的要求；应对使用的仪器设备，按规定的合理周期进行校准和检定，并能溯源；对自校准仪器应制定校验规范。校准状态应能方便识别，这种标识应是唯一性的。

除对检验试验仪器设备进行计量校准外，企业还应确定需进行运行检验（或称功能检查）的仪器设备，规定应检查的内容、方法、频次以及检查要求。目的是在发现仪器设备功能失效时，可对其失效前后所检测产品追回复检，防止不合格品的误用。

功能检查是指为判断检验试验仪器设备的预期功能是否满足规定要求所进行的检查。

10.5.7 "不合格品的控制"要求

3.7 不合格品的控制

3.7.1 对于采购、生产制造、检验等环节中发现的不合格品，工厂应采取标识、隔离、处置等措施，避免不合格品的非预期使用或交付。返工或返修后的产品应重新检验。

3.7.2 对于国家级和省级监督抽查、产品召回、顾客投诉及抱怨等来自外部的认证产品不合格信息，工厂应分析不合格产生的原因，并采取适当的纠正措施。工厂应保存认证产品的不合格信息、原因分析、处置及纠正措施等记录。

3.7.3 工厂获知其认证产品存在重大质量问题时（如国家级和省级监督抽查不合格等），应及时通知认证机构。

不合格品存在于产品形成的各个阶段，生产过程中的不合格品主要是在进料检验、过程检验、最终检验中发现。

应对不合格品作出标识，避免与合格品相混淆。对不合格品的不合格情况应予记录，并按规定返工或返修；经返工或返修后的产品应按规定重新进行检验。对不合格品的产生应进行分析，防止同类不合格情况的重复发生；并视情况采取相应的纠正措施。应对不合格品的处置记录予以保存，以便于追溯。

10.5.8 "内部质量审核"要求

> **3.8 内部质量审核**
> 工厂应建立文件化的内部质量审核程序,确保工厂质量保证能力的持续符合性、产品一致性以及产品与标准的符合性。对审核中发现的问题,工厂应采取适当的纠正措施、预防措施。工厂应保存内部质量审核结果。

内部质量审核既包含对质量管理体系运行是否有效的一种验证,还应包含对认证产品一致性维持的内容。企业应根据质量体系运行的实际情况,策划审核方案,应能保证一年内,质量体系内审核覆盖工厂质量保证能力的全部要求。

对审核中发现的问题,应在规定的时限内采取纠正措施,内审员应对实施结果的有效性进行验证和作出评价。

内审记录应予保存,对每次内审均应有审核报告,报告中应对质量体系运行的有效性,产品一致性控制作出评价。

10.5.9 "认证产品的变更及一致性控制"要求

> **3.9 认证产品的变更及一致性控制**
> 工厂应建立并保持文件化的程序,对可能影响产品一致性及产品与标准的符合性的变更(如工艺、生产条件、关键件和产品结构等)进行控制,程序应符合规定要求。变更应得到认证机构或认证技术负责人批准后方可实施,工厂应保存相关记录。
> 工厂应从产品设计(设计变更)、工艺和资源、采购、生产制造、检验、产品防护与交付等适用的质量环节,对产品一致性进行控制,以确保产品持续符合认证依据标准要求。

企业应建立关键元器件、材料、结构等影响产品符合规定要求的变更控制程序。变更之前,应向认证机构申报获批准后方可实施。当发生供应商变更或增加供应商时,虽属同类获证产品,也应视要求作出相应申请。

10.5.10 "产品防护与交付"要求

> **3.10 产品防护与交付**
> 工厂在采购、生产制造、检验等环节所进行的产品防护,如标识、搬运、包装、储存、保护等应符合规定要求。必要时,工厂应按规定要求对产品的交付过程进行控制。

10.5.10.1 包 装

企业应对需要包装的认证产品作出要求,所使用的包装材料、包装方法、包装过程,不应影响认证产品的质量;包装标识应符合国家标准的要求,包括标识内容、位置等。

10.5.10.2 搬 运

企业对认证产品的搬运应规定要求,防止不适当的搬运操作影响认证产品的质量。

10.5.10.3 储 存

企业应根据认证产品的特点,设定适宜的储存环境,防止认证产品因不适宜的储存条件而造成损坏,如仓库应按规定的堆放高度或规定的堆放层数堆放认证产品。对储存环境作出规定的,应有相应的措施和符合性记录证实。如仓库规定了相对湿度 $RH < 70\%$ 的要求,若无相应的除湿措施,实施中就难以保证。

10.5.11 "CCC 证书和标志"要求

> **3.11 CCC 证书和标志**
>
> 工厂对 CCC 证书和标志的管理及使用应符合《强制性产品认证管理规定》、《强制性产品认证标志管理办法》等规定。对于统一印制的标准规格 CCC 标志或采用印刷、模压等方式加施的 CCC 标志,工厂应保存使用记录。对于下列产品,不得加施 CCC 标志或放行:
> a)未获认证的强制性产品认证目录内产品;
> b)获证后的变更需经认证机构确认,但未经确认的产品;
> c)超过认证有效期的产品;
> d)已暂停、撤销、注销的证书所列产品;
> e)不合格产品。

思考与练习

1. 解释概念

关键件 关键件定期确认检验 型式试验 例行检验 确认检验 功能检查 生产企业分类管理 工厂检查 产品一致性

2. "CCC"认证标志分哪几类?CQC 认证标志分哪几类?
3. ISO 产品质量认证模式有哪几类?
4. 简述强制性产品认证的程序和内容。
5. 比较质量管理体系认证中的"质量管理体系要求"(GB/T19001)与"CCC"认证中的"工厂质量保证能力要求"的异同。

第 11 章　企业标准体系与质量管理体系等的整合

目前，国际标准化组织（ISO）发布了包含质量管理体系标准、环境管理体系标准、职业健康安全管理体系标准在内的管理体系标准，其他区域或行业标准化组织也先后发布了很多类似的管理体系标准。这些标准大部分是在 ISO9000 质量管理体系标准发布后出现的，这说明：ISO9000 质量管理体系标准产生出巨大的市场推动力。其实，衍生出如此多的管理体系标准与国际标准化宗旨是不一致的。国际标准化组织 2005—2010 年发展战略的第一条是：制订协调一致的多领域全球相关的国际标准。

11.1　各类专业管理体系标准关注焦点和范围

管理体系是指"建立方针和目标并实现这些目标的体系"。一个组织的管理体系可包括若干个不同的管理体系，如质量管理体系、环境管理体系、财务管理体系等。

11.1.1　质量管理体系标准

质量管理体系是"在质量方面指挥和控制组织的管理体系"。

GB/T19001《质量管理体系　要求》关注顾客对产品的"质量"要求。ISO9001 标准控制的核心是产品的质量及其形成过程，以持续满足顾客的需求和提高他们的满意程度；ISO9001 标准的承诺对象是产品的使用者、消费者。GB/T19000-0.1 总则指出："GB/T19001 规定质量管理要求，用于证实组织具有提供满足顾客要求和适用的法规要求的产品的能力，目的在于增进顾客满意"。

"GB/T19004《质量管理体系　业绩改进指南》提供考虑质量管理体系的有效性和效率两方面的指南。该标准的目的是组织业绩改进和顾客及其他相关方满意"。GB/T19001-0.3 指出："GB/T19001 所关注的是质量管理体系的有效性"。"对于最高管理者希望通过追求业绩持续改进而超越 GB/T19001 要求的那些组织，GB/T19004 推荐了指南"。"GB/T19004 为质量管理体系更宽范围的目标提供了指南。除了有效性，该标准还特别关注持续改进组织的总体业绩与效率"。

11.1.2　环境管理体系标准

环境是组织运行活动的外部存在，通常是指人类的生存环境，包括空气、水、土地、自然资源、植物、动物、人，以及他们之间的相互关系。（—ISO14001）

环境管理体系是全面管理体系的组成部分，包括为制定、实施、实现、评审和维护环境方针所需的组织机构、策划活动、职责、操作惯例、程序、过程和资源。

《ISO14001：2004 环境管理体系要求及使用指南》由国际标准化组织 ISO/TC207 环境管理技术委员会制定的环境管理方面的国际体系标准，旨在遵纪守法，污染预防，节能降耗，清洁生产，促进环境保护。使人类永续发展，企业永续经营。

ISO14001 标准控制的核心是对环境因素的控制，预防和减少环境的破坏，降低消耗。遵守适用的环境法律法规及相关方关注的其他要求，并对污染预防和持续改进做出承诺。对相关方（政府、公众、投资者、消费者、员工等）的承诺，受益者是全社会、人类的生存环境和人类本身。

ISO14001 标准要求对企业生产全过程进行有效控制，体现清洁生产的思想，从最初的设计到最终的产品及服务都考虑减少污染的产生、排放和对环境的影响。通过设计目标、指标、管理方案以及运行控制对重要环境因素进行控制，有效地促进减少污染、节约资源和能源，有效地利用原材料和回收利用废旧物资。

11.1.3　职业健康安全管理体系标准

职业健康安全管理体系：总的管理体系的一部分，便于组织对与其业务相关的职业健康安全风险的管理。它包括为制定、实施、实现、评审和保持职业健康安全方针所需的组织机构、策划活动、职责、惯例、程序、过程和资源。

国际标准化组织（ISO）早在 1995 年即成立了由中、美、英、法、德、日、澳、加、瑞士、瑞典以及国际劳工组织（ILO）和世界卫生组织（WHO）代表组成的特别工作组，从事职业安全卫生管理体系标准化工作。但由于各国对是否将其纳入 ISO 的标准意见分歧较大，因此 ISO 在 1997 年 1 月召开的技术管理局（TMB）会议上做出决定：ISO 暂不在职业安全卫生管理体系领域开展工作。尽管如此，职业安全卫生管理体系标准化是一种必然的发展趋势。据不完全统计，世界上已有三十多个国家有相应的职业安全卫生管理体系标准，从运行的模式来看，主要分为两种类型。

11.1.3.1　ISO14000 运行模式

目前国内最具影响、介绍较多的 OHSAS18000 系列标准是由英国标准学会（BSI）、挪威船级社（DNV）等 13 个组织，以英国 BS8800 为范本发展而来。该系列标准包括两部分：即 OHSAS18001《职业安全卫生管理体系—规范》、OHSAS18002《职业安全卫生管理体系—OHSAS18001 实施指南》，其中 OHSAS18001（GB/T28001）可用于认证/注册。

11.1.3.2　ISO9000 运行模式

1996 年，美国工业卫生协会制定了《职业安全卫生管理体系标准》的指导性文件。

因此，目前职业安全卫生没有国际标准，各组织可选择相应标准进行贯标和通过认证。GB/T28001—2001《职业健康安全管理体系　规范》关注的是企业安全生产和劳动者的安全与健康。企业通过建立、完善职业健康安全管理体系，消除、降低和避免各类与工作相关的伤害、疾病和死亡事故的发生，保障全体劳动者的安全与健康。建立预防为主、持续改进的管理模式，健全自我约束机制。

11.1.4 三标融合与一体化认证

自 20 世纪 90 年代初，ISO9001、ISO14001 及 OHSAS18001 等管理体系标准相继问世，为适应贸易国际化和提高自身管理水平，众多企业先后建立质量管理体系（QMS）、环境管理体系（EMS）和职业健康安全管理体系（OHSMS）并顺利通过认证审核。随着国内外市场竞争日趋激烈，企业逐渐意识到三大管理体系的独立运行与认证势必会带来组织运行的困难与资源的浪费，为此将它们有机地融合起来，建立三位一体的综合管理体系成为现代企业提高竞争优势的必要之举。

11.1.4.1 三标一体化内涵

所谓"三标一体化"，就是行业和企业结合自身实际，将质量、环境、职业健康安全三大管理体系标准中相互协调、相互兼容的管理有机地融为一体，这里的有机结合并非简单的叠加，而是在提炼三体系共同要素的基础上，把反映各自体系运行特点的管理活动通过接口处理纳入体系中，构成一个集结构、程序、过程、资源为一体的综合型管理体系。"三标一体化"管理体系兼并质量（GB/T19001—2016）、环境（GB/T24001—2016）、职业健康安全（GB/T28001—2011）三个标准内容，是既符合国际管理标准要求、又能更好地满足企业内部需求。它主要以产品实现过程为导向，通过资源优化与共享，形成集约化、系列化、标准化的整合型管理体系，其目的是为了规范企业的管理行为，努力达到让顾客、员工、社会满意，并产生 1+1+1>3 的效果，实现可持续发展。

形成三位一体的综合型管理体系的融合基础大致可分为内在基础和外在条件两方面。

11.1.4.2 三标一体化的内在基础

内在基础主要体现在以下几个方面：

1. 三个体系标准的条款存在对应关系

三个管理体系结构类似，内容相通，具体标准条目对于相关要素的描述也基本一致。最重要的是，ISO14001 标准与 OHSAS18001 标准不仅要素和内容相似，两套标准体系的总体框架、层次结构几乎也完全一致，均包括引用范围、引用标准、体系要素、术语和定义等。

2. 三个体系标准的管理框架相似

三个体系标准的管理性要求有很多相似之处，例如：三大体系标准对组织结构与职责、内部审核、管理评审、不符合纠正与预防、沟通与交流、资源管理等基本要素的管理要求相似，体系间具有较大的兼容性。在文件、记录、内审、管理评审等管理要素可以实行共享。另外，三个体系均强调方针、目标、运行控制与因素的一致性。

3. 三个体系标准的基本思想相同

三大体系标准的指导思想和基本逻辑相似，其目的相近，都是为了使质量、环境、职业健康方面达到最佳秩序，使顾客、员工、社会和其他相关方基本满意；三个体系标准都导入了以管理学原理为基础的信息论、系统论、控制论的思维方法，体系的核心都是为企业构建动态循环的框架，并通过持续改进来控制运行系统。

4. 三个体系标准的运行模式相同

三个体系均采用 PDCA 循环的工作模式：通过 PDCA 循环实现管理体系和绩效的持续改进。

P——计划：确定组织的方针、目标，配备必要资源，建立组织机构、规定相应职责、权限和相互关系，识别管理体系运行的相关活动或过程，并规定活动或过程的实施程序和作业方法等。

D——实施：按照计划所规定的程序（如组织机构程序和作业方法等）加以实施。实施过程与计划的符合性及实施的结果决定了组织能否达到预期目标，所以保证所有活动在受控状态下进行是实施的关键。

C——检查：为了确保计划的有效实施，需要对计划实施效果进行检查衡量，并采取措施、修正、消除可能产生的行为偏差。

A——改进：管理过程不是一个封闭的系统，因而需要随管理活动的深入，针对实践中发现的缺陷、不足、变化的内外部条件，不断对管理活动进行调整、完善。

5. 三个体系标准体现相同的管理原则

从三个体系标准的内容来看，都体现了质量管理体系中包含"领导作用""全员参与""持续改进"、"过程方法"等在内的八项基本原则。

6. 三个体系相互关联

企业的质量管理、环境管理、职业安全卫生管理也是相互关联的、不可割裂。如化工企业的质量控制不好，产品质量下降则废品增多，相应就会带来环境污染和对员工的健康影响。

另外在企业实际管理中，环境管理和职业安全健康管理也存在着很多共通性，例如：环境管理和安全管理的任务相似，即改善环境或安全绩效以及预防环境或安全事故；环境管理和安全管理涉及企业中所有部门和活动并与全体员工有关；因此，在相当多的企业中，将环境与安全管理设在同一个部门。

11.1.4.3 三标一体化的外在条件

除三套体系标准在结构、内容、运行模式上有很多兼容的地方外，某些外在条件也为三个体系融合提供了良好的契机，概括起来主要有以下三点：

1. 在认证审核方面

三个体系的咨询认证对象相同。另外，不管是体系内审、管理评审还是外审，它们的认证需求及认证周期也都基本相同，这有助于企业展开联合内审及联合外审。

2. 三个体系标准多次改版带来的机遇

三个体系标准经历多次改版后，在内容上能够适应不同时期组织的需要，在结构、术语、标准等方面表述越来越清晰，可翻译性也更强，这比之以往更具有兼容性，有利于体系之间的整合。另外，2014年，国际标准化组织（ISO）和国际电工委（IEC）联合发布管理体系标准的高阶架构（High Level Structure），为所有的管理体系标准明确了共同的架构。国际标准组织明确规定，今后所有的ISO管理体系标准改版时都要遵循ISO/IEC导则第一部分补充规定《附件SL》中提到的"高层次架构"，作为应用最广泛的国际标准之一的ISO14001和ISO9001，首先采用管理体系标准的高阶架构。如ISO9001：2015版、ISO14001：2015版均已经采用此架构。可见，"高层次架构"的转换给三大管理体系的策划与整合提供了极大的便利，实施效果将会更加明显。

3. 众多企业一体化认证方面的成功经验

国内外众多企业已在建立、实施"三标一体化"管理体系及一体化认证方面取得成功经验，为今后的组织进行一体化认证树立了成功典范。比如，日本和兴工程技术有限公司、荣事达电子电器公司、长治供电分公司电网工程公司等这些企业都通过建立和实施三标一体化管理体系完成了既定的管理目标，且顺利通过一次性认证审核。

综合分析，不难发现，三大体系寓于一体化管理体系之中，它们的相同（似）点、兼容性为企业构建一体化管理体系奠定基础，体系标准的不断改版及成功的实际案例也进一步说明了三标融合是合理、有效的，因而组织将质量、环境、职业健康安全三个体系标准一体化是可行的。

11.1.4.4 三标一体化策略

结合组织策划一体化管理体系的基本思想和个案研究中成功案例的实际情况，在建立一体化管理体系时，主要考虑以下三种策略：

（1）在一体化管理体系建立之初，以PDCA循环为基础，运用过程方法，构建包含三个标准体系管理要素在内的一体化管理体系。

运用过程方法，构建一体化管理体系整合雏形，再以PDCA循环为基础，以实现产品为主线，根据它们条款间的对应关系融入三个标准各条款的管理要素。以PDCA循环为基础，并在融入三个体系标准要求时，识别各标准条款间的对应关系，建立全面一体化管理体系。同时，运用过程方法构建一体化管理体系时，组织需要找出运行一体化管理体系时的所有过程，包括管理过程、产品实现过程以及测量与监控过程等。该策略能够做到一次到位，为企业可持续发展打下良好的基础，但缺点是过程复杂，难度大，前期效果不明显。

（2）结合企业自身情况，先建立单一要素管理体系，再逐渐融入其他两个管理体系要素，从而实现三个体系一体化。

如先以ISO9001为框架构建管理体系，再融合ISO14001、OHSAS18001体系标准的所有要求，使得在实质上尽量与其接近，形成单一要素的文件化管理体系。将质量管理体系当成整合重点时，应以企业的实际管理需求为导向，以企业的管理过程为重要架构，建立一体化管理体系。当然，虽然ISO9000是以风险管理原则为基础、标准的兼容性较强，但ISO9000模式操作复杂、会牵扯到很多程序上问题，而ISO14000模式比ISO900模式更易于操作，应先集中力量构建环境管理体系；ISO14000体系包括全面质量管理（TQM）和质量保证（QA），因此ISO14000最有可能提供有用的框架。由此可见，任何一个管理体系都可作为一体化管理体系的基础，但具体先集中力量建哪个体系，需要根据企业实际情况。比如，若某个产品的质量直接影响到顾客和消费者的人身安全，则应优先以质量管理体系为主；若产品实现过程会对环境造成重大影响，则以环境管理要求为主；若产品实现过程存在较多的危险源，威胁到员工的生命安全，则应以职业健康安全管理体系为主。

（3）在调查现状的基础上，分别建立以不同要素为核心的管理体系，再整合结构相同、内容相似的要素，从而构建出包含各种管理要素在内的一体化管理体系。

该策略主要以同行企业的成功经验为模范，以自身的实际管理需要作为指导，确定顾客、社会、员工需求，再根据企业的发展战略制定方针目标，形成具有行业特色的一体化管理体系。将同行企业的成功经验运用于各种管理要素的运作之中，有助于组织提高实现整体效益的有效性和效率，做到平稳过渡。

从上可知，三大体系的整合方法有多种，每种方法都有各自的优势、不足和适用情况。但无论采用何种整合策略，都是要根据企业性质及自身的实际情况，合理运用过程方法及PDCA循环的运行模式。在要满足三个体系标准体系的基本要求前提下，将各个不同的管理体系有机地结合在一起，形成一体化文件，其三标一体化运行模式如图11.1所示。

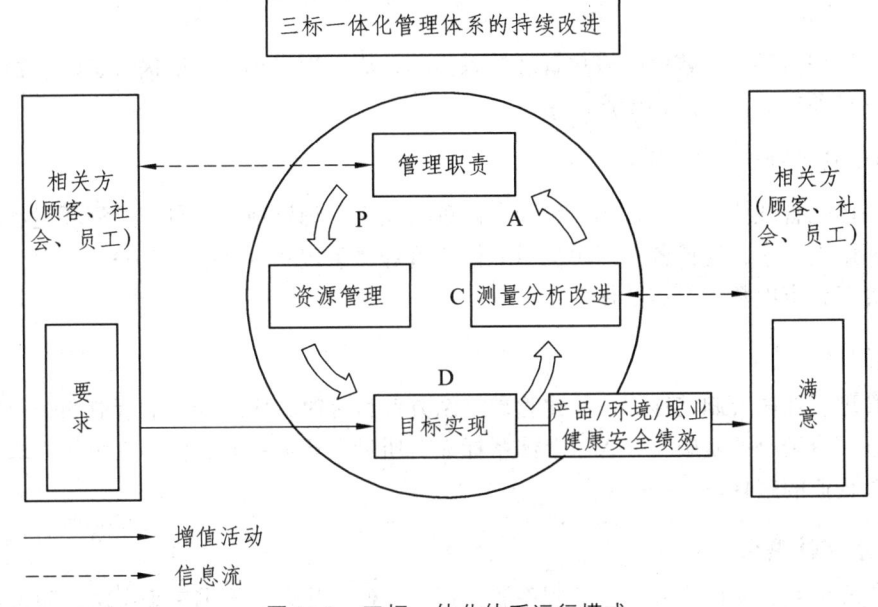

图11.1 三标一体化体系运行模式

11.1.4.5 三标一体化实施方案

三标一体化管理体系的构建过程，遵循计划、实施、检查、行动的运行模式，最高管理者直接参与一体化体系项目决策，初始状态评审识别影响质量、环境和职业健康安全的要因，制定体系方针目标，行成一体化管理体系的文件结构，通过内审与管理评审发现体系运行中存在的问题，采取改进措施，其具体实施步骤如图11.2所示。

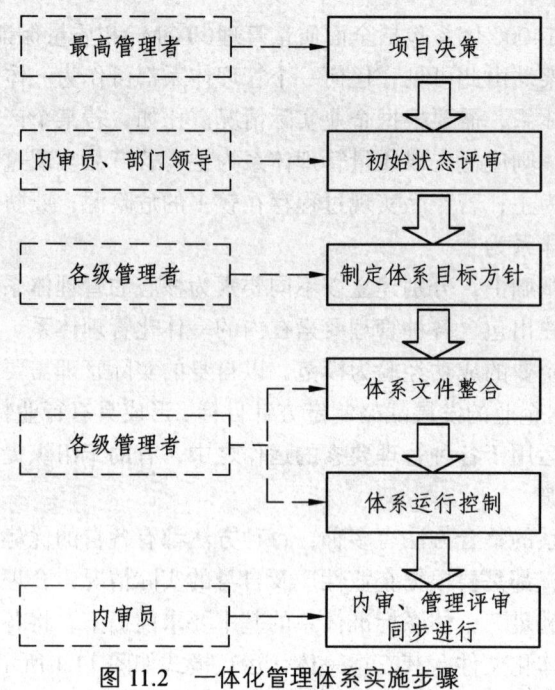

图 11.2　一体化管理体系实施步骤

1. 项目决策

最高管理层直接参与建设一体化管理体系活动，成立项目小组，确保人、财、物等资源配置充足、信息通畅，注重改善生产环境。

2. 初始状态评审

建立一体化管理体系前，各部门领导、内审员应充分识别项目质量、过程环境和职业健康安全等方面影响因素，使得各部门单位对一体化管理体系现状有准确、统一的认识，这可以减少内审与管理评审次数，提高整体效率。

3. 制定体系方针目标

各级管理者在联合制定项目一体化管理体系方针目标时，应综合考虑行业和企业的性质，在初始状态评审结果的基础上导入三个体系标准对质量、环境和职业健康安全的要求，做到目标方针符合企业的宗旨。

4. 体系文件整合

单一管理体系的文件一般包含管理手册、程序文件、作业指导书三个层次，而构建一体化管理体系的主要目的就是有机融合三个单一管理体系文件，最终形成一套体系文件。因此，在编写一体化管理手册和程序文件时，把三个管理体系中相近的要求尽量融合，暂时不能合并的，以符合标准为前提，尽量压缩文件数量。

5. 一体化管理体系运行控制

各职能部门、单位要开展大量的培训工作，拓宽员工的知识面、提高员工的质量意识、环境意识及职业健康安全意识，为了员工能够将三体系工作做得更好，以保障体系的顺利运行。

6. **体系内审与管理评审**

为了保证一体化管理体系得到有效的实施，组织内部需要定期进行内审、管理评审，其目的在于及时发现体系中不合格项及需要改进的地方，从而采取必要的纠正与预防措施。

11.1.5 卓越绩效模式

卓越绩效模式是以美国布兰奇国家质量奖为代表的优秀质量管理模式（卓越绩效模式），是在全面质量管理和 ISO9000 基础上发展起来的一种全新的质量管理模式，是对全面质量管理理念的进一步升华，是一套标准化了的全面质量管理实施办法，包含能够对组织整体业绩进行比较评价的全方位的优秀模式的准则。其"质量"的概念远远超出了 TQC、TQM、QMS 所言"质量"。代表着一种全新的以顾客为导向，为顾客创造价值的管理理念，代表着当代质量管理的先进水平。

2001 年，北卡罗来纳大学经济系教授艾尔伯特·林克等人对企业推行卓越绩效模式是否对企业效益以及国家经济的增长有正面影响进行了全面的研究。研究表明，在布兰奇国家质量奖实施的 13 年间，由卓越绩效带来的直接经济效益接近 250 亿美元，而该奖总的运营成本估计仅为 11 900 万美元，效益、成本比高达 207∶1。

11.1.5.1 我国卓越绩效标准

我国参照美国布兰奇卓越绩效准则，于 2004 年发布了国家标准：GB/T19580—2004《卓越绩效评价准则》和 GB/Z19579—2004《卓越绩效评价准则实施指南》，2012 年对以上两个标准进行了修订。标准在"领导""战略""顾客与市场""资源""过程管理""测量"分析与改进""结果"七个条款中，规定了组织卓越绩效的评价要求，见表 11.1。就其实质而言，卓越绩效准则是对以往全面质量管理实践的标准化和条理化。

表 11.1 GB/T19580—2012《卓越绩效评价准则》条款及分值

条款	条款分值
4.1 领导	110
4.1.2 高层领导的作用	50
4.1.3 组织治理	30
4.1.4 社会责任	30
4.2 战略	90
4.2.2 战略制定	40
4.2.3 战略部署	50
4.3 顾客与市场	90
4.3.2 顾客和市场的了解	40

续表

条款	条款分值
4.3.3 顾客关系与顾客满意	50
4.4 资源	130
4.4.2 人力资源	60
4.4.3 财务资源	15
4.4.4 信息和知识资源	20
4.4.5 技术资源	15
4.4.6 基础设施	10
4.4.7 相关方关系	10
4.5 过程管理	100
4.5.2 过程的识别与设计	50
4.5.3 过程的实施与改进	50
4.6 测量、分析与改进	80
4.6.2 测量、分析和评价	40
4.6.3 改进与创新	40
4.7 结果	400
4.7.2 产品和服务结果	80
4.7.3 顾客与市场结果	80
4.7.4 财务结果	80
4.7.5 资源结果	60
4.7.6 过程有效性结果	50
4.7.7 领导方面的结果	50

卓越绩效模式的核心是以经营质量为切入点，通过提升企业的整体质量管理水平，强化企业的质量意识和质量活动，最终提升企业的产品竞争力和经营绩效。组织可以通过实施卓越绩效来改善提升企业的经营绩效，也可以以此为模板构建企业的质量管理体系，或者对企业现有的质量管理体系进行整合优化。同时，卓越绩效标准又是一种行之有效的质量管理评价工具，企业可以根据评价结果修正企业在运营过程中的质量管理问题。

11.1.5.2 质量管理体系与卓越绩效模式之间的关系

GB/T19000 系列质量管理体系标准与卓越绩效模式标准之间的差别在于它们应用范围不同。

质量管理体系评价可确定质量管理要求是否得到满足，关注的是产品质量（详见第 8 章、第 9 章）。

卓越绩效模式是在全面质量管理和 ISO9000 基础上发展起来的一种全新的质量管理模式，

包含能够对组织整体业绩进行比较评价的准则，并能适用于组织的全部活动和所有相关方，它是关于"大质量"的，包括了产品和服务质量、工作质量和经营管理质量。

GB/T19580-3.1指出："卓越绩效通过综合的组织绩效管理方法，使组织和个人得到进步和发展，提高组织的整体绩效和能力，为顾客和其他相关方创造价值，并使组织持续获得成功"。

11.1.6 企业标准体系标准

企业标准体系：企业内的标准按其内在联系形成的科学的有机整体。企业标准体系是具有系统的所有特征，它是以技术标准体系为主，包括管理标准体系和工作标准体系等子体系组成。各子体系又由若干个标准构成。子体系与子体系之间，子体系与标准之间，标准与标准之间都具有相互关联、相互依赖和相互作用的内在联系，并且与企业标准体系运行的外部环境，如管理职能、资源管理密切相关，从而实现企业标准体系的特定功能。

企业标准体系关注企业所需要的各类"标准"是否成为科学的、有机的整体（详见第4章、第5章、第6章）。

11.2 企业标准体系与专业管理体系的关系

企业标准体系与其他管理体系是整体和部分的关系。各个管理体系文件+技术文件=标准体系文件。企业标准体系为企业管理提供了综合的基础平台，它覆盖企业生产、经营、管理的方方面面，涉及质量、安全、环保、职业健康、能源、信息以及产品实现全过程。

11.2.1 企业标准体系是企业专业管理体系的基础

GB/T15496-5.2指出："企业标准体系是企业其他管理体系，如质量管理、生产管理、技术管理、财务成本管理、环境管理、职业健康安全管理体系等的基础。建立企业标准体系，应根据企业的特点充分满足其他管理体系的要求，并促进企业形成一套完整、协调配合、自我完善的管理体系和运行机制。"

标准体系的内容覆盖了其他管理体系的内容。技术标准、管理标准和工作标准是其他管理体系的规范性文件。标准的复审和修订保证了标准的有效和市场适应性，为其他管理体系的持续改进提供支持。

标准化是进行质量管理的依据和基础，标准化活动贯穿于质量管理的始终，标准化与质量管理在PDCA（A阶段就是标准化的过程）循环中互相推动、共同提高。

11.2.2 专业管理体系完善了企业标准体系的内容

企业标准体系要求企业"充分满足其他管理体系的要求"，保证了各个不同管理体系可以拥有各自的特性，同时又促进了在文件化管理上的一致性。"促进企业形成一套完整、协调配合、自我完善的管理体系"，这个管理体系就是企业的"整体管理体系"。2000版GB/T19000指出：一个组织的管理体系的各个部分连同质量管理体系可以合成一个整体；2004版GB/T24001指出：环境管理体系是组织管理体系的一部分；2001版GB/T28001：职业健康安全管理体系是总的管理体系的一部分。

GB/T15498《企业标准体系 管理标准和工作标准体系》的以下条款充分体现了其与PDCA和GB/T19001、GB/T24001和GB/T28001的结合。

（1）7.6 质量管理标准的7.6.1要求：GB/T19001规定的质量手册、程序文件，是管理标准的一种形式，企业按照GB/T19001规定建立形成文件的质量管理体系，应充分利用已有的企业管理标准，并将质量手册、程序文件纳入企业管理标准体系。7.6.2要求：企业质量管理标准应引入GB/T19001质量管理原则以及P-D-C-A模式的方法，并满足质量管理的原则。

（2）7.13 安全管理标准的7.13.1要求：GB/T28001规定的安全管理手册、安全管理程序文件，是管理标准的一种形式，企业应按照GB/T28001规定建立形成文件的安全管理体系，并将其安全管理手册、程序文件纳入企业管理标准体系。

（3）7.14 职业健康管理标准的7.14.1要求：企业应参照GB/T28001制定企业职业健康管理标准，并形成体系，以消除减少因企业的活动而使员工和其他相关方可能面临的职业健康安全风险。

（4）7.15 环境管理标准的7.15.1要求：GB/T24001规定的环境手册、程序文件，是管理标准的一种形式，企业（应）按GB/T24001规定建立形成文件的环境管理体系，并将环境手册、程序文件纳入企业管理标准体系。

GB/T15498提出的以上要求，为企业标准与企业其他各类管理体系所形成的文件整合奠定了良好的基础。下面以质量管理体系与标准体系的关系为例进行说明。

11.2.3 质量管理体系要求、顾客要求、产品要求与产品标准

11.2.3.1 质量管理体系要求与产品要求

GB/T19000-2.2指出："GB/T19000族标准区分了质量管理体系要求和产品要求"。"GB/T19001本身并不规定产品要求"。

但GB/T19001-0.1同时指出："本标准所规定的质量管理体系要求是对产品要求的补充"。

11.2.3.2 顾客要求与产品标准

GB/T19000-2.2：产品要求可由顾客规定，或由组织通过预测顾客的要求规定，或由法规规定。在某些情况下，产品要求和有关过程的要求可包含在诸如技术规范、产品标准、过程标准、合同协议和法规要求中。

GB/T20000.1-7.9的定义：产品标准指规定产品需要满足的要求以确保其适用性的标准。

GB/T20000.1-2.5.5的定义：过程标准指规定过程需要满足的要求以确保其适用性的标准。

11.2.3.3 ISO9000系列标准对"技术标准"的要求

GB/T19001对技术标准要求：

7.1 产品实现的策划：组织应策划和开发产品实现所需的过程。产品实现的策划应与质量

管理体系其他过程的要求相一致。在对产品实现进行策划时，组织应确定以下方面的适当内容：产品的质量目标和要求；产品所要求的验证、确认、监视、测量、检验和试验活动，以及产品接收准则。

7.2.2 与产品有关的要求的评审：组织应评审与产品有关的要求。评审应在组织向顾客做出提供产品的承诺（如：提交标书、接受合同或订单及接受合同或订单的更改）之前进行，并应确保：产品要求已得到规定。

7.3.2 设计和开发输入：应确定与产品要求有关的输入，并保持记录（见 4.2.4）。这些输入应包括：功能要求和性能要求。

7.3.3 设计和开发输出：设计和开发输出的方式应适合于对照设计和开发的输入进行验证，并应在放行前得到批准。设计和开发输出应：包含或引用产品接收准则；规定对产品的安全和正常使用所必需的产品特性。

7.4.1 采购过程：组织应确保采购的产品符合规定的采购要求。

7.6 监视和测量设备的控制：组织应确定需实施的监视和测量以及所需的监视和测量设备，为产品符合确定的要求提供证据。为确保结果有效，必要时，测量设备应：对照能溯源到国际或国家标准的测量标准，按照规定的时间间隔或在使用前进行校准和（或）检定（验证）。

8.3 不合格品控制：组织应确保不符合产品要求的产品得到识别和控制，以防止其非预期的使用或交付。

11.3 质量管理体系"文件"与企业标准体系"标准"

11.3.1 质量管理体系与企业标准体系的文件结构和类型

11.3.1.1 质量管理体系的文件结构和类型

质量管理体系的文件结构一般分为：质量手册、程序文件、作业文件和记录（新版 GB/T19001—2016 对质量手册没做硬性要求）等几个层次。手册引出程序文件，程序文件引出作业文件，程序文件和作业文件引出记录。（详见 8.3.2）

新版 GB/T19001—2016 用"成文信息"代替"文件"，但不做强行规定。正如标准 A.1"无需在规定质量管理体系要求时以本标准中使用的术语代替组织使用的术语。组织可以选择使用适合其运行的术语，（例如：可使用"记录"、"文件"或"协议"，而不是"成文信息"；或者使用"供应商"、"伙伴"或"卖方"，而不是"外部供方"）。

11.3.1.2 企业标准体系的文件类型

根据《企业标准化管理办法》规定企业标准有以下几种：
（1）产品标准（包含服务产品）。
企业生产的产品没有国家标准、行业标准和地方标准的，应当制定相应的企业产品标准，作为组织生产的依据。

对已有国家标准、行业标准或地方标准的，鼓励企业制定严于上级标准的企业标准，在企业内部适用，但不作为产品质量纠纷仲裁的依据。

（2）设计、采购、工艺、工装、半成品以及服务的技术标准。

企业可以自己制订，也可以选择应用上级标准或补充制定需要的技术标准，包括：服务及服务提供过程所涉及的技术标准。

（3）生产、技术、经营、管理活动所需的管理标准和工作标准。

大多数管理标准需要企业自己制定，工作标准则几乎全部需要企业自行制定。

11.3.2 质量管理等专业管理体系对企业标准的要求

在企业发展过程中，许多企业已形成大量的企业标准和规范性文件，是企业文化的宝贵财富。这部分企业标准和规范性文件是企业建立质量管理等其他体系时，不容忽视，且被列入第三层文件之一的"组织为确保其过程的有效策划、运行和控制所需的文件"的重要来源。特别是只有企业标准体系才包含的"技术标准体系"，更是其他任何一个专业管理体系所不能突出的内容。

因此，当一个企业按照ISO9000系列标准建立质量管理体系或按GB/T24001标准建立环境管理体系时，应充分利用已有的企业管理标准。对现有文件和引用文件的评审和利用将显著缩短质量管理体系文件的编制时间，同时还有助于识别质量管理体系中存在的不足，以便进行弥补和纠正。

11.4 企业标准体系与其他专业管理体系的文件整合

GB/T19000—2008 中 2.11："一个组织的管理体系的各个部分，连同质量管理体系可以合成一个整体，从而形成使用共有要素的单一的管理体系。这将有利于策划、资源配置、确定互补的目标并评价组织的整体有效性"。

这种整合的要求在新版中更为明显。GB/T19001—2016/ISO9001：2015 在"0.4 与其他管理体系标准的关系"中指出"本标准采用ISO制定的管理体系标准框架，以提高与其他管理体系标准的协调一致性。本标准使组织能够使用过程方法，并结合PDCA循环和基于风险的思维，将其质量管理体系与其他管理体系标准要求进行协调或整合"。

GB/T19001—2016"前言"指出"本标准按照GB/T1.1—2009给出的规则起草"。可见，新版的质量管理体系标准，编写过程中遵循了GB/T1.1中标准的结构与编写规则。这就为各标准的整合提供了方便和可能。

11.4.1 整合思路及要求

企业各类专业管理体系的关注点不同。质量管理体系关注顾客对产品的"质量"要求；环境管理体系关注企业对社会"环境"的影响；职业健康安全管理体系关注企业员工的"职业健康"和"生命安全"；企业标准体系关注企业所需要的各类"标准"是否成为科学的、有机的整体。以上所举的管理体系仅是企业的各类管理体系的代表，实际企业的管理体系还有很多，如生产管理、财务管理、营销管理、能源管理、成本管理、技术管理、资源管理等体系。然而这些体系都是企业整体管理体系的子体系，它们之间相互联系并相互制约，各自承担着企业不同范畴的工作重点内容。

所有的管理体系都需要用"文件"的形式来表达。为此，各专业管理体系标准都会对建立和完善本体系，提出各自文件化的要求。作为企业整体管理而言，这些以各自体系为核心的文件势必会面临一个整合、协调的问题：标准文件与其他文件应该协调，外来文件与企业文件应该协调，企业各类专业管理体系和企业标准体系的文件应该协调。这时要求每一个专业管理体系都以各局部去考虑、统筹和整合全局的问题是不可能的。

GB/T15496《企业标准体系 要求》5.2进一步阐述了它们之间的关系："企业标准体系是企业其他各管理体系，例如：质量管理、生产管理、技术管理、财务成本管理、环境管理、职业健康安全管理体系等的基础，建立企业标准体系，应根据企业的特点充分满足其他管理体系的要求，并促进企业形成一套完整、协调配合、自我完善的管理体系和运行机制"。

企业标准体系所形成的文件体系，基本包含了企业大部分专业管理体系的文件，这就为企业实现整体管理体系整合奠定了基础。但是企业标准体系作为基础，支持和衬托着其他的专业管理体系，但不能取代其他专业管理体系。各类专业管理体系可以向纵深发展。文件整合的方法就是按照标准化原理，对企业所有的规范性文件进行"简化、统一、协调、优化"，不断地融合各类体系文件，并尽可能将之转变为企业标准，按照技术标准、管理标准、工作标准分类，形成科学有序的文件管理体系。

11.4.2 专业管理体系中文件的评审与分类

11.4.2.1 手册、程序文件与管理标准

含有为进行某项活动或过程的文件称为"程序文件"。GB/T19023《质量管理体系 文件指南》中4.5.1：程序文件应当包括必要的信息（含标题、目的、范围、职责和权限、活动的描述、记录、附录）。"程序文件通常描述跨职能的活动"，"明确做什么、由谁或哪个职能做，为什么、何时、何地以及如何做"（即5W1H）等。

应该说，质量管理体系的程序文件、质量手册（当然在新版标准中手册不是必要的）基本内容是限定在与质量有直接或间接关联的过程中，重点突出的是质量管理体系的专项要求，有时也会涉及原本属于其他体系的要求，如设备、设施、人员、环境等资源。因而在GB/T19001中有"资源"的要求。因为质量管理体系的有效运行离不开它们的支持。同理，企业其他的管理体系也都需要设备、设施、人员、环境等资源的支持。有关"资源"要求的文件是企业各类管理体系不可或缺的文件。

GB/T15498标准在"管理标准"定义中对"管理事项"注明，"主要指在企业管理活动中，所涉及的经营管理、设计开发与创新管理、质量管理、设备与基础设施管理、人力资源管理、安全管理、职业健康管理、环境管理、信息管理等与技术标准相关联的重复性事物和概念"。可以看出所有这些"管理事项"，每项都可以是一个单独的管理体系，都是相互关联或相互作用的一组要素。协调统一这些管理事项所制定的管理标准，需要"明确每个过程中各项工作由谁干、

干什么、干到什么程度、何时干、何地干、怎么干（即 5W1H）以及为达到要求应如何进行控制"（GB/T15498—6.3.5）。

根据以上分析不难看出，质量管理等体系要求的"程序文件"和企业标准体系要求的"管理标准"在内容要求上是异曲同工。只是各专业管理体系要求的"程序文件"更偏向深入各自专业；而标准体系要求的"管理标准"更侧重各体系文件的协调和全面。

由于各进行质量管理体系认证的组织，在发布质量手册和程序文件前，在企业内部"经协商一致并由公认机构批准"，所以 GB/T19001 规定的质量手册、程序文件，是管理标准的一种形式。

综上分析，在整合时各管理体系要求的手册应纳入管理基础标准子体系中，例如：质量管理体系中的质量手册纳入管理基础标准子体系中。程序文件分别纳入各管理标准子体系中。

在企业制定标准体系表时应该将这些程序文件题目拆开，以单独标准的形式分别列入各大标准类别中，例如可分别列在质量管理类、设备管理类、持续改进类、人力资源类、环境管理类、职业健康类或安全生产类等。以质量管理体系的程序文件为例，有的程序文件可能涉及面已经超出了质量管理本来的范畴，如有关"人力资源"的程序文件放在"人力资源类"，有关设备维护保养的文件放在"设备管理类"，而不存放在"质量管理类"。因为"人力资源类"包括了各种体系对人力资源管理的要求；"设备管理类"的文件包括了各种体系对设备管理的要求，而不仅仅是对影响产品质量的设备的部分要求。这些程序文件可以作为大类别文件中的一部分内容，当企业需要对某个专业体系进行评审、认证时，可从企业标准体系中抽调出相应文件"归队"。这样既保持了体系文件的独立性和特殊性，又满足了企业管理文件的系统性和协调性。

11.4.2.2 作业文件与作业标准

GB/T19000 涉及作业指导书的条款：

（1）2.7.2 在质量管理体系中使用下述几种类型的文件：提供如何协调一致地完成活动和过程的信息的文件，这类文件包括形成文件的程序、作业指导书和图样。

（2）GB/T19001-4.2.1 总则：质量管理体系文件应包括：组织确定的为确保其过程有效策划，运行和控制所需的文件，包括记录。

（3）7.5.1 生产和服务提供的控制：组织应策划并在受控条件下进行生产和提供服务。适用时，受控条件应包括：必要时，获得作业指导书。

质量管理体系的作业文件是指："作业指导书和质量管理体系中的其他文件"，"有详细的作业文件构成"。而作业指导书是针对某个部门内或某个岗位的作业活动的文件，侧重描述如何进行操作，是对程序文件的补充或具体化。

在标准分类中，工艺规程、工作指令、操作规程等又都是技术标准范畴，因此可以说明在质量管理体系的作业文件中，包含了"技术标准"，当然并不限于"技术标准"，还有很多"管理文件"和"岗位工作文件"也在这层文件中。

由于各进行质量管理体系认证的组织，在发布作业文件前，在企业内部"经协商一致并由公认机构批准"，所以 GB/T19001 规定的作业文件，是作业标准的一种形式。

不难看出：企业标准体系所关注的标准或尚未成为标准前的规范性文件，大多数都在作业文件中。这些文件视其性质分别纳入相关的技术、管理或工作标准各子体系中。

三层文件内容是否合理、适宜、科学、有效，这些问题对于各类专业体系的有效运行至关重要。企业应利用标准化原理，简化、统一、协调、优化三层文件，对现有的三层文件认真加以评审、分类。这样，很容易就将质量管理体系"三层文件"，平稳过渡到企业标准体系的"三类标准"。当把企业全部规范性文件按照"技术类规范性文件""管理类规范性文件"和"岗位工作类规范性文件"大致划分清楚时，也就为企业建立企业标准体系所需的"技术标准体系""管理标准体系"和"工作标准体系"的各类具体标准，做好了准备。

11.4.3 企业标准体系表的文件整合功能

将各类单独形成的专业管理体系文件纳入企业整体管理文件体系，首先需要有一个能包容各类体系的"平台"。其他的管理体系由于职能所限，各有自己的关注焦点，大多不具备关注整体文件的职能，只有企业标准体系才具备。

企业标准体系的关注点是"标准"，当然也包括其他各类管理体系形成的标准或标准的前身规范性文件（例如规程、规范和程序文件等）。由于标准制定范围的广泛，导致企业标准体系关注的范围也十分博大。所以企业标准体系的文件对其他体系的文件具有很大的包容性和整合性。

企业标准体系表，是企业标准体系的一种表现形式，一组"企业标准体系结构图"、一套"企业技术标准明细表"、一套"企业管理标准明细表"、一套"企业工作标准明细表"构成了企业标准体系表。它将企业所有的技术事项、管理事项、工作事项的要素都统筹起来，发挥出"提纲挈领"的作用。企业标准体系表是促进企业的标准组成实现科学、完整、合理、有序的重要手段。

在按《企业标准体系》系列国家标准建立企业标准体系时，应同时参照相关专业管理体系标准的要求拟定标准明细表，编制标准；以确保企业标准体系能覆盖其他管理体系的内容。如：质量管理体系、环境管理体系、职业健康管理体系、测量管理体系等。

标准文件设置可作为多个体系文件化的支撑。特别是"技术标准体系"中技术标准，它围绕"物"作了技术要求、方法要求、试验要求、质量要求。在其他管理体系中只是以技术规范等提法提到，只有在企业标准体系中才作为"主体"存在。而"管理标准体系"中的管理标准，它围绕"事"作了程序要求，实际上就是各类管理体系所需的"程序文件"。"工作标准体系"中的工作标准，它围绕"人"或"岗位"作了岗位要求，相对完整地回答了"5W1H"的问题。这说明企业标准体系的文件成为其他各项专业管理体系文件的基础。

11.4.4 板块模式企业标准体系结构的整合框架

GB/T 13017—2018 中的板块模式结构图（见图 11.3）采用了功能归口型结构和层次结构相结合的"四大板块"表达形式。由"战略方针、顶层设计"板块、"资源管理"板块、"产品实现或服务提供"板块和"检测评审改进创新"板块组成，形成四大类功能分别归口的结构；分别涵盖了所需要的技术标准、管理标准和工作标准。

结构图参考 GB/T19004—2011，提供了以过程为基础的质量管理体系模式图所表达的"四大板块"，关注对象也由包括顾客扩展到相关方。在"资源管理"中提供了七种类型的资源，为企业整体管理的实现提供了可能。因此，为企业质量管理体系和企业标准体系更宽范围的目标合作提供了借鉴；为按"过程管理"思想与方法建立、实施专业管理体系的组织提供了整合的框架。

11.4.4.1 "战略方针、顶层设计"板块

"战略方针、顶层设计"包含整体策划、全员参与岗位工作标准和其他。

（1）整体策划包括：最高管理者的决策、组织的环境监视、相关方的需求和期望、战略和方针的制定、展开和沟通、风险管理。

（2）全员参与岗位工作标准包括：决策层工作标准、管理人员工作标准、操作人员工作标准、管理层通用工作标准、操作通用工作标准。

（3）工作标准包括："决策层""管理层""操作层"各岗位人员工作标准和"全员通用"工作标准，纳入"战略方针、顶层设计"板块中。这是因为"全员参与""以人为本"正是企业战略的需要。可见充分体现了全面质量管理的思想。

11.4.4.2 "资源管理"板块

"资源管理"划分为7种类型的资源：

（1）人力资源包括：培训能力、员工参与，技能鉴定激励。

（2）设备设施包括：设施设备运输，信息通信、计算机。

（3）工作环境包括：安全规划、应急计划，生产或服务环境的现场管理，职业健康安全管理。

（4）知识信息和技术包括：文件记录管理，知识产权技术变更。

（5）供方及合作关系包括：合格供方、合作伙伴，合同管理。

（6）自然资源包括：能源管理，环境保护、自然利用。

（7）财务资源包括：财务成本、定额、证券贷款、金融活动。

11.4.4.3 "产品实现或服务提供"板块

"产品实现或服务提供"板块包括产品实现或服务提供的策划、与顾客有关的过程、设计和开发、采购、生产和服务提供、检测设备的控制以及过程责任人的职责和权限。

（1）产品实现或服务提供的策划包括：产品标准、服务规范，产品生产接收准则。

（2）与顾客有关的过程包括：与顾客的沟通，产品交付及评审。

（3）设计和开发包括：策划，输入、输出、评审、验证、确认、更改。

（4）采购包括：采购过程信息控制、采购验证。

（5）生产和服务提供包括：顾客财产、标识、可追溯性，产品防护、包装、搬运、储存。

（6）检测设备的控制包括：监测设备、仪器仪表，计量管理。

（7）过程责任人的职责和权限指：过程管理者的职责和权限。

11.4.4.4 "检测评审改进创新"板块

"检测评审改进创新"板块包括关键绩效指标（KPI）和监视方法、各类监视和测量、不合格品控制、数据分析、持续改进、创新和学习。

（1）关键绩效指标（KPI）和监视方法是指：职能和层次上展开绩效监视方法。

（2）各类监视和测量包括：顾客满意度测量，体系、过程、产品监视和测量，企业管理内外评审。

(3)不合格品控制包括:关键点的确定,不合格品的处置。
(4)数据分析题指:数据搜集、分析、处理。
(5)持续改进包括:纠正措施、预防措施,持续改进措施。
(6)创新主要是指:技术开发和管理创新。
学习包括:企业文化,组织的学习。

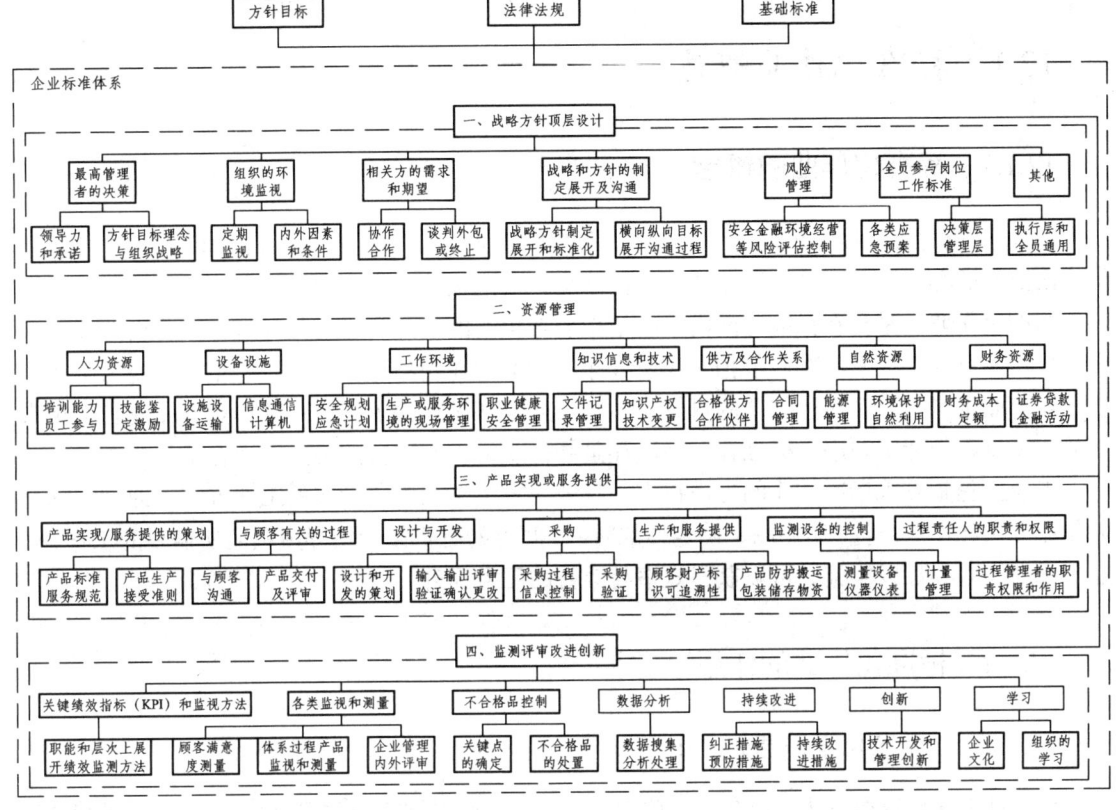

图 11.3 板块模式结构图

思考与练习

1. 比较质量管理体系、环境管理体系、职业健康安全管理体系、卓越绩效标准及企业标准体系系列标准关注的焦点或范围。

2. 针对"三标融合与一体化认证",谈谈你的观点。

3. 简述企业标准体系与其他专业管理体系的关系。如何将专业管理体系与企业标准体系整合?谈谈你的看法。

4. 从 GB/T 13017—2018 中的板块模式结构图分析其与 GB/T19001 及 GB/T19004 的内在联系。

第 12 章　标准化作业

12.1　标准化作业概述

12.1.1　标准化作业的概念

"科学管理之父"泰勒认为,一切管理问题都应该而且可以用科学的办法加以研究,并从中优选出最好的办法,并对其加以系统化、标准化,形成最佳的标准化作业方法。

标准化作业,是指在标准时间内,一个作业者担当的一系列作业是经过标准化而形成的。标准化作业有 3 个要素:生产节拍、作业程序、标准的在制品库存。生产节拍时间是为了满足客户需求而生产一个产品所需要的目标时间。作业程序是指为了完成一项作业,作业者必须遵循的加工过程的特定顺序。标准在制品库存是维持正常工作进行的必要的库存量。

工业工程是寻求标准作业的先进技术,其中的方法研究确定标准的工作方法,即确定标准的作业方法和作业条件;作业测定确定标准时间,两者的有机结合便形成我们所需要的工作(作业)标准,对其加以实施,可以获得效率与效益的巨大提升。

12.1.2　标准化作业的作用

12.1.2.1　标准化是改善的基础

没有标准化就没有改善。在精益生产中,工作就是追求持续不断地改善。如果没有标准化,生产就不稳定,每天的效率、品质、劳动强度就不同。改善找不到依据,改善就无从谈起,所以标准化是改善的基础。

12.1.2.2　标准化作业是现场管理的基础

一个现场如果作业没有标准化,操作者的作业量和作业速度将会不一致,甚至会有现场人员有意放慢作业速度,极大地掩盖真实的现场问题,扰乱技术/管理人员对现场的情况了解,从而使真正的问题得不到解决。

12.1.2.3　标准化作业可以让作业稳定

标准化作业可以减少程序变异,减少工伤,尤其是对新员工培训效果更加明显。一般而言,在欧美企业中,标准作业是由 IE 工程师采用 IE 手法进行作业测定,并基于其结果来制定的。在丰田公司,标准化作业可以由执行该作业的现场管理人员来制定。

12.1.3　建立标准化作业的方法

工业工程（Industry Engineering, IE）是从科学管理的基础上发展起来的一门应用性工程专业技术，分为传统 IE 和现代 IE。传统 IE 是通过时间研究与动作研究、工厂布置、物料搬运、生产计划和日程安排等方法技术，提高劳动生产率。美国的泰勒和吉尔布雷斯夫妇可以称之为 IE 的鼻祖，泰勒的科学管理中大部分重要内容即是作业研究，并重点对其中的"时间研究"进行了论述。而吉尔布雷斯夫妇毕生从事各种作业的分析，创立了动作研究，在研究方法上运用了一系列的现代化手段，并逐步走向标准化。现代 IE 不断吸收现代科技成就，从经验为主发展到以定量分析为主，以研究生产局部或小系统的改善，到研究大系统整体优化和生产率的提高。国际劳工组织认为 IE 是制定工作标准最精确的科学方法。

运用工业工程所提供的一整套方法和技术，使工作标准的制定方法科学化。工作研究是工业工程（IE）中出现得最早的一种技术，运用方法研究和作业测定两项技术来考察生产和管理工作，系统地调查所有影响效率与经济的因素，以便求得不断改进。工作研究寻找最经济有效及令人愉快胜任的工作方法与作业时间，建立科学合理的作业标准。

12.2　方法研究

12.2.1　方法研究概述

12.2.1.1　方法研究的概念

方法研究是指运用各种分析技术，对工作方法进行分析、设计和改进，以寻求最经济合理的工作方法并使之标准化的一系列活动。

方法研究通过对现有工作（加工、制造、装配、操作）方法进行系统的记录、严格的考察，设计出经济、合理、有效、标准的工作方法，减少人员、机器的无效动作和资源消耗。

12.2.1.2　方法研究的目的

（1）改进工艺和程序；
（2）改进工厂、车间和工作场所的设计和平面布置；
（3）经济地使用人力，减少不必要的疲劳；
（4）改进物料、机器和人力的利用，提高生产率；
（5）改善实际工作环境，实现文明生产；
（6）降低劳动强度；
（7）制定标准作业方法。

12.2.1.3　方法研究的内容

方法研究的目的是在基本生产过程中寻求经济有效的工作方法，主要分析技术有：程序分析、操作分析和动作分析等。方法研究的内容如图 12.1 所示。

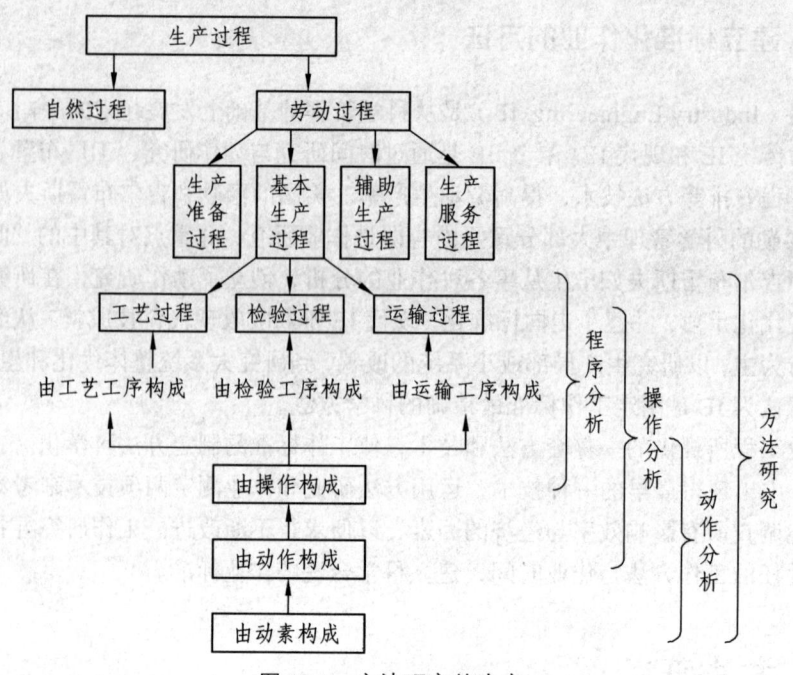

图 12.1 方法研究的内容

1. 程序分析

程序分析将整个生产过程作为研究对象，研究分析一个完整的工作流程，分析整个流程中有无多余的或重复的作业，程序是否合理，搬运是否太多，等待是否太长等，改善工作流程和工作方法。

程序分析的分析工具主要有：工艺程序分析、流程程序分析等。

2. 操作分析

操作分析主要研究工作流程中某个以人为主体的工作或工序。使操作者、操作对象、操作工具三者之间科学地组织、合理地布局与安排，以减轻工人的劳动强度，减少作业时间的消耗，使工作质量得到保证。

操作分析的分析工具主要有：人-机操作分析、联合操作分析、双手操作分析。

3. 动作分析

动作分析研究分析人在进行各种操作时的身体动作，取消多余的动作、减轻疲劳、使工人操作简便有效，从而制定出最佳的动作程序。

表 12.1 说明了方法研究的分析技术和层次。

4. 方法研究的分析工具

（1）5W1H 提问

"5W1H"提问技术是指对研究工作以及每项活动从目的、原因、时间、地点、人员、方法上进行提问，What、Who、When、Where、Why、How。做什么？由谁来做，在什么时间？什么地点做？为什么要这样做？怎样做？为了清楚地发现问题可以连续几次提问，根据提问的答案，弄清问题所在，发现问题出现的原因，并进一步探讨改进的可能性，见表 12.2。

表 12.1　方法研究示例

	工序	作业单位	作业要素	动作单位	基本要素
作业划分	以材料的加工过程单位为基础的作业划分	以加工、检验、搬运等作业单位为基础的作业划分	以作业单位中所包含的一系列动作单位为基础的动作划分	以一个作业要素中所包含的一系列动作单位为基础的动作划分	以单位动作中所包含的一系列动作要素为基础的动作划分
工艺分解	汽车的车身：板材切断／成型／焊接／组装／涂覆	搬入构件／电焊 自动焊／检查制品／搬往下工序	放好构件A／放好构件B／进行焊接／取出成品	取构件B／搬到夹具上／安放好	搬运／校正位置
分析技术	←——程序分析——→ ←——操作分析——→ ←——动作分析——→				

表 12.2　5W1H 提问技术

六何	第一次提问 现状	第二次提问 为什么	第三次提问 能否改善	结论 新的方案
对象	做什么（What）	为何要做（Why）	能否用别的代替	应该做什么
地点	在什么地方做（Where）	为何在此地做（Why）	能否在别处做	应该在哪里做
时间	在什么时间做（When）	为何在此时做（Why）	能否在别的时间做	应该在什么时间做
人员	由何人做（Who）	为何由他做（Why）	能否由别人做	应该由谁做
方法	怎样做（How）	为何这样做（Why）	能否用别的方法做	应该如何做

（2）ECRS 改善原则

无论对何种工作、工序、动作、布局、时间、地点等，都可以运用取消、合并、重排和简化四种技巧进行分析，形成一个人、物、场所结合的新概念和新方法。

在用 5W1H 进提问时，前两次提问在于弄清问题现状，第三次提问在于研究和探讨改进的可能性，改进时常遵循 ECRS（取消、合并、重排、简化）四大原则。

取消（Eliminate）：对所研究的工作，首先考虑取消的可能性。取消或清除不必要的工序、作业等。对于不必要的内容予以取消，是不需要投资的改进，是改进的最高原则。例如，分析现场某道工序是否有必要，如果可以就取消这道工序。

合并（Combine）：对于不能取消的内容，再看能否合并，从而达到省时、简化的目的。例如，在生产中考虑能否将几道工序合并，尤其是在流水线生产上，合并的技巧能立竿见影地改善现状并提高效率。

重排（Rearrange）：不能取消或合并的工序，可再根据"何人、何事、何时"三提问进行重排。对工作的先后顺序进行重新组合，达到改善的目的。例如考虑能否在生产中重排一下工艺顺序，改变后能提高效率。

简化（Simple）：对某一工作流程进行取消、合并、重排的尝试之后，依据动作经济原则对该项工作进行深入的分析研究，使工作方法和动作尽量简化，建立新的工作方法。新的工作方法科学合理，效率更高。

对提问后发现的问题进行改善时，一般遵循如图 12.2 所示的原则。从图中可以看出 5W1H 提问技术与 ECRS 原则之间的对应关系。

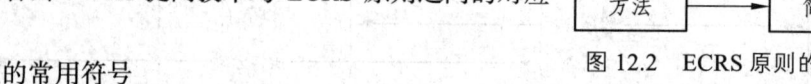

图 12.2　ECRS 原则的运用

（3）方法研究的常用符号

表 12.3 所列为方法研究的常用符号。

表 12.3　方法研究的常用符号

符号	名称	符号的含义
○	加工（操作）	表示对生产对象进行加工、装配、包装、处理等
⇨	搬运	表示对生产对象进行搬运、输送、运输等，或表示作业者的变化
□	检验	表示对生产对象进行数量或质量的检验，或对某种操作执行情况的检查
D	暂存	表示生产对象在工作地附近的临时存放或等待
▽	储存	表示受控制的储存，有计划地将产成品等存放仓库
◎	加工及检验	在前五种符号的基础上派生出的符号，表示在同一工作地由同一人同时执行操作与检验工作

5. 方法研究的步骤

（1）选择拟研究的工作对象。针对现场的问题，从技术、成本、作业者等多个角度寻求拟研究的工作对象。

（2）观察并记录有关的全部事实。对现场进行仔细观察并用相应的研究图表对整个研究过程进行记录。

（3）分析、考查有关事实，寻求新的工作方法。采用"5W1H"提问技术和"ECRS"四大原则对记录的事实进行研究、分析，通过提问技术发掘问题之所在，然后按照取消（Eliminate）、合并（Combine）、重排（Rearrange）、简化（Simple）原则来建立新方法。

（4）通过第三步的分析，开发和建立实用的、经济的、有效的新方法。

（5）确定新方法的标准并付诸实施。在新方案实施取得了预期效果后，将其内容编制成相应的工作标准，如：产品标准、原材料标准、机器设备和工具标准、工作环境标准、动作标准以及作业指导书等。建立新的工作目标，并按照新的工作目标培训操作工人。

（6）维护和持续发展新的工作方法。实施并检查维护新方案，并按照上述步骤反复不断地进行，每循环一次解决系统中存在的部分问题，循环往复，使整个工作系统不断优化。

12.2.2 程序分析

程序分析是以产品的整个生产过程为研究对象的一种研究方法，它按照生产流程，从第一个工作地到最后一个工作地，从第一道工序到最后一道工序，从原材料入厂到产品出厂，对生产全过程进行全面的分析。程序分析通过调查分析现行工作流程，改进流程中不经济、不均衡、不合理的现象，以提高工作效率。

根据具体的研究对象的不同，程序分析的分析工具主要有：工艺程序分析、流程程序分析等。

12.2.2.1 工艺程序分析

工艺程序分析是对现场的宏观分析，是以生产系统或业务工作系统为分析对象，对生产或工作全过程所进行的概略分析。它利用工艺程序图，针对生产过程中"操作"和"检验"两种主要工序，对产品生产的工艺方法、工艺过程、原材料使用等进行记录与描述，分析与改善产品的生产全过程。

工艺程序分析目的是改善整个生产过程中不合理的工艺内容、工艺方法、工艺程序和作业现场的空间配置，通过严格的考查与分析，设计出最经济合理、最优化的工艺方法、工艺程序、空间配置。

工艺程序图通常由表头和图形两部分组成，表头的格式和内容根据程序分析的任务而定。通常有：原材料、半成品编号、图号、程序说明、现行作业方法、日期、制表人、部门等。在图形部分，整个生产过程的工序流程用垂线表示，原材料、零件（自制件、外购件）的进入用水平线表示。作图时，主要零件在最右边，其余零件按装配顺序，自右向左排列。工艺程序图仅仅分析"操作"和"检验"两种主要工序。

工艺程序图包含的内容：含有工艺程序的全面概况及各工序之间的相互关系，并根据工艺顺序编制，且标明所需时间；能清晰地表明各种材料及零件的投入，可作为制定采购计划的依据；包含各生产过程的机器设备、工作范围、所需时间及顺序。

工艺程序图可提供以下的信息：各项操作及检验的内容及生产线上工位的设置，原材料的规格和零件的加工要求，制造程序及工艺布置的大概轮廓，所需工具和设备的规格、型号和数量。

工艺程序图的表头如表 12.4 所示，工艺程序图的基本形式如图 12.3 所示。

表 12.4 工艺程序分析图表头

		统计		
		内容	次数	时间（h）
研究对象：	研究方法：			
编号：		加工		
研究者：	研究日期：			
审核者：	审核日期：	检验		
		合计		

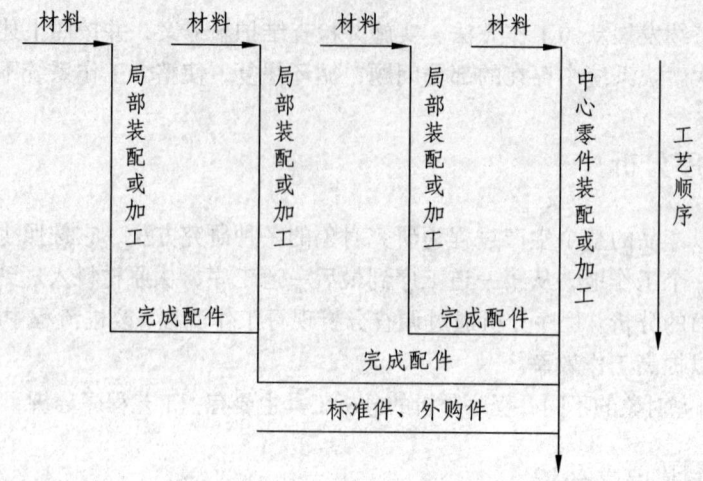

图 12.3 工艺程序图的基本形式

12.2.2.2 流程程序分析

1. 流程程序分析的概念

流程程序分析是程序分析中最基本、最重要的分析技术。它以零件的加工制造全过程或人员进行某项工作的活动全过程为研究对象,运用程序分析的方法和工具,用流程程序图对整个制造(或活动)过程作详细的记录。流程程序分析将生产过程划分为加工、检验、搬运、储存、暂存五种状态加以记录,分析零件生产全过程所包含上述加工、检验、储存、暂存每一项活动的时间,以及搬运的时间与距离,对其每一活动的合理性进行分析研究,用 5W1H 提问技术进行分析,用 ECRS 原则进行改善,得到科学、合理、有效的生产工艺流程。

流程程序分析与工艺程序分析相似,都属于对工作现场的宏观分析,它借助于流程程序图进行记录和分析,一般是对某一关键零部件的加工制造全过程进行研究,以发现搬运、等待、储存等过程中"隐藏"的成本浪费。它们的不同之处在于,工艺程序分析研究的是一个产品或组成件的工艺流程,而程序分析研究的是一个零件的加工过程或一个人的活动过程。

2. 流程程序图

流程程序图是对生产现场的某一产品或零件的整个制造程序作详细的记录,由加工、检验、搬运、储存、暂存五种符号组成。与工艺程序图相比,流程程序图表增加了对搬运、存储、等待程序的记录。除了记录时间外,还要记录搬运的距离。

流程程序图依其研究的对象可分为:零件的流程程序图(物料型),记录零件生产或搬运过程中的加工工序和搬运距离;人员流程程序图(人型,见图 12.4),记录操作人员在生产过程中一连串的工作活动和活动路线。

在实际工作中,一般是将流程图事先设计成表加以使用。此种图是将五种符号印在表格中,分析记录时,只需将各项工作按照发生的顺序用直线将符号连接起来。而表头部分则印有工作部别、工作名称及最后统计,如图 12.5 所示。此外,还可将现行方法与建议方法设置在同一张流程图中。

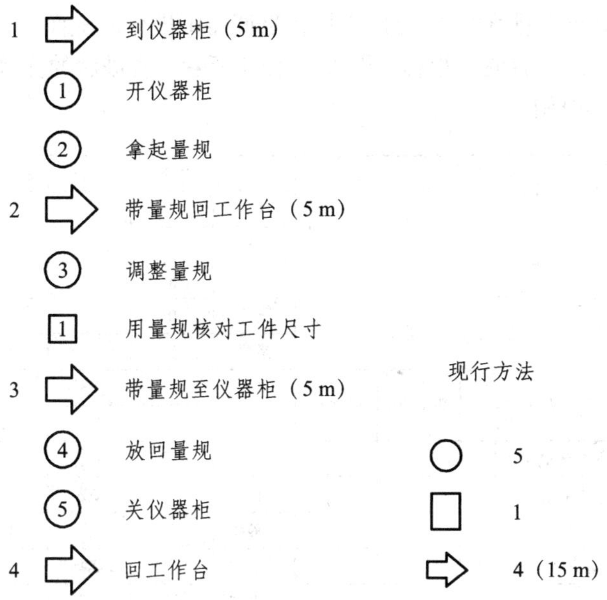

```
1 ⇨ 到仪器柜（5 m）
  ① 开仪器柜
  ② 拿起量规
2 ⇨ 带量规回工作台（5 m）
  ③ 调整量规
  □ 用量规核对工件尺寸                    现行方法
3 ⇨ 带量规至仪器柜（5 m）
  ④ 放回量规                              ○  5
  ⑤ 关仪器柜                              □  1
4 ⇨ 回工作台                              ⇨  4 (15 m)
```

图 12.4 人型流程程序图

工作名称：_____ 编号：_____			统　计		
		项　别	次数	时间/min	距离/m
开　始：_____		加工　○			
结　束：_____		检查　□			
研 究 者：_____ 日期：_____		搬运　⇨			
审 阅 者：_____ 日期：_____		等待　D			
		储存　▽			
工作说明	距离/m	时间/min	工序系列				
			加工	检查	搬运	等待	储存
			○	□	⇨	D	▽
			○	□	⇨	D	▽
			○	□	⇨	D	▽
			○	□	⇨	D	▽

图 12.5 表格式流程程序图格式

12.2.2.3 流程程序分析案例

【**案例 12.1**】陈先生是一家企业食堂的主管，他发现食堂的意大利面条烹制的时间比较长，影响员工用餐，需要加以改进，使得烹制意大利面的工作时间更短，提高效率。原有的制作流程是：

面条储存在储藏架上，将其取下并送到烹调器内进行烹调，煮熟后将面条盛进大盆内，带到冲洗槽进行冲洗。然后将大盆带到工作区，并将面条放到 6 个盘中。再在盘中加入肉和配菜，最后将面盘送到保温器内进行保温。

解：将意大利面的烹调过程画在一张流程程序图上（见图 12.6），用 5W1H 提问对其制作过程的每一步骤进行提问，找出存在的问题进行改善。改善以后的流程是在烹调器旁添加一个冲洗用的水龙头（该处已有排水管）。可以直接在烹调器中进行冲洗面条，然后直接添加肉和配菜，在烹调器中保温。改进后的流程程序图如图12.7所示。改进后的流程比改进前减少了3次搬运，有效节省了烹调时间。

工作名称：烹调意大利面 编号：				项别	次数	时间/s	距离/m	备注
开　始：储藏室				加工	4			
结　束：用餐处				检验	0			
研究者：工业工程师　　日期：				搬运	5			
审阅者：_____　　日期：				等待	0			
				储存	2			

序号	工作说明	距离/m	时间/s	符号				
				○	□	⇨	D	▽
1	面条在储藏架上			○	□	⇨	D	▼
2	将面条拿到烹调器上			○	□	⇨	D	▽
3	烹调			●	□	⇨	D	▽
4	放往大盆中送往冲洗槽			○	□	⇨	D	▽
5	冲洗			●	□	⇨	D	▽
6	将大盆带回工作区			○	□	⇨	D	▽
7	放入盛菜盘中			●	□	⇨	D	▽
8	向盘中加肉和配菜			●	□	⇨	D	▽
9	把盘放在保温器中			○	□	⇨	D	▽
10	保温			○	□	⇨	D	▼
11	送往用餐处			○	□	⇨	D	▽

图12.6　优化前的流程程序图

工作名称：烹调意大利面 编号：				项别	次数	时间/s	距离/m	备注
开　始：储藏室				加工	4			
结　束：用餐处				检验	0			
研究者：工业工程师　　日期：				搬运	2			
审阅者：_____　　日期：				等待	0			
				储存	2			

序号	工作说明	距离/m	时间/s	符号				
				○	□	⇨	D	▽
1	面条在储藏架上			○	□	⇨	D	▼
2	将面条拿到烹调器上			○	□	⇨	D	▽
3	烹调			●	□	⇨	D	▽
4	在烹调器中冲洗			●	□	⇨	D	▽
5	加肉和配菜			●	□	⇨	D	▽
6	保温			○	□	⇨	D	▼
7	放入盛菜盘中			●	□	⇨	D	▽
8	送往用餐处			○	□	⇨	D	▽

图12.7　优化后的流程程序图

12.2.3 操作分析

操作分析是指通过对以人为主的一道工序、一个工作地的操作者（一人或者多人）在使用机器或不使用机器的各个操作活动进行详细研究，将作业分解为工序，利用 ECRS 原则和动作经济原则分析和探索，使每个工序的操作者、操作对象、操作工具三者达到最佳组合，实现工序结构合理化。

操作分析的种类，按照不同的工序作业对象和调查目的，可分为三类：人机操作分析、联合操作分析、双手操作分析。

12.2.3.1 人机操作分析

1. 人机操作的概念

人机操作分析是应用于机器作业的一种分析方法，通过现场观察记录一个操作周期（加工完一个零件的整个过程）内操作者和机器设备在同一时间内的工作情况与相互关系，绘制人机操作图并加以分析，研究人与机器的闲余时间，寻求合理的操作方法，使人和机器的配合更加协调，充分发挥人和机器的效率。

2. 人机操作分析的作用

人机操作分析的根本目的是提高机器的利用率与人员的工作效率。

（1）分析影响人机操作效率的原因，减少并协调利用人与机器的闲余时间，使工人和机器的能量得到充分利用，平衡操作时间；

用人-机作业分析闲余能力时，确定一个作业者可同时作业几台机器的计算式如下：

$$N = \frac{t+M}{t} \tag{12.1}$$

式中：N—— 一个作业者作业的机器台数；

t—— 一个作业者作业一个机器所需的时间（包括从一台机器走到另一台机器的时间）；

M—— 机器完成该项作业的有效时间。

（2）改善作业环境，降低生产成本，提高产能和生产效率。

在现代化生产中，机器设备几乎都是全自动或半自动的，因此，在每一操作周期中，操作者和机器总有一部分的闲余时间，通过人机操作分析充分利用闲余时间，如能加以利用，能降低成本，提升生产效率。

3. 人机操作图的概念及构成

人机操作图是记录和描述工人与机器在一个操作周期内在时间上的协调与配合关系的图表，它能清楚地显示工人操作周期与机器工作周期在时间上的配合关系。

人机操作图由表头、图表、统计三部分构成，具体绘制内容包括：

（1）表头部分，一般包括分析对象的基本情况，如产品名称、表号、操作者姓名、编号、研究日期、开始动作、结束动作等。

（2）图表部分，绘制了一个操作周期内人与机器的配合关系。绘制图表部分时，用适当的间隔或垂直竖线将人与机器分开，按一定的比例（如以 1 cm 代表 1 min），分别在人与机器栏，用规定的符号,依工序过程和时间由上而下顺序记录人与机器的活动情况。

用 ▨ 表示人或机器处于工作状态,用 ☐ 表示人或机器处于空闲状态,用 ▦ 表示人与机器处于同时工作状态。

还可用其他形式如粗实线、细实线、点划线等分别表示人与机器的状态。

(3)统计部分,统计内容包括操作周期时间,人和机器在一个操作周期内工作时间和空闲时间,以及人、机器的利用率。

4. 人机操作案例分析

【案例 12.2】某人操作车床加工零件,操作程序为:装料 0.5 min、车削 2 min、卸料 0.5 min,此车床能自动车削和自动停止,试对其作业进行分析改进。

解:画出人-机操作图,如图 12.8 所示。从图中可以看出人有比较多空闲时间,用 5W1H 提问 ECRS 原则加以分析。在空闲时间操作另一台同样的机床,减少空闲时间,提高作业效率,人的作业效率由 33%提高到 67%。一人两机的人-机操作图如图 12.9 所示。

作业名称:车削 编号:×××					
研究者:××× 日期:×年×月×日					
人			时间	车床	
从车床上退料	0.5		0.5	空闲	1
向车床进料	0.5		1.0		
空闲	2		3.0	车削	2
统计		周程(min)	工作时间(min)	空闲时间(min)	利用率(%)
	人	3	1	2	33%
	车床	3	2	1	67%

图 12.8 车削零件的人-机操作图(改善前)

作业名称:车削 编号:×××					
研究者:××× 日期:×年×月×日					
人		车床 1#		车床 2#	
退料车床 2#	0.5	车削	1	空闲	1
进料车床 2#	0.5				
退料车床 1#	0.5	空闲	1	车削	2
进料车床 1#	0.5				
空闲	1	车削	1		
统计		周程(min)	工作时间(min)	空闲时间(min)	利用率(%)
	人	3	2	1	67%
	车床 1#	3	2	1	67%
	车床 2#	3	2	1	67%

图 12.9 车削零件的人-机操作图(改善后)

12.2.3.2 联合操作分析

1. 联合操作分析的概念

在生产现场中,两人和两人以上同时对一台机器(或一项作业)进行操作,则称为联合操作。

联合操作分析是利用"联合操作分析图"来记录几个操作人员、机器以及工作物的动作,分析其相互关系,以排除操作人员作业过程中存在的不经济、不均衡、不合理和浪费等现象的一种分析方法。

2. 联合操作分析的目的

联合操作分析可达到以下目的:

(1)发现空闲与等待时间。利用联合操作分析图,显现操作过程的空闲与等待时间,以便发现和改善不合理的操作。

(2)使每位操作者的工作负荷趋于平衡,以获得较低的人工成本。

(3)分析改善最耗费时间的作业,减少周期时间,提高操作效率及效益。

(4)选配合适的人员和机器,挖掘最佳的作业方法,谋求人员、设备达到最有效的配置组合。

3. 联合操作分析的基本原则

联合操作分析的基本原则是:人与机器的动作若能同时完成为最佳。如图2.10所示,图(a)和图(b)是串行工作方式,图(c)是并行工作方式,并行工作的整体作业时间少于串行工作的时间。

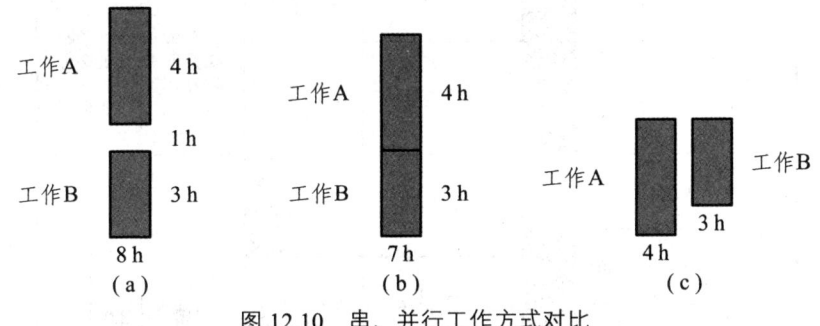

图 12.10 串、并行工作方式对比

4. 联合操作分析图

(1)联合操作分析图的概念。

联合操作分析图是使用普通的时间单位,记录两个和两个以上的操作者、操作对象以及机器设备的动作,以显示其相互关系的图表。

联合操作分析图的画法与人机操作图的画法基本类似,也由表头、图表、统计三部分构成。首先要决定一组操作动作的起点、终点,即图表的起点和终点,将分析对象(员工或机器)填入各纵栏的顶端,根据时间标尺,在纵栏内分别填入各动作及其耗费时间,并用不同形式(如空白、涂黑、斜线、网格线等)表示"工作""空闲"或"等待"等,一次填入一个研究对象的动作,直至填入所有对象。

(2)联合操作分析图的分析。

① 分析检查员工的各项操作,对多余的、无效的、不合理的操作进行改进。

② 分析闲置时间是否可以利用。
③ 平衡员工的工作负荷，尽可能使其均衡。
④ 改进工作地布置、尽量缩短操作者移动距离。
⑤ 尽量用机械代替人工操作，尽量用人体其他部位的动作来代替手的动作。
⑥ 合理安排联合操作的作业程序，形成最佳的作业程序和作业方法。

【案例 12.3】联合操作分析示例。图 12.11 所示为切布机简图，成匹的布置于切布机的后轴 A 上，当布匹经过切刀 B 与转动滚轴 C 时，会切成顾客所需的宽度，然后绕于 D 轴上，切成顾客所需长度后停机。操作者与其助手将切好的布卷用包装纸包好、贴上标签并注明品级、长度、颜色等，最后，自 D 轴取下，放入运输车上。

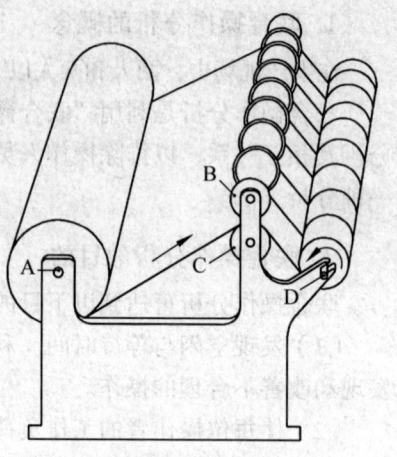

图 12.11　切布机

其整个操作过程用联合操作分析记录如图 12.12 所示。

作业名称：		编号：		图号：		日期：	
开始动作：		结束动作：				研究者：	
操作者	时间(min)	助手	时间(min)	切布机	时间(min)		
操作切布机	2.2	准备包装纸与标签	0.9	切成需要宽度的布卷	2.2		
		等待机器	1.3				
等待助手包装	0.7	包装布卷	0.9	空闲	3.0		
等待助手移开布卷	0.6	等待操作者	0.7				
打开摇柄	0.3						
等待助手移开布卷	0.8	移开布卷	0.8				
开动机器	0.6	置于推车上	0.6				

		周期时间(min)	工作时间(min)	空闲时间(min)	利用率
统计	操作者	5.2	3.7	1.5	3.7/5.2=71%
	助手	5.2	3.2	2	3.2/5.2=62%
	切布机	5.2	2.2	3.0	2.2/5.2=42%

图 12.12　布匹切割联合操作分析图（原方法）

分析：

由联合操作分析图 12.12 中可以看出，机器的空闲时间太多，其利用率仅为 42%、操作者利用率为 71%，助手则为 62%。采用提问技术进行分析，其原因在于当切好的布绕在 D 轴上后，必须等待操作者和助手完成包装后，机器才可再开始工作。

改良方法是增设一个连座的轴架 E，如图 12.13 所示。当布被切成所需长度绕于 D 轴后，可将布卷全部滑移至连座轴 E 上。当布卷移到 E 轴后，操作者即可再次开动切布机，在此期间助手可以在 E 轴上完成包装、贴标签、注明品级、长度、颜色等，并放入手推车。这样操作者和助手可以同时进行操作，减少了等时间，缩短了切布周期。

原方法周期时间为 5.2 min，每小时切布 11.5 周期；改进后的联合操作如图 12.14 所示，周期时间为 3.6 min，即每小时切布 16.6 周期。改进后，每小时增加切布 5.1 周期，增加切布生产能力达 44%，同时切布机的利用率也增加至 61%。

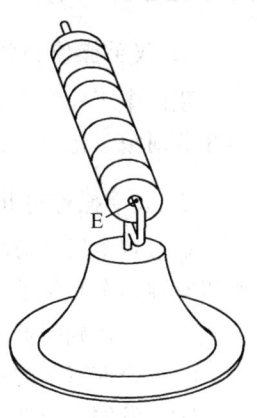

图 12.13 连座轴架

作业名称：		编号：		图号：		日期：	
开始动作：		结束动作：				研究者：	
操作者	时间(min)	助手	时间(min)	切布机	时间(min)
操作切布机	2.2	继续包装布卷	0.3	切成需要宽度的布卷	2.2
		布卷上贴标签	0.6		
		置手推车上	0.5		
		准备包装纸与标签	0.9		
打开摇柄	0.3	等待操作者	0.2	空闲	1.4
移开布卷	0.5	协助移开布卷	0.5		
开动机器	0.6	包装布卷	0.6		

统计		周期时间(min)	工作时间(min)	空闲时间(min)	利用率
	操作者	3.6	3.6	0	3.6/3.6=100%
	助手	3.6	3.4	0.2	3.4/3.6=95%
	切布机	3.6	2.2	1.4	2.2/3.6=61%

图 12.14 布匹切割联合操作分析图（改进方法）

12.2.3.3 双手操作分析

1. 双手操作分析的概念

生产中工序的作业主要靠工人的双手来完成。双手操作分析是指通过双手操作分析图，以双手为对象，记录、分析如何用双手进行实际操作，以提高作业效率的分析技术。

2. 双手操作分析的作用

通过双手操作分析可以考察操作者的操作方法和步骤是否合理，左右手的分工是否恰当，是否存在多余和笨拙的动作需要改进，工作地物料的摆放、工作地布置是否合理等等，经研究和改进，以达到降低劳动强度、提高作业效率的目的。其作用如下：

（1）研究双手的动作及其平衡问题，取消不必要、不合理的动作，以提高工作效率。
（2）发掘"独臂"式操作并改进。平衡左右手的负荷，降低工人的疲劳强度。
（3）发现伸手、找寻以及笨拙而无效的动作。
（4）发现工具、物料、设备等不合适的放置位置。
（5）使动作规范化，并据此拟定作业规程，为编制标准化作业指导书提供参考。

3. 双手操作分析图

（1）双手操作分析图的概念

双手操作分析图以双手作业为对象，采用标准流程图符号来记录其动作，表示其关系，并可指导作业者如何有效地运用双手，从事生产性的工作，提供一种新的动作观念，找出一种新的改善途径。

（2）双手操作分析图的画法

图的左上部：填写常规项目，包括编号、作业名称、地点、作业人员、作业的起点、终点（结束）、日期等。

图的右上部：填写工作地布置平面简图，并表明各种零件、工具、设备的位置。

图的中间部分：分别在左右两边填写左、右手动作的代表符号及动作说明。每个作业周期开始时，应以拿起新的工件的动作作为开始记录的起点。一次记录一只手的动作，左、右手同时动作时要记录在同一水平线上，并将全部作业记录完毕。

图的右下方：对左、右手的动作进行统计。

【案例 12.4】双手操作分析实例，对加工完的一批轴套零件检查其长度并装入套筒，用双手操作分析图记录其操作过程如图 12.15 所示，用 5W1H 提问分析和 ECRS 原则进行分析，将工作地布置进行改进，使双手动作对称、平衡。

改进后的双手操作过程如图 12.16 所示。改进前装配一个零件组件需要 10 个动作，改进后装配 2 套零件组件需要 7 个动作，改进后的装配时间约为改进前的 35%，装配效率大为提高。

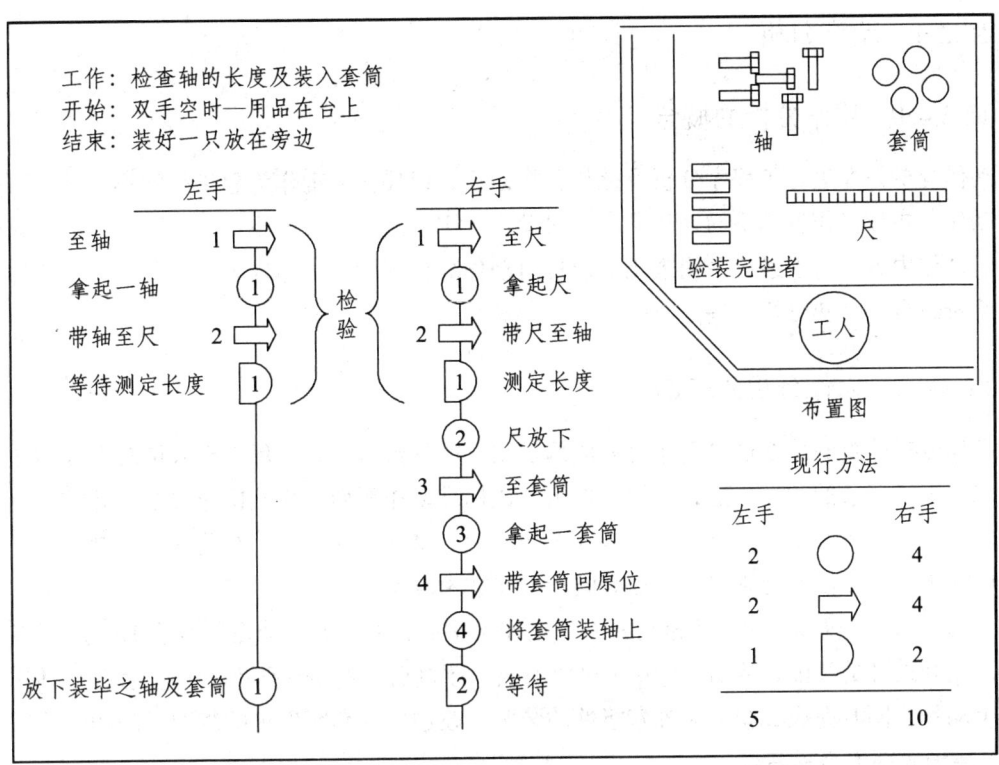

图 12.15 检查轴的长度并装入套筒的方法（现行）

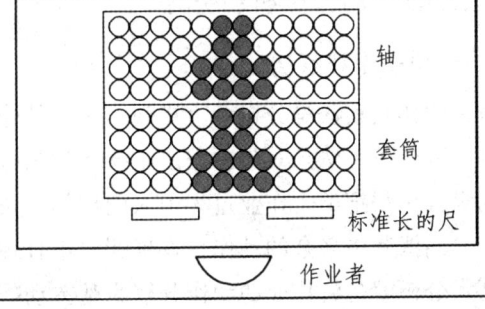

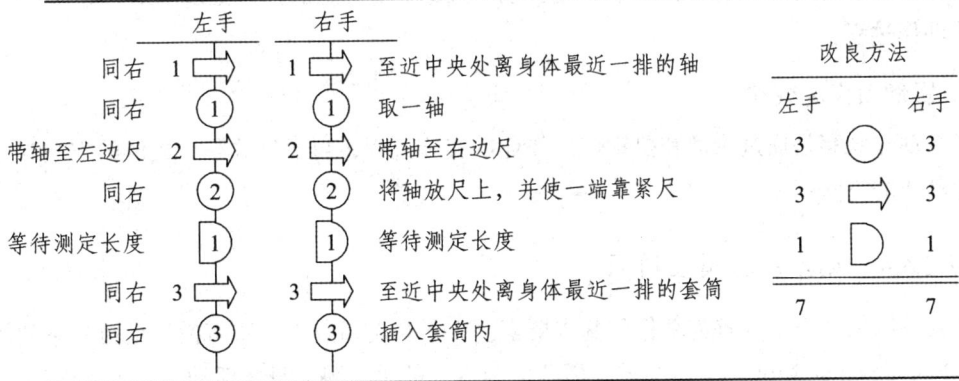

图 12.16 检查轴的长度并装入套筒的方法（改进）

12.2.4 动作分析

12.2.4.1 动作分析的概念

动作分析是在进行了程序分析及操作分析以后,以操作的动作为象进行的详细分析研究。

动作分析按操作者实施的动作顺序观察动作,用特定的记号记录以手、眼为中心的人体各部位的动作内容,将上述记录图表化,通过对动作分析图的分析为基础,判断动作的好坏,找出改善着眼点的一套分析方法。

12.2.4.2 动作分析的目的

动作分析的目的是通过对工作时人体部位动作的分析研究,发现操作人员的无效动作或浪费现象,去掉多余的动作,把必要的动作组合成标准动作系列,简化操作方法,并且设计与之相适应的工位器具及工作地布置等,减少工作疲劳,降低劳动强度。在此基础上制定出合理、高效的标准操作方法,为制定动作的时间标准作技术准备。

从图 12.15 中可以看出,改进前左右手动作不平衡,左手 5 个动作,右手 10 动作,完成 1 套轴与轴套组件的装配;从图 12.16 中可以看出,改进后左右手动作平衡,左手 7 个动作,右手 7 个动作,同时完成 2 套轴与轴套组件的装配。改进后每套零件组的装配时间约为改进前的 35%,装配效率大为提高。

12.2.4.3 动作分析的方法

1. 目视动作观察法

目视动作观察法是分析者直接观测实际的作业过程,并将观察到的情况直接记录到专用表格上的一种分析方法。其分析方法主要有动素分析法。

动素分析法把整个作业过程中人的动作,按动作要素加以分解,然后对每一项动素进行分析研究,淘汰其中多余的动作,发现那些不合理的动作。

动素分析就是将作业的动作分解为基本动作要素,用特定的符号记录下来,逐项进行分析,以改善动作过程。

2. 影像动作观察法

影像动作观察是通过录像和摄影记录作业的实施过程,再通过放影、放像的方法观察和分析作业动作的方法。

12.2.4.4 动素的分类及符号

动素可以从字面上理解为动作的基本要素。吉尔布雷斯发现,所有操作是由一系列的基本动作(Fundamental Motion)所组成,因此,他将人的手、眼、身体活动的基本动作细分为 17 种,并取名为动素。后来,美国机械工程师学会又增加了"发现"(Find)这个动素,这样动素分析基本要素就是 18 种。动素是组成所有动作的基本单位。

1. 动素的分类

根据对操作的影响,动素分为以下 3 种类型:

第 1 类——有效动素,有效动素指对操作有直接贡献的动素,如伸手、握取、移物、定位、装配、拆卸、放手、使用、检查等 9 种动素。

第 2 类——辅助动素,主要有寻找、发现、选择、思考、预置等 5 种动素。辅助性动作要素有时是必须的,但是会影响动作的有效性。因此,辅助性动素在动作中越少越好,应尽量取消此类动素。

第 3 类——无效动素,主要有手持、迟延、休息、故延等 4 种动素。此类动素对工作只有消耗性作用,因此,一定要想办法取消此类动素。

2. 动素的符号

动素可以用字母或形象表示,动素的符号如表 12.5 所示。

表 12.5 动素的符号

序号	名 称	字母符号	形象符号	说 明
1	伸手 Transport Empty	TE	⌣	空手接近或离开目的物
2	握取 Grasp	G	⌢	用手抓握或触及目的物
3	移物 Transport Loaded	TL	⌣	移动目的物
4	定位 Position	P	9	将目的物对准位置
5	装配 Assemble	A	#	组合两个以上目的物
6	拆卸 Disassemble	DA	‖	分解目的物
7	使用 Use	U	U	使用器具进行操作
8	放手 Release Loaded	RL	⌒	放下目的物
9	检查 Inspect	I	()	将目的物与规定的标准进行比较
10	寻找 Search	SH	⊙	眼睛寻找目的物
11	发现 Find	F	⊙	找到目的物后眼睛注视该物瞬间
12	选择 Select	SE	→	从两个以上目的物中挑选一个
13	思考 Plan	PN	ꙮ	为确定下一个动作而发生的考虑
14	预置 Pre-Position	PP	꙳	为方便定位动作而预先放置目的物
15	手持 Hold	H	⊓	持住或支撑着目的物
16	延迟 Unavoidable Delay	UD	⌒	不可避免的停顿
17	休息 Rest	R	⌇	为消除疲劳恢复体力的停顿
18	故延 Avoidable Delay	AD	⌣	可以避免的停顿

3. 动素分析的实施

在动素分析表中填写必要的事项,如表 12.6 所示。实施步骤如下:

表 12.6 动素分析表

序号	要素作业	左手动作	动素符号			右手动作	改善点
			左手	眼	右手		
1							
2							
3							
4							
5							
6							
统计	⌣	∩	◡	⌒	#	#	…	第1类	⬭	→	ß	…	第2类	⌒	⌒	…	第3类

（1）观察、分解、记录动作。可以先将整个动作分为每一项要素作业，即分解为动作单元，然后再细分为动素。

（2）整理分析结果，填写在动素分析表的下方的总结表中。将动素符号按左右手分开统计，既要统计左右手每一个动素的数量，也要统计左右手每一类动作的数量，最后填写左右手动素的总数。

（3）讨论分析结果，确定改善方案

通过分析每个动作的顺序和左右手动素的统计数据，发现动作中的不合理因素，找到产生的原因，确定改善方案。

首先针对第 2 类动素和第 3 类动素，考虑如何尽量减少或消除。尤其是第 3 类动素既没有作用又影响作业效率，因此一定要想办法消除。在分析时主要从现场着手，找到产生第 2 类和第 3 类动素的原因之所在，达到减少以至消除无效要素的目的。

而针对第 1 类动作要素，用 5W1H 方法技术进行提问，用 ECRS 四项原则加以改善，使双手动作科学、有效，不易疲劳，进一步提高工作效率。

在改善后，再进行动素分析，比较改善前后的动素数量，总结改善结果。建立新的工作方法，并使之标准化。

12.2.4.5 动作经济性原则

动作经济性原则是设计高效的工作方法的观念的集合，是设计和改善工作时的动作过程的准则。

第一条原则：双手同时对称的动作能适合人体，使动作得以相互平衡，不易疲劳。

第二条原则：手的动作尽量最低的等级而能得到满意的结果。

工作时人体的动作可分为 5 级，见表 12.7。

表 12.7 人体的动作等级

级别	动作枢轴	人体部位
1	指节	手指
2	手腕	手指及手腕
3	肘	手指、手腕及小臂
4	肩	手指、手腕、小臂及大臂
5	肩、腰	手指、手腕、小臂、大臂及身体

第三条原则：尽可能利用物体的动能，曲线运动较方向突变的直线运动为佳，弹道式运动较受控制的运动轻快，动作尽可能有轻松的节奏。

第四条原则：工具、物料应置于固定处所及工作者前面近处，并依最佳的工作顺序排列。

第五条原则：零件、物料应尽量利用其自重坠送至工作者前面近处。

第六条原则：应有适当的照明设备，工作台和座椅式样及高度应使工作者保持良好的姿势及坐立适宜。

第七条原则：尽量解除手的工作，而以夹具或足踏工具代替。

第八条原则：可能时，应将两种或两种以上工具合并为一种。

第九条原则：手指分别工作时，各指负荷应按其本能予以分配；手柄的设计，应尽可能地增大与手的接触面；机器上的杠杆、手轮的位置，尽可能使工作者少变动其姿势。

第十条原则：工具及物料应尽可能预放在工作位置，以便要用时能在使用它的地方拿到。

12.3 作业测定

12.3.1 作业测定概述

12.3.1.1 作业测定的概念

在企业生产中，如何确定工人完成某项作业的标准时间，是一个非常重要的事情。科学制定合格工人按规定的作业标准完成某项作业所需的标准时间，能帮助企业科学合理的设计生产作业系统，安排生产进程，制定合理的分配原则及奖励制度，促使生产者充分有效地利用工作时间，减少无效时间，最大限度地提高劳动生产率。

作业测定的定义是：用各种技术来确定一个合格工人按规定的作业标准完成某项工作所需的时间，即一个合格工人（具有正常的体力和智力，在劳动技术方面受过良好训练，并具有一定熟练程度的工人）在标准的作业方法和条件下，以正常的作业速度完成某一工作所需的时间，这种时间称标准时间。

12.3.1.2 作业测定的目的

作业测定的目的在于制定实施某项作业所需要的标准时间，作为工作的计划、指导、管理及评价的依据，用以研究改善作业系统及制定最佳作业系统等。劳动定额是企业管理的基础数据，作业测定则是制定劳动定额的依据。作业测定是企业工业工程活动中一项重要的基础工作，其应用涉及生产活动的全部领域。

12.3.1.3 作业测定的方法

作业测定的方法主要有秒表时间研究法、工作抽样法、标准资料法和预定时间标准法（PTS）。

12.3.2 秒表时间研究

12.3.2.1 秒表时间研究的概念

秒表时间研究也称为时间研究，是以秒表为工具，在一段时间内，连续不断地直接测定操作者作业的一种作业测定技术，旨在决定一位合格适当、训练有素的操作者，在标准状态下，对一特定的工作以正常速度操作所需要的时间。它包含以下两种含义：

（1）合格适当、训练有素的操作者，即操作者必须是一个合格的工人，而且该作业必须适合于他做；操作者对该项特定工作的操作方法，必须受过完全的训练；操作者必须在正常速度下工作，不能过度紧张，也不能故意延误，工作时生理状态正常。

（2）在标准状态下，指用经过方法研究后制定的标准的工作方法、标准设备、标准程序、标准动作、标准工具、标准机器的运转速度及标准的工作环境等。

12.3.2.2 秒表时间研究的步骤

1. 搜集信息及准备工具

采集与所研究的作业相关的作业方法、作业人员、作业环境、设备与工位器具、物料等信息。准备作业时间、作业环境的测量仪器（如秒表、转速表、各类尺等），计时器，时间研究记录表（表12.8）等。

表 12.8 短周期时间研究表

研究时间：	完成时间： 开始时间：												短周期时间研究表		编号：	
操作单元	1		2		3		4		5		6		外来单元		说明	
周期编号	R	T	R	T	R	T	R	T	R	T	R	T		R	T	
1													A			
2													B			
3													C			
4													D			
5													E			
…																
合计																
观察次数																
平均																
评比%																
正常时间																
宽放率%																
标准时间																

2. 划分操作单元

为了便于观测和分析，将操作划分为若干单元，每个单元均为性质相同的动作。所有单元的时间加起来等于整个操作的总时间。

3. 确定观察次数

秒表时间研究是一个抽样观测的过程，为了得到科学的时间标准，需要有足够的样本容量。

一般情况下，作业比较稳定（如材料规格一致，场地布置整齐，产品质量稳定）、观测人员训练有素、经验丰富，被观测对象较多，观测次数可少些，否则观测次数就要多些。作业周期越短，观测次数越多。可以用误差界限法、d_2 值法进行计算或根据作业周期时间长短确定。

通常可用误差界限法计算：

（1）若取可靠度（置信度）为 95%，精确度（或误差界限）为 ±5%（样本均值与总体均值之间的误差范围控制在 ±5% 以内），应观测的次数为：

$$n' = \left(\frac{40S}{\bar{X}}\right)^2 = \left(\frac{40\sqrt{n\sum_{i=1}^{n} X_i^2 - (\sum_{i=1}^{n} X_i)^2}}{\sum_{i=1}^{n} X_i}\right)^2 \tag{12.2}$$

（2）若要求误差控制在 ±10% 以内，取置信度为 95%，则应观测的次数为：

$$n' = \left(\frac{20\sqrt{n\sum_{i=1}^{n} X_i^2 - (\sum_{i=1}^{n} X_i)^2}}{\sum_{i=1}^{n} X_i}\right)^2 \tag{12.3}$$

4. 测 时

研究人员采用计时工具对操作人员的操作及所需时间进行实际观测与记录，观测方法有：连续测时法、归零测时法、累计测时法和周程测时法。通常采用连续测时，并将数据填写在表 12.8 中。将每个单元的结束时间填在表 12.8 中的 R 行，每个单元的结束时间是下一个单元的开始时间。将每个单元操作时间填在 T 行。

5. 时间数据的分析与处理

将时间测定中出现的异常数据剔除，并对各工作单元的工作效率进行评定。根据正常的时间数据获得。

6. 计算各单元实际操作时间

异常值剔除后，运用剩余的合格数据分别求各单元观测时间的算术平均值，即为该单元的实际操作时间。

7. 计算正常操作时间

正常操作时间是指以正常速度完成一项作业或操作单元所需的时间。对操作者的实际操作时间加以评定，计算正常操作时间。评定是一种判断或评价的技术，是指时间研究人员将操作者的操作速度与理想速度（正常速度）作比较，以使实际操作时间调整至平均熟练工人的正常速度基准上。

$$正常操作时间 = 平均操作时间 \times 评比系数$$

8. 计算标准时间

正常操作时间并未考虑操作者个人需要、辅助工作需要及各种不可避免的延迟因素所耽误的时间。在制定标准时间前，必须找出操作时所需的停顿或休息，加入正常操作时间，才能使操作者稳定地维持正常的操作。操作时所需的停顿和休息的时间称为"宽放时间"。宽放通常划分为私事宽放、疲劳宽放、延迟宽放和政策宽放四种。

$$标准时间 = 正常操作时间 \times (1 + 宽放率)$$

12.3.3 工作抽样

12.3.3.1 工作抽样的概念

工作抽样是指对作业者和机器设备的工作状态进行瞬时观测，调查各种作业活动事项的发生次数及发生率，进行工时研究。工作抽样在正态分布的假定下，随机抽取样本，用统计方法推断各观测项目的时间构成及变化情况。为保证统计结果的可靠性，工作抽样的置信度不低于95%。

12.3.3.2 工作抽样的应用

（1）作业改善。测定操作者或机器的工作时间和空闲时间占总时间的比率。
对其工作部分和空闲部分的时间构成细分成项目，加以观测记录，利用各种分析技术发现各项目存在的问题，查找原因，谋求作业改善，使作业负荷合理化。

（2）设备管理改善。研究机器（设备）的开动情况，查找机器开动率低的原因，对每一台机器可能出现的原因进行抽样调查，有计划地对机器进行保护，改进其生产能力。

（3）制定标准时间，确定宽放率。利用工作抽样计算工作率，制定标准时间。还可以制定除疲劳宽放以外的宽放时间，为秒表时间研究、预定时间标准（PTS法）提供宽放率的依据。

12.3.3.3 工作抽样的特点

1. 优 点

方法简便、适用，省时，省力；调查费用低，测定效率高并且经济，一名观测者可承担多个被观测对象的观测；观测数据失真小，准确性高，观测结果精度易保证。时间的随机性很强，可以在任何时间中断和再续，而不会影响其结果。

2. 缺 点

观测不够细致，不适用于以过细分析作业时间消耗和改进操作方法为目的的观测；有时往返走路时间多；对生产周期短或重复性高的作业，不如使用秒表测时。

12.3.3.4 工作抽样的步骤

1. 确定观测的目的

调查目的不同，观测的项目及分类、观测的次数、观测表格的设计、观测时间及数据处理的方法也不同。因此首先要明确观测的目的，并以此确定观测的对象范围。

2. 确定观察项目分类

根据调查的目的和范围，就可对调查对象进行分类。如只是单纯调查机器设备的开动率，则观测项目可分为"工作（既开动）、停工（停机）、闲置"三项。如果进一步了解停工和闲置的原因，则应将可能发生的原因详细分类，以便进一步了解，如图12.17所示。同样也可以对作业者的观察进行项目分类。

3. 制定工作抽样观测表格

为了使抽查工作准确、高效，依据企业实际观测项目的分类，结合企业实际问题事先观测表格。表格一般包括观测项目、观测者姓名及日期、被观测的对象情况、观测时刻等内容。观测表的格式很多，须根据观测内容和目的而定。表12.9为大分类时的机器开动率和操作者作业率观测表格，表12.10为细分类时的机器开动率和操作者作业率观测表格。

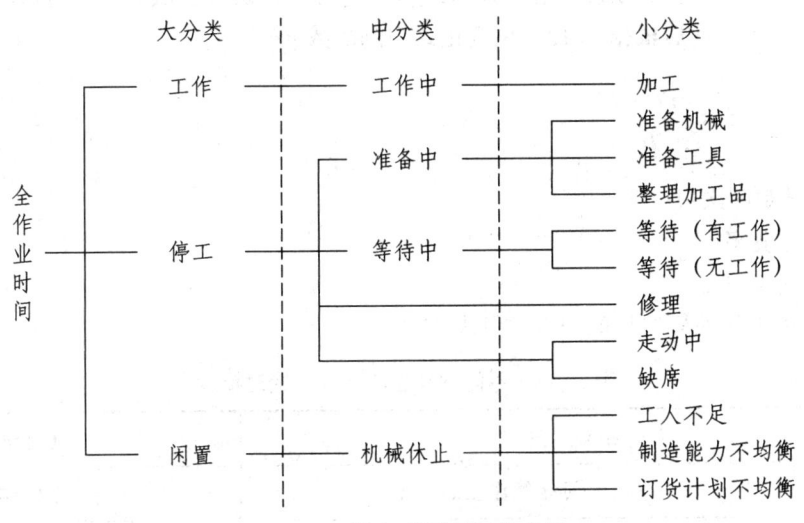

图 12.17 设备观测项目分类图

表 12.9 机器开动率和操作者作业率观测（大分类）

		操作	空闲	次数			作业率（%）
				操作	空闲	合计	
机器	1	正正正正正正正	正正正	35	15	50	70
	2	正正正正正正正正正	正	45	5	50	90
	3	正正正正正正正正	正正	40	10	50	80
操作者	1	正正正正正正正正	正正	40	10	50	80
	2	正正正正正正正	正正正	35	15	50	70
	3	正正正正正正	正正正正	30	20	50	60

表 12.10　机器开动率和操作者作业率观测（细分类）

分类		操作	修理	故障	停电	工作中	工作准备	搬运	等材料	商议	等检查	清扫	洗手	作业小计	总计	操作率（%）
机器	1	正正正		正										15	20	75
	2	正正		正正										10	20	50
	3		正正正正											0	20	0
操作者	1					正正	正	正	正	正				20	30	67
	2					正正正		正					正	20	30	67
	3					正正	正		正		正	正		15	30	50

4. 试观测并决定观测次数

按照调查的项目分类、观测方法、调查表格，进行一定次数的试观测。通过试观测，得出观测事项的发生率，然后根据式 12.4 决定正式观测次数 n。

$$n = \frac{4P(1-P)}{E^2} \tag{12.4}$$

式中：n——试观测次数；
$\quad\quad P$——作业率；
$\quad\quad E$——绝对精度

E 的数值由工作抽样的目的确定，见表 12.11。

表 12.11　不同抽样目的允许的绝对精度

抽样目的	绝对精度
调查停工中断时间等管理上的问题	±（3.6~4.5）%
工作改善	±（2.4~3.5）%
决定工作地布置等时间的比率	±（1.2~1.4）%
制定标准时间	±（1.6~2.4）%

5. 确定巡回路线

在观测前，首先绘制被观测设备及操作者的平面位置图和巡回观测的路线图，并注明观测的位置，如图 12.18 所示。观测路线可选"Z"形、环行、直线形等，因为观察次数多，走的路线又长，为了便于观察，应预先研究并确定最佳路线。

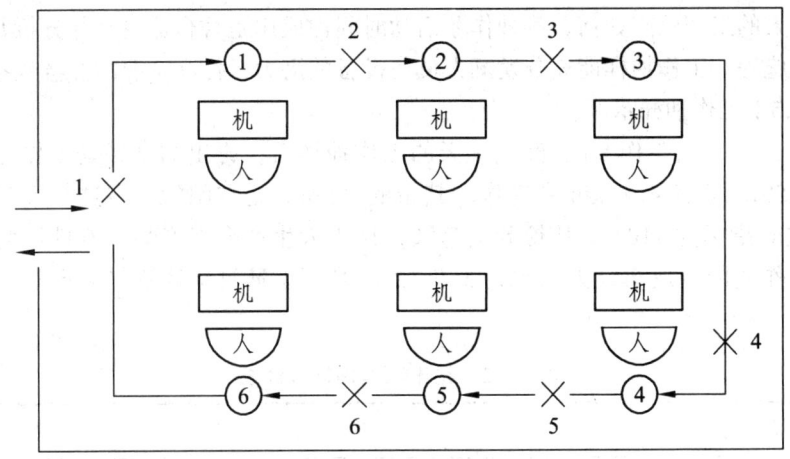

图 12.18　被观测的操作者和机器的平面位置和巡回观测路线

6. 确定观察时刻

观测时刻的决定必须保证其随机性，这是工作抽样的理论依据。决定观测时刻的主要方法有随机数表法、随机起点等时间间隔法、分层抽样法等。

7. 按预先规定的观察时刻和巡回路线进行巡视观测

当观察人员到达固定的观察位置时，立即将每一瞬间看到的作业活动事项，用"正"字记录在表 12.9 或表 12.10 中。

8. 整理分析

按式（12.5）计算每工作日观察事项的发生率 P。

$$P = \frac{事项发生次数}{一工作日的全部观察次数} \times 100\% \tag{12.5}$$

在完成全部观察次数后，利用式（12.6）对抽样数据进行检验。当事项发生率在上下限范围之外时，属异常值，予以剔除。

$$p_L = \bar{p} \pm 3\sqrt{\frac{\bar{p}(1-\bar{p})}{n}} \tag{12.6}$$

根据剔除完异常值后的正常数据，重新计算事件平均发生率。确定剔除异常值后实际观测次数达到所需的观测数，否则需补测。

9. 验算抽样误差

根据剔除不正常数据后进行的观察次数和事项发生率计算抽样误差，计算出的抽样误差小于或等于事先规定的误差，则可行；大于事先规定的误差，则要继续进行抽样观察，直至满足条件为止。

10. 分析结果并改进工作

得出上述可信的结果后，针对结果进行研究提问，如作业率（发生率）是否合适，设备的负荷如何，工人的工作状态如何，各种作业活动时间构成比是否合适等。并分析其原因，提出具体的改善措施等。工作抽样能充分发掘人员与设备的潜力，提高企业的经济效益。

【案例 12.5】 工作抽样示例。

有一钻床工，每天工作 8 h，经过一天的工作抽样后，得出的结果是工作比率为 85%，空闲比率为 15%，即有 408 min 在工作，其余的 72 min 是空闲的。在这一天观测中，其被评定的平均绩效指标为 110%。从检验信息知，该工人生产合格产品 420 件。此外，根据以往的测定，该作业的宽放率定为 15%，如表 12.12 所示。通过上述资料计算其加工的零件的标准时间。

表 12.12 钻床工作抽样统计表

资料	来源	数据
总生产数量	检验部门	420 件
总有作时间	时间卡	480 min
工作比率	工作抽样	85%
空闲比率	工作抽样	15%
平均绩效率	工作抽样	110%
宽放率	连续观测	15%

解：

$$单件标准时间 = \frac{总时间 \times 工作比率 \times 平均绩效率}{总产量}(1+宽放率)$$

$$= \frac{480 \times 85\% \times 110\%}{420}(1+15\%) = 1.23$$

通过计算可知，该钻床工每天加工的零件的标准时间为 1.23 min。

12.3.4 预定时间标准

12.3.4.1 预定时间标准概述

1. 预定时间标准的概念

预定时间标准（Predetermined Time System, PTS），简称 PTS 法，是国际公认的制定时间标准的先进技术。它利用预先为各种动作制定的时间标准来确定进行各种操作所需要的时间。

常用的 PTS 方法有模特法（MOD 法）、方法时间衡量（MTM 法）、工作因素法（WF 法）等。其中 MOD 法最具代表性，简单易掌握，但同时精度不低于其他 PTS 方法的 PTS 技术。

2. 预定时间标准（PTS）的特点

PTS 法可以根据图纸、实物、工艺过程和作业方法、作业地环境状况，将作业进行分解成动素，给动素赋予时间值，将动素时间相加即可得到标准时间。在确定标准时间的过程中，不需要进行作业评定，使确定的标准时间更为精确可靠；可以不使用秒表，事先确定作业标准，在工作前就决定标准时间，并制定操作规程。PTS 法是流水线平整的最佳方法。

3. 预定时间标准的用途

PTS 能为产品生产建立标准时间，能事先改进作业方法，为在生产中合理选用工具、夹具和设备提供评价依据。PTS 法还可作为产品设计的辅助资料。

4. 预定时间标准的步骤

（1）把作业分解成为各个有关的动作要素。
（2）根据作业的动作要素和其相应的各种衡量条件，查表得到各种动作要素时间值。
（3）把各种动作要素时间值的总和作为作业的正常时间标准。
（4）正常时间加宽放时间即得标准时间。

12.3.4.2 模特法（MOD 法）

1. MOD 法的基本原理

（1）所有人力操作时的动作均包括一些基本动作，模特法把生产实际中的操作动作归纳为 21 种基本动作。
（2）人们在做同一基本动作时（在操作条件相同时），所需要的时间大体相等（误差在 10% 左右）。
（3）人体不同部位做动作时，其动作所需时间互成比例。

2. MOD 法的特点

（1）模特法将动作归纳为 21 种，分类简单、易记，分析时的工作量很小，作业成本很低。
（2）以手指动作一次（移动 2.5 cm）所需时间作为动作时间单位，其他部位动作时间是手指动作时间的整数倍。具有连续性、系统性，应用起来简单方便。
（3）模特法把动作符号与时间值融为一体，动作标号的数值也就是动作的时间值。
（4）方法容易掌握，应用范围广，实用精度较高。

3. MOD 法的动作分类与时间值

MOD 法的 21 种动作及其时间值，如表 12.13 所示。

4. 模特法分析记录表

在动作分析时，应把有效时间值如实地填入分析表中，分析记录表的形式如表 12.14 所示。表中，动作只有一次时，次数栏不用填写。有效时间 UT（人的动作之外的机械或其他固有的加工时间）、MOD 总计时间和合计时间应以普通时间为单位。

表 12.13　MOD 法的动作分类与时间值

	动作部位	动作类型	动作符号	动作时间（MOD）	
在工厂中常见的操作动作	上肢动作（基本动作）	移动动作	M1（移动 2.5 cm）	1	注 1、注 2：需要注意的动作。 独：只有在其他动作停止的场合独立进行者。 往：往复动作，即往复一次回到原来状态
			M2 手腕动作（移动 5 cm）	2	
			M3 小臂动作（移动 15 cm）	3	
			M4 大臂动作（移动 30 cm）	4	
			M5 伸直的手臂（移动 45 cm）	5	
		移动的反复多次反射动作	（M1/2，M1，M2，M3）	1/2，1，2，3	
	其他动作	摸触动作、抓握动作	G0 碰、接触	0	
			G1 简单地抓	1	
			G3（注）复杂地抓	3	
		放置动作	P0 简单放置	0	
			P2（注 1）较复杂放置	2	
			P5（注 2）组装	5	
		下肢和腰部动作	F3 足踏板动作	3	
			W5 走步动作	5	
			L1 重量因素	1	
		其他动作	E2（独）目视	2	
			R2（独）校正	2	
			D3（独）单纯地判断和反应	3	
			A4（独）按下	4	
			C4 旋转动作	4	
			B17（往）弯体动作	17	
			S30（往）起身坐下	30	

注：1MOD = 0.129 s。

表 12.14　模特法分析记录表

零件图号：		年　月　日			
设备名称		作业条件			
工序名称		使用工具			
作业名称		分析条件			
序号	左手动作	右手动作	动作方式分析符号	次数	MOD
1					
2					
3					
有效时间：　　s　　min		MOD：　　s　　min		合计：　　s　　min	

5. MOD 法的应用

（1）计算标准时间

① 进行动作分析，将作业分解成为单元，进而将每一个单元分解为 MOD 动作；

② 将双手动作符号填入模特法分析记录表，计算 MOD 数；

③ 所有动作的 MOD 数相加，并换算为时间值，即得到作业的正常时间标准；

④ 正常时间加宽放时间即得标准时间。

例如，用模特法计算将一瓶啤酒倒入两个杯子中的时间，杯子和啤酒瓶分别在人的左、右前方 30 cm 处。用模特法分析表进行记录与计算，如表 12.15 所示。

表 12.15 倒啤酒的模特法记录表

序号	左手动作及符号	右手动作及符号	符号标记	次数	MOD
1	伸手拿杯子 M4G1	伸手拿啤酒瓶 M4G1	M4G1	1	5
2	拿到身前 M4P0	拿到杯子边倒入杯中 M4P2	M4P2	1	6
3	伸手再拿另一杯子 M4G1	手持啤酒瓶 H	M4G1	1	5
4	拿到身前 M4P0	拿到杯子边倒入杯中 M2P2	M2P2	1	4
合计					20

倒两杯啤酒的正常时间 = 20 × 0.129 s = 2.58 s。

（2）进行作业改善

① 进行动作分析，将作业分解成为单元，进而将每一个单元分解为 MOD 动作。

② 将双手动作符号填入模特法分析记录表，计算 MOD 数。

③ 对记录表进行分析提问，找出 MOD 数大的不合理的动作，进行改善。

④ 对改善的作业再次进行动作分析，并用 MOD 法进行记录，说明改善前后效率提升的成果。

（3）平整流水线

① 将流水线的每一个工位进行动作分析，将作业分解成为单元，进而将每一个单元分解为 MOD 动作。

② 将每一个工位作业的双手动作符号填入各自的模特法分析记录表，所有动作 MOD 数相加，计算 MOD 数并换算为每个工位的操作时间值。

③ 根据所有工位的操作时间计算流水线平衡率，通过对分析记录表进行研究分析，找到流水线不平衡的原因，对动作进行改进和均衡化，使流水线上每个工位的操作时间趋于一致，提高流水线的平衡率，进而提高生产效率。

④ 对改善的流水线上所有工位再次进行动作分析，用 MOD 法进行记录，并计算改善后的流水线平衡率，说明改善前后效率提升的成果。

思考与练习

1. 为何要实施标准化作业？
2. 运用工业工程方法如何建立标准化作业？
3. 方法研究中有哪几种建立标准作业方法的技术？它们之间存在着些什么关系？
4. 程序分析概念是什么？其有几种分析技术？其中最重要、最基本的是哪种？
5. 什么是操作分析？它有几种分析技术？
6. 动作分析的概念和目的是什么？
7. 说明建立标准时间主要有哪几种方法？用哪种方法可以确立宽放时间？
8. 平衡流水线的最好的时间研究方法是哪种？为什么？

第 13 章　现场管理的标准化

13.1　现场管理概述

13.1.1　生产现场的概念

生产现场是企业为顾客制造产品和提供服务的地方，是整个制造业的中心。它是企业为了完成既定的生产目标，通过一系列的管理活动，实现生产要素（人、机、料、法、环）之间的合理组合和生产过程的有机转换的场所，即企业的开发设计、生产制造、销售服务等的活动（工作）场所。

可以说，企业生产现场是由人、机、物、环境、信息、制度等各生产要素和质量 Q（Quality）、成本 C（Cost）、交货期 D（Delivery）、效率 P（Production）、安全 S（Safety）、员工士气 M（Morale）六个重要的管理目标要素构成的一个动态系统。

对生产现场进行标准、科学、有序的管理对企业的生产具有非常重要的意义，生产现场的管理水平与企业的生产效率、安全保障和产品质量紧密相关。

13.1.2　现场管理的概念

现场管理是指运用科学的管理手段，对生产现场中的生产要素和管理目标要素进行设计和综合治理，达到全方位的配置优化，最终达到提高生产效率、提高产品质量、降低成本、增加经济效益的目的。

广义而言，现场管理是对生产现场的一切活动，按照企业的经营目标，进行计划、组织、协调、控制和激励的总称。其工作内容包括：确定与现场管理相关的工作项目，设置工作目标，制定相应的工作制度和规范要求，提出并组织推进现场管理的工作计划和措施，对生产经营计划的执行情况进行跟踪、检查、服务和控制等。

具体而言，现场管理是指运用科学的管理制度、标准和方法对生产现场各生产要素，包括人（工人和管理人员），机（设备、工具、工位器具），料（原材料），法（加工、检测方法），环（环境），信（信息）等进行合理有效的计划、组织、协调、控制和检测，使其处于良好的结合状态，达到优质、高效、低耗、均衡、安全、文明生产的目的。总而言之，现场管理就是对现场生产力诸要素的科学管理。

科学合理的现场管理是企业生产高效、优质、安全、健康的重要保证。

对现场管理上有两种认识，一种是对现场进行管理，一种是到现场进行管理。其中，"对"与"到"一字之差，反映了两种不同的观念。我们提倡的是不仅要对现场进行管理，而且还要到现场进行管理，实行"三现"主义的管理，即到现场去，了解现场情况，采取现实的对策。

这"三现"主义也是当今世界流行的管理方法。

但是，不论是对现场进行管理，还是到现场进行管理，都要有依据，这依据就是标准。采用标准的水平越高，现场管理的水平也就越高。如采用国际标准来组织生产，那么生产现场就能生产出富有竞争力的产品，现场管理就会呈现出最佳秩序，也就会获得最好效益。

13.1.3 现场管理的内容

现场管理包括从投入到产出的直接生产和辅助生产的全过程、全方位的管理。可以概括为以下四个部分：

1. 工序要素管理

所谓工序是指一个工人或几个工人，在一个作业点（工作地）上，对一个或几个劳动对象连续进行生产活动。工序按其作用可划分为加工工序、检查工序、搬运工序、保管工序，其中加工工序是主体要素，是使劳动对象发生变化的工序，其他是辅助工序。

工序是产品生产的基本单元，产品是按照既定的工艺顺序要求经过一系列加工制成，工序管理的优劣与否，对产品的品质和企业的经济效益有着直接的影响。

劳动力、设备、原材料是生产的三要素，又称为工序的三要素。工序管理就是对工序生产中所使用的劳动力、设备、原材料（零部件）进行管理。

2. 产品要素管理

产品要素管理就是对产品的品种、质量、数量、交货期、成本的管理，总的要求是保证工序按作业计划投入和产出产品。为保证工序，按品种进行生产，必须做好生产技术准备工作，并按时提供图纸和工装设备，调整设备。按计划规定的时间、数量、质量完成生产任务。

3. 物流管理

物流管理是企业生产现场管理的重要组成部分，伴随着生产的全过程。认真做好从原材料、半成品到包装的企业内部物流活动的计划，组织和控制，使它们在生产过程中处于最佳状态。如原材料、半成品的必要库存，成品在工序间的必要停放等等，都要做到质量完好无损、流动秩序井然。此外，优化物流路径，提高搬运效率，实现看板管理，以减少物料消耗，降低产品成本。提升物流管理水平对优化企业生产的生产周期、资金占用、经济效益有着重要的作用。

4. 现场环境管理

环境管理主要是指企业内部的生产现场和生活现场的环境管理。一个安全、文明、有序、舒适的工作环境，可以使劳动者心情舒畅、身体健康，从而以良好的情绪和精神状态投入生产作业中，提高工作效率和工作质量。

通过科学合理的现场管理技术，使生产现场实现以下目标：产品生产均衡化、作业管理标准化、物流管理科学化、文明生产定置化、产品质量自控化、设备工装完好化、成本控制合理化、劳动组织最优化，极大地提升企业的生产率水平和经济效益。

13.1.4 现场管理的主要方法

研究现场管理的现状，进行客观的评价，然后把现场管理放到系统中加以优化，给现场管理以科学的方法，是加强现场管理的根本所在。

工业工程（IE）是优化现场管理的最基本的方法。它用数学和电子计算机技术从定性及定量分析的角度来研究现场的合理化程度，而后进行改造设计，达到现场改善优化之目的。

优化现场管理还有很多方法，如"5S管理"、"目视管理"、"定置管理"、"工厂设计"、"工作地布置"、"人机工程"、"计划与生产过程控制"、"成本控制"等。5S管理是现场管理必须具备的基础管理技术。

无论是IE技术，还是其他优化方法，最终还是要结合现场的生产实际和管理现状，制定出切实可行的高水平的有关技术标准、管理标准或作业标准、工作标准，成为企业进行生产管理的可执行的作业指南。本章主要讨论5S管理、目视管理、定置管理对改进现场环境管理的管理技术。

处理现场问题的一般流程是：现场发生问题—到达现场观察现象—找出问题根源—确认解决问题的有效方式—找出新的工作程序并给予标准化，确定以后不发生同样的问题。因此，我们在引入现场管理机制的时候，应将"工作的标准化"作为开展各项工作的基本管理原则来执行，以保证工作效率稳定地提高。

13.2 现场管理的标准化

13.2.1 现场管理的标准化概述

标准化的现场管理就是将现场管理工作内容具体化、定量化，将现场的布置要求、检查内容和检查方法等转换为标准文件，实现文明生产，规范现场管理。推行生产现场的标准化管理，主要支撑手段有机械化、专业化、信息化。

对现场管理的标准化首先实施现场环境的标准化管理，使生产现场实施现场管理的标准化，尤其是现场环境管理的标准化，可以运用现场管理的几种主要方式，如5S管理、定置管理、目视管理。

13.2.2 标准化与现场管理的关系

1. 生产现场管理是标准化活动的重要实践场所

如果说标准化是一种实践活动的话，那么生产现场管理就是标准化活动的重要实践场所。离开了生产现场，标准化就将成为无源之水、无本之木。标准化就失去了生命力。现场生产的好坏是检验标准化活动的重要尺度，如设备管理、工艺工装管理、物资管理等等，大量接触到的是"物"的管理，为此要求管理者及时地制定出切实可行的技术标准，来统一大家的劳动行为现场的生产活动。

生产现场管理重要的是人的管理。以人为中心的管理是现代化管理的核心，把各个层次、各个岗位的人的工作、人的作业规范化、科学化，制定出先进合理的管理标准和工作标准，如劳动定额标准、定置管理标准、班组建设标准、质量管理标准、安全管理标准等等。

现场各专业生产的实践丰富和发展了专业标准化的内容和要求。可以说，生产现场管理为我们提供了制定各类标准的对象、内容、实施和检验的场所；标准化活动渗透在生产现场管理的方方面面，两者的有机结合是搞好现场管理的需要，是提高企业整体素质的需要。

2. 标准化是组织好生产现场管理的重要手段

（1）标准化是促进先进的科学技术转化为生产力的一个十分重要而有效的手段。

当今的科学技术处在一个飞跃发展的阶段，科学的高度分化与高度综合，对生产的要求越来越高。在现代条件下，对企业生产现场实施标准化的现场管理，提高生产率，缩短科学技术转化为生产力的周期，是标准化工作者的重要任务。生产现场是物化劳动的场所，是实现生产转变的场所，生产现场管理的标准化是缩短转化周期的有效途径。

在"科学-技术-生产"体系中，技术科学占有十分重要的地位，只有当重大科学发现转化为技术之后，才具备生产的可能。因此，在这阶段，必须建立起必要的技术条件、技术标准才能组织生产，实现生产力的转换。如我国在研究当代航天航空技术的同时、及时地组织制定了卫星地球站总技术要求的技术标准，为各地面站的建立和发展提供了技术条件。在企业中经常可以遇到这样的现象：一些科技成果鉴定之后就束之高阁，无人问津，或一些先进的技术装备，如进口设备没有技术标准，无法进行生产等等，这些都说明了技术要通过标准来组织生产。现场管理离不开标准化，工人操作离不开标准，管理者组织生产离不开标准。

（2）标准化是生产现场管理建立稳定运转的可靠保证。

标准化是一种重要的管理手段，但它首先是一种先进的工作方法，在传统管理阶段，利用管理者的有限经验来管理现场。在科学管理阶段，则是利用一些规章制度来处理现场中的各类问题。到了现代化管理阶段，科技的高度分化与综合，生产的高度社会化，市场商品竞争国际化日趋严重，面对这种情况，必须要靠现代标准化来处理现场生产管理中的各种矛盾，标准化是大工业生产的客观规律。标准化"简化、统一、协调、最优化"的原理和"综合标准化、超前标准化、管理标准、工作标准、技术标准"等等标准化工作方法是我们用来解决现场管理这个大系统所存在的大量重复性技术、管理工作事项的关键。

标准化通过统一的规定，来固定技术条件、技术参数、管理事项、工作程序，使现场管理规范化、程序化，达到现场长期相对稳定的目的。同时，标准化具有维护社会经济秩序的作用，它是社会质量宏观控制的重要工具，它的社会功能是能动地促进社会技术进步。日本丰田汽车公司通过先进的技术标准、管理标准和运用IE组织制定的作业标准来合理地组织生产现场管理，从而获得了当今世界汽车业的霸主地位。可以认为，标准化已渗透到生产现场的各个角落，在标准化的管理模式下，生产现场管理可以达到了长期稳定的有效运转，实现标准化与生产现场管理两者最科学的结合。

13.3　5S 管理

5S 管理是企业生产现场管理的基础，是现场管理必须具备的基础管理技术。现场 5S 管理对创造整洁、明朗、安全、舒适的工作环境，更好地激发员工团队意识，提升产品质量，降低生产成本等起着巨大作用。大力推进 5S 管理是生产现场管理长盛不衰和发展繁荣的根本之策，它能有效地提高企业生产现场的管理水平，对企业有着重要的现实意义。

13.3.1 5S 管理的概念

1. 5S 的含义

5S 管理是一种起源于日本的科学管理方法,它通过开展整理(Seiri)、整顿(Seiton)、清扫(Seiso)、清洁(Seiketsu)和素养(Shitsuke)为内容的活动,对生产现场中的如人员、机器和材料等生产要素进行有效管理,改善生产环境。

20 世纪 50 年代,日本企业界的管理人员提出了一句宣传口号:"安全始于整理、整顿,终于整理、整顿"。当时只是推行了 2S,其目的是确保作业空间和安全。随后因生产和质量控制的需要而又逐步提出了清扫、清洁和素养等 3S。最终形成了整理、整顿、清扫、清洁、素养 5 项管理内容,如表 13.1 所示。

表 13.1 5S 管理的含义

名称	日文发音	含 义	举 例
整理	Seiri	区别要与不要的东西,只保留有用的东西,撤除不需要的东西	倒掉垃圾,长期不用的东西放仓库
整顿	Seiton	把要用的东西,按规定位置摆放整齐,并做好标识进行管理	将留下的物品摆放整齐,30 s 内就可以找到要找的东西
清扫	Seiso	清除现场内的脏污,并防止污染的发生	谁使用谁负责清理
清洁	Seiketsu	将前整理、整顿、清扫实施的做法制度化、规范化,贯彻执行并维持成果,使现场整洁卫生	环境随时保持整洁
素养	Shitsuke	每个员工都自觉遵守各项规章制度,养成良好的工作习惯	严守标准、团队精神

2. 5S 管理的目的

开展 5S 管理活动的目的在于培养企业员工的主动性和积极性,创造人和设备都非常适宜的工作环境,培养团队合作精神,保障作业安全,提升企业管理水平,如图 13.1 所示。

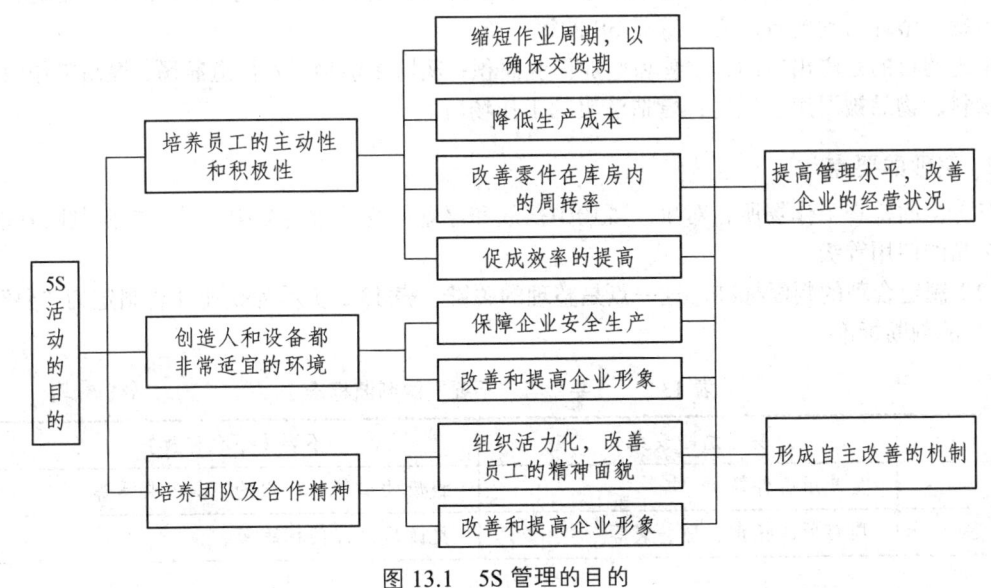

图 13.1 5S 管理的目的

3. 推行5S管理的作用

（1）推行5S管理，能塑造一个企业的优良形象，提高员工工作热情和敬业精神，是最佳推销员（Sales）。清爽明朗洁净的工作环境，能提高企业的知名度和形象，顾客也有信心下订单，还会吸引优秀的人才到这样的工厂工作。

（2）推行5S管理，能为企业降低成本，是节约专家（Saving）。现场实施5S管理，可降低很多不必要的材料以及工具的浪费，降低消耗，增加设备的使用寿命减少维修费用，可节省工作时间，还可节省工作场所。能稳定产品的质量水平，提高工作效率。

（3）推行5S管理，能为企业生产5S提供一个安全的作业场所，对安全有保障（Safety）。全体员工遵守作业标准，不易发生工作伤害；危险点有预防措施和警告标识；5S活动强调危险预知训练及应急响应训练，安全得以保障。

（4）5S是标准化的推动者。5S强调作业标准的重要性，员工遵守作业标准，服务质量高而且稳定。

（5）5S可形成满意的工作环境。清楚洁净明朗的工作环境，可使员工在工作时心情愉快，同时有被尊重的感觉；通过开展5S活动，员工的5S管理意识逐渐加强，有助于工作的推展；员工归属感增强，人与人之间、主管和部属之间均有良好的互动关系；全员参与的5S活动，能营造出良好的企业文化。

13.3.2 5S管理的具体内容

13.3.2.1 整理（Seiri）

1. 整理的概念

整理是对工作场所的物品进行分类处理，区别必需品和非必需品。将需要的留下，不需要的清理。

对于现场不需要的物品，如生产过程中产生的一些边角废料、用剩的材料、报废品、工人个人生活用品等坚决清除出生产现场。将与工作无关的物品清出工作场所，只留下必要的东西，消灭浪费。整理活动要有决心，这是5S的第一步。

整理的目的是腾出空间，改善和增加作业面积；现场无杂物，人行道通畅，提高工作效率；防止物料、物品被误用、误送；营造清爽的工作场所。

2. 整理的要点

（1）全面检查工作场所，对生产现场中摆放和停置的物品进行分类，然后按照判断基准区分出物品的使用等级。

（2）制定合理的判断标准，这一点是整理的关键。表13.2所示为企业现场制定的"要"与"不要"的判断标准。

表13.2 "要"与"不要"的判断标准

	要（允许放置）	不要（不允许放置）
1	生产用备件等	报废的零件、破损的刀具、夹具等
2	周转用的托盘、桶、袋等	更改后的部门标牌等

续表

	要（允许放置）	不要（不允许放置）
3	办公用品、文具	不再使用的配线、配管等
4	消防及安全用品	过期标语、台历等
5	…	…

（3）调查需要物品的使用频度，决定日常用量，设置物品存放场所的处置标准，将不同的物品放置在不同的场所。表 13.3 说明了物品存放保管场所的规定。

表 13.3 物品保管场所确定示例

序号	项目名称	使用频度	处置方法
1	不用	全年一次也未用	在待处理区待批准储存、变卖或废弃
2	少用	每年使用	集中场所（工具室、仓库等）分类保管
3	普通	每月使用	车间固定区域摆放
4	常用	每周使用	车间内作业现场附近
		每日使用	机器、作业台、流水线旁
		每小时都使用	工作台上或作业者身旁

（4）确定废弃物品的处理标准，清除不需要的物品。对废弃物品的处理，通常要由一个统一的部门进行处理，避免出现不必要的损失。

3. 整理的作用

（1）消除资源的浪费，有利于减少库存，节约资金。
（2）消除管理上的混放、混料等差错事故，有效地防止物料物品被误用、误送。
（3）有效地利用空间，可以使现场无杂物，通道顺畅，增大作业空间面积。
（4）对物料、物品进行分类、有序的放置，减少找寻时间，提高工作效率。
（5）减少碰撞，保障生产安全，提高产品质量。
（6）有序的工作场所更便于管理，大大降低了管理难度。
（7）使员工心情舒畅，工作热情高涨。

13.3.2.2 整顿（Seiton）

1. 整顿的概念

整顿是指对工作场所进行合理的规划，把工作场所内必要的物品按整齐、美观、实用的原则，分门别类定位、定量放置，摆放整齐，并加以明确标识。使用物品处于在必要的时候能马上取出来的状态，减少找寻时间，有异常（如丢失、损坏）能马上发现，同时保持通道畅通。

整顿使"摆放方法标准化"，它要求任何人都能在最短的时间内知道和找到所需要的物品，任何人都能及时拿取、使用，任何人都能将物品在使用后立即归还原处。

整顿的三要素是场所、方法和标识。判断整顿三要素是否合理的依据在于是否能够形成物品容易放回原地的状态。当寻找某一件物品时，能够通过定位、标识迅速找到，并且很方便将物品归位。

整顿的效果：要用的东西随手可取，不仅是使用者知道，其他人也能一目了然。

2. 整顿的方法

（1）空间腾出后，规划放置场所及位置。

规划时遵循最方便、最容易的使用原则，即最常用的东西放在最近的地方，其适当高度即最好在肩膀和膝盖之间，不常用的东西可另换位置，见表13.3。

（2）规划放置方法。

针对不同性质、不同形状的物品规划确定不同的放置方法。使物品易取易放、节省空间、免碰撞、避免放错位。图13.2所示为现场使用的工具的放置方法。

图13.2 工具的放置方法

（3）放置标识。

标识的文字最好使用打印的方式，不但易于统一字体和大小规格，而且比较标准和美观。也可以用手写的标识，最基本的要求是字迹清晰，含义清楚明白。

标识的颜色要使用恰当，不能造成误会。颜色要比文字的辨识度高，通常不需要看清文字便知道一般含义，颜色必须要统一。

进行标识时要注意三点：其一是要考虑位置、方向的合理性；其二是企业标识应统一；其三是要充分利用各种标识方法。

（4）摆放整齐、明确。

对现场进行区域规划，每个区域内物品分类放置，所有物品应有固定的摆放位置，并按照物品的使用频度和使用的便利性进行合理的布局，摆放整齐，界线分明。

3. 整顿的实施要点

（1）前一步的整理工作要落实到位。

（2）整顿要做到任何人，特别是新员工或现场外其他员工都能立即取出所需要的东西。

（3）对于放置处与被放置物，要易取归位。如果没有归位或误放，应能立刻察觉，要在放置场所（如划线定位）、放置方法和标识方法科学合理地进行规划。

（4）贯彻整顿的"三定"原则，即定位、定容、定量。

定位，是决定物品合理的摆放位置。物品摆放场所的位置的确定要遵守两个原则，一是位置要固定，二是根据物品的使用频度和使用的便利性。

定容，是规定合适的容器、颜色。定容是为了解决用什么容器与颜色的问题。在生产现场中，容器的变化往往能使现场发生较大的变化。通过采用合适的容器，并在容器上加上相应的标识，使物品易于放取，不易损坏。定容不但能使杂乱的现场变得有条不紊，还有助于管理人员树立科学的管理意识。

容量，是决定现场物品合理的数量。按精益生产的观点，在必要的时候提供必要的数量，这才是正确的。因此，在保证工作的前提下尽量减少现场物品的数量。

4. 作业现场物品的整顿示例

（1）半成品的整顿。
① 严格控制半成品的存放数量与存放位置，做到过目知数。
② 在存放和转运的过程中，要防尘、防碰坏和刮伤等等。
（2）工装夹具的整顿。
① 应尽可能减少作业工具的种类和数量，采用通用件、标准件。
② 将工具放置在作业现场附近，做到取用及时，归还方便等等。
（3）切削用具的整顿。
① 个人只保管频繁使用的切削工具，不常用的切削工具集中保管；切削工具应尽可能通用化、标准化，以减少工具数量。
② 容易碰伤的切削工具应采用分格保管，以免碰伤、压坏等等。
（4）计量用具的整顿。
① 计量用具需要防尘、防锈，不用时可以涂防锈油或用油布覆盖着放置。
② 长的计量用具摆放时，为防止变形，应垂直悬挂。

13.3.2.3 清扫（SEISO）

1. 清扫的概念

清扫是将工作场所内看得见和看不见的地方打扫干净，当设备出现异常时马上及时进行修理，使之恢复正常的运转状态。

清扫将工作场所变得无垃圾、无灰尘，干净整洁；设备保养得洁净完好；创造一个一尘不染的环境。

清扫的目的是培养全员讲卫生的习惯，减少脏污对产品质量的影响，减少意外事故的发生，保护生产设备，维持仪器及机器设备的稳定性，减少设备故障，使员工在干净、整洁、安全的作业场所心情愉快地工作。

总之，清扫的目的，其一是稳定品质，其二是减少工业伤害。

2. 清扫的实施要点

（1）寻找污染源，予以杜绝或隔离。因为最有效的清扫是杜绝污染源。
（2）制订清扫计划，确定责任区域和责任人。明确由谁来打扫，何时清扫，清扫哪里，怎样清扫，用什么工具清扫，要清扫到什么样的程度等一系列的程序和规则。
（3）建立清扫标准和规范。探讨作业场地的最佳清扫方法，了解过去清扫时出现的问题，明确清扫后要达到的目标。
（4）清扫不良状态。发现的不良状态要及时修复。

3. 清扫的注意事项

（1）工作场所要彻底进行清扫工作，从地面、墙面到天花板上的所有物品，全面打扫干净。

（2）实施"清扫即点检"的原则，在对设备进行清扫的同时，也要对设备进行维护，以便及时发现设备缺陷并能及时修复。

（3）员工使用的设备、工具、物品及工作所在的区域的其他设施由员工负责清扫。

4. 清扫对象事例

（1）办公桌面紊乱、粉尘、水渍。

（2）垃圾、废品未处理。

（3）玻璃门窗不干净。

（4）灯具、吊扇、天花板等处有灰尘。

（5）水管漏水，噪声污染。

（6）破损的物品修理。

13.3.2.4　清洁（Seiketsu）

1. 清洁的概念

清洁是维持整理、整顿、清扫之后的成果，是这"3S"的坚持与深入。将整理、整顿、清扫这前"3S"进行到底，持续保持现场及设备的完善状态。通过保持现场、设备等的清洁，及时发现异常现象。并且制度化，管理公开化、透明化。要使清洁成为一种制度和习惯，必须充分利用创意改善和全面标准化，从而获得坚持和制度化的条件，从而提高工作效率。

清洁并不仅仅是单纯从字面上来理解，它是对前三项管理活动的坚持和深入，从而创造一个良好的工作环境，使员工能愉快地工作。对帮助企业提高生产效率、改善整体的绩效是很有帮助。

2. 清洁的实施要求和方法

（1）制订清洁手册，明确清洁的目标。

整理、整顿、清扫的最终结果是创造出清洁的作业环境，为了让每个员工清楚自己的职责，需要制订一个清洁手册，明确清洁的目标。

清洁手册主要明确以下内容：

① 工作现场环境的清洁程序、清洁方法和清洁状态标准。

② 确定责任区域和界线，规定完成后的清洁状态标准。

③ 设备表面及各部位的清扫、检查的进程和完成后的清洁状态标准。

④ 现场其他所有物品的清洁过程与完成后的清洁状态标准。

⑤ 公司的清扫计划和责任者，清扫实施后的清洁状态标准及日常的检查方法。

（2）充分利用色彩的变化。厂房、地面、墙面、设备、工作服采用不同的色彩标示。尽量用清晰、明亮的颜色，不同的区域用界线分开。

（3）定期检查并制度化。要保持现场的清洁，不仅要在日常工作中检查，还要进行定期检查评比，根据企业实际情况制定相应的查核表，依据查核表的评分对责任人施以奖惩。检查针对现地现物进行，检查的内容主要包括：场所所有区域、设施、物品的清洁程度，现场的图表、指示牌设置情况，现场的布局和标示情况，现场物品的数量与摆放的合理性，是否有不应在现场出现的物品。

3. 清洁的实施要点

（1）职责明确。企业所有的区域或设备都应有明确的"3S"活动责任人。同时，还需要建立与职责相对应的监督检查制度，以保证整理、整顿、清扫工作能按规定实施。

（2）重视标准化工作。对工作方法进行总结，将最科学、最经济、最有效率的工作方法加以文件化和标准化，教育员工在作业遵照执行。使工作过程始终处于最佳状态，防止工作出现失误。

13.3.2.5 素养（Shitsuke）

1. 素养的概念

素养是指努力提高员工的素质，培养现场作业人员严格遵守规章制度的习惯和作风。每位成员养成良好的习惯，并遵守规则做事，培养主动积极的精神。素养是 5S 的核心。

整理、整顿、清扫、清洁的对象是场地、物品。而素养的对象则是人，人是企业最重要的资源，企业对人的问题处理得好，企业就能兴旺发达。素养是保证前 4S 持续、自觉、有序、有效开展的前提，是使 5S 管理顺利开展并坚持下去的关键。图 13.2 所示为 5S 之间的关系。

通过会议、文件、标语、晨会、检查、评比等各种手段，提高全体员工的 5S 理念，提升员工的文明礼貌水准，促使每位成员养成良好的习惯，并遵守规则。5S 管理始于素质，也终于素质，5S 管理的核心是提高参与者的素质。如果人的素养没有提高，5S 管理将无法长期坚持下去。因此，提高素养的目的是为了培养拥有良好习惯、遵守规则的员工，培养文明的人，营造团队精神。

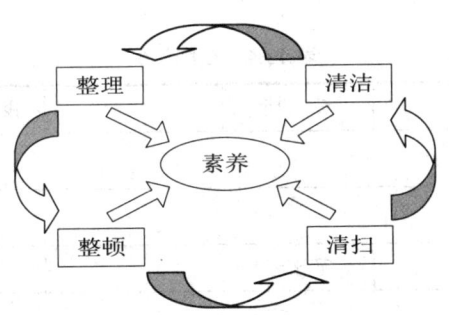

图 13.3　5S 之间的关系

2. 培养和提高素养的意义

（1）塑造良好的企业形象，形成和谐的工作环境，提升员工工作热情和敬业精神，为其他管理活动的顺利开展打下基础。

（2）减少员工作业出错，提升产品品质，提高产品质量。

（3）延长设备的使用寿命，减少设备维护费用。

（4）创造安全和舒适的工作环境。

（5）提高员工士气，降低消耗，减少浪费，提高工作效率。

3. 素养的推行要点

（1）制定规章制度。

制订、学习、理解并遵守规章制度，使其成为每个人应具备的一种修养。领导者的大力推动与被领导者的严格自律，是非常重要的。如果企业员工都能主动自觉地遵守规章制度，沟通畅通，员工士气高涨，素质提升，企业将能得到快速发展。

（2）加强教育和培训。

素养强调的是持续保持良好的习惯，素养的形成，要经过长期不断地对员工进行教育和培训，要求员工按照规章制度办事。使遵守各项规章制度成为习惯，并通过教育和培训打造一支自主改善、不断进步的员工队伍。

（3）推动企业文化建设。

在 5S 的推行过程中，一些良好的习惯经过积累和酝酿，能推动企业文化的发展。一个良好的企业文化，将使企业内外环境得到优化，为企业的不断发展提供动力和保证。

13.3.3 开展 5S 活动的常用工具

13.3.3.1 红牌

红牌指用红色标牌，将企业内部急需整理、整顿的地方和急需改善的问题标贴出来，并张贴或悬挂在醒目的位置。表 13.4 所示为用于现场改善的红牌示例。

红牌的延伸——三牌，即绿牌、黄牌、红牌同时使用。在工作中业绩突出者，给予绿牌奖励；对于不按时完成工作，又不在规定时间内及时反馈并说明缘故的，给予黄牌警告；对于黄牌警告后，仍然不能完成工作者，给予红牌处罚。将奖励、警告和处罚的内容在绿牌、黄牌、红牌列明，纳入绩效考核。

表 13.4 红牌示例

部 门		日 期		限期改善日期	
问题描述					
改善措施					
改善时间		审核者		审核日期	
验收结果：					

验收者：　　　　　年　月　日

13.3.3.2 定点拍照

定点拍照是对同一地点，面对同一方向，对问题点在改善前后的状态进行拍照，以便对比改善前后的状态。

定点拍照能够有效地改善生产现场的脏、乱、差等不良状况，从而减少产品的不合格率与错误发生率，保证现场的工作效率与现场安全。

13.3.3.3.3 查核表

在 5S 的推行过程中，按照查核表中的要求，定期检查 5S 的推行状况，发现问题，并不断加以改善。表 13.5 所示为企业作业现场查核表的示例。企业要根据现场实际情况确定查核表内容并给予相应分值。

表 13.5 5S 查核表（作业现场用）

检 查 人：_____

检查日期：_____

项目	检查内容	配分	得分	缺点事项
（一）整理	（1）是否定期实施红牌作战（清除不必要品）	5		
	（2）现场有无不用或不急用的工、夹、模具	4		
	（3）现场有无废料及近期不用的物品	4		
	（4）通道是否畅通	4		
	（5）作业场所是否明确的区域界线	3		
	小计	20		
（二）整顿	（1）仓库是否按分类进行区域管理	4		
	（2）物料架是否定位化，物品是否依规定放置	4		
	（3）工模具、夹具是否颜色管理，易于取用，不用找寻	5		
	（4）成品、半成品、不良品是否分别放置，并有界线区分及标示	4		
	（5）废弃品或不良品放置有否规定，并加以管理	5		
	（6）特殊材料有无配置专门的放置区	3		
	小计	25		
（三）清扫	（1）作业场所是否杂乱	3		
	（2）作业台是否杂乱	3		
	（3）产品、设备有无脏污，附着灰尘	3		
	（4）配置区划线是否明确	3		
	（5）是否在规定时间对设备、场所进行清扫与维护	3		
	小计	15		
（四）清洁	（1）3S 是否规则化、标准化	5		
	（2）机器设备是否定期查验	2		
	（3）是否遵照规定的服装穿着	3		
	（4）工作场所有无放置私人物品	3		
	（5）吸烟场所有无规定并遵守	2		
	小计	15		

续表

项目	检查内容	配分	得分	缺点事项
（五）素养	（1）有无日程管理表	5		
	（2）需要的劳动保护用具是否使用	4		
	（3）有无遵照标准作业指导书作业	5		
	（4）有无异常发生时的对应处理规定	3		
	（5）晨会是否积极参加	3		
	（6）是否遵守开始、停止的规定	5		
	小计	25		
合计		100		
语评				

13.3.3.4 推移图

推移图也叫时间序列图，是以时间轴为横轴，变量为纵轴的一种图。在 5S 活动中，将各部门在 5S 活动的业绩作为纵坐标，时间作为横坐标，形成一个二维的 5S 活动状态变化历程与趋势图，如图 13.4 所示。

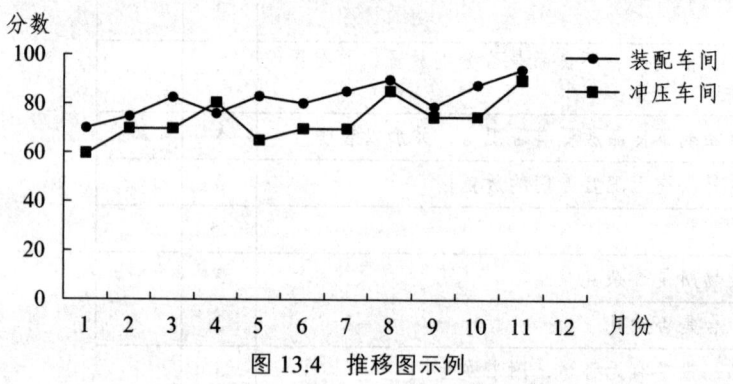

图 13.4　推移图示例

13.3.4　5S 活动推行步骤

企业开展 5S 活动，要根据企业的情况，制订切实可行的计划，分阶段逐步开展。5S 活动的推进的步骤一般如下：

1. 成立推行组织并明确责任

成立推行委员会及推行办公室，通常由总经理担任委员会主任，如图 13.5 所示。确定组织职责，确定委员的主要工作，确定各部门的 5S 责任及责任区划分。各部门也成立相应的 5S 推行领导小组，组织本部门的 5S 推行工作。

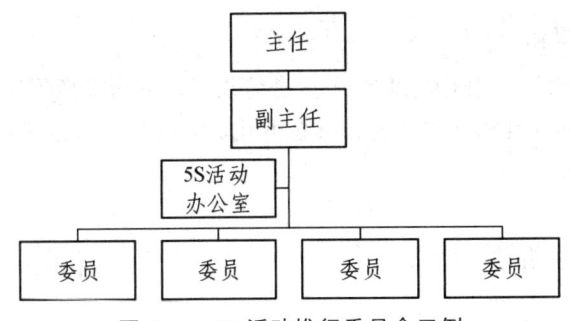

图 13.5　5S 活动推行委员会示例

2. 制定推行方针及目标

5S 活动办公室结合企业的经营方针策略、目标及企业生产现场的具体情况，制订 5S 活动的方针与目标，为 5S 活动提供指导原则和期望目标。

3. 制定工作计划及实施方法

制订 5S 活动推行的日程计划作为推行及控制的依据，制定 5S 管理活动实施办法，制定要与不要的物品区分方法，制定 5S 管理活动评比的方法，制定 5S 管理活动奖惩办法等等。使大家对整个过程有一个整体的了解。项目责任者清楚自己及其他成员的工作内容及工作期限，相互配合形成团队作战。

4. 宣传与培训教育

5S 管理活动要全员重视、参与才能取得良好的效果。因此可以通过各种形式宣传造势，如最高主管发表宣言（晨会、内部报刊等）、海报、内部报刊宣传，宣传栏布告等。

同时，每个部门对全体员工（各级管理人员、普通员工）进行不同层次的 5S 导入培训，激发全体员工的参与热情和基本知识的认识与理解，为 5S 活动的顺利进行打下基础。

教育形式要多样化，以讲课、视频、观摩他厂案例或样板区域、学习推行手册等各种方式进行。

5. 开展实施

（1）召开方法说明会，做好道具，进行前期作业准备。
（2）全体上下彻底大扫除。
（3）建立地面划线及物品标识标准。
（4）"3 定""三定"，"三要素" 3 要素展开。
（5）定点拍照。
（6）做成"5S 管理日常确认表"及实施计划。
（7）红牌作战。

6. 活动评比办法确定

确定加权系数（困难系数、人数系数、面积系数、教养系数），确定考核评分方法。

7. 检查、评比及奖惩

对现场查核评分，依据 5S 管理活动评价标准进行评比，公布成绩，实施奖惩。

8. 活动的持续与深化

各责任部门依缺点项目运用 QC 和 IE 手法进行改善，不断提高现场管理水平。

将 5S 活动纳入定期管理活动中，完善其标准化、制度化。并以管理循环 PDCA 作为持续改善的工具，以实现改进、维持、深化的目标。

13.3.5 5S 管理的应用示例

【**案例 13.1**】某制造企业实施 5S 管理，改善现场环境，提高生产效率，取得经济成效。

某企业在实施 5S 管理之前，生产现场环境较差，员工摆放工具比较混乱，如图 13.6 所示。造成员工在工作中随意散漫，影响生产效率和产品质量。企业领导下决心改变现状，成立了由企业总经理为主任的 5S 推行领导小组和办公室，制订了实施 5S 管理的目标和计划，5S 管理推行按部就班地进行。

图 13.6　企业某生产现场物品摆放混乱

（1）开展整理，移除不需要的物品，时间为 2 个月。

（2）对整理后的现场进行整顿：

① 区域的定制（所有可移动物品不仅要有区域划分，还要有区域的标识、编号等一一对应，时间 1 个月。

② 工作台、工作台小车等的定制，包括桌面、抽屉的形迹板，5S 工具板等技术的推广，时间为 2 个月。

③ 物料架、物品柜的 5S，包括物品的图号、名称、定量标识等等，时间为 1 个月。

与此同时，制订和实施清扫、清洁等活动的规章制度、方法和标准，对全体员工的教育培训，制订检查、考核、评比、奖惩制度。

在实施 5S 管理过程中，运用了定位、定容、定量等手段，把生产现场的空间充分利用起来，并根据物品的形状和特点，对物品进行标识和定位。6 个月之后，杂乱无章的现场变得规范、整洁、有序。整个现场井井有条，工人能够迅速地找到他所需要的任何工具，生产效率大为提高。

实施5S改善前后车间工具箱对比如图13.7所示,实施5S改善前后车间工具用料盒内布置如图13.8所示。改善前工具用料盒内放置混乱,改善后工具盒内用形迹板定置摆放,并用编号一一对应。

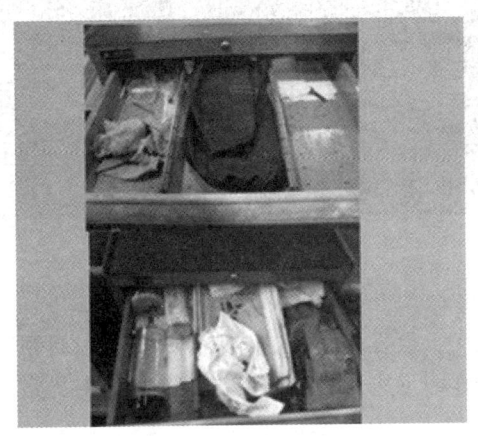 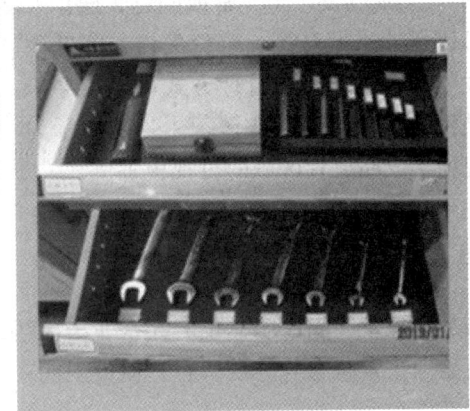

（a）5S管理实施前　　　　　　　　　（b）5S管理实施后

图13.7　企业5S实施前后生产车间工具箱对比

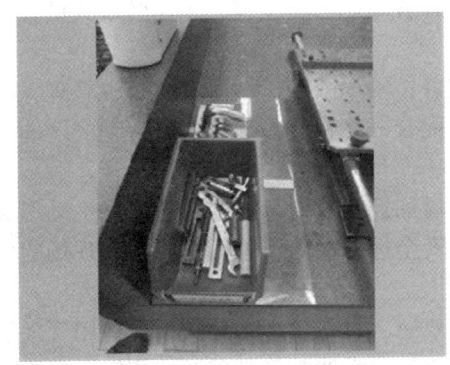 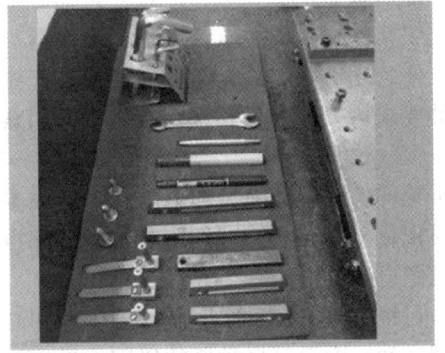

（a）5S管理实施前　　　　　　　　　（b）5S管理实施后

图13.8　企业5S改善前后工具盒内工具放置

13.4　目视管理

13.4.1　目视管理的概念

目视管理是利用形象直观、色彩适宜的各种视觉感知信息（仪器、图表、看板、颜色、区域规划图、标语牌、信号灯、标识等）来组织现场生产活动,将管理者的要求和意图让大家都看得见,以达到员工的自主管理、自我控制及提高劳动生产率的一种管理方式。它是以视觉信号为基本手段,以公开化为基本原则,尽可能地将管理者的要求和意图让大家看得见,借以推动自主管理、自我控制,也可称之为"看得见的管理"。

目视管理有三个要素：① 无论是谁都能判明是好是坏（异常）；② 能迅速判断,精度高；③ 判断结果不会因人而异。

在生产现场，目视管理通过将工作中发生的问题、异常、浪费及六大管理目标等状态进行可视化描述，使生产过程是否正常"一目了然"。当现场发生了异常或问题，操作人员便可以迅速采取对策，避免失误，降低事故的发生和损失。目视管理方式可以贯穿于生产过程的各个管理领域中。图13.9所示为企业现场半成品放置区域的目视板示例。

图13.9 半成品放置区域

13.4.2 目视管理的目的

（1）使异常、问题明显化。在企业生产活动中，会发生各种的异常问题，通过目视管理，能直观显示正常状态与异常状态，使员工能在工作时立刻发现异常问题点，迅速对异常问题做出正确处理。

（2）使管理形象直观，以利于提高工作效率。现场管理人员指挥生产是一种信息发布的过程，工人接收信息后采取行动。目视管理通过发出视觉信号的手段，如仪器、图表、看板、信号灯等，能迅速而正确地传递信息，延伸管理者的管理能力和范围，无需管理人员现场指挥即可有效组织生产，降低成本，增加经济效益。

（3）使管理透明度高，便于现场人员互相监督，发挥激励作用。实行目视管理，对生产作业的各种要求可以做到公开化，有利于人们默契配合，互相监督，使违反劳动纪律的现象不易隐藏。

（4）延伸管理者的能力和范围，降低成本，增加经济效益。目视管理通过生动形象、色彩分明的目视化工具，如管理板、展示板、海报、安全标识、警示牌等，将生产现场的信息和管理者的意图迅速传递给有关人员。

（5）目视管理有利于产生良好的生理和心理效应。目视管理十分重视合运用管理学、生理学、心理学和社会学等多学科的研究成果，能够比较科学地改善同现场人员视觉感知有关的各种环境因素，产生良好的生理和心理效应，调动并保护工人的生产积极性。

13.4.3 目视管理的内容

1. 目视管理的内容

目视管理内容主要包括：

（1）规章制度与工作标准的公开化。凡是与现场员工密切相关的规章制度、标准、定额等，都需公布于众；与岗位工人直接有关的事项，应分别展示在岗位上，如岗位责任制，操作程序图、工艺卡片等，并要始终保持完整、正确和洁净。

（2）生产任务与完成情况的图表化。生产计划指标要定期层层分解，落实到车间、班组和个人，并列表张贴在墙上；实际完成情况也要相应按期公布，用图表使大家看出各项计划指标完成中出现的问题和发展的趋势，促使集体和个人都能按质、按量、按时地完成各自的任务。

（3）与定置管理相结合，实现视觉显示信息的标准化。在定置管理中，为了防止物品混放和错误放置，必有完整而准确的信息显示、标志线、标志牌和标志色。因此，目视管理与定置管理结合，按定置管理的要求，采用清晰的、标准化的信息显示符号，运用标准色将各种区域、通道，各勤工具（如料架、工具箱、工位器具、工具柜等）进行标识，不得任意涂抹。

（4）生产作业控制手段的形象直观与使用方便化。为了有效地进行生产作业控制，使每个生产环节、每道工序能严格按照期量标准进行，杜绝过量生产，过量储备，要采用与现场工作状况相适应的、简便实用的生产信息和信息传递，加强生产环节和工种之间的联络，也要设立方便实用的信息传导信号，以尽量减少工时损失，提高生产的连续性。

（5）物品的码放和运送的数量标准化。物品码放和运送实行标准化，可以充分发挥目视管理的长处。例如，各种物品实行"五五放"，各类工位器具，包括箱、盒、盘、小车等，均应按规定的标准数量盛装，这样操作和检验人员点数既方便又准确。

（6）现场人员着装的统一化与实行挂牌制度。现场人员的着装不仅起劳动保护的作用，在机器生产条件下，也是正规化、标准化的内容之一。它可以体现职工队伍的优良素养，显示企业内部不同单位、工种和职务之间的区别，使人产生归属感、荣誉感和增强责任心等；对于组织指挥生产，也可创造一定的方便条件。

挂牌制度包括单位挂牌和个人佩戴标识。按照企业内部各种检查评比制度，将那些与实现企业战略任务和目标有重要关系的考评项目的结果，以形象、直观的方式挂牌。

（7）色彩的标准化管理。色彩是现场管理中常用的一种视觉信号，目视管理要求科学、合理、巧妙地运用色彩，实行统一的标准化管理，不允许随意涂抹。

2. 目视管理的层次

目视管理的常用实施工具有：看板、标识、图标等，查核工具有：查核表、改善前后的照片、录像等。在进行目视用具的设计时，要充分考虑企业的自身特点与管理水平，应遵循以下原则：

（1）用具表达的内容字体应清晰、活泼、生动，达到一目了然的效果。

（2）内容明确且易于执行。

（3）异常状态出现可以立即分辨。

目视管理有三个层次，即初级、中级和高级。初级水准：有标识，能明白现在的状态；中级水准：任何人都能判断好坏；高级水准：管理方法（异常处置等）都加以列明，有作业标准。表13.6说明了初、中、高级3个水准的区别。

表13.6 目视管理三个层次比较

初级水准	中级水准		高级水准		
○○○○○ ○○○○○ ○○○○○ ○○○	○○○○○	5	○○○○○	5	安全库存
	○○○○○	5	○○○○○	5	用完请联系×××
	○○○○○	5	○○○○○	5	
	○○○	3	○○○	3	
排列整齐，便于对物品进行必要的确认	通过一般标识使物品的数量一目了然		通过标识和提示，使物品的数目一目了然，说明在物品数目不足时应如何处理也一目了然（可用电子方式显示和传递物品数量信息）		

注：○代表现场投放的物品。

13.4.4　目视管理的方法

1. 常用的目视管理

为了实现目标视管理的目标，各企业对现地现物可根据其具体情况采用不同的目视管方法以企业的生产现场为例，常用的目视管理方法有：

（1）设置目视管理网络。
（2）设置目视管理平面图。
（3）设置各种物流图。
（4）设置标准岗位板。
（5）设置工序储备定额显示板。
（6）设置零件箱名称、数量显示卡。
（7）设置成品库备显示板。
（8）设置明显的地面标志。
（9）设置生产线传票卡。
（10）设置安全生产标记及信号显示装置。

2. 常用的目视管理用具

现场的目视管理主要包括目视生产管理、目视现物管理、目视质量管理、目视设备管理、目视安全管理，其常用的目视管理用具包括：

（1）目视生产管理用具：生产管理板、生产量标看板、进度管理板、负荷管理板、人员配置板，作业指示看板，交货期管理板，交货时间管理板、作业标准书、作业指导书、考勤表等。
（2）目视现物管理用具：料架牌、放置场所编号、库存看板等。
（3）目视质量管理用具：不良图表管制图、不良品放置场所标示板、不良品处置规则标示板等。
（4）目视设备管理用具：设备清单一览表、设备保养及点检处所标示牌、设备故障时间表（图）、设备运转标示板、运转率表等等。
（5）目视安全管理用具：各类警示标志、安全标志，操作规范等。

13.5　定置管理

13.5.1　定置管理的概念

定置管理是以生产现场为研究对象，研究生产要素中人、物、场所的状态及其之间的关系，并通过整理、整顿改善生产现场条件，促使人、机器、制度、环境等达到最佳结合的一种方法。

定置管理以物品在场所的科学定置为前提，以完善的信息系统为媒介，以实际人和物的有效结合为目的，从而使生产现场管理科学化，规范化和标准化，从面优化企业物流系统，改善现场管立起现场的文明秩序，达到高效、优质、安全的生产效果。

定置管理的范围是对生产现场物品的整顿这个环节定量过程进行设计、组织、实施、调整，并使生产和工作的现场管理达到科学化、规范化、标准化的全过程。在 5S 管理的实施过程中，运用定置管理和目视管理在整顿环节中，能使现场布置整齐、合理、有序。

13.5.2 定置管理的内容

定置管理的核心内容是强调现场物品的科学合理的摆放，达到人、物、场所的最佳结合。使生产各工序之间秩序井然，生产顺畅地进行。

13.5.2.1 人与物的三种基本结合状态

生产活动中，按照人与物有效结合的程度，可将人与物的结合归纳为 A、B，C 三种状态。

A 状态是物与人处于立即结合的状态，即物与人结合立即能进行生产活动，需要的物品随手可取，不需要的可以随时转换，例如，操作者使用的各种工具物品，由于摆放地点合理而且固定，当操作者需要时能立即拿到，如图 13.10 所示。

B 状态是物与人处于待结合状态，即物与人处于寻找状态或物存在一定缺陷，经过某媒介或某种活动后才能进行有效生产活动的状态。例如，一个操作者加工一个零件，需要使用某种工具，但由于现场杂乱或忘记了这一工具放在何处，结果因寻找而浪费了时间。

图 13.10　物品定置摆放

C 状态是物与人已失去结合的意义，与现场生产活动无关，也可说是多余物。例如，生产现场中存在的已报废的设备、工具、模具，生产中产生的垃圾、废品、切屑等，这些物品放在作业现场，必将占用作业面积，而且影响操作者的工作效率和安全。

因此，定置管理就是要通过相应的场所设计改进和控制，消除 C 状态，改进 B 状态，使之都成为 A 状态，并长期保持下去。

13.5.2.2 定置管理的范畴

定置管理的研究对象是以生产现场为主，以部门办公室的定置管理为辅，逐步实行全面定置管理，定置管理的范畴大致包括以下几方面：

（1）全系统定置管理。对生产经营的总体系统地进行定置管理，从而使其布局合理、物流有序，生产高效，包括生产制造、物流配送、行政后勤等子系统的定置管理。

（2）区域定置管理。按生产工艺流程将生产现场分为若干区域，并对每一区域中的生产要素，如人、机、料、法、环等实行定置管理，保证区域内人员操作规范，设备完好、物流有序，环境整洁、信息灵敏，使生产活动高效运行。区域定置是系统定置的最小单元。

（3）职能部门定置管理。要求企业的干部和管理人员，按图管理标准及时准确地处理好各种信息、文件和资料，达到标准化、规范化、系列化，提高工作效率和工作质量。

（4）生产要素定置管理，主要包括设备定置、工位器具定置、原材料定置、产成品和人员定置等。

（5）仓库定置管理。仓库内物品、物流器具等定置促进仓库管理的规范化和标准化。

（6）特别定置管理。指在生产制造过程中，把影响质量，安全问题的薄环节，实施人员定置、物品定置，时间定置，如有质量控制点定置管理、安全定置管理等。

13.5.2.3 定置管理遵循的原则

（1）定置必有图。物品定置后必须给出定置管理图，用定置管理图来表示区域布置。图13.11所示为企业定置管理的构成系统。

（2）有图必有物：定置管理图内要标识出物类和区域的。

（3）有物必有区：物有所归，划区管理，区域明确。

（4）有区必挂牌：标牌颜色、文字、数字大小和字体等都要标准化，全公司实施标准化的标识。

（5）有牌必分类：每一类物品按所处的工艺状况标出专门的分类标识，将生产现场的物品分成A、B、C三类。

（6）按类存放：各类物品在各类区域内定置，做到各就各位，不占用通道。

（7）账物一致：物品的台账或定置图与实物相对应，台账中物品编号、位置齐备。

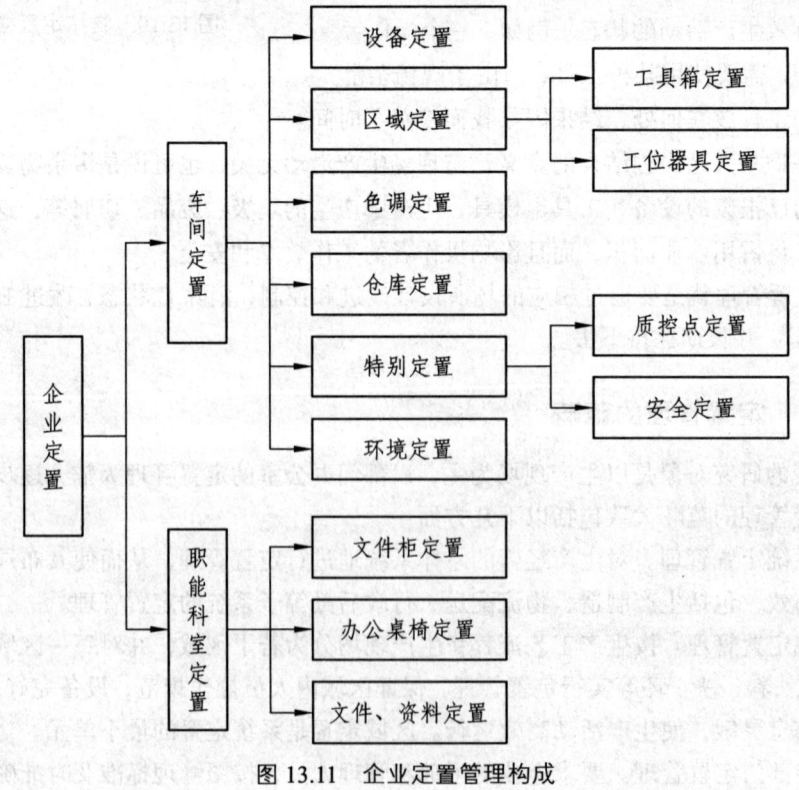

图13.11 企业定置管理构成

13.5.2.4　现场各种类型的设施、场所的定置规定

1. 各种储存容器、器具定置规定

（1）各种储存容器、器具中所摆放的物品，应是与生产工作有关的物品，反之均不得摆放。

（2）应将各种物品分类，按使用频次摆放，排列成合理的顺序，整齐有序地摆放在容器和器具中。使用频率较高的物品，一般应放入每层与操作者较近的位置。

（3）物品放好后，依次编号，号码要与定置图的标注相符。做到以物对号，以号对位，以位对图，图、号、位、物相符。

（4）定置图要求贴在容器、器具门内或是合适的表面。

（5）各种容器、器具的层格要保持清洁，无污垢，要按规定的时间进行清洗和整理。

（6）操作现场的器具和容器，定置到一定位置后，不得随意挪动。

（7）工具箱的结构尽可能做到一致，容器和器具也做到部门内统一。

2. 设备定置管理规定

（1）设备要有定置图。

（2）在设备周围给操作者充足的活动空间。

（3）在设备周围给维修人员充足的活动空间。

（4）操作者能安全进出设备放置处。

（5）设备配置要符合安全要求。

（6）设备作业面的高度要满足操作者运动自如的需要。

（7）对设备所有的资料实行定量管理。

（8）易损件在容器、零件架的摆放数量及摆设方式实行定置管理。

3. 仓库定置规定

（1）仓库定置图应贴在仓库内显眼的位置上。

（2）库房物品要按定置图的要求分类摆放，贴好信息铭牌，物品的摆放要做到齐、方、正、直。

（3）与生产无关的物品一律清除出仓库。

（4）货架层、格应清洁、无污垢。

（5）库房定置做到账、物、卡、号、图相符，转序、出入库手续齐备。

（6）库房内运输通道畅通无阻，清洁干净。

4. 办公室定置规定

（1）办公室定置图应贴在各自的门板内或墙壁的适当位置上。

（2）办公室的物品要按定置图的编号顺序依次摆放，做到整齐、方便、美观、大方。

（3）办公室内与工作无关的物品，一律清除出办公室。

（4）文件资料柜要按第（2）项要求，贴墙摆放。

5. 安全定置管理规定

（1）消防通道、灭火器的定置要求：通道畅通无阻，并设专人负责定时检查。

（2）生产现场电源、电路、电器设施的应有定置规定。

（3）吸烟点的设定及定置要求：休息室应设有烟灰缸，并放在安全可靠处。

（4）生产现场精、大、稀设备的重点作业场所和区域应加以定置。

（5）对不安全场所，如建筑场所、吊车作业、易滑坠落、塌方现场、易发生机械伤人的场所及通道等实行定置。

13.5.3 定置管理的方法和步骤

13.5.3.1 对作业现场生产状况进行调查

对作业现场生产状况进行调查，见表13.7。

表13.7 现场调查内容表

序号	调查具体内容	序号	调查具体内容
1	人、机操作情况	7	生产现场物流状况
2	物料使用和管理状况	8	生产现场物品摆放状况
3	作业面积和空间布局状况	9	安全生产状况
4	产成品、在制品管理状况	10	设备运转状况
5	仓库使用状况	11	生产中各类消耗状况
6	岗位、工位器具的配备和使用状况		

13.5.3.2 提出设计和改善方案

针对现场调查资料，提出定置管理的设计和改善方案，分析的方面归纳为：

人与物的结合情况、现场物流及搬运情况、现场信息情况、工艺路线和工艺方法情况、现场场地利用情况、员工的操作情况、安全防范措施等。

提出改善方案后，定置管理人员要对新进的改进方案做具体的经济技术分析，并和旧的工作方法、工艺流程和搬运线路进行对比、评估。确认比较理想的方案，作为标准化的方法予以实施。

13.5.3.3 定置管理的设计

定置管理设计实际实在遵循设计原则的前提下，绘制一幅带有定置管理特点和能反映定置管理要求的"管理文件"和目标的图形，该图称为定置管理图，简称定制图。

1. 定制图种类

（1）室外区域定制图。

（2）材料及工具保管场所定制图（仓库、资料室；工具室、办公室）。

（3）各作业区域定置图。

（4）车间定置图。

（5）特殊要求定置图（工作台面、工具箱内；对安全、质量有特殊要求的物品）。

2. 定置图绘制要求

定置图是对生产现场所有物品进行定置，并通过调整物品来改善现场中人与物、人与场所、物与场所相互关系的综合反映。绘制要求如下：

（1）现场中的所有物均应绘制在图上，并标明设计、审核、批准人、日期等。

（2）定置图绘制要简明、扼要、完整，物品按比例绘制大概轮廓，相对位置要准确，区域划分清晰鲜明，定制图中的机器设备一律用虚线表示，定置的物品（如工具箱、柜子、材料及流动物品）一律用实线表示，定置区域用双点划线表示。

（3）生产现场暂时没有的，但已经定置并决定制作的物品，也应在图上表示出来，准备清理的无用物品不得在图上出现。

（4）定制图可用标准符号或自定义符号进行标注，并在图上加以说明（一个单位内使用的自定义符号必须相同）。

（5）定置图应该按定置管理标准的要求绘制，也应随着定置关系的变化而进行修改。

3. 定置管理中的标示

定置图中标示的范围包括：生产现场各种区域、通道、活动器具和位置信息符号的设计，各种货架、工具箱、生活柜等的结构和编号的标准设计，物品的台账、物品（仓库存放物）确认卡片的标准设计，信息符号设计和看板（图示板）、标牌设计，以及各种物品的进出、收发方法的设计等。

推行定置管理，进行工艺研究、各类物品停放布置、场所区域划分等都需要进行有效标示。要根据实际情况设计和应用有关标示符号，并纳入定置管理标准。设计标示符号时，优先采用国际标准、国家标准、其他符号。

看板是现场定置情况的综合信息标志，是定制图的艺术表现和反映，是定置管理的工具。

标牌是指示定置场所所处状态、标志区域、指示定置类型的标志，包括建筑物标牌，货架、货柜标牌，原材料、在制品、成品标牌等。

各生产现场、库房、办公室及其他场所都应悬挂看板和标牌，看板中内容应与定置图的内容一致。

13.5.3.4 定置管理的实施

（1）清除与生产无关之物。

（2）按定置图实施定置。

（3）放置标准信息标牌。

13.5.3.5 定置管理方案的评估

定置管理的一条重要原则就是持之以恒。只有这样才能巩固定置成果，并使之不断发展。因此必须建立定置管理检查、考核制度，制定检查与考核办法。

定置管理的检查考核一般分为两种：

（1）定置后验收检查。检查不合格的不予通过，必须重新定置，直到合格为止。

（2）定期或不定期，突击性地对定置管理进行检查与考核。这是长期进行的工作，它比定置后的验收检查工作更为复杂、更为重要。

定置考核的基本指标是定置率，它表明生产现场中必须定置的物品已经实现定置的程度。计算式为：

$$定置率 = \frac{实际定置的物品个数(种类)}{定制图规定的定置物品个数(种类)} \times 100\%$$

总之，定置管理的实施必须做到：有图必有物，有物必有区，有区必挂牌，有牌必分类。按图定置，按类存放，账（图）物一致。

思考与练习

1. 什么是生产现场？什么是现场管理？
2. 现场管理涵盖了哪几个方面的内容？
3. 现场管理与标准化之间存在什么关系？
4. 5S管理的概念是什么？推行5S管理的目的是什么？在生产现场推行5S管理有何作用？
5. 简单说明5S管理的具体内容？为何说5S管理活动的核心是素养？
6. 5S管理活动常用的工具有哪几种？试举例说明其应用。
7. 什么是目视管理？实施目视管理的目的是什么？
8. 目视管理的内容有哪些？
9. 定置管理的概念是什么？其核心内容是什么？

参考文献

[1] GB/T1.1-2009 标准化工作导则 第1部分：标准的结构和编写
[2] GB/T1.2-2009 标准化工作导则 第2部分：标准制定程序
[3] GB/T13016-2018 标准体系构建原则和要求
[4] GB/T13017-2018 企业标准体系表编制指南
[5] GB/T15496-2003 企业标准体系 要求
[6] GB/T15497-2003 企业标准体系 技术标准体系
[7] GB/T15498-2003 企业标准体系 管理标准和工作标准体系
[8] GB/T19273-2003 企业标准体系 评价与改进
[9] GB/T19001-2016 质量管理体系 要求
[10] GB/T24001-2015 环境管理体系 规范及使用指南
[11] GB/T28001-2011 职业健康安全管理体系 规范
[12] GB/T19580-2012《卓越绩效评价准则》
[13] GB/Z19579-2012《卓越绩效评价准则实施指南》
[14] GB/T20000.1-2014《标准化工作指南 第1部分：标准化和相关活动的通用术语》
[15] GB/T20000.2-2009《标准化工作指南 第2部分：采用国际标准》
[16] GB/T20000.6-2006《标准化工作指南 第6部分：标准化良好行为规范》
[17] GB/T20000.7-2006《标准化工作指南 第7部分：管理体系标准的论证和制定》
[18] GB/T20001.1-2001《标准编写规则 第1部分：术语》
[19] GB/T20001.4-2015《标准编写规则 第4部分：试验方法标准》
[20] GB/T20001.10-2014《标准编写规则 第10部分：产品标准》
[21] GB/T27000-2006《合格评定 词汇和通用原则》
[22] CNCA-00C-002《强制性产品认证实施规则中涉及ODM模式的补充规定》，2009.
[23] CNCA-00C-003《强制性产品认证实施规则 生产企业分类管理、认证模式选择与确定》，2013.
[24] CNCA-00C-005《强制性产品认证实施规则 工厂质量保证能力要求》，2014.
[25] CNCA-00C-006《强制性产品认证实施规则 工厂检查通用要求》，2014.
[26] 国家质量监督检验检疫总局.《强制性产品认证管理规定》，2009.
[27] 国家标准化管理委员会. 企业标准体系实施指南[M]. 北京：中国标准出版社，2003.
[28] 国家标准化管理委员会. 标准化基础知识培训教材[M]. 北京：中国标准出版社，2004.

[29] 国家标准化管理委员会. 合格评定系列国家标准理解与实施[M]. 北京：中国标准出版社，2006.

[30] 国家标准化管理委员会. 标准化良好行为活动实施指南[M]. 北京：中国标准出版社，2006.

[31] 白殿一. 标准的编写[M]. 北京：中国标准出版社，2009.

[32] 李春田. 标准化概论（第六版）[M]. 北京：中国人民大学出版社，2014.

[33] 陈渭. 标准化基础教程—标准化理论与实践[M]. 北京：中国计量出版社，2008.

[34] 王忠敏. 标准化基础知识实用教程[M]. 北京：中国标准出版社，2010.

[35] 赵祖明. 多体系文件整合方略—ISO9000等标准与企业标准应用融合论[M]. 北京：中国标准出版社，2018.

[36] 吴成宗. 标准化良好行为企业创建教程[M]. 北京：中国质检出版社，2014.

[37] 于影霞；何柏林. 基本ISO9000的顾客满意评价[J]. 企业活力 2004(01).

[38] 于影霞. ISO9000在高校教学质量管理中的应用[J]. 华东交通大学学报，2005(12).

[39] Yifan LIU, Yingxia YU. Research on Management System of "Three-standard Integration": A Literature Review[C]. 2018 2nd International Conference on Education Innovation and Social Science.

[40] Yifan LIU, Yingxia YU, Zhihuan Zeng. Study on Construction of Performance Appraisal System for Railway Grass-roots Units Based on TQM[C]. 2018 2nd International Conference on Education Science and Economic Management.

[41] Li Piao, YuYingxia.Integration of Enterprise Standard System and Professional Management System [C]. IEESASM 2018.

[42] 盛敬峰，于影霞. Six-Sigma在改进冷凝器焊接过程质量中的应用[J]，科技管理研究，2017(1).